陕西省一流专业建设项目资助

王晓红◎著

审判中心下证据运用研究

THE RESEARCH ON EVIDENCE UTILIZATION
IN TRIAL CENTRALISM

中国政法大学出版社

2020·北京

图书在版编目（CIP）数据

审判中心下证据运用研究/王晓红著. —北京：中国政法大学出版社，2020.10

ISBN 978-7-5620-9690-0

Ⅰ.①审… Ⅱ.①王… Ⅲ.①诉讼—证据—研究—中国 Ⅳ.①D925.013.4

中国版本图书馆 CIP 数据核字(2020)第 205605 号

出 版 者	中国政法大学出版社
地　　址	北京市海淀区西土城路 25 号
邮寄地址	北京 100088 信箱 8034 分箱　邮编 100088
网　　址	http://www.cuplpress.com (网络实名：中国政法大学出版社)
电　　话	010-58908586(编辑部) 58908334(邮购部)
编辑邮箱	zhengfadch@126.com
承　　印	保定市中画美凯印刷有限公司
开　　本	720mm×960mm　1/16
印　　张	18.75
字　　数	320 千字
版　　次	2020 年 10 月第 1 版
印　　次	2020 年 10 月第 1 次印刷
定　　价	69.00 元

自序 / *Preface*

　　党的十八届四中全会通过《中共中央关于全面推进依法治国若干重大问题的决定》，提出要推进"以审判为中心"的诉讼制度改革，其要点在于"保证庭审在查明事实、认定证据、保护诉权、公正裁判中发挥决定性作用"，即进行庭审实质化改革，其主旨在于加强庭审对证据判断和事实认定的作用，消除庭审虚化现象。为贯彻中央改革要求，2016 年 10 月"两高三部"联合发布《关于推进以审判为中心的刑事诉讼制度改革的意见》。2017 年 2 月，最高人民法院制定《关于全面推进以审判为中心的刑事诉讼制度改革的实施意见》。同年 6 月"两高三部"又联合发布《关于办理刑事案件严格排除非法证据若干问题的规定》等文件。2017 年 12 月，最高人民法院出台"三项规程"，全面深入推进以审判为中心的刑事诉讼制度改革。

　　审判中心诉讼制度改革的提出是对我国司法实践中的侦查中心并由此导致冤错案件之现状的反思。侦查以及审查起诉活动面向审判、服从审判并以审判为标准进行是审判中心的必然要求。严格贯彻证据裁判原则、发挥庭审在认定证据、保护诉权中发挥核心作用是审判中心的基本内涵，庭审实质化是实现审判中心的重要保障和核心内容。实现审判案件以庭审为中心，事实证据调查在法庭，定罪量刑辩论在法庭，裁判结果形成于法庭，全面落实直接言辞原则，严格执行非法证据排除规则。控、辩、审三方依法运用证据是实现审判中心的关键环节，证据制度的完善以及合理运用是实现审判中心的重要推手。审判中心的核心是庭审实质化，庭审实质化的实现必须以证据制度的完善以及证据的合理运用为基本依托。鉴于证据运用对于推进审判中心的关键作用，本书以审判中心对证据运用的影响为分析进路，对审判中心下证据运用的基本内容展开系统的研究。

全书共分为七章。

第一章论述了审判中心下证据运用的基本理论。首先阐释审判中心的具体内涵。在此基础上，笔者阐述了审判中心适用的范围和边界，并通过比较审判中心与其他相关制度的关系，阐明审判中心实现的司法体制、诉讼机制以及制度环境。证据运用涵盖刑事诉讼的整个过程，审判中心下证据运用的基本要求有：应贯彻证据裁判原则、直接言词原则，构建相关性规则、传闻证据规则等基本证据规则，完善非法证据排除规则、亲属拒证权规则等证据规则，完善质证制度，实现庭审的实质化，以审判为中心要求实现证据分析方法的多元化，正确认识并合理把握证明标准，最后应保障辩方的证据知悉权和证据获取权。

第二章论述审判中心下的证据裁判原则。证据裁判原则是证据基本原则的基石。审判中心重点关注通过贯彻证据裁判，发挥审判权对审前侦查权等的倒逼和制约作用。应通过进一步的司法改革，保障司法权独立行使，完善证据能力规则以及实现庭审的实质化，贯彻证据裁判原则。

第三章论述审判中心下证据规则的完善。证据规则的完善是实现审判中心的基本要求，也是实现审判对审前依法收集并运用证据的重要制约途径。针对我国目前的证据规则零散、体系化不强，个别重要证据规则缺失、非法证据排除规则实施不力的状况，本章主要探讨如何完善并有效实施非法证据排除规则，同时提出确立相关性规则以及亲属拒证特免权规则的相关建议。

第四章探讨审判中心下的质证规则。质证规则的完善是审判中心实现的基本前提和根本保障。庭审虚化最典型的表现是质证虚化，质证虚化的基本表现是言词证据的质证对象为各种言词证据笔录，证人、鉴定人、被害人以及侦查人员等出庭率低，对物证的质证方法一般是由辩方简单进行辨认并发表意见，缺乏对物证保管链条的有效质证。审判中心下的质证要求贯彻直接言词原则，保障被告人对质权、交叉询问权等基本权利。

第五章讨论审判中心下的印证模式。印证模式是我国目前审判人员遵循的认证模式。在侦查中心的诉讼制度中，印证奉行"以口供为中心"，忽视对单个证据证据能力以及证据真实性的审查，导致印证具有浓厚的形式化色彩，表面达到相互印证的证据其实存在潜在的错判风险。审判中心无疑可以改变印证证明运行的制度环境，印证应坚持在保障单个证据具备证据能力并经查证属实的基础上，再审查证据之间是否能够相互印证，去除印证的"口供中心主义"，同时应重视审判人员根据审判经验以及理性形成心证的作用，避免印证的僵化运用。

第六章阐释审判中心下的证明标准。我国奉行的是侦查终结、提起公诉以及有罪判决相同的证明标准。审判中心是应坚持不同诉讼阶段证明标准的渐进性还是整个诉讼阶段证明标准的统一性学界有诸多分歧。审判中心并不必然要求审前阶段作出移送审查起诉和决定提起公诉时降低证明标准，相反审判中心要求审前收集以及审查判断证据均应以审判为标准并服务于审判，审判中心与坚持证明标准的同一性并不矛盾。由于证明标准的判断具有主观性，为避免审判成为对侦查结果的确认程序，裁判者应正确理解并把握"排除合理怀疑"的要求，对于定罪证据存疑的案件，坚持作出无罪判决。

第七章论述审判中心与辩方证据获取权及证据知悉权。审判中心的实现并非仅关系到公、检、法等专门机关，辩护律师的有效参与是审判中心实现的重要一极。辩方有效参与刑事诉讼并有效运用证据以其获取证据权和证据知悉权的充分保障为基本前提。被告人的诉讼地位决定其一般不具备充分获取证据及知悉证据的能力与空间，因此，保障被告人获得有效的法律帮助是辩方获取证据和知悉证据的必备手段。首先，进一步完善我国刑事法律援助制度，是辩方获取证据及知悉证据实现的基础。其次，辩方证据获取权由自行调查取证权、申请调查取证权、申请调取证据权、向被追诉者核实证据等权利组合而成，而阅卷是辩护律师知悉控方证据的核心途径，申请证人出庭权、会见权以及鉴定启动权等权利是辩方获取证据权实现的保障手段。

在监察体制改革的驱动下，2018 年《刑事诉讼法》进行了第三次修改，以提高诉讼效率为主要导向的认罪认罚从宽制度上升为正式的法律制度。而"以审判为中心"或者庭审实质化改革，在本轮修改中并未被过多关注。需要注意的是，认罪认罚从宽只是以审判为中心诉讼制度改革的配套措施，因此，我们更应关注"以审判为中心"的诉讼制度改革的进展和实践效果，鉴于证据制度在"以审判为中心"改革中的核心地位，审判中心背景下探讨证据运用的基本问题，并推动证据制度的改革完善显得尤为重要。

本书仅仅是作者在"以审判为中心"背景下对证据问题的阶段性思考，随着我国证据立法和司法实践的不断发展，必然会有更多的证据问题等待我们进行解释和回应。

目录/*Contents*

一、研究背景

十八届四中全会通过的《中共中央关于全面推进依法治国若干重大问题的决定》（以下简称《决定》）提出："推进以审判为中心的诉讼制度改革，确保侦查、审查起诉的案件事实证据经得起法律的检验。全面贯彻证据裁判规则，严格依法收集、固定、保存、审查、运用证据，完善证人、鉴定人出庭制度，保证庭审在查明事实、认定证据、保护诉权、公正裁判中发挥决定性作用。"审判中心诉讼制度改革的提出其重要的背景是冤错案件频发引发执政党对刑事司法体制的反思。刑事错案形成的体制原因是公、检、法三机关在刑事诉讼中无原则配合以及刑事司法活动受到外部力量的不当干预，刑事诉讼运作呈现"以侦查为中心"以及证据运用"以口供为中心"，侦查中心导致定罪前移，导致刑事诉讼运行机制违背诉讼规律，刑事诉讼运行中后一阶段和环节本应承担对前一阶段错误的把关和纠偏作用失灵，后一环节基本沦为对前一环节诉讼结论的确认。审判环节本应发挥的定罪量刑关键性作用以及对非法证据的排除功能丧失殆尽。

错案的直接表现是侦查环节对证据的收集、保管、保全、鉴定等出现严重违法现象或不应有的失误。从侦查阶段开始，侦查人员即以获取口供为其关键目标和核心任务，为了及时破案，获取口供，侦查人员甚至不惜实施刑讯逼供等非法侦查行为，而三机关制约的失灵导致非法获取的虚假口供可以顺利成为最终认定犯罪事实的依据。"在司法实践中，存在办案人员对法庭审判重视不够，常常出现一些关键证据没有收集或者没有依法收集，进入庭审的案件没有达到'案件事实清楚、证据确实充分'的法定要求，使审判无法顺利进行！"[1]审判

---

[1] 习近平："关于《中共中央关于全面推进依法治国若干重大问题的决定》的说明"，载《理论学习》2014年第12期。

人员对证据的认定缺乏亲历性，公诉人对重要的物证只出示照片；证据移送具有偏向性，只移送控诉证据，对有利于被告人的证据尤其是对定罪不利的证据不移送。我国有关的证据规则残缺不全，现有证据规则实施不力，证据运用中呈现出取证程序不规范，口供反复，裁判文书说理功能不足等特征。

基于此，出于对防范冤错案件以及构建科学的刑事诉讼制度的反思，"以审判为中心"在中央层面提出，旨在回归司法和诉讼理性，要求侦查、审查起诉环节均应面向审判、服从审判，以审判环节对证据的审查判断标准和证明标准为标尺，避免指控证据由于证据收集手段违法和证据自身的真实性难以保障而被排除，从而导致惩罚犯罪目的落空。规范侦查与审查起诉行为，使"侦查、审查起诉的案件事实、证据，经得起法律的检验"，尤其是审前收集的证据经得起庭审的检验。

通过法庭审判的程序公正实现案件裁判的实体公正，审判环节是司法公正的集中体现。"以审判为中心"的诉讼制度改革是司法改革的重要组成部分，更是一项系统工程，其推进需要诸多配套的改革措施，在我国的刑事诉讼体制和现有的司法体制未发生根本性改变的情况下，此项改革将面临诸多挑战。因此，有学者提出，"目前可操作的审判中心应是技术型的审判中心论"。[1]

证据是刑事诉讼的基石，通过侦查机关、检察机关尤其是审判机关对证据的合理运用来推进审判为中心的诉讼制度改革，无疑是重要的切入点。实现审判中心需要司法体制、结构以及诉讼（司法权）运行机制的改革，我国现阶段公检法三机关分工、相互配合制约的诉讼构造、审前司法审查的缺失以及检察机关对审判活动的监督职能致使纯粹意义上的审判中心难以实现。实践中依然存在地方党政机关对审判借领导之明，行干涉之实。地方党委、政法委以及纪委对涉及政治以及社会稳定的重大案件以及重大的职务犯罪案件进行实质性的干预，这些均是审判中心实现的重大体制性障碍。由于审判权无法辐射至审前，审判机关依然无法对审前强制侦查行为进行司法审查，同时也无法实现在审前对权利进行有效的救济，在侦查机关的侦查权几乎不受外部限制尤其是中立的司法审查的背景下，我们不得不承认纯粹并彻底的审判中心在现阶段很难实现。

---

[1] 龙宗智："'以审判为中心'的改革及其限度"，载《中外法学》2015年第4期。

审判环节严格审查与认定证据是防范刑事错案发生的最后一道防线。证据审查判断与案件事实认定是诉讼的核心内容，实现审判中心的关键是要实现审判阶段对案件事实认定和证据审查的最后判断权。我国刑事证据制度的立法及司法实践是现有证据规则残缺不全，已经建立的证据规则并未得到严格的适用；司法实践动力不足，对于程序性争议和证据争议，意识不到需运用证据裁判原则解决；审判缺乏来自辩方的真正挑战，鉴定人、证人出庭率极低，传闻证据规则缺失。因此，现阶段推进审判中心应从以下几方面着手：

第一，坚持"以审判为中心"，需要对"分工负责、互相配合、互相制约"原则作出以下新的诠释和理解：审判机关依法独立行使审判权；审前侦查机关和检察机关应加强侦诉协作，构建科学的"互相配合"格局；以"递进制约"为主线，为"互相制约"注入新元素；坚持证据裁判原则，为"分工负责、互相配合、互相制约"提供"证据链"。互相配合应强调公检配合，不应要求检法配合，如果强调检法配合，不但与控审分离原则直接违背，而且会导致庭审中控辩无法平等以及审判难以中立，破坏法官中立、控辩平等的三角形的刑事庭审结构，与程序正义相背离，也难以最终实现案件实体公正。

第二，推进以审判为中心的诉讼制度改革应以实现"庭审实质化"为突破口和核心内容。庭审实质化与审判中心具有相同的目的，即均是要求被告人的定罪量刑问题只能在庭审阶段并在控辩双方的充分参与下，贯彻直接言词原则等庭审基本原则，通过其理性对话，进行充分的举证、质证、辩论。在此基础上，裁判者才能根据经过控辩双方充分质证和辩论的证据进行审查判断，根据证明责任分配的要求，依据证明标准作出相应的裁决。

第三，实现庭审实质化以证据制度的完善以及理性的证据运用为基本保障。庭审实质化对证据运用的基本要求是：贯彻证据裁判原则、直接言词原则等证据法的基本原则。确立并完善证据规则，完善质证、认证规则、合理把握证明标准，同时证据运用中应保障辩方证知悉权和证据获取权的实现。

二、研究方法

为实现上述研究内容，本书主要采取以下研究方法：

第一，比较研究方法。我国刑事证据制度设计尚需完善。域外尤其是英美法系国家的证据制度具有成熟的理念、先进的制度设计以及保障证据制度有效运行的诉讼环境。书中探讨证据制度主要以美国证据法之证据理念及证据规则为基本参照。

第二，实证研究方法。刑事证据运用是刑事诉讼运行中控、辩、审三方的共同行为，具有明显的实践性特征。为掌握司法实践中控辩审三方证据运用的基本情况以及存在的困惑，笔者进行了较为广泛的实证调研。运用的调研方法包括召开座谈会、深度访谈、调查问卷、旁听法庭审理等实证调研方法。笔者设计详细的问卷，分别针对审判机关、检察机关以及律师群体，地域涉及北京、浙江、山西、河南等不同省份，对于不同群体证据运用的基本情况以及对审判中心证据运用要求的认识进行调研，掌握第一手资料。

第三，个案分析法。证据运用的实践性决定对此问题的研究必须结合刑事司法实践中具体的案例进行研判。笔者结合近年来披露的典型性冤错案件分析其证据运用存在的问题，并且通过分析司法实践中检察机关存疑不起诉的案件以及法院作出的无罪判决案件来分析检、法、律师证据运用中存在的问题。

三、研究框架与基本内容

本书研究的基本内容为审判中心之证据运用，证据运用涉及公、检、法机关以及律师对证据的运用。从广义上讲，证据运用几乎可以包括取证、举证、质证、认证的各个阶段。本书是在审判中心的视野下研究证据运用，审判中心的核心是庭审实质化以及贯彻证据裁判原则，因此本书研究的重点围绕庭审实质化进行，主要探讨庭审实质化对证据运用的基本要求。本书研究的证据运用阶段主要为审判阶段，即在审判阶段如何根据证据裁判原则的要求合理运用证据，以发挥准确定罪量刑的作用。

本书围绕审判中心下如何实现证据运用的理性化进行探讨，按照审判中心下证据运用的基本理论、审判中心下的证据裁判原则、审判中心下的证据规则、审判中心下的质证规则、审判中心下的认证模式、审判中心下的证明标准、审判中心下辩方证据获取权及证据知悉权保障的思路来对此问题进行阐释，共分为七章进行研究。

四、结论与创新

本书的结论是证据是诉讼的灵魂，证据的合理运用是审判中心实现的保障和前提，审判中心要求证据的审查判断遵守严格的规则和科学的规律。证据裁判原则的严格贯彻、证据规则的完善、质证规则以及认证模式的改良、辩方证据知悉权和证据获取权的保障均是在证据运用中实现审判中心的必要制度保障。

本书的创新之处在于，十八届四中全会提出推进以审判中心的诉讼制度改革，学界对此的研究呈现井喷式增长，学界、实务界对审判中心的背景、含义、任务以及实现审判中心的制度设计进行各种解读。根据笔者收集的资料研究发现，目前对审判中心的研究多侧重于审判中心本身的含义以及基本制度设计，很少有学者结合证据制度论述审判中心。即使偶有与证据制度结合，也仅简单论述审判中心要求贯彻直接言词原则，从而提出完善证人、鉴定人以及侦查人员出庭的制度设计，对于审判中心与证据运用的关系，现行诉讼体制下证据运用的特点以及审判中心对证据运用的基本要求几乎无专门论述。

笔者从证据裁判原则入手，根据审判中心的基本含义，提出狭义证据裁判的观点。根据证据裁判原则的核心要素，证据必须具有证据能力并经过严格的法庭调查才能成为定案的依据，笔者提出我国现有的主要证据规则即非法证据排除规则对实现审判中心的重要意义，并且对审判中心下全程排除非法证据的制度设计进行反思，审前通过行政性方式与审判通过诉讼方式排除非法证据依据的诉讼原理以及彰显的价值完全不同，对此应作有效的区分。审判中心要求实现庭审实质化，庭审实质化的核心是质证实质化，质证实质化的实现以被告人质证权的保障为理论基点，对质和交叉询问两项基本制度是被告人质证权实现的基本保障，而关键证人、鉴定人以及侦查人员出庭作证是对质和交叉询问得以有效进行的基本前提。关于审判中心的认证，笔者认为目前的印证证明模式有很深的侦查中心烙印，审判中心要求对形式化以及僵化的印证模式进行改良，引入自由心证的合理成分，适当发挥裁判者的经验、理性以及良心在裁判中的作用。最后从辩方证据获取权及证据知悉权的角度来分析辩护权的有效保障对审判中心下合理运用证据的重要价值。

审判中心下证据运用的基本理论

证据是诉讼的灵魂，是实现司法公正的基石。在刑事诉讼中，证据对于准确定罪量刑、防止冤假错案的发生具有关键作用。[1] 刑事诉讼中几乎所有的问题均与证据制度有关。"法庭裁判的艺术只不过是运用证据的艺术罢了。"[2] 司法公正是社会公平正义的最后一道防线，近年来我国集中纠正了几十起刑事冤错案件，冤错案件频发，降低了司法公信力和司法权威，严重损害司法公正。为提升司法公信力，实现司法公正，党的十八届三中全会指出："要让人民群众在每一个司法案件中都感受到公平正义。"《最高人民法院关于建立健全防范刑事冤假错案工作机制的意见》中指出要发挥法院防范错案的核心作用，审判案件应当以庭审为中心。要求"事实证据调查在法庭，定罪量刑辩论在法庭，裁判结果形成于法庭"，确立了庭审在调查证据和认定案件事实中的关键作用。十八届四中全会《决定》进一步指出："推进以审判为中心的诉讼制度改革，确保侦查、审查起诉的案件事实证据经得起法律的检验。全面贯彻证据裁判原则，严格依法收集、固定、保存、审查、运用证据，完善证人、鉴定人出庭制度，保证庭审在查明事实、认定证据、保护诉权、公正裁判中发挥决定性作用。"《决定》强调审判是刑事诉讼的中心环节，审前收集的证据及在此基础上进行的事实判断均须经过庭审的检验才能最终认定，发挥证据裁判在实现审判中心中的核心作用。习近平总书记对《决定》的说明指出："充分发挥审判特别是庭审的作用，是确保案件处理质量和司法公正的重要环节。""在司法实践中，存在办案人员对法庭审判重视不够，常常出

---

[1] 最高人民法院研究室编：《新刑事诉讼法司法解释理解与适用》，法律出版社 2013 年版，第 21 页。

[2] 边沁语，转引自杨波："证据裁判原则新论"，载《社会科学战线》2011 年第 5 期。

现一些关键证据没有收集或没有依法收集，进入庭审的案件没有达到'案件事实清楚、证据确实充分'的法定要求，使审判无法顺利进行。"〔1〕

《决定》提出推进以审判为中心的诉讼制度改革，"目的是促使办案人员树立办案必须经得起法律检验的理念……保证庭审在查明事实、认定证据、保护诉权、公正裁判中发挥决定性作用。这项改革有利于促使办案人员增强责任意识，通过法庭审判的程序公正实现案件裁判的实体公正，有效防范冤假错案产生"。〔2〕审判中心的提出旨在着力解决由于庭审虚化造成冤假错案频发的顽疾，其目的在于通过实现庭审的实质化，通过庭审中控辩双方充分参与并对证据充分质证，使法官的心证形成于法庭，为实体公正的实现创造条件，保障案件的公正处理。2015年2月，最高人民法院发布的《关于全面深化人民法院改革的意见——人民法院第四个五年改革纲要（2014-2018）》（以下简称《四五改革纲要》）明确提出："到2016年底，推动建立"以审判为中心"的诉讼制度，促进侦查、审查起诉活动始终围绕审判程序进行。""以审判为中心"是在十八届四中全会依法治国的大背景下对长期以来刑事诉讼"以侦查为中心"造成庭审虚化并且引发冤错案件进行反思的基础上提出的宏观制度设计，旨在改变侦查中心造成的"流水作业"的诉讼模式，审判以案卷笔录为中心，证人、鉴定人等不出庭导致庭审质证、认证的虚化从而造成错误事实认定的局面。同时，由于司法实践中"强势的公安、优势的检察、弱势的法院"造成法官审判权威的旁落以及司法公信力的降低，案结事不了，上访告状现象频发，这也是推进审判中心的重要背景之一。作为一项重要的刑事诉讼制度改革，审判中心可以从两个层面理解，第一，审判中心首先解决的是侦查、起诉以及审判的关系。公诉案件的整个刑事诉讼过程应以审判为中心，侦查、起诉应服务于审判并按照审判的要求和标准进行。第二，从审判环节来看，庭审尤其是第一审庭审无疑是审判的中心，所谓侦查、审查起诉的案件事实经得起法律的检验即为经得起庭审的检验，庭审无疑是审查证据和认定事实的唯一场所。庭审中心的实现需要以庭审实质化作保障，发挥庭审在认定证据、查明事实中的决定性作用，定案的证据应当形成于法庭，

---

〔1〕　习近平："关于《中共中央关于全面推进依法治国若干重大问题的决定》的说明"，载《理论学习》2014年第12期。

〔2〕　习近平："关于《中共中央关于全面推进依法治国若干重大问题的决定》的说明"，载《理论学习》2014年第12期。

由控辩双方在法庭上进行充分质证和辩论,法官的心证形成于法庭。审前证据只能是审前机关作出某种决定的依据,对审判没有任何预决的作用和功能。

以审判为中心是对我国刑事诉讼中长期以来形成的"以侦查为中心""刑事审判走过场、庭审虚化"、庭审本应发挥的以公开、直接言词的方式对案件事实正确认定的功能失灵、冤错案件不断出现的诉讼制度的深刻反思。从表面上看,"以审判为中心"主要解决刑事诉讼中侦查权、公诉权、审判权、执行权以及法律监督权的关系问题,但审判中心的实现以证据制度为突破口和重要抓手。证据是认定案件事实的基石,对案件事实的准确认定以科学的证据制度为前提,冤错案件出现的直接表现均为在证据的运用上出现根本性错误,具体表现为收集证据的片面性和偏向性、证据保管的粗放型、法庭上举证的单极化现象严重,法庭质证虚化,对证人、鉴定人、侦查人员等言词证据提供者或侦查行为实施者的质证演变为对书面证言等的质证,失去了质证的本来意义。法官认证虚化,法官难以独立审判案件造成最终有权对案件事实作出认定的并非直接参加法庭审理的法官。审判人员对证明标准的把握不当,存在人为降低证明标准的情况。因此,《决定》提出推进以审判为中心的诉讼制度改革时,并未过多强调如何处理审判机关与侦查机关以及检察机关的关系,也并未确立审判机关对审前强制性侦查行为的司法审查等体制,而是要求侦查、审查起诉的案件事实、证据经得起法律的检验。所谓经得起法律的检验即为经得起审判的检验。根据刑事诉讼一般原理,审判机关是有权认定被告人有罪的唯一机关,其他追诉机关并无定罪权。侦查、审查起诉对证据的审查判断以及对案件事实的认定仅具有程序性效果,其判断的正当与否必须接受审判的检验。审判对侦查、审查起诉阶段收集的证据和认定的案件事实检验的基本依据即为证据,庭审中通过证据裁判原则的贯彻,通过直接言词原则以及质证规则和具体证据规则的实施以实现庭审在认定证据、查明事实方面的决定性作用,通过体现正当程序的庭审活动实现对案件事实的准确认定,并最终发挥庭审在保护诉权、实现公正裁判中的决定性作用。刑事诉讼的整个活动均围绕证据进行,取证、举证、质证、认证贯穿侦查、审查起诉以及审判的整个过程。对于侦查和公诉机关而言,诉讼任务成败的标志在于其在审前收集并在庭审中提出的控诉证据的真实性和证明价值是否能够经得起辩方的质疑和辩驳,审前证据是否具备证据能力从而能不被排除出认定事实的证据体系之外。对于辩方而言,由于公诉案件公诉机关承担证明责任，辩方在刑事证明活动中更多处于消极防御的地位，因此，除了辩方主动收集证据之外，在庭审活动中，如何有效质疑控方证据，削弱乃致破坏控方的证据体系成为辩护活动的首要任务。因此，证据运用以审判为中心是审判中心实现的基本保障。

第一节　审判中心的界定

作为一种刑事诉讼制度模式理念的倡导，审判中心并非《决定》所首创。其实，审判中心的刑事诉讼理念长期以来受到刑事诉讼法学界的重视和推崇。1996 年修改《刑事诉讼法》进行庭审方式改革，旨在构建抗辩式的庭审结构，弱化审判人员的职权地位，强化控辩双方对审判的推进作用，其中案卷移送制度的变革、弱化法官在庭审调查中的职权地位、强化控辩双方对证据的质证等均是为了防止庭审走过场造成的庭审虚化而确立的应对举措。1996 年《刑事诉讼法》实施之后，孙长永教授提出我国刑事诉讼应建构以审判为中心的刑事诉讼结构；并对审判中心的含义和理论依据进行了论证，分析了我国与审判中心相背离的司法实践及原因，提出在我国构建审判中心的基本机制和体制。[1] 这一问题的研究具有重大的理论和现实意义，可以有效解决刑事诉讼中的深层问题，陈瑞华教授将现代法治社会的刑事诉讼程序归结为"以裁判为中心"的构造模式，而将中国目前的刑事诉讼概括为"流水作业"的诉讼构造。"以裁判为中心强调的是在刑事诉讼的纵向诉讼构造中，法院的裁判应处于中心地位，核心是法院的司法审查权应贯穿于刑事诉讼的整个过程，法院不但有权对审前活动的合法性进行审查，即在审前承担司法审查功能，而且记载着控方证据和结论的案卷材料，对法院不具有任何预决的法律效力，法官应通过举行直接和言辞辩论式的听审，就被告人是否有罪问题作出独立自主的裁判。"[2]

域外的刑事诉讼实践中，英美法系国家为判例法，法官有造法的功能，法院是法律帝国的首都，从其刑事诉讼法的规定以及刑事证据规则的规定来

---

〔1〕 孙长永："审判中心主义及其对刑事程序的影响"，载《现代法学》1999 年第 4 期。

〔2〕 陈瑞华：《刑事诉讼的前沿问题》，中国人民大学出版社 2000 年版，第 331 页。

看，均体现了审判的中心地位。美国的刑事证据规则以排除规则为主要内容，证据的采纳与排除由法院决定，法官依据证据规则排除不具证据资格的证据以实现对侦查以及起诉机关的制约功能。大陆法系的代表国家法国在大革命之后，审判亦不再附属于预审调查，依据预审调查的案卷材料对审判不起决定作用，审判成为诉讼过程的实质性阶段，法官只有在法庭上对证据进行直接审查之后才能作出判决。司法活动的中心从预审转向审判。[1]

一、审判中心的基本内涵

十八届四中全会《决定》提出推进"以审判为中心"的诉讼制度改革，界定审判中心的基本内涵是对审判中心基本制度分析论证的前提，关于审判中心的基本内涵，学界以及实务部门的理解并不完全一致。

从对审判中心现有的研究来分析，审判中心有狭义审判中心与广义审判中心之分。狭义审判中心与庭审实质化画等号，持此观点的学者认为在完整意义上的审判中心所要求的审判权对审前侦查行为的司法审查权、审前司法救济权、审前检察机关对侦查机关的引导等相关机制和制度未确立的前提下，尤其是公、检、法三机关的关系未发生根本性改变的情况下，所谓的审判中心其实质即是庭审实质化，《决定》对审判中心的基本要求其核心亦为庭审实质化。"审判中心指审判在公诉案件刑事诉讼程序中居于中心地位，只有经过审判才能对被告人定罪量刑。"[2] 最高人民法院院长周强对审判中心的解读是："审判中心就是要高度重视、切实发挥审判程序的职能作用，促使侦查程序和公诉程序始终围绕审判程序的要求进行，确保侦查程序和公诉程序的办案标准符合审判程序的法定定案标准，从源头上防止事实不清、证据不足的案件或者违反法律程序的案件带病进入审判程序，从而有效防范冤假错案，提高办案质量，节省诉讼资源，确保侦查、起诉的案件经得起法律的检验。"[3] 这一解释并未将审判中心局限于庭审实质化，而是通过审判阶段对证据的严格审查判断以实现对审前机关收集证据以及审查判断证据的倒逼功能。广义的"以审判为中心"将审判中心置于侦查、审查起诉以及审判三阶段公、检、

---

〔1〕 何家弘、刘品新：《证据法学》，法律出版社 2004 年版。
〔2〕 陈光中等："以审判为中心与检察工作"，载《国家检察官学院学报》2016 年第 1 期。
〔3〕 参见周强："必须推进建立以审判为中心的诉讼制度"，载 http://www.chinanews.com/fz/2014/11-14/6773264_2.shtml，2015 年 12 月 26 日访问。

法三机关的关系中理解。此意义上的审判中心主要涉及的是诉讼结构问题，包括合理确定公、检、法三机关的关系；在审前确立公诉引导侦查的诉讼机制；强制性的侦查行为需要经过司法审查；法院应发挥对程序性争议的裁决功能；确保法官独立并中立审理案件；实现庭审实质化等。

审判中心的内涵具有某种程度的模糊性和伸缩性，学界对此有认识上的分歧。关于以审判为中心的含义，目前学界存在"司法审判标准中心""审判活动中心""审判阶段中心""审判权中心""法院中心"等不同理解。观点一："'以审判为中心'的内涵和要求是控辩审三种职能都要围绕审判中事实认定、法律适用的标准和要求而展开，法官直接听取控辩双方意见，依证据裁判原则作出裁判。"〔1〕观点二："审判中心指确认指控犯罪事实是否发生、被告人应否承担刑事责任应当由法官通过审判进行；审判不是对侦查结果的确认，而是对被告人是否有罪进行实质意义上的审理，要求所有用作定案根据的证据都要在审判中提交和质证，所有与定罪量刑有关的事项都要经过法庭辩论，法官的判决必须完全建立在法庭审理的基础之上，被告人的辩护权及其他诉讼权利必须得到充分保障；通过建立公开、理性、对抗的平台，对证据进行审查，对指控进行判定，实现追诉犯罪的正当性和合法性；强调审判程序的终局性和权威性，侦查、起诉与审判的诉讼递进关系，法庭审理的正当程序与实质意义，以及审判对审前诉讼行为的指引与规范。"〔2〕观点三：审判中心指"司法审判标准中心"，即"从刑事诉讼的源头开始，就应当统一按照能经得起控辩双方质证辩论、经得起审判特别是庭审标准的检验，依法开展调查取证、公诉指控等诉讼活动。以审判为中心，其实质是在刑事诉讼的全过程实行以司法审判标准为中心，核心是统一刑事诉讼证明标准"。〔3〕观点四：审判中心指"审判活动中心"，即"以审判为中心应指以审判活动为中心，即在中立的法官主持下，在控辩双方及其他诉讼参与人的参加下，通过庭审的举证、质证及认证等环节认定案件事实，判定被告人的实体权益及重

---

〔1〕　樊崇义："'以审判为中心'与'分工负责、互相配合、互相制约'关系论"，载《法学杂志》2015 年第 11 期。

〔2〕　卞建林："应当以庭审为中心"，载《检察日报》2015 年 7 月 16 日。

〔3〕　参见沈德咏："论以审判为中心的诉讼制度改革"，载《中国法学》2015 年第 3 期。

大程序争议等问题的活动"。〔1〕观点五：审判中心指"审判阶段中心"，即"以审判为中心指的是在侦查、审查起诉和审判三者的关系中，以审判为中心。在刑事诉讼各阶段之间的关系上，审判是中心，侦查和审查起诉都是围绕着审判这一中心而展开的，审判对侦查和审查起诉具有制约和引导作用，侦查和审查起诉需要接受审判的检验"。〔2〕观点六："审判中心主义的含义是整个诉讼制度的建构和诉讼活动的展开围绕审判进行，审判构成整个诉讼流程的中心和重心，审判中控、辩、审三方结构成为诉讼的中心结构。"〔3〕观点七："审判中心是相对于刑事司法其他权力功能而言的，侦查、起诉与审判三种诉讼职能在刑事诉讼中的基本关系应当要求以审判为中心，从而要求侦查、起诉必须按照审判的要求进行。侦查、起诉活动应面向审判、服从审判的要求，同时发挥审判在认定事实、适用法律上的决定性作用。"〔4〕

司法审判标准中心说从证据的角度论证审判中心，着重强调审前的证据收集活动以及对证据的审查判断均应以审判为标准，明确提出审前移送审查起诉以及检察机关决定提起公诉时应坚持与法院作出有罪判决相同的标准。审判活动中心的核心观点是审判活动具备基本的刑事诉讼三方构造，同时在其他诉讼参与人的参加下，审判活动中控辩双方才能充分举证、质证、辩论、发表意见，为被追诉人提供司法保障，同时审判活动既包括审判阶段的审判活动，也包括审前的司法审查活动。

以上关于审判中心含义界定的各种观点虽表述不同，但并不存在根本性的分歧。以下观点学者能够达成共识：其一，审判中心指以审判权行使为核心阶段的审判阶段或庭审阶段为中心，由于我国至今还未建立庭前对侦查活动的司法审查，审判中心即是以法庭审理活动或庭审为中心。其二，审判中心的实现需要控辩审三方的共同参与，即审判中心以法官居中裁判，控辩双方平等对抗为基本表征。其三，审判中心的基本要求是审前活动应面向审判并服务于审判，审前证据的收集以及审查应以审判为标准，质言之，审前提

---

〔1〕 参见闵春雷："以审判为中心：内涵解读及实现路径"，载《法律科学（西北政法大学学报）》2015年第3期。

〔2〕 参见张吉喜："论以审判为中心的诉讼制度"，载《法律科学（西北政法大学学报）》2015年第3期。

〔3〕 张建伟："审判中心主义的实质内涵与实现路径"，载《中外法学》2015年第4期。

〔4〕 龙宗智："以审判为中心"的改革及其限度，载《中外法学》2015年第4期。

起公诉的证据标准与审判作出有罪判决的标准应当相同。在此基础上，有一种观点值得关注和讨论，即在目前的诉讼体制和刑事诉讼框架内，审判中心仅具有技术性的意义。[1] 公、检、法三机关的关系和权力配置格局并未发生根本性改变，检察机关的审判监督权力依旧存在以及依然存在制约审判独立的政治性因素，因此，技术型的审判中心只能内化为庭审中心，各项制度设计应以实现庭审实质化为直接目标。笔者持相同的立场，从以审判为中心提出的背景来看，审判中心主要是为了解决司法实践中"侦查中心"造成的庭审虚化、辩方不能有效参与导致冤错案件频发以及造成司法公信力不强的问题。因此，审判中心的核心应是庭审中心，即只有在审判阶段经过开庭，在控辩双方的实质性参与下，贯彻直接言词原则、裁判者亲历审判，才能作出实质性的裁判。

"以审判为中心"强调刑事诉讼的各个环节均应围绕审判的事实认定、法律适用的标准和要求进行指控和辩护，强调取证、举证最后都要落到审判环节的质证、认证上来。"[2] 要以刑事诉讼法规定的证据规则、证明标准为指引。以审判为中心并非仅强调法院的作用，而是要求公检法三机关以及律师的共同努力，尤其是要求审前公、检机关的活动均围绕审判进行，围绕审判对证据的证据能力和证明力的要求以及以确实、充分的证明标准为标尺，保障辩护律师充分参与刑事诉讼并发挥实质性的辩护作用。

二、审判中心适用的范围与边界

审判中心只有在刑事公诉案件中才有讨论的必要，对于行政诉讼案件、民事诉讼案件以及刑事自诉案件，符合立案条件的法院直接启动审判，不存在审前的侦查和审查起诉等专门程序，诉讼即审判，审判即中心，诉讼活动当然是以审判为中心的。

审判中心作为一种刑事诉讼理念，强调审前侦查机关收集、保全、保管证据、审查起诉机关审查判断证据均应面向审判，依据审判对证据的要求收集和审查判断证据，严禁采用非法的手段和程序收集证据，收集证据严格依法进行，并且满足证据的形式要件，完善证据的保管链条，因此适用于整个进入刑事诉讼程序的案件。但审判中心并不必然要求所有案件均需进入审判

---

〔1〕　龙宗智："'以审判为中心'的改革及其限度"，载《中外法学》2015年第4期。
〔2〕　高贵君："切实贯彻证据裁判原则　坚决防范冤假错案"，载《人民法院报》2015年5月13日。

程序，审前对证据的严格把关是审判中心实现的保障，审前的案件分流与审判中心的诉讼理念并不相悖。

审判中心的核心是庭审中心，要求实现庭审实质化，此意义的审判中心则有其适用的案件范围。庭审实质化要求严格的法庭调查和法庭辩论，要求贯彻证据裁判原则、直接言词原则，适用严格证明。证人、鉴定人等言词证据的提供者应出庭作证，所有的证据都必须在法庭上出示并经过控辩双方的质证才能成为法官判决的依据。严格的庭审实质化以普通程序为其程序载体，并非所有公诉案件均需适用普通程序审理，对于被告人认罪认罚的案件以及简单轻微的刑事案件，由于被告人已经认罪认罚，对控方指控的犯罪事实以及基本证据不存异议，在此情况下，一味强调严格按照庭审实质化要求的对所有的证据均进行严格证明则非但没有必要，如果要求严格审理，反而可能浪费宝贵的庭审资源。2012 年《刑事诉讼法》规定基层人民法院对被告人认罪的案件事实清楚、证据确实充分并且被告人同意的可以适用简易程序审理。此类案件的法庭调查以及法庭辩论程序均可以简化，无需严格贯彻以审判为中心所要求的庭审实质化的各项制度，对控辩双方无异议的证据，举证和质证简化，由于控辩双方对影响定罪的证据无异议，因此证人、鉴定人并无出庭的必要。十八届四中全会《决定》指出"完善刑事诉讼中认罪认罚从宽制度"，以促进实现案件的繁简分流。《四五改革纲要》提出："完善刑事诉讼中认罪认罚从宽制度。明确被告人自愿认罪、自愿接受处罚、积极退赃退赔案件的诉讼程序、处罚标准和处理方式，构建被告人认罪案件和不认罪案件的分流机制，优化配置司法资源。"《最高人民检察院关于深化检察改革的意见（2013-2017 年工作规划）（2015 年修改版）》指出："开展刑事案件速裁程序试点工作，完善刑事案件速裁机制，建立完善对刑事案件速裁程序的法律监督机制。推动完善认罪认罚从宽制度，健全认罪案件和不认罪案件的分流机制。""在特定的时间点上，一个国家的刑事司法资源是恒定的，对刑事司法实践中的所有案件都平均用力，可能导致重大的被告人不认罪的案件质量得不到保证。"[1] 为了提高审判效率，将审判资源集中用于审理重大、复杂、疑难等被告人不认罪的案件，2014 年 6 月全国人大常委会授权在北京、上海、广州等 18 个城市开展刑事案件速裁程序试点工作。试点法院适用速裁

---

〔1〕 汪建成："《刑事诉讼法》的核心观念及其认同"，载《中国社会科学》2014 年第 2 期。

程序审理危险驾驶、轻伤害等微罪案件，总结了成功的经验。适用速裁程序审理案件期限大大缩短，省略法庭调查和法庭辩论，一般实行当庭宣判，大大提高了审判效率。2018 年《刑事诉讼法》修改，认罪认罚从宽上升为正式的法律规定，同时速裁程序入法，因此，适用简易和速裁程序审理的案件，由于被告人已经认罪，控辩双方对证据很少有争议，因而不必严格按照实质化庭审所要求的直接言词等原则进行。

三、审判中心与相关制度的关系

（一）审判中心与"分工负责、互相配合、互相制约"的关系

"分工负责、互相配合、互相制约"是《宪法》和《刑事诉讼法》对刑事诉讼中公检法三机关关系的界定。分工负责指三机关各自行使诉讼职能，不得僭越；互相配合强调的是刑事诉讼进程的推进需要三机关通力合作，为了共同完成刑事诉讼的任务，三机关在刑事诉讼中不得互相掣肘。互相制约是指三机关在分工负责、互相配合的基础上，在严格按照刑事诉讼法履行职责的基础上，应对其他机关发生的错误和偏差予以纠正，以达到互相约束和防止不受制约的权力走向腐败的目的。刑事诉讼法要求三机关配合的本意是三机关严格依法履行职责。[1]

推进以审判为中心的诉讼制度改革，需要重新审视三机关分工负责、配合制约原则的内容。关于"以审判为中心"与"分工配合制约"的关系，理论界出现了截然不同的两种观点。一种观点认为，审判中心与三机关配合制约的原则有内在冲突，在三机关分工负责、配合制约原则不发生根本性改变的前提下，不可能实现真正意义上的审判中心。审判中心要求审判权有效制约侦查以及公诉权，审判机关中立且独立作出对证据的取舍以及对案件事实的最终认定，而分工负责以及相互配合制约必然使审判难以树立权威，难以真正实现审判中心。龙宗智教授指出："'以审判为中心'与'分工负责、互相配合、互相制约'原则属于不同的诉讼构造与诉讼关系。三机关分工负责，各管一段表明侦、诉、审之间是并列、平行的关系，三机关需要'相互配

---

〔1〕　对公安机关提请批准逮捕案件，检察机关应积极审查，并在法定期限内作出相应的处理决定。对检察机关和审判机关决定逮捕的案件，公安机关应依法执行逮捕，不得拒绝，应积极补充相关证据，不得消极应对，敷衍了事。

合',审判的中心意识与独立性、权威性不复存在。分工配合制约是建立"以审判为中心"诉讼制度的最大制度障碍。"[1] 亦有学者指出,三机关的关系也确实有不合理之处,主要表现在"将国家权力平行互动的单面关系,取代刑事诉讼中控辩审'三方组合'的构造与功能"。[2] "若不触及诉讼阶段论,不进行上述制度、关系的调整,审判中心主义只是一句口号,审判恐怕'中心'不起来。"[3] 另一种观点则认为两者并不存在根本性的矛盾。"以审判为中心不是颠覆分工负责、互相配合、互相制约,亦即'中心论'与'阶段论'是辩证的统一,二者并不矛盾。"[4] 但承认司法实践中对此原则的理解与执行出现偏差,尤其是三机关过度配合,严重冲击了三机关之间的制约功能,造成了案件的错误处理,主张根据审判中心的实质内核对三机关的关系进行符合刑事诉讼规律的解读。

党的十八届三中全会通过的《中共中央关于全面深化改革若干重大问题的决定》提出要"优化司法职权配置,健全司法权力分工负责、互相配合、互相制约机制"。习近平总书记在《决定》说明中也就"推进以审判为中心的诉讼制度改革"特别强调:"充分发挥审判特别是庭审的作用,是确保案件处理质量和司法公正的重要环节。我国刑事诉讼法规定公检法三机关在刑事诉讼活动中各司其职、互相配合、互相制约,这是符合中国国情、具有中国特色的诉讼制度,必须坚持。"因此,以审判为中心不能颠覆"公、检、法三机关分工负责、互相配合、互相制约"这一《宪法》和《刑事诉讼法》规定的基本原则,而应是在坚持此原则的基础上突出审判在刑事诉讼中的中心地位。实践操作中应正确理解并以审判为中心来执行分工配合制约原则,刑事诉讼运行中三机关的制约配合均应贯彻以审判为中心,按照审判中心的要求进行。以审判为中心为三机关配合制约指明方向,无论是配合还是制约均是有条件的,并有主次之分。

相互配合指的是侦检配合,侦查机关收集证据的侦查活动应与检察机关相配合,为检察机关控诉服务,形成大控方的诉讼格局。互相配合应理解为

---

〔1〕 龙宗智:"'以审判为中心'的改革及其限度",载《中外法学》2015 年第 4 期。

〔2〕 陈光中、龙宗智:"关于深化司法改革若干问题的思考",载《中国法学》2013 年第 4 期。

〔3〕 张建伟:"审判中心主义的实质与表象",载《人民法院报》2014 年 7 月 25 日。

〔4〕 樊崇义:"'以审判为中心'与'分工负责、互相配合、互相制约'关系论",载《法学杂志》2015 年第 11 期。

侦查机关对公诉机关以及审判机关的配合，侦查机关收集以及保全证据的目的并非仅为获得对嫌疑人采取强制措施和能够移送审查起诉，成功侦查的检验标准应是侦查人员收集的证据能够在庭审阶段不被排除，能够被审判人员采纳和采信，公诉人员根据侦查人员收集的证据获得追诉的成功。这就要求侦查机关应主动配合公诉机关，实现公诉机关对侦查机关的引导，对侦查人员收集证据的方式进行指导和监督。实现大控诉的格局，审判中心必然会增强控辩双方的对抗性，庭审不再是对侦查笔录的简单确认，而是经过充分有效的举证质证，这将会使庭审充满不确定性，更加要求控诉的有效性以及准确性，对侦查机关与公诉机关的有利配合提出了更高的要求。除此之外，侦查机关对公诉机关的配合还体现为庭审中启动非法证据排除程序的，如果需要侦查人员出庭作证，证明取证的合法性，无论是公诉人员还是审判人员提出要求，参与案件侦查的侦查人员均应主动配合。

　　同样，制约并非不分主次、平分秋色的相互制约。互相制约从字面意义上看，并无主次和先后之分，后一阶段可以制约前一阶段，前一阶段也可以制约后一阶段，但从刑事诉讼运行规律理解，"互相制约只能理解为后一诉讼机关制约前一诉讼机关，审判中心要求的制约应为逆向制约，即后一阶段的诉讼活动要制约前一阶段的诉讼活动"。[1]从司法规律上说，公检法的制约关系主要是一种递进制约关系，它们之间的职能关系不应当是平行的，而应当是起伏的。后一阶段的诉讼活动要制约前一阶段的诉讼活动，侦查、起诉不符合审判的要求，达不到定罪的标准时，要服从审判机关的裁决。[2]具体而言，检察机关对侦查机关的制约体现为有权排除侦查机关收集的非法证据以及对侦查人员证据收集存在瑕疵的情形，有权要求侦查人员予以补正或者作出合理解释。同时，对于侦查机关移送审查起诉的案件，检察机关并非必须作出起诉决定，对于事实不清、证据不足的，检察机关有权作出存疑不起诉的决定。审判机关对控诉机关的制约体现在以下方面：首先，通过排除非法取得的指控被告人有罪的证据，对审前的证据收集以及审前对证据的有效审查进行制约和倒逼；其次，对于公诉案件，经过公开的庭审，在控辩双方

---

　　[1]　顾永忠："'以审判为中心'是对'分工负责、互相配合、互相制约'的重大创新和发展"，载《人民法院报》2015年9月2日。

　　[2]　顾永忠："'以审判为中心'是对'分工负责、互相配合、互相制约'的重大创新和发展"，载《人民法院报》2015年9月2日。

充分举证、质证的基础上，审判人员对证据进行证据能力和证明力的审查，对全案证据依据逻辑推理和经验判断进行综合审查，如果认为控诉机关构建的证明体系不完整，证据链条出现断裂，不能得出被告人有罪的唯一结论时，应作出存疑的无罪判决。

三机关配合制约的最终指向应是以审判为中心。强调三机关配合制约时应进一步保障辩护职能的发挥。典型的刑事诉讼结构是一种三方结构，即中立的裁判者在控辩双方的参与下，通过理性、充分的辩论和说理活动，直接听取控辩双方的意见作出裁判。2018年《刑事诉讼法》修改之前，我国刑事诉讼的辩护职能不发达，全国范围内有辩护人的案件占全部刑事案件不到30%，法律援助范围较小。为有效保障辩护权，2018年《刑事诉讼法》扩大了法律援助的范围，确立值班律师制度，实现刑事辩护的全覆盖。但值班律师的身份并非辩护人，不提供出庭辩护等服务。同时辩护人参与刑事诉讼依然面临障碍，2012年《刑事诉讼法》有效解决了辩护律师会见难、阅卷难的问题，但辩护律师调查取证以及获取有利于被告人的证据，辩护律师意见的听取和采纳成为辩护中的新障碍，公检机关一定程度上依然存在对辩护律师的排斥心理。因此，构建"以审判为中心"的刑事诉讼结构，在赋予三机关分工负责、配合制约新含义的基础上，应充分保障辩护职能的发挥，认识到辩护人的充分参与是实现审判中心的重要保障，也是实现庭审实质化不可或缺的组成部分。

（二）审判中心与侦查中心的关系

侦查中心是对我国传统刑事诉讼构造的描述，指在侦查、审查起诉以及审判三阶段的关系中，侦查成为刑事诉讼的中心，审查起诉以及审判环节通常难以纠正侦查错误，审判并非对被告人定罪量刑的实质环节，庭审中举证、质证以及认证均呈现出虚化的状态，审判机关很难否定侦查机关认定的结论，决定被告人命运的并非审判，而是侦查。"在'流水作业'的纵向诉讼构造中，侦查阶段制作的案卷笔录几乎没有任何阻力地进入法官的视野并成为法官决策的重要依据，事实上侦查程序成为决定被告人罪责的核心，即'侦查中心主义'。"[1]

侦查中心导致侦查机关拥有追诉犯罪的绝对权力，侦查行为几乎不受外

---

〔1〕 陈瑞华：《刑事诉讼的前沿问题》（第3版），中国人民大学出版社2011年版，第267页。
孙长永：《侦查程序与人权——比较法考察》，中国方正出版社2000年版，序第5页。

部制约。除了逮捕需要检察机关批准外，侦查机关可以自行决定并采取各种强制措施和强制性侦查行为，无需受到中立的司法审查。侦查处于绝对的强势地位，审查起诉和审判难以发挥对侦查的制约作用，有罪的侦查结论一旦形成，尤其是犯罪嫌疑人被采取逮捕措施的，检察机关一般均会作出起诉的决定。对于公诉案件，审判机关倾向于采纳控方提出的证据和诉讼主张，经过法庭审理，即使认为指控的证据不足，也不会轻易作出无罪判决。"以侦查为中心"直接造成审查起诉的形式化和庭审的虚化。侦查阶段形成的案卷笔录在庭审过程中起决定作用，除被告人外，证人、鉴定人等言词证据提供者一般不出庭，法庭上公诉方通过宣读证人证言笔录、被害人陈述笔录、鉴定意见书等书面笔录进行举证，庭审质证以笔录类证据为对象，致使法庭沦为对侦查机关所认定案件事实的确认场所。

侦查中心要求刑事司法体系对侦查予以高度信任，强调定罪的效率并容忍可能出现的错误。而治罪的热情必然影响对案件事实的理智判定，高效率的定罪必然以一定的错误判决为代价。侦查中心意味着以刑事治罪程序代替正当法律程序，通常仅以控诉证据作为认定被告人有罪的基础，控方的单方主张即相当于事实结论，正当法律程序要求的以三方诉讼构造为基础的法官兼听、控辩双方互相辩论以及被追诉者对控方证据的充分质证等失去存在的空间，增加了事实误判的可能性。

侦查中心表现之一是案卷笔录中心。[1] 侦查阶段形成的案卷笔录在公检法三机关之间依次传递，证据的证据能力较少受到审判机关的审查，非法证据排除规则等证据能力规则很难真正贯彻，审查起诉机关尤其是审判机关对侦查行为和侦查过程的制约作用极为有限。法庭审判形式化现象比较严重，审判以案卷笔录为主要对象，对证据的质证表现为对控方向法庭提交的各种笔录证据的质证，由于证人、鉴定人等相关人员不出庭，不但被告人的质证权无法保障，通过有效质证实现发现案件真实的功能基本无法发挥，因此法官的心证并非直接形成于法庭，而是来源于侦查阶段形成的案卷材料，庭前或庭后阅卷成为法官心证形成的重要途径。"侦查证据卷是将侦、诉、审有机联系起来的关键。在各类卷宗中，对案件的实体处置发挥实质性作用的也正

---

[1]　参见陈瑞华："案卷笔录中心主义——对中国刑事审判方式的重新考察"，载《法学研究》2006 年第 4 期。

是证据卷。"〔1〕

侦查中心表现之二是口供中心。口供中心指刑事诉讼过程中从收集证据、审查判断证据到对案件事实的最终认定均以口供为中心，口供在证据体系中扮演至关重要的角色，"法庭审理以讯问被告人为中心，庭审调查以印证或驳斥被告人的供述为主线"，〔2〕在口供前后不一致或被告人当庭翻供时，通常会采纳庭前有罪供述或在相矛盾的供述中选取对被告人最为不利的那一份。口供中心的司法传统不但造成刑讯逼供等非法取供屡禁不绝，被追诉者权益无法保障，由于口供的不稳定以及易错性，更是导致刑事诉讼中冤假错案不断出现。

我国的无罪判决率极低与侦查中心有极其密切的关系。〔3〕正是在对口供中心和案卷笔录中心为表征的侦查中心反思的基础上，《决定》提出构建"以审判为中心"的诉讼制度，发挥审判尤其是庭审在审查证据、认定事实、保护诉权中的核心作用。审判中心的实现必然要求构建与侦查中心之案卷笔录中心、口供中心等完全不同的诉讼制度和证据制度。适当限制笔录证据在法庭上的运用，贯彻直接言词原则，证据的收集和审查判断应以实物证据等客观性证据为中心，淡化口供在刑事证据中的作用。

（三）审判中心与审前程序的关系

在一定意义上讲，"证据法对侦查起诉阶段有关证据运用的行为采取的是一种间接调整。证据法还可以被看作是法院在审判案件时所适用的一套评价体系，而侦查和起诉活动则要依照这套体系展开"。〔4〕审判中心要求审前侦查机关与审查起诉机关收集证据、审查判断证据应以审判阶段对证据的审查判断为标准，以审判的要求和标准进行，面向审判、服务于审判并服从审判。

---

〔1〕 左卫民："中国刑事案卷制度研究——以证据案卷为重心"，载《法学研究》2007年第6期。

〔2〕 参见闫召华：《口供中心主义研究》，法律出版社2013年版，第18页。

〔3〕 我国法院的无罪判决率较低。2008年至2012年，全国法院共判处各类刑事案件被告人5 239 749人，其中宣告无罪5196人，无罪判决率为0.10%。其中，公诉案件无罪判决率为0.05%，自诉案件无罪判决率为5.59%。2012年人民法院共宣告无罪727人，比2008年下降47.05%，五年来年均下降14.70%。其中公诉案件无罪率下降15.26%，自诉案件年均下降14.17%。2014年最高人民法院工作报告指出，2013年各级人民法院审结一审刑事案件95.4万件，判处罪犯115.8万人，依法宣告825名被告人无罪，无罪判决率为0.07%。参见马剑："人民法院审理宣告无罪案件的分析报告——关于人民法院贯彻无罪推定原则的实证分析"，载《法制资讯》2014年第1期。

〔4〕 汪建成：《理想与现实——刑事证据理论的新探索》，北京大学出版社2006年版，第300页。

但审判中心并非否定审前程序的作用，相反，审判中心的实现以充分的审前证据收集、固定、保全为前提。作为刑事诉讼的第一道工序，侦查是收集、保全和固定证据的关键环节，"公正始于侦查，如果侦查机关在搜集、固定证据时偏离了公正要求，案件就不会有公正的结果"。[1]审判中心的实现要求夯实侦查的基础性工作，侦查的目的和任务并不仅是为了破案，而是为了实现在法庭上追诉犯罪的成功，根据证据裁判原则，控诉主张要得到裁判者的支持，必须依据具有证据资格并与案件事实有关联性的证据，侦查人员应将依法全面收集证据作为侦查工作的核心。侦查机关查明犯罪事实并不等于追诉犯罪的成功，查明犯罪事实只是侦查机关的自我认知，但司法证明与查明属于完全不同的概念，与查明案件事实不同的是，控诉机关证明案件事实的过程需要经受辩护方的质疑和挑战，审判人员不但要审查证据的证明力，更要依照证据规则审查控方提交证据的证据能力，并依法排除不具备证据资格的非法证据，因此侦查机关查明案件事实并非意味着法庭证明必然成功，审判中心对审前程序提出了更高的要求。

首先，侦查机关不能单纯以破案为目的，收集证据应客观全面。侦查人员收集证据时应客观全面，尤其应打破"有罪推定"的思维定式和管状视野，既要收集各种不利于犯罪嫌疑人的证据，也要收集有利于犯罪嫌疑人的证据，尤其是可能证明犯罪嫌疑人无罪的证据应依法收集。全面收集犯罪现场遗留的各种痕迹物证，命案的犯罪现场更应仔细勘验和检查，防止由于证据收集不全造成案件事实的错误认定。

其次，转变侦查取证模式，从"口供中心"转变为"客观性证据中心"。口供中心的取证模式是"有罪推定"的错误理念之产物，其表现为收集证据以口供为中心，疏于收集其他客观性证据，定罪主要依靠口供。已经发现的多起冤错案件，在缺少直接指向被告人实施犯罪的关键实物证据，同时缺乏证人证言等其他证据的情况下，主要依靠口供定案。司法实践中的口供中心或唯口供论不但造成错误认定案件事实的隐患，而且造成刑讯逼供、威胁、引诱、欺骗等非法取供行为屡禁不止。因此，"应加快实现从'由供到证'到'由证到供''以证促供''供证结合'的模式转变，弱化口供对案件侦查的

〔1〕"中央司改办负责人姜伟就司法体制改革答记者问"，载 http://www.chinapeace.gov.cn/2014-10/31/content_ 11148386.shtml，2016 年 2 月 5 日访问。

决定作用"。[1]加强对客观性证据的收集，故意杀人、强奸等案件，应收集现场遗留的可能与犯罪嫌疑人有关的指纹、血迹、精斑、毛发等实物证据。客观性证据具有稳定性以及可靠性强的特征，关键的客观性证据能够发挥证明犯罪事实的核心作用。

再次，侦查机关收集证据时应严格遵守法定的程序和手段，不得采取非法的手段获取有罪证据，尤其是不得以刑讯逼供等非法方法获取嫌疑人口供和以暴力等方法取得证人证言等言词证据，不得以非法搜查、扣押等手段获取实物证据。证据收集的时间、地点、见证人等均应在笔录中完整记录，不应存在技术上的瑕疵。已经暴露的冤错案件几乎都能找到刑讯逼供的影子。

复次，审查起诉机关应对证据严格把关。对于侦查机关移送的案件，公诉机关从案件事实认定是否正确和在卷证据是否依法取得，证据是否确实充分，证据之间有无无法排除的矛盾，综合全案证据能否证明犯罪事实的角度进行综合审查。检察机关应监督侦查人员依法收集证据，审查批捕和审查起诉环节，应对证据的合法性进行审查并依法排除非法证据。

最后，为了确保侦查机关收集的证据能够经得起审判的检验，应加强审前公诉机关对侦查机关的引导与监督，确立检察引导侦查的新机制。加强侦诉协作，"侦诉协作是指侦查机关和公诉机关为了更好地履行指控犯罪的职能，而在侦查和起诉过程中相互紧密配合协作而形成的诉讼关系"。[2]公诉人员在法庭上直接接受辩方的质证和裁判者对其证据的审查判断，其证据意识和法治意识更强，因此，实现检察引导侦查的机制能够更好地确保侦查人员依法收集和保管证据，避免由于侦查人员收集的有罪证据因非法或有重大瑕疵被排除后造成无法定罪从而放纵罪犯的危险。2015年6月，最高人民检察院召开全国检察机关第五次工作会议，为适应以审判为中心的诉讼制度改革，强调建构以证据为核心的刑事指控体系和新型的诉侦、诉审和诉辩关系，更好发挥诉前指导、审前过滤、庭审指控、人权保障、诉讼监督的作用，推动繁简分流，确保审查起诉的案件事实证据经得起法律的检验。

以审判为中心与审前公诉机关行使公诉裁量权进行不起诉分流并不矛盾。以审判为中心的核心是庭审实质化，其直接要求是侦查、审查起诉环节均应

---

〔1〕 王守安："以审判为中心的诉讼制度改革带来深刻影响"，载《检察日报》2014年11月10日。
〔2〕 陈朴生：《刑事证据法》，三民书局1979年版，第13页。

以审判为目标、面向审判，以审判对证据能力的要求以及审判的证明标准把握侦查和起诉行为，但并不意味着进入侦查和审查起诉程序的案件就必须经过法庭审判，审前进行合理的程序分流是审判中心实现的前提。

（四）审判中心与庭审实质化的关系

以审判为中心与庭审实质化的关系是研究审判中心下证据运用的关键问题。审判中心调整的外部关系是审判与侦查以及起诉的关系，审前程序只是为审判作准备而已，不能决定审判的结果更不能代替审判，被告人的定罪以及刑事责任问题只能在审判阶段通过实质性的庭审在控辩双方的充分参与下才能最终认定。同时审判中心亦调整审判机关内部的关系，强调庭审尤其是第一审庭审在审判中的中心地位。庭审中心的实现以庭审实质化为基本特征，如果庭审虚化的现状不加改变，庭审不能真正发挥定罪量刑的决定性作用，被告人的定罪量刑问题不是由负责庭审的审判人员决定，而是取决于审前侦查人员与公诉人员的认识，则审判中心则根本不可能实现。庭审实质化是审判中心实现的基本保障，也是审判中心诉讼制度改革的最佳切入点。"庭审实质化是以审判为中心的诉讼制度改革的重要内容，其基本目标是保证庭审在查明事实、认定证据、保护诉权、公正裁判中发挥决定性作用。实现诉讼证据质证在法庭、案件事实查明在法庭、诉辩意见发表在法庭、裁判理由形成在法庭。"〔1〕"无论是为了实现实体公正和程序公正，还是落实权责一致的办案责任制，均要求被告人的刑事责任在审判阶段通过庭审方式解决，这是刑事庭审实质化的要义，也是以审判为中心诉讼制度改革的落脚点。"〔2〕"以庭审为中心是以审判为中心的逻辑推演。"〔3〕

庭审以对证据的举证、质证以及法官的认证为中心，庭审实质化直接体现为庭审中证据运用的实质化，质证是认证的基础，也是法庭调查的基本方式，实现质证的实质化是庭审实质化的核心要求。庭审实质化应有六项具体改革措施：一是要建立健全认罪认罚从宽制度；二是要完善繁简分流制度；三是要扩大适用法律援助制度；四是要落实证人、鉴定人出庭作证制度；五是要更加重视推进一审庭审实质化；六是要完善相关配套制度。

---

〔1〕 龙宗智："庭审实质化的路径和方法"，载《法学研究》2015 年第 5 期。

〔2〕 汪海燕："论刑事庭审实质化"，载《中国社会科学》2015 年第 2 期。

〔3〕 龙宗智："庭审实质化的路径和方法"，载《法学研究》2015 年第 5 期。

2013 年 10 月召开的第六次全国刑事审判工作会议正式提出了庭审中心，[1] 2013 年 10 月《最高人民法院关于建立健全防范刑事冤假错案工作机制的意见》中重申"审判案件应当以庭审为中心"。最高人民法院颁布的《关于加强新时期人民法院刑事审判工作的意见》要求："牢固树立庭审中心理念，突出庭审的中心地位，全面落实直接言词原则、辩论原则、居中裁判原则、公开审判原则，充分发挥庭审的功能作用，真正做到事实调查在法庭、证据展示在法庭、控诉辩护在法庭、裁判说理在法庭，通过庭审查明案件事实，确保司法公正，维护司法权威。"十八届四中全会《决定》指出："推进以审判为中心的诉讼制度改革，……保证庭审在查明事实、认定证据、保护诉权、公正裁判中发挥决定性作用。"《决定》在提出推进以审判为中心的刑事诉讼制度改革时，特别强调庭审对实现审判中心的核心作用。

审判中心并不完全等同于庭审中心，二者有所区别。首先，二者的关注点不同。庭审中心的提出旨在解决法院内部的关系，其核心是实现庭审的实质化和发挥庭审对于定罪量刑的核心功能，解决的是庭审中直接言词原则难以贯彻，庭审举证、质证以及认证的虚化问题。审判中心着眼于解决我国刑事司法实践中侦查成为事实上的中心，诉讼构造错位，侦查决定审判结果以致架空审判，从而导致冤错案件不断发生的问题。其次，二者的适用范围不同。庭审中心有其严格适用的案件范围。庭审为中心必然要求庭审实质化，贯彻证据裁判原则、直接言词原则以及被告人对质权等基本权利的严格保障，因此其适用于被告人不认罪的案件以及被告人虽然认罪但属于重大、疑难、复杂的案件。审判为中心适用于所有进入刑事诉讼程序的案件，即公安检察机关办理案件应严格按照审判的要求和标准进行，树立服务审判的意识，侦查收集的证据、审查起诉认定的事实必须接受审判检验。需要强调的是，审判中心不仅是一项诉讼制度，更是一种诉讼理念，审判中心的建构并非要求所有案件均需经过审判的检验，即有侦查并不必然有起诉和审判，审前对案件作出相应的终结处理与审判中心并不矛盾。

同时，庭审与审判的关系又决定二者互相促进、互相保障。审判并不等于庭审，审判由一系列活动组成，除了庭审活动之外，还有各种庭下活动，

---

[1] 审判案件以庭审为中心，事实证据调查在法庭，定罪量刑辩论在法庭，裁判结果形成于法庭，全面落实直接言词原则，严格执行非法证据排除制度。

庭前或庭后的阅卷，重大疑难复杂案件审委会对案件事实和法律适用问题的讨论及决定等亦属于广义的审判活动。但审判必须以庭审为中心，庭审的公开性、透明性、多方参与性、庭审活动本身体现的程序公正决定其是审判的核心环节，是决定被告人是否有罪的唯一场所。审判应以庭审为中心，不能以庭外的阅卷和请示汇报等为中心。

以审判为中心重在确立审判在刑事诉讼各阶段的中心地位，但审判中心的实现以庭审为中心作为重要保障，以庭审为中心是审判中心实现的必要条件。2014年12月召开的"审判中心与直接言词原则研讨会"，对二者的关系得出以下结论："刑事诉讼应当以审判为中心，审判应以庭审为中心，庭审应以质证为中心，完善质证程序必须贯彻直接言词原则，直接言词原则有利于保障程序的正当性，有利于发现实体真实。"[1]以庭审为中心是以审判为中心实现的基础和保障，是实现审判中心的突破口和重要抓手，以审判为中心的实质和核心是以庭审为中心。只有"充分发挥审判对侦查、起诉的制约和引导作用，只有审判成为刑事诉讼的重心，以庭审为中心才有可能实现"。[2]以庭审为中心的重点是以一审庭审为中心，充分发挥初审法院在查明案件事实方面的基础性和决定性作用。

推进以审判为中心的刑事诉讼制度改革，实现庭审的实质化，核心在于审判阶段对证据充分进行法庭调查，控辩双方举证、质证以及审判人员认证的实质化，实现证据运用的实质化和科学化，在程序公正的前提下最大限度实现实体公正。"以庭审为中心"的实现必然要求庭审实质化，全面贯彻落实证据裁判原则和直接言词原则，严格证据之证据能力的审查，执行非法证据排除制度，判决结果真正建立在庭审中控辩双方的举证、质证以及充分辩论基础上，而非通过庭外的阅卷形成判决结论。审前证据笔录不应对裁判结果产生预决作用，定罪量刑的事实和证据应经过充分的法庭调查和法庭辩论，审判人员应在当庭听取控辩双方举证、质证的基础上形成裁判结果，杜绝审判人员庭前通过阅卷形成预断和庭后请示汇报以及将案件提交审委会讨论形成最终的判决结果。

---

〔1〕"'审判中心与直接言词原则研讨会'成功举办"，载 http://www.lawinnovation.com/html/xjdt/13204.shtml，2016年1月23日访问。

〔2〕许克军："'以庭审为中心'与'以审判为中心'关系辨析"，载《人民法院报》2015年6月4日。

（五）审判中心与庭前会议的关系

庭前会议是 2012 年《刑事诉讼法》新增的诉讼制度，旨在防止因控辩双方在开庭期间提起程序争议导致庭审被频繁打断，影响案件的集中审理。庭前会议的主要功能是通过在庭前集中解决可能影响庭审顺利进行的程序性问题，解决管辖异议、回避、出庭证人名单、是否不公开审理等程序性争议，同时处理是否提供新证据、是否申请调取有利于被告人的证据材料、是否申请非法证据排除问题，对证据材料较多的疑难复杂案件进行争点整理，以实现集中开庭审理案件，提高庭审效率和审判质量。

如上所述，庭审中心是审判中心实现的保障和基本前提，庭审中心的实现不但要求庭审实质化，同时要求庭审集中和不间断审理。如果庭审由于程序性争议不断被打断，则裁判者受到外部干扰的机会必然增多，当庭心证可能由于庭审的中断而失效，造成裁判结果无法真正形成于法庭。由于刑事诉讼法对庭前会议的规定极为原则，庭前会议的召开时间、参与人员、解决的问题以及庭前会议的效力规定均不够明确。同时司法解释对庭前会议的解释有越权的嫌疑，[1] 使庭前会议实质上发挥了解决实体争议的功能，某种程度上造成庭前会议解决的问题出现"实体化"的倾向，庭前会议甚至在一定程度上取代庭审，直接表现为个别案件庭前会议用时很长，庭审时间反而很短。

以审判为中心并非要求所有的争议均需在开庭时解决。庭前会议通过有效解决管辖、回避等程序性争议，听取辩方关于申请排除非法证据的意见，整理争点，可以使庭审活动更有针对性。为了实现集中审理，应充分发挥庭前会议解决程序性争议以及整理争点的功能，明确庭前会议程序性争议处理的效力。但庭前会议不应冲淡庭审中心，更不能代替庭审，庭前会议解决的问题应严格限定在刑事诉讼法规定范围之内，会议主持者可以了解双方对证据以及事实或法律适用的争议，但不得对证据实质性质证和认证，防止庭前会议架空庭审，从而剥夺被告人的法定诉讼权利。庭前会议虽有整理案件事实和证据争点的功能，对于控辩双方无异议的证据可以简化举证和质证，对于有争议的事实和证据，庭审中重点质证、调查和辩论。尤其是对定罪的关键证据，需要进行严格的举证和质证，不能简化，否则庭审的功能将被架空。

---

〔1〕《高检规则》第 431 条第 1 款规定，公诉人可以对辩护人提出的无罪证据提出和交换意见。第 3 款规定，公诉人通过参加庭前会议，了解案件事实、证据和法律适用的争议和不同意见。

面对庭前会议造成法官形成预断的风险，有两种解决方案。其一是庭前会议不必要求所有合议庭成员参与，可由主审法官召集，由于主审法官对案件事实的认定并不起决定性作用，由其主持庭前会议可以避免预断。其二是参加庭前会议的法官不参加法庭审理。法院内部设立专门的预审法官负责庭前会议，预审法官负责整理证据争点和解决程序问题，通过召开庭前会议，预审法官将主要证据清单交予庭审法官，同时将主要的事实及证据争点传达给庭审法官，如此可以最大限度保障法官中立审理案件，避免受控方有罪指控的影响。比较上述两种方案，由于法院案多人少的矛盾极为突出，设立预审法官不具有现实可能性。因此，减少合议庭参加庭前会议的人员数量是较为可行的选择。可以借鉴成都进行庭审实质化改革对庭前会议法官的安排模式，庭前会议由合议庭审判长指定一名法官为承办法官，承办法官独立负责庭前阅卷、主持庭前会议、处理开庭前其他程序性事务，并参与案件的审理。承办法官之外的其他两名合议庭成员庭前不得阅卷、不参与庭前会议，但应阅读《起诉书》和承办法官整理的《控辩争议事实、证据表》以及《出庭作证之证人、被害人、鉴定人名单》。通过庭前会议法官与庭审法官的适当分离，一定程度上可以减少由于全案卷宗移送带来的法官预断，有利于庭审实质化的实现。

（六）审判中心与卷宗移送的关系

以审判为中心要求发挥庭审的核心地位，侦查结论仅具程序性效果，对审判无任何的预决效力。因此，诸多学者认为实现以审判为中心必须切断侦查案卷与审判的联系，排除侦查案卷对审判人员的影响。[1]由于侦查案卷里记载的均是证明被告人有罪的证据，审判人员一旦接触案卷，将不可避免受其影响从而形成被告人有罪的预断，造成未审先判，失去实质性审判的动力。导致法官在庭审过程中可能对辩护律师的辩护意见持某种程度的排斥心理，旨在实现庭审实质化的直接言词原则、非法证据排除规则可能由于法官的预断而难以贯彻和实施。针对全案卷宗移送可能造成法官预断、未审先判的问题，学界研究审判中心时几乎一致认为应改变现在的卷宗移送模式，实行起诉状一本主义。笔者认为起诉状一本主义的观点具有一定的合理性，并与审判中心要求的庭审实质化方向一致，但是在我国目前的司法体制以及诉讼模式下，即使是推进审判中心的诉讼制度改革，也不宜完全颠覆现行的案卷移

---

[1]　参见张建伟："审判中心主义的实质内涵与实现路径"，载《中外法学》2015年第4期。

送模式。

我国的案卷移送经历了全案卷宗移送、主要证据复印件等的移送和全卷移送的轮回，2012 年《刑事诉讼法》修订时关于案卷移送的规定对学界为防止法官预断而提出的起诉状一本主义并未作出回应，相反似乎重新回到了 1996 年《刑事诉讼法》的老路上。《刑事诉讼法》修改后，学界对此修改提出了诸多批评，认为此项制度的回归是刑事诉讼的倒退，标志着防止裁判者预断的制度彻底失败。[1] 但笔者调研的结果却与学界的批判正好相反，审判人员、律师对目前的案卷移送大多持赞成态度，认为全部案卷移送有利于保障审判人员全面了解案情从而有效引导和指挥庭审，而且有利于律师的阅卷。实际上，2012 年《刑事诉讼法》确立全案卷宗移送的诉讼环境和诉讼制度背景已经发生变化，并非是 1996 年《刑事诉讼法》卷宗移送的简单回归。因此，不能一概否认全案卷宗移送的功能和价值。首先，全案卷宗移送有效解决了辩护律师阅卷难的问题。使辩护律师在审前可以了解所有控方证据材料，可以保障辩护律师进行充分的庭审准备，避免由于辩护律师对控方证据一无所知造成庭审成为控方的独角戏。对审判人员而言，全案卷宗移送可以保障其充分了解案情和证据，有利于审判人员有效掌控庭审和及时对证据作出认定。其次，全案卷宗移送的恢复以辩护律师的有效参与和辩护律师意见的充分发表为前提。2012 年《刑事诉讼法》规定检察机关在审查批捕、侦查终结前以及审查起诉时均应听取辩护律师的意见，对辩护律师提出的书面意见应当附卷。因此对阅卷的审判人员而言，其所掌握的案件信息并非全部为不利于被告人的证据和事实，有利于被告人的案件事实和证据以及辩护人的辩护意见审判人员同样可以知悉，这无疑可以在一定程度上减少审判人员的有罪预断。因此，审判中心与全案卷宗移送并不存在根本性的矛盾。审判中心并不必然要求实施起诉状一本主义。在目前的案卷移送模式之下，可以通过增强庭审的实质化，通过控辩双方充分的举证、质证以及充分的法庭辩论，辅之以法官的庭外核实以及调查证据的权力，并通过当庭宣判以及实行严格的判决书说理等机制阻断庭前阅卷对法官可能产生的预断。

（七）审判中心与检察机关审判监督的关系

检察机关是刑事诉讼中专门的法律监督机关，对侦查机关、审判机关以

---

〔1〕 参见张建伟："审判中心主义的实质内涵与实现途径"，载《中外法学》2015 年第 4 期。

及刑罚执行机关有权实施法律监督。但检察机关在审判活动中同时承担公诉与审判监督职能，公诉人强烈的胜诉心理与法律监督者地位要求的公正中立立场难免会发生直接的角色冲突。为了避免当庭监督造成公诉人角色的混乱以及影响审判公正和中立，1996 年修改《刑事诉讼法》时将检察机关对庭审活动的监督由当庭公诉人监督改为庭后以检察机关的名义提出纠正意见。[1] 2012 年《刑事诉讼法》继续保留这一规定，即公诉人员对审判人员在审判过程中的违法行为，有权在庭后报告检察长，以检察机关的名义提出意见。

不可否认，检察机关的庭后监督依然会对审判机关对案件事实的认定形成某种隐性的制约和影响。为了避免检察机关的监督给自己造成某种麻烦，审判人员更愿意采信控诉方的证据，接受控诉方的诉讼主张，这一状况无疑会严重破坏合理的刑事诉讼结构，造成控辩失衡，影响审判中立。检察机关的审判监督一直以来受到诸多学者的诟病，有学者认为"检察机关基于诉讼监督权对法院实施的审判监督，存在法理合理性的缺陷"，"有悖现代诉讼的基本构架与性质，有悖诉讼运作的一般性规律"，在实践中产生了"相当的负面效应"。[2] 检察机关对法院审判活动的监督造成法院的司法审查权被进一步阉割，审判中心主义赖以生长的基础——司法至上、审判中心、审判权威——都将因检察机关法律监督职能的全面强化而进一步弱化。公诉人在法庭上只能履行公诉职能，不宜兼负法律监督职责，"一旦决定起诉，进入庭审程序，检察官行使控告权，辩护人行使辩护权，法官居中审判。因此，在庭审的三角结构中，检察官是当事人，不能成为'法官之上的法官'"。[3] 个别学者另辟蹊径，认为刑事诉讼法规定的庭审中公诉人代表检察机关进行法律监督并非真正意义的监督，检察机关庭后提出纠正意见的性质"不过是向法院提出的异议，属于诉权的范畴，并非监督职能"。[4] 实践证明检察机关的庭审监督发挥的作用也

---

〔1〕 2012 年《刑事诉讼法》第 203 条规定："人民检察院发现人民法院审理案件违反法律规定的诉讼程序，有权向人民法院提出纠正意见。"

〔2〕 参见龙宗智："相对合理主义视角下的检察机关审判监督问题"，载《四川大学学报（哲学社会科学版）》2004 年第 2 期。

〔3〕 陈兴良："从'法官之上的法官'到'法官之前的法官'——刑事法治视野中的检察权"，载《中外法学》2000 年第 6 期。

〔4〕 刘计划："检察机关刑事审判监督职能解构"，载《中国法学》2012 年第 5 期。

极为有限。[1] 有学者进一步认为："法律监督职能主要应当以公诉权为载体并通过诉权的行使来表现。检察机关法律监督的重点是进一步强化对违法侦查行为的法律监督力度，弱化对法院庭审活动的监督，废除检察长列席法院审判委员会制度。"[2]

检察机关审判监督无疑会对实现审判中心产生影响，审判监督者的地位必然会使检察机关具有高于审判机关的地位，审判监督权的强调会对审判权中立性和公正性形成影响。由于监督者的地位必然高于被监督者，监督权相对于审判权是一种上位权力，因此审判监督权的保留和行使可能造成控辩实质上的不平等，更为关键的是会影响审判的中立性进而削弱其权威性，最终会动摇刑事诉讼活动中法院的主导地位，不利于审判中心的确立。但在宪法关于检察机关的法律监督职能未作改变的背景下，不宜冒然否认检察机关对审判活动的监督，可行的路径是在保留检察机关对审判行为进行事后监督的前提下，确立被告人、辩护人亦有权对审判行为实施监督，以诉权监督审判权。

（八）审判中心证据运用与法官庭外调查权的关系

我国刑事法庭审判模式不完全等同于当事人主义诉讼模式，1996年《刑事诉讼法》进行当事人主义庭审方式改革，重视控辩双方在庭审中的主动性尤其是证据调查的主动性和积极作用，进行改革的同时保留了法官的庭外调查权。法庭对控辩双方提交的证据有疑问的，可以告知其补充证据或者作出说明，法庭认为有必要时，可以宣布休庭，对证据进行调查核实。[3] 调查核

---

〔1〕 1998年到2009年的12年间，全国检察机关共向法院提出"书面纠正意见" 20 924次，年均提出1744次，对于全国三千多个基层法院和四百多个中级法院而言，每个检察院平均每年仅提出0.5次，这意味着一半的检察院一年未提出一次"纠正意见"，而对于法院每年70多万件一审刑案和近10万件的二审刑案而言，检察机关提出"纠正意见"的案件仅及千分之二，即平均每500件才提出1次，比例之低超乎想象。更为重要的是，12年间，法院仅接受14 767次，年均接受1231次，接受率即所谓"纠正率"仅及七成，2003年甚至低至39.5%，尚不及四成。

〔2〕 龙宗智：《检察官客观义务论》，法律出版社2014年版，第215页。

〔3〕 我国1979年《刑事诉讼法》赋予法官广泛的庭外证据调查权。根据该法第108条、第109条，人民法院对于公诉案件审查后，对主要事实不清、证据不足的案件，既可以退回检察院补充侦查，也可以自己进行勘验、检察、搜查、扣押和鉴定，根据该法第123条第2项，在庭审过程中，合议庭认为证据不充分，或者发现新的事实，可以退回检察院补充侦查或自行调查；另根据第126条，对于缺乏罪证的自诉案件，人民法院也可以自行调查。1996年《刑事诉讼法》取消可法官庭审前的调查权，仅在第158条规定："法庭审理过程中，合议庭对证据有疑问的，可以宣布休庭，对证据进行调查核实。人民法院调查核实证据，可以进行勘验、检查、扣押、鉴定和查询、冻结。2012年《刑事诉讼法》基本延续1996年《刑事诉讼法》关于法官庭外调查权的规定，与1996年《刑事诉讼法》不同的

实证据的目的是从发现案件实质真实考虑的，"实质真实发现主义又分为积极的实质真实发现主义与消极的实质真实发现主义。积极的实质真实发现强调有罪必罚，而消极的实体真实发现则强调不可错罚无辜"。[1]无论是以准确惩罚犯罪为目的的积极实体真实发现还是为避免冤枉无辜为目的的消极实体真实发现均要求法官必要时进行庭外调查取证。法官庭外调查取证的理论基础是对案件事实的澄清义务，法官在庭审过程中并非处于完全消极中立的地位，证明被告人有罪的证明责任虽由控方承担，但法官在庭审中并非仅依据控辩双方提交的证据即可作出相应的判决，法官的判决应建立在穷尽一切可能的证据能够证明的案件事实的基础上。对于法官庭外调查的证据范围，学界有两种不同的观点，一种观点认为"法官庭外调查的证据只能是有利于被告人的证据"，[2]并认为这是诉讼关照义务的体现，由于控辩双方在获取证据能力上天然的不对等，为了实现真正的控辩平衡，避免由于辩方取证能力的缺陷而作出对被告人不利的裁判，应赋予法官在调查取证问题上对被告人的关照义务。同时认为法官如果在庭外调查不利于被告人的证据将会使法官由中立的裁判者变为第二追诉人，加剧控辩双方的不平等。另一种观点认为："法官庭外调查证据时应调查所有证据，对有利于被告人和不利于被告人的证据均应一并调取。"[3]其理由是法官全面调查证据是实现司法公正的需要，是实现准确惩罚犯罪的需要。笔者赞同后一种观点，理由是我国刑事诉讼模式并非完全的当事人主义，而职权主义诉讼模式下法官负有调查证据的义务是对法官的当然要求。"对于法官来说，他不仅要利用当事人已经提交的证据，更要利用迄今未被提出之证据，对这些证据加以主动调查，无须虑及是否有当事人提出申请。只有在所有的证据均被利用完之后才适用'罪疑惟轻'原则。"[4]在日本，"对于法官审理共同被告人时发现的证据，因检察官没有注意而未提出该证据时，法官不应立刻作出被告人无罪的判决，至少应负有催促检察官提交上述证据的义务"。[5]

（接上页）是，合议庭如果对证据有疑问的，可以告知控辩双方补充证据或作出说明，必要时才自行调查核实证据。

〔1〕　黄东熊、吴景芳：《刑事诉讼法论》，三民书局2002年版，第18页。

〔2〕　参见陈如超："论中国刑事法官对被告的客观照料义务"，载《现代法学》2012年第1期。杨明、王婷婷："法官庭外调查权的理解与适用"，载《当代法学》2007年第1期。

〔3〕　参见纵博："对法官依职权调查取证若干理论问题的澄清"，载《法律适用》2013年第10期。

〔4〕　［德］克劳思·罗科信：《刑事诉讼法》，吴丽琪译，法律出版社2003年版，第416页。

〔5〕　［日］松尾浩也：《日本刑事诉讼法》（新版·下卷），张凌译，中国人民大学出版社2005年版，第329~330页。

推进审判中心诉讼制度改革要求实现庭审的实质化，证据调查在法庭，举证质证在法庭，事实认定形成于法庭，发挥庭审在定罪量刑中的关键作用。同时审判中心不仅指庭审是定罪量刑的唯一场所，而且对被告人作出无罪认定也必须通过庭审进行，审前侦查机关作出的撤销案件决定，检察机关作出不起诉决定等仅具有程序意义上的效果，对被告人实体上作出有罪认定必须由审判机关通过庭审进行。完整意义的审判中心不但指被告人定罪量刑需通过庭审解决，对被告人作出无罪认定亦必须通过庭审进行。审判中心并不否定法官的庭外调查权，审判中心下对证据的合理运用以控辩双方充分的举证、质证以及法官必要的庭外调查核实证据为前提和基础，如果法官完全消极中立，在证据有遗漏的情况下即作出判决，不但与实体真实发现主义的诉讼理念相矛盾，也不利于实体正义的实现。审判人员对证据有疑问时，进行庭外调查核实是法定的义务，并无审判人员自由裁量权的行使空间。法官庭外调查核实证据具体可进行以下设计：如果审判人员发现有不利于被告人的证据控方未提交法庭的，可以通知控方收集并提交法庭，如果控方不予收集则审判人员应主动收集；发现有利于被告人的证据未提交到法庭的，可以通知辩护人自行收集证据，如果辩护人无法自行收集证据而向审判机关提出申请，或者无辩护人时，审判人员应依职权收集证据。

第二节　刑事证据运用的基本理论

一、刑事证据运用的基本内涵

从证据法学的研究现状来看，并无对证据运用的专门研究，也无关于证据运用的准确含义界定。《决定》的表述中将证据的运用与收集、固定、保存、审查等并列，并将证据运用视为证据审查之后的活动。但据司法实践观之，证据审查显然属于证据运用的基本内容，将证据审查与证据运用并列并不妥当，证据运用包括对单个证据证据能力和证明力的审查判断以及根据证据认定案件事实或作出某种决定的活动。广义的刑事证据运用指公、检、法三机关对进入诉讼程序的证据材料进行的审查判断活动，适用于刑事诉讼的各个阶段，检察机关审查批捕、侦查机关侦查终结时决定是否移送起诉、检察机关审查起诉后决定是否起诉等均涉及对证据的审查判断即证据的运用问题。而狭义的证据运用仅指审判机关对证据的审查判断，当然，审判阶段的证据运用并非审判人员的单方行为，审判人员无论是对单个证据证据能力和证明力的审查判断，还是对证据的综合审查判断均需以控辩审三方共同参与的法庭审判为基本场域。在法庭上，通过控辩双方积极举证、质证，审判人员直接听取双方的质证、辩论之后才能对证据作出是否采纳和采信的决定。因此，狭义的证据运用指审判阶段审判人员在控辩双方及其他诉讼参与人的参加下，通过双方的举证、质证、辩论活动，依据证据规则和证明方法对证据的审查和对案件事实的认定活动。[1]

需要强调的是，审前阶段证据运用的重点在于查明事实或作出某种处理决定，审判人员不介入审前阶段，审前的诉讼结构呈现出控辩双方对抗的特征，此时的证据运用更多体现为办案机关的某种单方职权活动。在审判阶段，公诉案件的举证责任由控诉机关承担，公诉人员要向审判人员证明其主张的有罪事实，必须在控辩双方同时参与下进行。在公开的法庭上，通过控方举证以及辩方对证据进行充分质证，法官充分听取控辩双方对证据的质证意见后，才能作出最终的裁判。在这一过程中，充分的举证和质证是法官认证的前提，法官对证据的审查和对案件事实的认定必须建立在法庭上直接听取控辩双方质证和辩论意见的基础之上。

二、刑事证据运用的法规范及评介

1996 年《刑事诉讼法》对证据的规定极为原则，仅有 8 个条文。2010 年两个证据规定[2]对非法证据排除规则以及死刑案件审查判断证据进行规范。《非法证据排除规定》从实体和程序两方面对非法证据的含义、非法证据的范围及例外、非法证据的排除阶段、排除主体、证明责任、证明标准等予以规定，确立了较为完整的非法证据排除规则体系。《死刑案件证据规定》将司法

---

〔1〕　审判人员证据运用包含独立的两个阶段，第一阶段为对单个证据的审查，根据证据规则和法律规范关于证据审查判断的规定进行审查，在此基础上，审判人员对事实进行认定，事实认定需要运用证明责任、证明标准，根据已有的证据进行推理和判断。

〔2〕　此处的两个证据规定指 2010 年 6 月最高人民法院、最高人民检察院、公安部、国家安全部和司法部（以下简称"两高三部"）联合制定的《关于办理死刑案件审查判断证据若干问题的规定》和《关于办理刑事案件排除非法证据若干问题的规定》（文中分别简称为《死刑案件证据规定》和《非法证据排除规定》）。

实践中裁判者审查判断以及运用证据的成熟经验上升为法律规范，分别规定了裁判者对单个证据的审查判断规则以及证据的综合审查判断规则，并且对于依据间接证据定案需达到的证明标准细化规定。《死刑案件证据规定》中确立了若干由于证据的收集和固定程序存在重大瑕疵从而影响证据真实性的证据排除规则，以及由于轻微程序违法行为的瑕疵证据补正规则。2012 年《刑事诉讼法》第五章对证据增加为 16 个条文。将证据概念修改为"可以用于证明案件事实的材料，都是证据"。这一改变突出对证据材料的资格审查。将鉴定结论修改为鉴定意见，突出司法机关对鉴定意见审查的必要性，避免由于轻信鉴定意见造成事实认定的错误。将辨认、侦查实验等笔录、电子证据确定为法定的证据种类。肯定了行政执法证据在刑事诉讼中的证据能力，行政机关在行政执法中收集的实物证据等证据材料，可以作为证据在刑事诉讼中使用。吸收《非法证据排除规定》关于非法证据排除的规定，对非法证据的范围、排除非法证据的启动主体、非法证据的排除阶段、排除主体、排除程序的证明责任、证明方式、证明标准等予以进一步明确的规定。同时，为了进一步贯彻直接言词原则，改变庭审虚化的状态，明确了证人、鉴定人、侦查人员等的出庭制度。要求证人证言必须在法庭上经过公诉人、被害人和被告人、辩护人双方质证并且查实以后，才能作为定案的根据。关键证人无正当理由拒不出庭，法院有强制其到庭的权力，对于证人拒绝出庭或出庭后拒绝作证的，法院可以实施处罚措施。同时规定了证人保护、证人出庭的经济补偿以及亲属证人免于出庭作证的权利等规定。鉴定人出庭的条件与证人相同，由于鉴定人具有可替代性，刑事诉讼法确立了控辩双方有异议的鉴定人不出庭的严格法律后果，即应出庭而拒绝出庭的鉴定人，其鉴定意见不得作为定案的依据。同时，2012 年《刑事诉讼法》确立了侦查人员出庭作证制度，侦查人员可以就其目睹的犯罪事实出庭作证，同时审判阶段非法证据排除程序启动之后，如果检察机关提出申请或者法院要求侦查人员出庭的，侦查人员应出庭作证，最后根据需要侦查人员可以就自首、立功等量刑情节的证明出庭作证。

2012 年 12 月发布的《最高人民法院关于适用〈中华人民共和国刑事诉讼法〉的解释》（以下简称《高法解释》）基本吸收了《死刑案件证据规定》的内容，确立了各种不得作为定案根据的证据规则。准确认定案件事实一直以来都是我国刑事诉讼的主要目标，为了规范审判人员对证据的审查判断以及对案件事实的认识活动，刑事诉讼法将刑事诉讼实践中对证据运用的成熟经验上升为法律规定，对于证据真实性难以保障的，规定了不能作为定案的根据、不能作为证据使用等一系列证据规则，同时确立了各种法定证据的审查认定规则。2017年两高三部发布《关于办理刑事案件严格排除非法证据若干问题的规定》，明确规定采用威胁方法取得的供述应予以排除，规定通过非法限制人身自由的方式获取的口供应当排除以及确立重复性供述的排除规则。对侦查、审查逮捕、审查起诉以及审判阶段排除非法证据的程序进一步予以细化规定，尤其是对于审判阶段排除非法证据的具体程序细化规定。

目前为止，我国刑事诉讼形成了非法证据排除规则、由于无法保障证据真实性的证据排除规则以及瑕疵证据不能补正或合理解释的排除规则，初步构建了我国的证据排除规则体系。但无论是证据规则本身还是证据规则的具体实施均面临不少问题。证据排除制度面临着对非法证据范围界定过窄、瑕疵证据补正程序及方法空白、基于无法保障证据真实性的证据排除范围过宽，有增加控方证明负担的嫌疑。此外，刑事诉讼法中还未明确规定证据裁判原则等证据法的基本原则。与流水作业的刑事诉讼纵向构造相对应，刑事诉讼过程中办案人员对证据的运用基本以侦查为中心和基点，刑事诉讼的整个过程以侦查案卷为基础，并且随着诉讼进程的推进，侦查案卷在公检法三机关之间依次传递，侦查阶段收集和固定的笔录证据成为庭审中法庭调查和辩方质证的主要对象。直接言词原则很难贯彻，关键证人、鉴定人出庭率不高，刑事诉讼法赋予审判机关强制证人出庭的规定基本处于虚置状态，审判人员基本不会动用强制手段强制证人出庭。由于关键证人不出庭，无论辩护律师抑或是审判人员，一般很难发现证人证言笔录的缺陷，在控方主导的法庭上，辩方很难挑战控方有罪的证明体系。

笔者对"目前刑事诉讼中证据运用的哪些问题与审判中心的诉讼制度相抵触"的调研结果显示，非法证据排除在司法实践中的效果不彰以及证据裁判原则未得到严格贯彻成为公认的主要原因，而法庭质证的形式化成为证据运用中与审判中心直接抵触的第三大现象。由于证据裁判原则包括丰富的内涵，几乎可以囊括证据运用中的所有问题，非法证据排除问题以及庭审中质证的形式化一定程度上亦是证据裁判原则未得到贯彻的表现。因此，实现庭审实质化，推进审判中心的诉讼制度改革，在证据法的层面上，其关键是严格贯彻证据裁判原则。

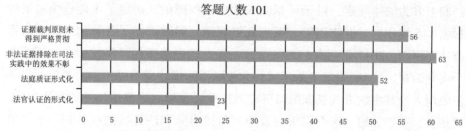

图1-1 您认为我国目前证据运用的哪些情形，与"以审判为中心"
的诉讼制度相抵触？（可以多选）

答案选项	回复情况
证据裁判原则未得到严格贯彻	56
非法证据排除在司法实践中的效果不彰	61
法庭质证形式化	51
法官认证的形式化	23

第三节 "以审判为中心"与证据运用

一、依法证据运用是实现"以审判为中心"的核心

（一）审判中心的核心是证据运用问题

十八届四中全会《决定》提出推进以审判为中心的诉讼制度改革时，特别强调侦查、审查起诉的案件事实、证据经得起法律的检验。重点要求全面贯彻证据裁判原则，严格依法收集、固定、保存、审查、运用证据，保证庭审通过严格审查证据正确认定案件事实。习近平总书记对此作出的说明为："充分发挥审判特别是庭审的作用，是确保案件处理质量和司法公正的重要环节。我国刑事诉讼法规定公检法三机关在刑事诉讼中各司其职、互相配合、互相制约，这是符合中国国情、具有中国特色的诉讼制度，必须坚持。同时，在司法实践中，存在办案人员对法庭审判重视不够，常常出现一些关键证据没有收集或没有依法收集，进入庭审的案件没有达到'案件事实清楚、证据

确实充分'的法定要求，使审判无法顺利进行。"[1]以审判为中心的意义在于："全会决定提出推进以审判为中心的诉讼制度改革，目的是促使办案人员树立办案必须经得起法律检验的理念，……保证庭审在查明事实、认定证据、保护诉权、公正裁判中发挥决定性作用。这项改革有利于促使办案人员增强责任意识，通过法庭审判的程序公正实现案件裁判的实体公正，有效防范冤假错案产生。"[2]习近平总书记关于审判的说明，重点在于强调由于证据的收集问题导致审判无法顺利进行，应确保庭审在刑事诉讼中对查明案件事实等方面的核心作用，旨在通过规范证据的依法收集以及运用以有效防范冤错案件发生。

　　审判中心提出的重要背景之一是近年来不断发现的冤错案件造成的恶劣影响。十八届四中全会之后的两年间，全国一共纠正 30 多起重大的冤错案件。发生冤错案件的最直接的原因是违背证据裁判原则。首先，裁判者独立审判权难以保障。大案要案受到党委、政法委的不当干预，法院内部的裁判文书签发制度以及请示汇报制度造成案件审理受到内部行政领导或者上级法院的不当干扰，我国存在的信访制度造成裁判者审理案件时还需考虑维稳等照顾被害人情绪等的因素，[3]以上诸多因素表明裁判者审理案件时并非仅依据证据，还会同时考虑其他的案外因素。其次，所有错案最直接的表现是对证据的收集和运用存在错误。[4]存在证据收集不全、违反法定程序收集证据、办案机关对证据的选择性移送、办案人员为了实现追诉犯罪的成功甚至伪造证据、庭审质证形式化、证据规则不完善、裁判者对控方证据能力基本不作审查、裁判者降低证明标准等证据因素。因此，造成冤错案件发生的最为直接的原因是证据问题，根据国内学者对 50 起刑事错案致错原因的调查，其中"虚假证人证言、被害人虚假陈述、被告人虚假口供、鉴定缺陷以及鉴

---

　　[1]　本书编写组编著:《党的十八届四中全会〈决定〉学习辅导百问》，学习出版社、党建读物出版社 2014 年版，第 46 页。

　　[2]　本书编写组编著:《党的十八届四中全会〈决定〉学习辅导百问》，学习出版社、党建读物出版社 2014 年版，第 46 页。

　　[3]　这一点笔者通过调研有更加清晰的认识，多数法官反映被害人的单方诉求会对判决形成一定的影响，司法实践中经常出现被害人给审判人员施加压力的情况。面对被害人以信访相威胁的，审判人员作出裁判时必然会考虑被害人的诉求，而这种考虑无疑会影响审判公正的实现。

　　[4]　根据近年来披露的多起错案，不当的侦查行为是造成错案的直接根源，而不当侦查行为的直接表现是收集证据行为不当，侦查人员通过刑讯逼供等非法手段获取口供、利用狱侦耳目取证、为了形成有罪的证据链条而不惜伪造证据、鉴定错误或对检材进行选择、忽视对关键性物证的收集。

定结论错误、忽视无罪证据均是错案发生的直接证据表现"。[1]法国著名律师勒内·弗洛里奥通过对错案原因的研究，认为错案的发生主要基于以下原因："被伪造的书证、虚假和错误的证言、辨认错误、司法鉴定错误、被告人不良品格证据的运用、运用证据的推理判断错误。"[2]苑宁宁博士将导致美国刑事冤案的高发因素总结为："目击证人辨认错误、伪证或错误的控告、虚假供述、错误或误导性的科学证据、警察或检察官的不当行为、不充分的律师辩护。"[3]从以上中外学者对错案发生原因的研究发现，其最直接的原因均与证据有关，错误的侦查行为导致指控的证据出现错误，加之审判人员对证据的错误运用直接导致冤错案件的发生。因此，无论是从习近平总书记对审判中心的说明还是最高人民法院对审判中心的解读，结合审判中心提出的背景均可以得出确定的结论，即审判中心的核心是证据运用问题。

（二）依法运用证据是实现审判中心的重要推动力

证据是刑事诉讼的基石，通过侦查机关、检察机关尤其是审判机关对证据的合理运用来推进审判为中心的诉讼制度改革，无疑是最关键的切入点。审判中心的实现是一项系统工程，并非一项制度的确立或者完善即可实现，我国于1996年对《刑事诉讼法》进行修订时，即致力于加强庭审的实质性作用，加强控辩双方的实质性对抗，淡化法官在庭审中的职权，但是改革并未达到预期的效果。1996年《刑事诉讼法》关于庭审方式的改革并未得到司法实践部门的有力回应，庭审虚化的现象并未改变，尤其是庭审中质证严重虚化，控辩双方尤其是辩方对控方证据特别是证人证言等言词证据难以有效质证，而质证的虚化使证据的相关性、真实性以及合法性等基本属性无法在法庭上得到实质性的审查，法官对证据的认证失去基本的保障基础，影响对案件事实的正确认定。2012年《刑事诉讼法》增加了促使证人、鉴定人出庭作证制度的相关设计：一方面确立证人应该出庭作证的条件、审判机关强制证人出庭的措施以及证人不出庭的法律后果；另一方面确立了特殊案件证人出庭的保护制度以及证人出庭作证的经济补偿制度。对鉴定人出庭的制度设计大致遵循相同的思路。2012年《刑事诉讼法》关于证人、鉴定人、侦查人员

---

〔1〕参见何家弘：《亡者归来：刑事司法十大误区》，北京大学出版社2014年版，第17页。

〔2〕参见［法］勒内·弗洛里奥：《错案》，赵淑美、张洪竹译，法律出版社2013年版，序言第3页。

〔3〕参见苑宁宁："刑事冤案比较研究"，中国政法大学2014年博士学位论文，第81~92页。

出庭的制度设计无疑是为了解决长期以来存在的庭审质证虚化，从而导致被告人的质证权难以保障进而造成裁判者的认证风险。从我国关于庭审方式改革的内容来看，主要从对证据的有效质证方面来解决庭审虚化的问题。因此，审判中心的核心和突破点在于实现庭审的实质化，践行庭审是对被告人定罪量刑唯一场所的基本诉讼原理。庭审实质化的核心是质证的实质化，而质证是证据运用的关键环节。根据笔者对证据运用的理解，广义的证据运用包括审前侦查和检察机关的证据运用，而狭义的证据运用仅指审判阶段的证据运用，从审判中心与庭审实质化关系以及庭审实质化与证据运用的关系分析，合理的证据运用无疑是实现审判中心的重要推动力。

　　审判中心的实现亦是实现证据合理运用的必备制度环境。依法全面收集证据以及正确运用证据，贯彻证据裁判原则，是推进审判中心的重要手段。证据是诉讼的核心，刑事诉讼中判决、裁定以及决定的作出均应依据证据，同时证据规则的完善和有效实施，实现质证的实质化，也需要以审判中心为基本的运行环境。如果刑事诉讼维持现行的侦查中心诉讼模式，则非法证据排除规则、亲属作证特免权规则、传闻证据规则等几乎没有存在并发挥作用的空间，法庭调查、法庭质证等庭审的核心内容注定无法实现。

二、审判中心下证据运用的基本内容

　　刑事证据运用应遵循刑事诉讼的基本规律和审判中心的基本要求。审判中心下的证据运用应从以下方面构建：确立指导证据运用的证据裁判原则。确立相关性规则、传闻证据规则等基本证据规则，对刑事诉讼法和司法解释规定的证据规则予以完善。构建法庭审判环节正确的证据运用方法，通过直接言词以及传闻证据规则的设置，确保控辩双方有异议的关键证人等出庭，实现质证的实质化，发挥质证在法庭调查中的核心作用；以审判为中心背景下应改良印证证明模式，将形式印证的证明模式转变为实质印证的证明模式；合理把握证明标准，审前证据标准应与法院审判的证明标准保持同一性，不得降低审前的证据标准。最后，审判中心证据运用要求保障辩方获取证据权与证据知悉权的实现。

　　（一）审判中心下证据运用的基本原则和规则

　　审判中心要求控辩审三方对证据的运用必须符合审判中心的基本制度设计。

　　（1）贯彻证据裁判原则。证据裁判原则是证据法的基本原则，指引刑事

证据运用的整个过程。根据证据裁判原则，裁判者对案件事实的认定只能依据证据，无证据，不得认定案件事实。证据必须具备证据能力，不因无法定证据资格而被排除，且需经过严格的法庭调查程序，依据证据认定案件事实必须达到法定的证明标准。

（2）确立并完善相关的证据规则。证据规则的有效实施是审判中心实现的重要保障。我国现有的证据规则体系不够健全，一些基础的证据规则缺失，已经确立的证据规则存在内容简单原则、个别证据规则的立法理念错误，非法证据排除规则实施不利。针对以上问题，应构建完整的证据规则体系。

第一，应确立相关性证据规则。相关性是证据的基本属性，我国证据法体系缺少相关性的逻辑主线，在刑事诉讼法中甚至找不到相关性的概念，最高人民法院的司法解释中虽然出现了关联性的概念，但并未将其视为证据的根本属性来组织证据法的逻辑体系。证据相关性判断权完全由法官行使，由其在具体案件中进行自由判断。但有些证据具有明显的误导性，如果不在法律上对其予以限制，可能会导致裁判者对此类证据不适当地使用。因此有必要确立相关性规则，主要限制品格证据和类似行为证据的适用。

第二，确立传闻证据规则。传闻证据规则即传闻证据排除规则，所谓传闻证据指"用以证明其所说内容真实的法庭之外的陈述，包括口头陈述、书面陈述以及有意无意地带有某种意思表示的非语言行为"。[1]排除传闻证据的理由在于传闻证据不是最佳证据、不是在宣誓如实作证之后作出的、且当事人无法对其进行交叉询问、法官和陪审员无机会观察陈述者在作出陈述时的行为举止。传闻证据规则在美国确立之后，诸多的例外相继出现，随着例外的不断增多，传闻证据本身的地位也受到威胁。由于传闻证据规则本身不断受到司法实践的挑战，以及由于法律文化和诉讼模式不同，我国不宜照搬传闻证据规则，但在证人、鉴定人、被害人以及侦查人员出庭的问题上，应借鉴传闻证据规则的合理成分。

第三，完善非法证据排除规则。非法证据排除规则存在着现行立法对非法证据范围界定过窄，审前排除非法证据程序为行政性程序，辩方参与不足，辩方承担的非法证据的初步举证责任难以履行、控方对证据合法性的证明手段多样化使证据很难被认定为非法证据。针对非法证据排除规则立法缺陷以

---

〔1〕 陈光中主编：《刑事诉讼法》，北京大学出版社、高等教育出版社 2013 年版，第 192 页。

及在司法实践中存在的问题，由最高人民法院牵头起草、最高人民检察院、公安部、司法部、国家安全部共同参与制定了《关于办理刑事案件严格排除非法证据若干问题的规定》。"这部新的司法解释，对刑讯逼供、变相刑讯逼供等非法取证行为作出了更广泛的界定，建立和完善了监所值班律师、同步录音录像等制度，还优化了非法证据排除程序，并规定裁判文书对于非法证据的审查不能视而不见，必须提及审查情况并说明理由。"[1]

第四，重新设计亲属作证特免权规则。我国现行立法确立的近亲属免于出庭作证的特权与完整意义上的亲属免证特权有巨大差距，实践证明也无法保护亲属之间的亲情伦理，反而在一定程度上侵害了被告人的质证权。亲属拒证特权是为了保护特定的价值而设立的证据规则，与案件事实真相发现无关，是法律对惩罚犯罪的价值与保护伦理亲情以及人与人之间信任关系权衡之后的价值选择。我国自古即有亲亲相隐的法律传统，封建社会的法律有关于保护亲情的规定。笔者认为我国应确立完整的亲属拒证特免权，即从侦查阶段开始，亲属证人即享有拒绝作证的权利，不得被强迫提供不利于犯罪嫌疑人的证言。当然，拒证特权也包括拒绝出庭作证的权利，如果亲属证人在侦查阶段放弃拒证特权，从而提供不利于被告人的证言，则其不得享有拒绝出庭作证的特权，如果被告人要求与其对质，亲属证人即应出庭接受被告人的质问。最后，应考虑确立亲属拒证特权的例外。

（二）审判中心下证据运用的具体方法

在确立证据裁判原则的理念并确立和完善相关证据规则的基础上，还需要正确的证据运用方法。证据运用的关键场所在庭审，庭审过程中对证据的合理运用包括完善质证方法、改良印证证明模式以及合理认识并把握审判中心下的刑事证明标准。

（1）法庭质证实质化。质证是庭审的核心环节，也是法庭上证据运用的关键。我国审判实践中质证存在严重缺陷，除被告人之外，相关言词证据提供者不出庭导致对言词证据质证的形式化，无法发挥质证的实质功能。构建科学的质证方法应从完善质证制度入手，确立质证是被告人基本权利的理念，明确对质和交叉询问是两种基本的质证方法。对实物证据等客观性证据的质证以辨认为主，同时辩方可以对控方客观性证据保管链条提出质疑，必要时

---

〔1〕　参见任重远："非法证据排除新司法解释：要有突破，追求重大突破"，载 http://ent.ifeng. com/a/20141212/42099290_ 0. shtml，2016 年 1 月 15 日访问。

应要求证据的保管者出庭接受质证。明确交叉询问的具体方法，对于诱导性询问作出明确的限定。

（2）改良印证证明模式。印证证明模式是目前审判人员认定证据的基本模式。印证证明在我国有深厚的文化背景和制度环境，印证证明符合诉讼认识论的一般原理，有其合理的一面，但侦查中心主导的印证证明模式的特点是以口供为印证的中心，重视对口供包含信息的验证，忽视对单个证据证据能力的审查，对单个证据证明力的审查依赖于证据包含的信息能否得到其他证据的印证或者证据证明的内容是否与其他证据证明内容存在方向上的一致性。由于印证的具体要求、印证的具体方式、印证的标准均存在模糊性，印证证明出现僵化的倾向，不利于追诉犯罪目的的实现。审判中心下应对印证证明模式进行改良，改良的基础是实现法官独立审判案件，改良的内容包括以客观性证据而非口供为印证的核心，先审查客观性证据证明方向是否一致，再审查口供是否与客观性证据相印证，适当在印证证明的基础上引入自由心证的合理成分，尤其应肯定法官的审判经验以及理性对证明困难的填补作用。

（3）合理把握证明标准。审判中心下应坚持各个诉讼阶段证明标准的同一性，侦查终结决定移送审查起诉、决定提起公诉以及作出有罪判决应坚持相同的标准。在此基础上，审判中心要求庭审应对事实和证据进行实质性审查，庭审不应沦为对侦查结论的确认程序，针对我国目前无罪判决率极低的状况，审判人员应严格把握证明标准，合理理解并正确把握排除合理怀疑的证明标准要求，坚决贯彻疑罪从无原则。

（4）确保辩护律师证据获取权和证据知悉权的实现。刑事诉讼中如果缺少辩护律师的有效参与，庭审实质化以及审判中心根本无法实现。审判中心以控辩审三方诉讼结构为基本前提，缺少任何一方，则无法实现审判中心。辩护律师对证据的有效运用以及实现有效辩护以充分获取证据及知悉证据为前提。如果辩护律师无法充分获取证据及知悉指控证据以及侦查机关收集的可能有利于被告人的证据，同时如果辩护律师的自行调查取证权以及申请调取证据权无法得到充分保障，就注定无法进行实质性的证据辩护。因此，审判中心下证据运用需要有效保障辩方的证据获取及证据知悉权，应从辩护律师自行调查取证、申请调查取证和申请调取证据、证据保全申请权、辩护律师申请证人出庭的权利方面予以直接保障；同时通过保障辩护律师阅卷权、会见权以及申请鉴定的权利等方面予以间接保障。

审判中心下的证据裁判原则

　　根据现代证据法的基本原理，裁判必须依证据作出，即裁判应建立在证据的基础之上。证据裁判原则是各国刑事证据法的基本原则，确立此原则旨在规范案件事实的准确认定，防止法官恣意裁判，兼顾刑事诉讼的公正、人权保障、社会和谐以及效率价值，实现诉讼的过程和结果公正。有学者认为："证据裁判原则是证据规定的帝王条款，支配所有犯罪事实的认定。"[1] 证据裁判原则的确立，在有效约束裁判者的自由裁量权，确保其心证合理性的同时，可以增强司法裁判的可预见性、确定性及权威性。

　　证据裁判原则是指，在诉讼中裁判者对于案件事实的认定，必须依据证据，无证据不得认定事实。理性的司法裁判要求裁判者认定待证事实必须依靠证据，不能以主观臆断等作为判决的依据。十八届四中全会《决定》在提出推进以审判为中心的诉讼制度改革时，特别强调证据裁判原则对推进审判中心的决定性作用。审判中心表面上是处理侦查、起诉以及审判三机关之间的关系，其实质是发挥审判在认定案件事实中的核心作用，庭审作用的有效发挥，庭审实质化的实现以证据裁判原则的贯彻为基本前提。证据是刑事诉讼的灵魂，"全面贯彻证据裁判原则，是推进以审判为中心的关键手段"。[2]

　　证据裁判与自由心证相伴而生。《日本刑事诉讼法》第317条规定："认定事实，应当依据证据。"我国刑事诉讼法并无证据裁判原则的明确规定，但法律要求认定案件事实应"重证据、重调查研究，不轻信口供"，以及对疑罪从无的强调，本身就体现了证据裁判原则的精神。

　　审判中心的实现以证据裁判原则的落实为核心内容，裁判者审查判断证

---

　〔1〕 林钰雄：《刑事诉讼法》，台北图书馆2001年版，第375页。
　〔2〕 张保生："证据制度的完善是实现审判中心的前提"，载《法律适用》2015年第12期。

据并依此认定案件事实是诉讼的核心，实现审判阶段裁判者对证据审查判断和案件事实认定的权威以及最后的判断权是审判中心实现的必要前提。不断曝光的冤案一定程度上反映出裁判者运用证据的非理性化以及认定案件事实的失控，正是在此基础上，中央提出推进以审判为中心的诉讼制度改革，贯彻证据裁判原则，实现案件事实认定的理性化。

第一节　证据裁判原则的基本内容

一、证据裁判原则的起源与发展

证据裁判原则作为诉讼中事实认定的一项基本原则，被称为事实认定的"帝王法则"。诉讼是一种纠纷解决机制，解决纠纷的前提是对争议双方主张的事实进行认定，在此基础上，裁判者才能作出令人信服的裁决。在诉讼证明史上，证据裁判的发展历程可以从三个方面进行考察："第一，根据证据对于裁判的意义，经历了证据非裁判所必需到没有证据不得进行裁判的转变；第二，根据裁判所依据证据的性质，经历了依据非理性证据进行裁判到以理性证据为依据的证据裁判；第三，根据证据的价值内涵，经历了片面强调证据的真实性到真实性与合法性并重的证据裁判。"〔1〕

证据裁判首先以否定历史上的神明裁判制度为基础。神明裁判制度指裁判者通过神的旨意来发现"事实真相"以解决纠纷的制度，包括"神誓法"和"神判法"两种类型。神明裁判适用的前提是争议双方主张的案件事实处于真伪不明的状态，即双方各执一词，但都提不出确实的证据证明自己的诉讼主张。在此情况下，由于当时人类认识能力的局限性，裁判者根据自身能力无法查清事实真相，出于对神灵的敬畏，司法人员用一定的形式邀请神灵帮助裁断案情，并用特定的方式将神灵的旨意表现出来，作为裁判的依据。在当时的情况下，依据神意作出裁判有利于树立裁判的权威并能保障裁判的可接受性，个别情况下还可以起到发现事实真相的作用，但神示证据制度的非科学性非常明显，是一种非理性的证据制度。正是认识到神示证据制度的

---

〔1〕　参见樊崇义、吴宏耀："论证据裁判原则"，载最高人民检察院法律政策研究室编：《法律应用研究》（2002 年第 6 辑），中国法制出版社 2002 年版，第 126 页。

非科学性，随着生产力水平的发展和人类认识能力的提高，在废除神明裁判的基础上，出现了认定案件事实的新方法，即"法定证据制度"。法定证据制度主要盛行于中世纪的欧洲大陆国家，[1]法定证据制度开始注重人类理性在认定案件事实中的作用，其基本内容是法律预先规定各种证据的证明力以及裁判者评判证据的标准，裁判者在此过程中基本无自由裁量权可言。法定证据制度下，口供被视为最理想和最有价值的证据，被奉为证据之王。由于此种证据制度特别强调口供在认定案件事实中的核心作用，而真正有罪之人出于趋利避害的本能以及逃避处罚的动机，一般不会主动交代犯罪事实，因而法律对司法人员获取口供的方法和手段并无严格的限制，导致刑讯逼供泛滥。法定证据制度下，刑讯合法化，被告人无主体参与性可言，成为被动接受惩罚的诉讼客体。欧洲大陆之外的国家虽未形成法定证据制度，但当时奉行相似的证据裁判理念，即重视口供的作用，口供是认定事实的核心证据。英国在 1640 年资产阶级革命之前，刑事案件中的被告人"通常在审理之前被关进严密的禁闭之中。他受到治安法官或者其他地方官员的盘问，而且他的回答都被写下来供在审理时起诉之用，不给他任何机会来准备自己的辩护"。[2]

17 世纪以后，欧洲大陆的资产阶级启蒙运动家提出了自由、民主、人权的口号，法定证据制度下刑讯逼供的合法化以及被告人被动受审的诉讼客体地位受到了资产阶级启蒙思想家的强烈批判，法定证据制度本身亦成为其批判的对象。意大利刑法学家贝卡里亚对其进行了强烈的抨击："关于刑事案件，非法律专业人员依照感觉所作出的判决往往比法律专业人员依照预定规则作出的判决更正确。在有些情况下，刑讯逼供会走向查明案件真相的反面，即用肉体折磨来制造冤案。"[3]对法定证据制度的抨击在法国大革命时期达到了最高潮，1790 年，法国杜波尔向宪法会议提出关于证据制度的改革草案，基本内容是"按照法定证据制度进行判决是荒谬的，对被告人和社会都是有危害的；只有在审判中给予法官自由判断证据的权力，才能保证法官尽最大

---

〔1〕　主要代表性的法典有 1532 年神圣罗马帝国查理五世制定的《加洛林纳法典》，1853 年《奥地利刑事诉讼法》和 1857 年《俄罗斯帝国法规全书》。

〔2〕　[美] 哈罗德·J·伯尔曼：《法律与革命：新教改革对西方法律传统的影响》（第 2 卷），衰瑜珍、苗文龙译，法律出版社 2008 年版，第 302 页。

〔3〕　[意] 切萨雷·贝卡里亚：《论犯罪与刑罚》，黄风译，中国法制出版社 2002 年版，第 38 页。

可能查明案件事实，从而作出正确的判决"。〔1〕在此基础上，主张确立充分发挥裁判者自由裁量权的自由心证证据制度。与法定证据制度相反，自由心证证据制度将对证据证明力有无及大小的判断权赋予法官，由法官自由判断。1808年《法国刑事诉讼法典》明确规定裁判者依据证据认定犯罪事实达到内心确信的自由心证证据制度。〔2〕其确立了大陆法系自由心证的经典表述，现行的《法国刑事诉讼法典》第353条基本沿袭了这一规定的主要内容。〔3〕

此后，证据裁判原则在大陆法系国家得到普遍确立，《日本刑事诉讼法》第317条规定的"认定事实应当根据证据"，被视为证据裁判原则的经典表述。英美法系国家未明确规定证据裁判原则，但其具备以规范证据可采性为核心的证据规则体系，因此证据裁判原则的要素在英美法系国家证据法中均有体现。

证据裁判原则与自由心证相伴而生，其最主要的功能是防止裁判者随意认定案件事实，要求其必须依靠证据才能认定案件事实。"证据裁判主义不仅要求法官必须依证据而为事实认定，而且对于一定之证据限制法官为自由心证，如无证据能力、未经合法调查、显与事实有违或与认定事实不符之证据，不得作为自由心证之证据。除此之外，补强证据之有无，及科学证据之取舍，法官亦无自由判断之余地。"〔4〕

二、证据裁判原则的基本内涵

证据裁判原则的基本含义是认定案件事实，必须以证据为依据。证据裁判原则是在蒙昧的神明裁判、野蛮的专断裁判的基础上发展而来的。认定案件事实必须依据证据，是证据裁判原则的基础含义，但并非其全部含义。证据裁判原则作为人类理性认识方式的要求和体现，其核心内容是裁判所依据

---

〔1〕 何家弘、刘品新：《证据法学》（第3版），法律出版社2008年版，第28页。

〔2〕 1808年《法国刑事诉讼法典》第342条规定："法律对于陪审员通过何种方法而认定事实，并不计较；法律也不为陪审员规定任何规则，使他们判断已否齐备及是否充分；法律仅要求陪审员深思细察，并本诸良心，诚实推求已经提出的对于被告不利和有利的证据在他们的理智上产生了何种印象。法律未曾对陪审员说，'经若干名证人证明的事实即为真实的事实'；法律也未说，'未经某种记录、某种证件、若干证人、若干凭证证明的事实，即不得视为已有充分证明'，法律仅对陪审员提出这样的问题：'你们已经形成内心的确信否？'此即陪审员职责之所在。"

〔3〕 《法国刑事诉讼法典》，罗结珍译，中国法制出版社2006年版，第248页。

〔4〕 蔡墩铭：《刑事诉讼法论》，五南图书出版公司1997年版，第428页。

的证据必须兼具证据能力与证明力，并且证据必须经过严格的法庭调查才能作为定罪的依据。裁判依据的证据并非为庭审之外侦查机关收集以及审查起诉机关补充收集的证据，审前追诉机关收集的证据只能称为证据材料，证据材料并非当然能转化为定案根据，裁判者定案的根据必须经过公开的法庭审理，即中立的裁判者在控辩双方的同时参与下，当庭出示证据、双方对证据进行质证、辩论等法定调查以及辩论程序，证据必须经过实质性的法庭调查及审查判断。在此过程中，辩方需充分参与和质证。最后，证据裁判原则也是对裁判者自由心证的一种限制，自由心证赋予裁判者自由判断证据的能力，但裁判者对犯罪事实的认定不能恣意为之，并非控诉方认为被告人有罪，裁判者即应作出有罪判决，有罪的认定必须达到刑事诉讼法确立的证明标准，裁判者经过直接言词听审，根据控辩双方提交并经过充分质证的证据，认为已经达到认定被告人有罪的标准，对案件事实无其他合理怀疑，才可认定被告人有罪，从而作出有罪判决。

（一）裁判者认定案件事实只能以证据为依据

证据裁判原则要求裁判者认定案件事实只能依据证据，无证据不得认定案件事实。诉讼证明是一种回溯性的证明，对于已经发生的客观案件事实，裁判者只能以证据为认知媒介，而不应通过裁判者的主观臆断或受外部干预认定案件事实，领导的指示、当事人的压力以及舆论报道均不能影响事实认定。[1]此外，"没有证据既包括没有任何证据，也包括证据不充分的各种情形，没有证据固然不能认定案件事实，即使仅有一部分证据，或者有证据但没有达到法定程度，亦不能对事实进行认定"。[2]裁判者对事实的认定只能依赖证据并通过逻辑和经验推理的方式进行。与传统的认识论不同，当代理性主义认识论的基本判断是人类自身有能力通过证据来发现和认定案件事实，而且这也是目前为止人类所能找到的最佳事实认定方式。[3]

（二）认定案件事实的证据必须具备证据资格

证据必须具有证据能力，才具备成为定案根据的基本资格。证据能力是

---

〔1〕《决定》指出："任何党政机关和领导干部都不得让司法机关做违反法定职责、有碍司法公正的事情，任何司法机关都不得执行党政机关和领导干部违法干预司法活动的要求。"

〔2〕参见樊崇义、吴宏耀："论证据裁判原则"，载最高人民检察院法律政策研究室编：《法律应用研究》（2002年第6辑），中国法制出版社2002年版，第126页。

〔3〕［英］威廉·特文宁：《证据理论：边沁与威格摩尔》，吴洪淇、杜国栋译，中国人民大学出版社2015年版，扉页、第22~23页。

证据材料转化为定案根据的法律要求。证据法主要从取证手段方面来规范证据的证据能力，取证手段违法的证据应被排除于法庭之外。根据大陆法系国家的做法，证据能力有两方面要求："一是证据材料不被法律禁止；二是证据应当经过法定的调查程序。"[1]英美法系国家对证据能力的限制主要通过以可采性为核心的证据规则来实现。[2]将不具备法定要件的证据排除于法庭之外，以免影响法官或陪审团成员的心证。现代意义上证据法产生的标志是对证据法律资格加以限制，"现代证据法的主要功能就在于对各类证据的法律资格作出明确的限制，并据此将那些不具备法律资格的证据排除于法庭之外"。[3]

（三）证据必须经过严格的法庭调查，才能成为裁判的依据

证据材料要转化为定案的根据，不能仅由裁判者通过书面审查，而必须经过严格的法庭调查，经由控辩双方在法庭上进行充分的举证、质证和辩论，才能由审判人员进行评判和认定。证据裁判的实现需要以法庭为基本场所，证据裁判之证据应为经过法庭举证质证并充分辩论的证据，需践行法律正当程序，因此，证据裁判发挥作用应以法庭为时空。

证据必须在法庭上经过控辩双方充分的质证、辩论并由中立的裁判者审查判断之后才能作为定案的根据。证据裁判原则以审判阶段为严格的适用场所。原因在于，首先是由无罪推定原则所决定的，无罪推定原则指任何人未被法官判决有罪之前，应假定其处于无罪状态。法官判决被告人有罪必须在法庭上依据控辩双方提交的证据进行，如果裁判者对案件事实的认定不是以庭审上双方举证质证的证据为基础，而是在庭外通过阅卷活动依据侦查机关收集的证据进行，则由于侦查机关收集证据天然的偏向性以及辩方证据无法展示给裁判者，其结果必然是事实认定的结果不利于被告人。审判环节通过公开的法庭审理由中立的裁判者审查判断证据是防范冤错案件的最后一道防线。

---

〔1〕从消极的层面来说，一项证据要具有证据能力，必须不属于法定的"证据禁止"之范围；从积极的角度来看，一项证据要具有证据能力，还必须具有合法的证据形式，同时要经历严格的法庭调查程序。参见陈瑞华：《刑事证据法学》，北京大学出版社2012年版，第74页。

〔2〕通过自白任意规则、非法证据排除规则、传闻证据规则、品格证据规则等证据排除规则来实现。

〔3〕参见［日］田口守一：《刑事诉讼法》，张凌、于秀峰译，中国政法大学出版社2010年版，第267页以下。

裁判者在审判阶段对证据的审查必须遵循证据规则并以正当程序为保障。[1]同时,《高法解释》对各类证据的审查判断规则予以详细的规范,以不得作为证据使用、不得作为定案的根据等形式赋予法官对控诉证据的制约和排除作用,并确立非法证据排除规则,法官根据以上规则可以对控诉证据依法排除,真正实现证据裁判原则。

三、审判中心下的证据裁判

从我国对于证据裁判原则的研究成果观察,有广义的证据裁判原则与狭义的证据裁判原则之不同主张。广义的证据裁判原则认为刑事诉讼中侦查人员、检察人员、审判人员对案件事实作出各项裁决时,都必须根据证据,没有证据不能作出任何裁决,据此认为证据裁判原则应贯穿刑事诉讼全过程。此观点以我国特有的三机关分工负责的阶段式诉讼构造为理论基点,认为在我国现有的阶段式而非以审判为中心的诉讼构造的模式之下,证据裁判原则并非仅适用于审判阶段,审前阶段亦有证据裁判的必要。有学者指出:"从证据裁判原则的角度来看,'裁判'一词是指认定事实、适用法律,就此而言,在刑事诉讼的不同阶段均存在裁判,只不过裁判的主体、内容、方式和具体的程序各异。裁判并非专指狭义上的审判,证据裁判原则的内在精神要求,在刑事诉讼不同阶段进行的各类裁判均必须依靠证据而进行。"[2]"在我国公检法三机关'流水作业'的诉讼构造下,审前的侦查机关以及检察机关在作出某种决定时,亦应以经过法定程序收集的证据为依据,无证据不得对案件作出相应的处理决定。"[3]但因此该论者同时承认:"由于适用的阶段不同、对于事实与证据的要求不同以及存在证明方式的差别。"[4]笔者认为以上观点有将证据裁判原则做简单化理解之嫌,证据裁判原则的核心并非是依据证据即可认定案件事实,如此仅满足证据裁判原则的第一层含义,即该原则的基础含义。其实质要求是认定案件事实的证据必须具备证据能力必须经过严格

---

〔1〕《高法解释》第63条前半段规定:"证据未经当庭出示、辨认、质证等法庭调查程序查证属实,不得作为定案的根据。"

〔2〕 樊崇义、张小玲:"现代证据裁判原则若干问题探讨",载《北京市政法管理干部学院学报》2002年第2期。

〔3〕 参见闵春雷:"证据裁判原则的新展开",载《法学论坛》2010年第4期。

〔4〕 参见闵春雷:"证据裁判原则的新展开",载《法学论坛》2010年第4期。

的法庭调查，在控辩双方的充分参与之下，裁判者才能进行最终的事实认定。随着证据裁判中价值因素的引入，审前办案机关作出相应的决定必须依据证据并非证据裁判原则的真正含义，因此，严格的证据裁判仅适用于审判阶段。证据裁判并不仅指认定案件事实必须依据具有证据能力和证明力的证据，其核心在于，证据必须经过严格的法庭调查，经过在法庭上举证，并经过合法且充分的质证、认证后才能作为定案的根据，证明过程应遵循正当程序。审前公、检机关从事的立案、侦查、批准逮捕、审查起诉等诉讼活动有明显的职权性特征，审前活动并不具备控、辩、审三机关同时参与的基本诉讼形态，辩方很难实质性参与。虽然法律要求审查批捕以及审查起诉时讯问嫌疑人、听取辩护律师的意见，但检察机关并未建立司法听证机制，侦查人员与辩护方并无当面对抗的机会，更无开庭作为基本保障，典型的证明活动很难建立，因此，庭前证据的运用更多是一种查明事实的活动，其目的是为庭审作准备，而并非是依据证据作出裁判。质言之，审前侦查和检察机关作出相应的处理决定，虽也需一定的证据为依据，但由于缺乏证据裁判发挥作用的基本场域，缺乏中立的审判机关对证据的听审和判断，故其遵循的并非真正意义的证据裁判原则。

由于审前作出各种判断缺乏庭审的场域和缺乏对证据能力的有效判断，因此并非严格的证据裁判原则，抑或并非现代意义的证据裁判原则。十八届四中全会《决定》提出推进以审判为中心的诉讼制度改革，要求贯彻证据裁判原则，发挥庭审在证据质证、辩论以及认定案件事实中的核心作用。无疑，证据裁判原则为审判中心提供重要保障，更是审判中心实现的前提。因此，证据裁判原则适用的阶段仅为审判阶段，如此界定并不否认证据对审前办案人员认定事实的作用，审判中心要求审前活动应以审判证据要求为标准，审前依有证据能力的证据作出决定是审判阶段证据裁判原则的辐射效应所致，其所践行的非完整意义的证据裁判原则。

证据裁判的直接功能在于其对审判中证据运用的规范意义。裁判者认定案件事实的依据应是具有证据能力的证据，追诉犯罪不能以牺牲被追诉者的基本人权为代价。证据裁判的作用在于防止法官滥用自由裁量权从而造成随意出罪入罪，造成司法不公。以证据裁判原则为基础的证据能力规则要求审判人员对认定案件事实的证据必须根据证据规则进行删选，不具有证据资格的证据不能成为定案的根据。"在承认法官（陪审团）对证据价值凭理性和良知进行评判的制度下，证据规则实际上是法律约束法官广泛裁量权的最后防线。"[1]同时，证据裁判原则也有利于实现裁判的确定性和权威性。判决的基础只能依据证据，证据规则的确定性以及证明力评价的普遍经验的运用使判决的确定性得以保障。确定性的判决是其获得普遍认可和遵守的前提。

四、证据裁判之证据

证据必须兼具证据能力与证明力是证据裁判的依据。[2]证据能力又称为证据资格，是指证据在诉讼中可以被用来作为严格证明之法律依据的资格。作为一个法律概念，证据能力设立的基础主要是立法者基于一定的技术性或政策性目标，而非从发现事实真相角度考虑。诉讼证明与一般证明的区别在于诉讼证明必须遵守正当程序并践行保障人权、实现诉讼效率等价值和目标的实现。如果某一证据系以侵犯被取证人基本权利的方式获得，则这一证据即使真实，对案件事实可能有至关重要的证明作用，也必须排除于诉讼证明之外，不能作为证据使用。由于证据能力规范的适用可能阻碍事实真相的发现，各国对其适用范围均加以严格的限制，证据能力规范一般只适用于需要严格证明的事项。"严格证明是指使用有证据能力的证据，并且经过正式的调查程序作出的证明。"[3]同时证据能力是证据可以进入正式审判程序接受法庭调查的资格。"原则上，有证据能力之证据为容许进入法庭调查之前提条件，亦即无证据能力之证据不容许其提出于公判庭或作为证据调查之对象。"[4]

证据的合法性是证据的法律属性，包括证据的表现形式合法、提取主体合法、取得方式合法。证据不具备法定的形式为不合法的证据形式之一，刑事诉讼法规定了八种法定的证据形式，如果证据不符合以上证据形式的，则属于不合法的证据。证据的提取主体合法，控方收集证据必须由侦查人员进

---

〔1〕 宋英辉、吴宏耀："外国证据规则的立法及发展——外国证据规则系列之一"，载《人民检察》2001 年第 3 期。

〔2〕 证据能力与证明力是大陆法系国家对于证据属性的基本要求。大陆法系国家为了发挥职权主义的功能，对于证据能力很少限制。英美法系国家由于实行陪审团审判，为了避免不具有证据能力的证据误导陪审团，对证据能力的限制较为严格，其中关联性和可采性是证据能力的两项重要判断标准。

〔3〕 [日] 田口守一：《刑事诉讼法》，刘迪等译，法律出版社 2000 年版，第 219~220 页。

〔4〕 黄朝义：《刑事诉讼法（证据篇）》，元照出版公司 2002 年版，第 151 页。

行，并且侦查人员收集证据时必须符合法定的人数，非侦查人员以及不符合法定人数收集的证据属于不合法的证据，但2012年《刑事诉讼法》对行政机关收集的物证等赋予证据能力，[1]这一规定突破了刑事诉讼法关于必须由侦查人员取证的规定。此外，主体合法性还包括相关主体必须具有专业资格，如对专门问题进行鉴定必须由具有鉴定资格的人员进行，鉴定人必须符合法定的资格和条件。证据表现形式的合法性，收集证据一般附有证据提取笔录，包括勘验、检查笔录、扣押清单等，证据表现形式的合法性指收集证据时应有相关的笔录，并且笔录上应有参加证据收集活动的侦查人员以及被讯问的嫌疑人、被询问的被害人、证人、物品的持有人、见证人等的签名，笔录应明确真实记载收集证据的时间、地点以及证据收集过程的相关情况。取证手段合法，违背法定程序获得的证据属于不合法的证据，由于手段的违法经常与侵犯被追诉人的基本权利相联系。因此，非法证据排除规则之"非法证据"属于此类证据，就获取言词证据而言，无论是讯问嫌疑人，还是询问证人，都必须严格遵守法定程序，禁止采取刑讯逼供、暴力以及威胁、引诱、欺骗等非法方法获取证据，收集实物证据必须取得法定的授权，搜查、扣押必须取得相应的搜查证、扣押证等，否则获取的证据为非法证据。

我国对证据合法性从多方面进行规范，凡不符合以上要求的证据，即属于不合法的证据。但就证据的证据能力而言，不合法的证据并不完全等于非法的证据，非法证据排除规则中的非法证据仅为一部分不合法的证据。主要是取证手段不合法的证据，至于证据表现形式不合法以及实物证据保管链条断裂导致无法判断其真实性的，也适用证据排除规则，但与非法证据排除规则的价值取向有所区别，此类证据排除的原因是由于违法情形极大地影响证据的真实性，为了避免裁判者被错误的证据误导从而形成错误的判断，对此类证据直接予以排除，有学者将此类证据规则确定为证明力规则并将之界定为新法定证据主义，笔者认为虽然刑事诉讼法将此类证据表述为不得作为定案的根据，但与证明力规则存在根本区别，证据的证明力本质上属于裁判者自由判断的范畴，一般无需证据规则进行调整。

证据裁判原则要求法庭调查程序的合法性，证据必须经过当庭出示、辨

---

〔1〕 2012年《刑事诉讼法》赋予行政机关在行政执法和查办案件中收集的物证、书证、视听资料、电子数据等证据材料，在刑事诉讼中可以作为证据使用。参见《刑事诉讼法》第52条第2款。

认、质证等法庭调查程序，才能作为定罪量刑的根据。实物证据的收集、保管、移送、出示等必须有完整的证据保管链条，以完成对实物证据的鉴真，鉴真的目的是为确保法庭上提交的证据即为侦查人员收集的那份证据。成为定案的根据必须具有客观真实性，虚假证据不能成为定案的依据。保障证据真实性的证据规则是基于收集证据的程序和方式严重不合法，[1]同样是取证程序或方法或取证时未履行法定手续，但并非一律导致证据的排除，如果由于取证程序严重违法，以致对证据的真实性有致命影响，如上未附笔录或清单的物证、书证，很难保障是在现场提取或与案件事实有关，因此为了避免裁判者将虚假可能性极大的证据采纳为定案的根据，不管此类证据实质上是否与案件有关，是否真实，为了实现实体真实，一律将其排除于定案根据之外。另外一个对证据的真实性要求是在开庭时经过当庭对证据的出示、辨认、质证、鉴真等程序不能查证属实的，此类对证据的查证属实必须经过完整的举证、质证，裁判者才能对单个证据审查判断，审查其是否真实可靠，如果经过法庭调查后，认为证据不具备真实性，则不得作为定案的根据。

五、证据裁判的事实

根据我国的诉讼理论，刑事诉讼中的证明对象包括实体法事实和程序法事实。实体法事实指影响定罪量刑的事实，程序法事实指程序性争议的事实，包括解决非法证据排除、管辖、回避、申请证人出庭等程序争议的相关事实。在证据裁判原则的范围内，依据证据所证明的事实并不包括所有争议的实体法事实和程序法事实。证据裁判原则的发源地日本学界通说认为："证据裁判原则的事实是推断犯罪需要的事实，即公诉犯罪事实。"[2]"诉讼法上的事实包括作为诉讼条件的事实、作为诉讼行为要件的事实、证明证据能力和证明力的事实及其他诉讼法上的事实。而作为严格证明对象的事实，也即证据裁判原则所要求的事实，包括依被告人的罪责为基础的实体法上的事实和倾向

---

[1]　《高法解释》第 73 条第 1 款规定："在勘验、检查、搜查过程中提取、扣押的物证、书证，未附笔录或者清单，不能证明物证、书证来源的，不得作为定案的根据。"

[2]　参见［日］土本武司：《日本刑事诉讼法要义》，董璠舆等译，五南图书出版公司 1997 年版，第 311 页。

于加重被告人刑罚的量刑情节的事实。"〔1〕

证据裁判之事实具有法定性，法律通常会对证明对象予以明确规定。〔2〕作为裁判之基础的事实并非必须依据证据裁判原则证明，无论是刑事诉讼还是民事诉讼证据裁判原则均存在例外。〔3〕推定构成证据裁判原则的例外。推定也是一种认定案件事实的重要方法，是根据有证据证明的基础事实来认定推定事实成立的方法。推定是为了解决刑事诉讼中犯罪主观要件等特定事实的证明困难、提高认定犯罪事实的效率以及实现特定的刑事政策。

六、证据裁判的证明方式

刑事诉讼证明方式有严格证明与自由证明之分。严格证明是指依据有证据能力的证据，且必须经过严格的法庭调查程序，严格证明适用于实体法事实的认定以及对被告人不利的从重量刑事实；而自由证明指所依据的证据不严格要求具有证据能力，并且不需要经过严格的法庭调查程序，自由证明适用于程序性事实以及有利于被告人的量刑事实的认定。大陆法系证据能力指证据用于严格证明的能力或资格。"严格证明是针对犯罪事实是否存在以及与刑罚权范围有关的待证事实，严格依据证据法规定进行的证明。"〔4〕德国将严格证明作为证据能力要件之一，"严格证明是指对法定证据按照法定程序进行调查，然后证据才能具备证据能力，也才能成为裁判的根据"。〔5〕日本则将严格证明作为证据能力之外的要求，"严格证明是指对有证据能力的证据按

---

〔1〕 参见［日］田口守一：《刑事诉讼法》，张凌、于秀峰译，中国政法大学出版社 2010 年版，第 269 页。

〔2〕 根据《高法解释》第 64 条规定："应当运用证据证明的案件事实包括：（一）被告人、被害人的身份；（二）被指控的犯罪是否存在；（三）被指控的犯罪是否为被告人所实施；（四）被告人有无刑事责任能力，有无罪过，实施犯罪的动机、目的；（五）实施犯罪的时间、地点、手段、后果及案件起因等；（六）被告人在共同犯罪中的地位、作用；（七）被告人有无从重、从轻、减轻、免除处罚的情节；（八）有关附带民事诉讼、涉案财物处理的事实；（九）有关管辖、回避、延期审理等的程序性事实；（十）与定罪量刑有关的其他事实。"

〔3〕 根据《人民检察院刑事诉讼规则》（以下简称《高检规则》）第 401 条规定："在法庭审理中，下列事实不必提出证据进行证明：（一）为一般人共同知晓的常识性事实；（二）人民法院生效裁判所确认的并且未依审判监督程序重新审理的事实；（三）法律、法规的内容以及适用等属于审判人员履行职务所应当知晓的事实；（四）在法庭审理中不存在异议的程序事实；（五）法律规定的推定事实；（六）自然规律或者定律。"

〔4〕 卞建林主编：《证据法学》，中国政法大学出版社 2007 年版，第 59 页。

〔5〕 ［德］克劳思·罗科信：《刑事诉讼法》，吴丽琪译，法律出版社 2003 年版，第 208 页。

照法定程序进行证据调查，强调的是法定调查程序的重要性"。[1] 证据裁判原则要求的证据资格以及证据调查的程序性均是严格证明的基本条件和前提，因此证据裁判原则的证明方式应为严格证明。

非法证据排除等重要程序法事实是否需要严格证明？启动非法证据排除程序之后，证明责任由控方承担，控方运用的证明取证合法性的证据通常为讯问全程录音录像、入所体检表、办案机关的情况说明等证据，此类证据几乎不存在非法取得的问题，因此，无严格的证据能力之说。另外，就我国的非法证据排除阶段而言，实行全程排除，即在侦查、审查起诉以及审判机关，相应的侦查机关、审查批捕机关、审查起诉机关以及审判机关均有排除非法证据的权力和义务。如果说审判阶段的排除程序具备基本的三方诉讼构造并且有明确的证明责任分配和证明标准的要求，审前排除非法证据程序既不组织听证，更不可能开庭，审前排除充其量是一种行政性的审查排除活动，缺少基本的三方诉讼构造，更无证明责任、证明标准等证明规范的指引，裁判者也无对相关侦查人员进行当面了解情况的机会，因此审前阶段排除非法证据本质上是检察机关对证据合法性的调查活动，属于查明而非证明。

对被告人无异议的指控的犯罪事实是否适用证据裁判原则？2012 年《刑事诉讼法》扩大了简易程序的适用范围，[2] 适用简易程序审理时，对无双方无异议的证据的调查大力简化，以提高庭审效率，而简易程序适用的基本前提是被告人对指控的犯罪事实无异议。近年来，各地人民法院开始对简单轻微且被告人认罪的刑事案件适用速裁程序，以上案件由于被告人认罪，承认指控的犯罪事实，一般对证据亦无异议，因此，不再严格适用证据裁判原则所要求的程序要件。

七、证据裁判与自由心证

自由心证是在否定法定证据时期以口供为中心的基础上发展而来的。证据裁判与自由心证相伴而生，学者蔡墩铭认为："近代刑事诉讼法所采之自由

---

〔1〕 [日] 田口守一：《刑事诉讼法》，刘迪等译，法律出版社 2000 年版，第 219 页。

〔2〕 一审法院审理的被告人认罪的案件并同意适用简易程序审理的案件法庭调查程序简化，对控辩双方无异议的证据，可以仅就证据的名称及所证明的事项作出说明；对控辩双方有异议，或者法庭认为有必要调查核实的证据，应当出示，并进行质证。控辩双方对与定罪量刑有关的事实、证据没有异议的，法庭审理可以直接围绕罪名确定和量刑问题进行。

心证主义与证据裁判主义，不失为事实认定之二项基本原则，且由于此二项原则之密切配合，使事实发现与人权保障皆成为可能。"[1]自由心证是指"法律对证据的证明力不作预先规定，裁判者基于经验法则和伦理法则，对经合法调查的证据进行合理判断，以形成确信，从而认定案件事实"。[2]证据裁判原则的直接功能是对裁判者心证形成有效约束，防止裁判者以自由心证的名义对证据任意取舍，引起司法不公并且损害裁判的权威性和可接受性。"证据裁判主义不仅要求法官必须依证据而为事实之认定，而且对于一定之证据限制法官为自由心证，如无证据能力、未经合法调查、显与事理有违或与认定事实不符之证据，不得作为自由心证之依据。除此之外，补强证据之有无，及科学证据之取舍，法官亦无自由判断之余地。"[3]"证据禁止法则形成自由心证的外在界限，已经因此而排除的证据，法官不得认其有证据价值而采为裁判之基础。严格证明法则也是自由心证的外在界限，因此，未经严格证明者，不能依照自由心证而采为裁判基础。"[4]质言之，证据裁判是自由心证适用的前提和基本保障，证据裁判原则具有弥补自由心证之缺陷的价值和功能，此原则要求法官对案件事实之认定的心证必须以证据为基础，并通过证据能力规则限制法官自由判断之证据材料的范围，要求法官的心证建立在经过严格调查的证据基础之上，并且法官应依经验法则和伦理法则对证据进行判断。

第二节 我国证据裁判原则的确立与实践

一、证据裁判原则的确立

证据裁判原则是证据法的基本原则，与无罪推定原则一起构成刑事诉讼事实认定中的基础性原则。我国长期以来，虽然遵守依据证据认定案件事实的基本法理，并且要求定案的证据必须经过庭审的公开质证、辩论之后，才能成为定案的依据。但长期以来，刑事诉讼法及司法解释并未确立证据裁判

---

〔1〕 蔡墩铭：《刑事证据法论》，五南图书出版公司1997年版，第424~425页。
〔2〕 秦宗文：《自由心证研究——以刑事诉讼为中心》，法律出版社2007年版，第28页。
〔3〕 蔡墩铭：《刑事证据法论》，五南图书出版公司1997年版，第428页。
〔4〕 林钰雄：《刑事诉讼法》，台北图书馆2003年版，第414页。

原则。直到 2007 年，最高人民法院、最高人民检察院、公安部、司法部联合出台的《关于进一步严格依法办案确保办理死刑案件质量的意见》明确指出，坚持证据裁判原则，重证据、不轻信口供，标志着证据裁判原则这一法律术语在司法解释文件中被首次规定。2010 年，两高三部联合发布的《死刑案件证据规定》又重申了这一重要原则，明确规定"认定案件事实，必须以证据为根据"。2012 年《刑事诉讼法》虽未明确规定证据裁判原则，但相关内容均体现了证据裁判原则的精神。[1]2012 年《高法解释》第 61 条"认定案件事实，必须以证据为根据"，以司法解释的形式明确证据裁判原则。2014 年十八届四中全会通过的《决定》再次提出，全面贯彻证据裁判原则，以党的文件的形式确立了证据裁判原则在推进以审判为中心的诉讼制度改革以及实现庭审实质化中的关键作用。

1996 年《刑事诉讼法》对证据概念的界定采"事实说"的立场，[2]在事实说的影响下，造成对证据客观性以及真实性的片面强调，忽视了诉讼证据应具备的法律属性。在此立法理念的支配下，刑事证据能力规则难以生根发芽，造成非法取证行为大量存在，刑讯逼供屡禁不止。事实说造成的另一后果是未将进入办案人员视野的主观证据与最终被法官认定作为定案根据的证据相区别，证据就相当于定案的根据，法庭上的举证、质证以及辩论等对证据的最终采纳几乎没有实质性的影响，从而抹杀作为定案根据的证据应经过充分的法庭调查，由控辩双方对证据的客观真实性、关联性以及合法性质证并经由裁判者审查判断，运用逻辑和经验进行推理后，才能为裁判者认定。2012 年《刑事诉讼法》将证据概念由"事实说"改为"材料说"，[3]克服了事实说存在的逻辑缺陷。"这一定义体现了证据内容和形式的统一，证据的内容是证据所反映的案件事实，证据的形式是证据赖以存在的载体。用'材料'取代'事实'，承认证据存在真假问题，消除了旧法条中的逻辑矛盾，因为用

---

〔1〕　2012 年《刑事诉讼法》第 53 条第 1 款前半段规定："对一切案件的判处都要重证据，重调查研究，不轻信口供。"第 48 条第 3 款规定："证据必须经过查证属实，才能作为定案的根据。"这一界定将证据等同于事实，掩盖了证据的法律属性，同时在肯定证据是证明案件真实情况的事实的情况下，又要求证据必须经过查证属实，造成立法表述的前后逻辑矛盾。

〔2〕　"证明案件真实情况的一切事实，都是证据"，同时要求证据必须经过查证属实，才能作为定案的根据。

〔3〕　2012 年《刑事诉讼法》将证据概念修改为"可以用于证明案件事实的材料，都是证据"。

于证明案件事实的材料有真有假，才有必要经过查证属实。"[1] 同时体现了证据运用的规律，证据材料并不等于定案根据，证据材料成为定案根据必须经过证据能力和证明力的双重审查，必须在公开的法庭上经过充分的举证、质证等行为。但材料说并非完美，依然存在一定的缺陷，最显著的缺陷在于难以涵盖刑事证明实践中的情态证据[2]以及人证。情态证据应为刑事诉讼中必要的辅助证据，证人出庭可以实现裁判者对证人作证情态的判断，有利于准确认定案件事实。同时，被告人当庭供述或辩解、证人当庭证言、鉴定人当庭的陈述等，显然都不能称为材料。但在材料说的框架内，证据能力规则有发挥作用的空间，肯定证据必须经过法庭调查等质证、辩论程序，才能作为定案的根据。

诉讼证明不同于一般的认识活动，包含价值判断。侦查机关收集的证据转化为定案的根据必须具备基本的两大条件，即证据应具备证据能力和证明力。所谓证据能力指证据可以在诉讼中使用的资格，或者出现在法庭上能为裁判者审查判断的资格。所谓"证据能力"，"又称证据的可容许性或证据的法律资格，是指那些允许证据出现在法庭上的资格和条件"。[3] 立法者基于技术型或政策性的目标，对证据的证据能力进行限制，证据能力是证据的法律资格，证据能力的设定其出发点可能与查明案件事实真相无关，甚至某些证据能力的设定有碍于事实真相的查明。非法证据排除规则、证人特免权规则等规则显然无助于案件事实的查明。在普通法系国家，证据能力被限定为证据可以出现在法庭上，接受法庭调查的资格。无证据能力的证据，不应出现在法庭上。英美法系国家与证据能力密切联系的概念是可采性，美国证据法学家华尔兹教授将可采性表述为："可采性是涉及何种事实和材料将准许陪审团听、看、读甚至可能是摸或闻的一种决定。"[4] 在证据能力的问题上，大陆法系国家奉行与英美国家基本相同的理论，大陆法系国家的学者认为：

---

[1] 樊崇义、张中："专家解读新刑诉法：证据定义转向证据理性"，载 http://news. jcrb. com/jxsw/201204/t20120424_ 848134. html，2015 年 12 月 8 日访问。

[2] 情态证据是指证人作证时的非语言情态，包括证人的姿态、外貌、面部表情、身体语言、声音语调等，事实认定可以借助情态证据对证人证言的可靠性作出判断。

[3] 吴宏耀、魏晓娜：《诉讼证明原理》，法律出版社 2002 年版，第 114 页。

[4] ［美］乔恩·R. 华尔兹：《刑事证据大全》，何家弘等译，中国人民公安大学出版社 1993 年版，第 13 页。

"原则上，有证据能力之证据为容许进入证据调查之前提条件，亦即无证据能力之证据不容许其提出于公判庭或作为证据调查的对象。"〔1〕但是大陆法系国家并未将审前程序与审判程序严格分离，也未将事实认定与法律适用问题分由不同的裁判者行使，而是在开庭过程中由法官统一解决证据的证据能力和证明力问题，对于法官认定的不具有证据能力的证据，其后果并非像理论上所倡导的不得提交于法庭，而是不得作为定案的根据，即裁判者不得将其作为裁判理由书写在判决书中，不得援引应当排除的证据作为判决理由，但问题在于当裁判者已经了解并掌握了证据的基本信息之后，很难真正将其从心证中消除，即使判决书中裁判者未将其罗列为证明被告人有罪的证据，但由于该证据已经在裁判者的头脑中留下了某种印象，这种印象很难一时完全消除，因此此类证据排除的效果并不理想。

我国刑事诉讼实践中一直极为关注证据的证明力，而忽视对证据的证据能力的审查。证据的证明力指证据与待证事实的关联性，包括关联性的有无及其大小。证据能力是证据出现在法庭上的一种资格。不具有证据能力或证明力的证据当然不能成为定案的根据。我国有关证据能力的规则不健全导致裁判者对公诉机关出示的证据几乎不进行证据能力的审查和过滤，尤其是将侦查人员以刑讯逼供等非法取证方式获取的口供作为定案的根据，在口供中心的证据审查模式与非法取得的虚假口供的双重作用下，导致刑事诉讼中错案不断出现。2010年的两个证据规定以及2012年《刑事诉讼法》对证据的规范体现了证据裁判原则的基本要求，由关注证据的证明力转为同时注重对证据能力的审查。非法证据排除规则以及瑕疵证据补正规则的确立，标志着刑事诉讼法对证据裁判原则基础之证据资格的强调。

二、证据裁判原则的实践图景

《高法解释》等规范性法律文件虽明确了证据裁判原则，但我国的刑事证据制度缺乏系统性的理论指导，加之司法实践中侦查的强势地位以及实质上的侦查中心造成庭审的虚化，以上因素造成证据裁判原则在某种程度上仅具有宣誓性的作用，实践做法与证据裁判原则的具体要求相去甚远。刑事诉讼实践中司法人员对单个证据的审查较为关注证据的证明力而忽视了证据的证

---

〔1〕　黄朝义：《刑事诉讼法（证据篇）》，元照出版公司2002年版，第21页。

据能力，非法证据排除规则实施并未达到预期的效果，庭审的虚化造成庭审无法担当通过控辩双方积极的质证和抗辩以对证据充分质疑和辩驳从而揭示证据之证据能力缺陷等功能。

（一）裁判的依据并非完全依据证据，独立审判缺乏保障

根据证据裁判原则，裁判的依据应为证据。但在我国目前司法实践中，存在与证据裁判原则之依据证据裁判直接违背的情况。首先，法官审判案件面临法院内部行政领导的干预。裁判文书审批一定程度依然存在。其次，法院审理案件受到被害人情绪以及舆论的干扰。我国特殊的信访制度的存在使审判人员在审理案件时除了考虑证据之外，必须考虑被害人的态度和要求。河南李怀亮案件中，平顶山市法院为了使被害人的家属保障不再上访，脱离证据裁判原则，以"死刑保证书"为承诺，造成了又一起冤案。[1]诸多冤案中审判机关在判决时已经意识到控方证据存在的问题，根据现有指控证据，根本无法得出被告人有罪的结论，但为了满足被害人家属的复仇心理，平息被害人家属的愤怒，而作出了有罪判决。另外，舆论影响证据裁判的实现，舆论监督是实现诉讼民主和诉讼公开的必然要求，但在我国舆论过早介入案件，舆论的倾向性报道和评论导致裁判者很难独立依据证据审理案件，某些特殊的案件甚至变为舆论审判。

（二）证据能力受到忽视，证据排除规则的实施效果堪忧

证据裁判要求裁判依据的证据必须具有证据能力与证明力。证据能力属于大陆法系的概念，是指证据能够成为定案根据的资格。大陆法系国家立法对证据能力选择从反面进行限定，大陆法系国家的证据禁止包括证据取得禁止和证据使用禁止，证据取得禁止属于程序法的规定，即禁止以非法的手段

---

〔1〕 发生在2001年8月2日的平顶山市叶县邓李乡湾李村。当天晚上，13岁女孩郭小红（化名）去村北沙河堤上挖蝉蛹，此后再也没有回家。郭小红的家人四处寻找无果于当晚报警。8月4日下午，警方在沙河下游的庄头村发现了郭小红的尸体，尸体下身赤裸，警方认定其为遭他人杀害奸尸并抛下河。由于李怀亮当晚到过案发现场，警方怀疑犯罪行为系李所为，于8月7日将李怀亮拘留。2003年9月19日，叶县法院依据李怀亮的有罪供述与现场情形相吻合、村民看到李怀亮曾到过案发地，以及李怀亮的两名狱友曾听李怀亮自己说曾杀人为依据，认为基本证据充分，足以认定，因而一审以故意杀人罪判处李怀亮有期徒刑15年，赔偿3000元。同年12月2日，平顶山中院以事实不清，证据不足撤销了一审判决，并将此案发回叶县法院重审。但此后，叶县法院并未重审此案，而是由平顶山中院作为一审法院对此案进行初审。而那份被网络曝光的"死刑保证书"也在此期间诞生了。这份保证书写于2004年5月，写在一张"河南省平顶山市中级人民法院"信笺纸上，保证人叫郭某章、杜某花，是死者的父母，保证书落款处还有一名村干部作为见证人的签名。

及方法收集证据。我国的证据能力规则尚不完善，现有的基于保障人权等政策性的证据能力规则仅有非法证据排除规则，自白任意性规则、不得强迫自证其罪规则、证人特免权规则、传闻证据规则缺失。证据规则体系不够完备，整个刑事证据制度的价值追求依然以最大限度实现发现案件事实真相为终极目标，对被告人权利保障的关注相对较少。刑事诉讼法并未确立类似相关证据规则，被告人的前科劣迹、先前犯罪行为以及被告人的品性等在审判中的运用规则，证据能力规则缺失的直接后果是裁判者难以通过证据排除等证据能力规则实现对审前机关收集证据以及运用证据的制约作用，审前证据难以真正依法受到审查，庭审失去对证据的审查判断功能。

刑事诉讼法确立了非法证据排除规则，但根据实证调研，非法证据排除的实施状况并不尽人意。由于我国非法证据排除的理论基点严重错位，"以证明力取代证据能力"。[1]审判阶段排除非法证据不但面临着非法证据排除程序难以启动，非法证据认定难，而且非法证据排除程序滞后、非法证据排除的证明等均存在一定的问题，造成非法证据排除规则的实践困境。

（三）证据调查形式化，难以保障证据裁判原则的实现

证据裁判原则之证据能力的积极要件是证据必须经过严格证明之调查程序，才能作为认定事实的依据。审前的证据材料必须经过法庭上的举证、质证等严格的调查过程，证据必须经过查证属实，才能转化为定案的依据。

在司法实践中，有裁判者将未经法庭质证的证据采纳为定案依据的现象。对于公诉方庭后移送的证据以及法官庭外调查核实的证据，在未经控辩双方质证的前提下，裁判者即将其作为定案的根据。法官对案卷以及笔录证据的依赖造成法庭质证、认证缺乏合理的制度保障，控辩双方质证的对象一般为各种证据笔录、物证照片以及鉴定意见，相关的证据笔录制作人或证人、鉴定人等言词证据提供者一般不出庭，根本无法对证据进行实质性质证。同时，裁判者认证也有形式化倾向，能够当庭作出认证的，均是控辩双方无异议的证据，对于控辩双方有异议的证据，裁判者一般不会当庭认证，而是选择庭后认证。

（四）证明标准把握不当

证明标准是案件事实裁判者依据证据认定被告人有罪应达到的法定程度。

---

　　〔1〕　杨波："由证明力到证据能力——我国非法证据排除规则的实践困境与出路"，载《政法论坛》2015年第5期。

证明标准是相对于定罪而言的，量刑事实的证明一般不涉及证明标准问题。受我国传统诉讼认识论的影响，刑事诉讼法确立的证明标准为"犯罪事实清楚，证据确实充分"。根据学界的通说，这一证明标准属于客观性标准，[1]是对认定被告人有罪的外在要求；同时，这一证明标准为客观真实标准，属于很高的标准。证明标准本质上是裁判者根据证据对被告人是否有罪的判断标准，属于裁判者主观心证的范畴，因此客观性证明标准对司法实践中审判人员认定案件事实的规范作用有限，可能造成审判人员认定案件事实的随意性，以及实质上降低证明标准的现象。司法实践中对于未达到法定证明标准的案件，审判人员在公诉机关、被害人等外部压力之下可能会作出有罪判决的情况。已经披露的诸多冤错案件均反映出这一问题。以 2014 年纠正的内蒙古呼格吉勒图案件为例，此案经内蒙古高级人民法院再审之后判决原被告人呼格吉勒图无罪。判决无罪的理由是："第一，原审被告人呼格吉勒图供述的犯罪手段与尸体检验报告不符。第二，血型鉴定结论不具有排他性，刑事科学技术鉴定证实呼格吉勒图左手拇指指甲缝内附着物检出 O 型人血，与杨某某的血型相同；物证检验报告证实呼格吉勒图本人血型为 A 型。但血型鉴定为种类物鉴定，不具有排他性、唯一性，不能证实呼格吉勒图实施了犯罪行为。第三，呼格吉勒图的有罪供述不稳定，且与其他证据存在诸多不吻合之处。呼格吉勒图供述的被害人的体貌特征以及案发时被害人的穿着、发型等均与实际情况不一致。"[2]据此，内蒙古高院再审作出无罪判决。根据再审无罪判决理由的分析，原审法院在被告人供述不稳定，供述的犯罪手段与尸体检验报告不符合以及缺少证明被告人有罪的关键物证的情况下，作出被告人有罪的判决显然属于人为降低证明标准所导致的后果。近年纠正的浙江张氏叔侄案、浙江萧山 5 青年案、陈满案等均面临相同的证据问题，均是在证据存在诸多疑点的情况下，审判机关坚持作出有罪判决，而冤错案件中真凶的出现有力证明了原审判决的根本性错误，审判人员作出有罪认定时根本无法达到

---

〔1〕 需要说明的是，亦有个别学者认为"犯罪事实清楚"属于主观性标准，即裁判者主观认为犯罪事实已经查清，而"证据确实充分"才属于客观性标准，并据此认为我国刑事诉讼的证明标准是主客观相统一的标准。参见陈光中、郑曦："论刑事诉讼中的证据裁判原则——兼谈《刑事诉讼法》修改中的若干问题"，载《法学》2011 年第 9 期。

〔2〕 参见"呼格吉勒图犯故意杀人罪、流氓罪再审刑事判决书"，载 http://www.chinanews.com/fz/2014/12-15/6877313.shtml，2015 年 12 月 5 日访问。

法定的证明标准。

第三节　审判中心下证据裁判的实现

审判中心的核心是庭审实质化，实现庭审对证据之证据能力和证明力的实质性的调查与认定，控辩双方实质性参与法庭调查和法庭辩论，是证据裁判原则的基本要求，更是审判中心实现的必要手段，贯彻证据裁判原则是实现审判中心的基本保障。

一、完善证据规则体系，严格践行证据排除规则

证据规则是指"以规范何种证据可以在法庭上出示，各种证据证明力大小，证明责任的分配以及证明的要求等为主要内容的法律规范的总称"。[1]与证据能力对证据相关性以及合法性的要求相比，证据的证明力指证据对待证事实的证明分量或证明程度的大小，法定证据制度下规制证据证明力的各项规则经历史证明，由于过于限制审判者的自由判断证据的裁量权，将个别判案经验上升为法律规定，导致对个案事实的认定欠缺个案的合理性，错案不断出现。因此，在对法定证据制度反思的基础上，无论是大陆法系国家的自由心证证据制度，还是英美法系国家在二元制审判法庭下以证据的可采性规则为核心，规范对证据的采纳和案件事实的认定，均是从证据能力方面对证据的资格予以规制。

证据裁判原则承载价值论和认识论双重负担。传统证据法更为关注证据的认识论价值，认为诉讼即是运用证据证明案件事实的活动，为了保障最大可能认定案件事实，基本不对证据能力进行限制。随着传统证据法向现代证据法转变，证据法的多元价值追求得以凸显。我国面临着证据规则体系残缺，现有的证据规则或者简单粗疏，无法适应司法实践的需要；个别规定与证据法追求的基本价值冲突。证据规则的完善需以正确的证据法理论为指导，我国的证据法理论体系应以相关性为逻辑主线，以准确、公正、和谐以及效率为主要价值基础的举证、质证和认证过程。在此基础上，完善我国的证据规

---

〔1〕　陈卫东、谢佑平主编：《证据法学》，复旦大学出版社 2005 年版，第 70 页。

则，首先应确立传闻证据规则、品格证据规则等基础性证据规则，其次，完善作证特免权规则、口供补强等已有的证据规则。最后，完善非法证据排除规则的相关制度，明确界定非法证据，严格区分非法证据与瑕疵证据，明确非法证据排除的程序和操作规程，进一步完善非法证据的证明责任和证明标准，严格践行非法证据排除规则。

二、确保裁判者依法独立审判

已经发现的冤错案件表明来自于法院外部或者内部干预造成对证据裁判原则的严重破坏，难以保证裁判者当庭实现对案件事实的正确认定。审判中心下的证据裁判原则以审判独立为基本前提，证据裁判原则的实现要求审判人员独立审判案件，不受本院行政领导、上级审判机关以及党政部门、纪委等的干预，即让审理者有裁判权，审理者裁判、裁判者负责。

（一）法院内部保障裁判者依法独立办案

十八届三中全会提出，完善主审法官、合议庭办案责任制。把审判权集中到优秀法官手中，构建以主审法官为中心的审判团队，实现让审理者裁判、由裁判者负责。十八届四中全会《决定》提出："司法机关内部人员不得违反规定干预其他人员正在办理的案件，建立司法机关内部人员过问案件的记录制度和责任追究制度。"《四五改革纲要》提出了"改革裁判文书签发机制"，"规范院、庭长对重大、疑难、复杂案件的监督机制，建立院、庭长在监督活动中形成的全部文书入卷存档制度。依托现代信息化手段，建立主审法官、合议庭行使审判权与院、庭长行使监督权的全程留痕、相互监督、相互制约机制，确保监督不缺位、监督不越位、监督必留痕、失职必担责"，"除法律规定的情形和涉及国家外交、安全和社会稳定的重大复杂案件外，审判委员会主要讨论案件的法律适用问题"。《决定》和《四五改革纲要》还进一步要求"健全法官履行法定职责保护机制，非因法定事由。……非经法定程序，不得将法官调离、辞退或者作出免职、降级等处分"。以上制度设计均是从法院内部保障裁判者依法独立办案，使裁判者免受内部行政领导的干预。此外，审判中心的实现还应对审委会讨论决定案件的方式进行改革，审委会成员不参加法庭审理，但对于疑难、复杂以重大案件有权讨论并决定案情的做法与直接言词原则相违背。为实现审理者裁判、裁判者负责的目标，开庭审理之前如果合议庭认为案件属于疑难、复杂、重大等案件，可能需要审委会成员讨论并决定的，应在开庭审理时通知其旁听案件的审理，否则审委会一般不得改变合议庭认定的案件事实，只能就法律适用问题进行讨论并作出决定。

（二）保障人民法院审判案件不受法院外部力量的干涉

应改革司法管理体制，《四五改革纲要》提出构建地方法院人、财、物统一管理制度，建立与行政区划适当分离的司法管辖制度。确立领导干部插手具体案件记录制度。十八届四中全会《决定》指出："任何党政机关和领导干部都不得让司法机关做违反法定职责、有碍司法公正的事情，任何司法机关都不得执行党政机关和领导干部违法干预司法活动的要求。对干预司法机关办案的，给予党纪政纪处分；造成冤假错案或者其他严重后果的，依法追究刑事责任。"日前中共中央办公厅、国务院办公厅联合印发的《领导干部干预司法活动、插手具体案件处理的记录、通报和责任追究规定》对此进行了更加明确的规定，意在治理领导插手司法活动的现象，确保司法活动的独立进行。《四五改革纲要》将其具体规定为："按照案件全程留痕要求，明确审判组织的记录义务和责任，对于领导干部干预司法活动、插手具体案件的批示、函文、记录等信息，建立依法提取、介质存储、专库录入、入卷存查机制，相关信息均应当存入案件正卷，供当事人及其代理人查询。"

三、合理把握证明标准

证据裁判原则对事实审理者自由心证限制的核心在于证明标准的要求。无论是依据具有证据能力的证据进行裁判，还是作为裁判依据的证据必须依照法定程序进行审查判断，其最终的目的都是为了保障事实裁判者认定事实的准确性和正当性，事实认定准确和正当性以证明标准设置的合理性以及裁判者对证明标准的合理把握和运用为基本前提。

为了克服旧刑事诉讼法确立的证明标准客观性过强，无法有效指导司法实践的弊端，2012年《刑事诉讼法》在坚持原证明标准的基础上，将排除合理怀疑作为"案件事实清楚，证据确实充分"的判断依据。排除合理怀疑肯定了证明标准判断的主观作用，同时与疑罪从无的要求相契合，对此应予以肯定。裁判者合理运用证明标准是践行证据裁判原则的最终要求。合理运用证明标准应准确理解"排除合理怀疑"与"证据确实充分"的关系，学界对二者关系的理解并不尽一致，根据立法部门的解释，刑事诉讼引入排除合理的证明标准并不代表证明标准的降低，排除合理怀疑只是证明标准的判断方法。但有学者通过分析美国司法实践中对排除合理怀疑的实践指出："排除合理怀疑并非对认定案件事实绝对的确定性，与我国刑事诉讼长期坚持的结论唯一的标准有明显的区别。"[1]笔者认为从排除合理怀疑的本源意义上理解，其只是一种道德上的确定性，并非要求裁判者对案件事实的认定达到100%正确的程度，因此应与我国传统的强调客观真实的证明标准有所区别。

刑事诉讼法将排除合理怀疑作为证据确实充分的条件之一，其实际上是肯定法律真实在刑事诉讼中的地位和价值。法律真实认为裁判者依据证据认定的真实并非完全等于客观真实，而是法律范围内的真实，法律真实虽然在大多数情况下等于客观真实，但亦有与客观真实不符合的情况。笔者认为刑事裁判者应坚持法律真实的理念，判断证明标准时正确理解"合理怀疑"的含义，如果现有的证据存在矛盾，比如物证与被告人口供不符，有能证明被告人无作案时间的证据，或者依据证据对案件事实的推断存在违背常理的情况等，均不得作出有罪认定。刑事案件具体案情千差万别，审判人员对证据的综合分析判断需运用逻辑法则以及审判经验进行，需要运用间接性证据推理，证明标准的判断是一项复杂的过程，但排除合理怀疑或排除一切合理怀疑是裁判者作出有罪判决的必备条件。

四、健全裁判文书说理制度

证据裁判原则直接约束裁判者的自由判断权，裁判者的判决或裁定的依据必须依据具有证据能力和证明力并经严格法庭调查的证据，而裁判者是否严格遵守证据裁判原则，其检验的依据是裁判文书对证据的记载和裁判的理由。日本将裁判理由说明制度直接与证据裁判原则相联系，规定如果法官未遵守裁判理由说明制度则被视为违反证据裁判原则，将会导致法律上的后果。[2]在德国的司法实务中，"只要有必要，每一个判决都包含证据评价（心证），否则第三审法院将因澄清案件之诉或主张心证的瑕疵而将判决撤销。因

---

[1] 参见陈光中、郑曦："论刑事诉讼中的证据裁判原则——兼谈《刑事诉讼法》修改中的若干问题"，载《法学》2011年第9期。

[2] 参见樊崇义主编：《刑事证据规则研究》，中国人民公安大学出版社2014年版，第117页。

此，下级法院即遭受压力，要在判决上记载详细的证据评价（心证）"。[1] 在法国，"法官应当在判决中对其内心确信作出表述，用诉讼案卷与庭审辩论中向其提供的各项证据材料来证明其内心确信是正确的，没有说明理由的裁判或者说理不充分的裁判，以及包含相互矛盾之理由的裁判，均将受到最高法院的审查"。[2]

我国现行裁判文书说理简单，一般只简单罗列控辩双方的证据及质证的基本情况，对证据如何证明案件事实不进行严密的逻辑推理和论证，法官是否将某个未出现在法庭上的，未经当庭出示、辨认、质证等调查的证据作为定案的根据，控辩双方不得而知，也无法以此为由提出异议。此外，裁判文书中对辩护意见的回应性不足，拒绝采纳辩护意见时的理由表述极为简单，即"辩护意见缺乏事实和法律依据"，缺乏详细的论证。由于裁判文书的简单化造成法官心证如何形成无法接受控辩双方监督，容易造成法官的恣意裁判。为增强判决的权威性和可接受性，贯彻证据裁判原则，应增强裁判文书说理。实现以审判为中心，裁判文书说理应杜绝侦查中心的制约，拒绝侦查卷宗依赖，裁判文书除罗列控方的诉讼主张与控方证据，以及辩方的主张与辩护理由之外，还应对证据运用进行详细说理，如何根据庭审证据进行逻辑推论认定案件事实，辩方的诉讼主张不成立的理由，结合排除合理怀疑的证明标准对判决理由进行详细论证。心证公开要求审判人员在庭审充分质证、辩论等基础上对其认证的结果以及理由公开，排除或不排除非法证据的，还应说明理由，对于认证的结果及理由，以及根据间接证据定案时的推理过程以及排除合理怀疑的依据进行充分的论证，对于辩护律师提出的辩护意见，给予充分的回应，尤其是对于无罪辩护，裁判者应严格审查无罪辩护的理由和证据，如果辩护人提出新的证据，能够有效冲击控方的证据链条，使法官对被告人有罪这一基础事实产生合理怀疑的，不得作出对被告人不利的无罪判决。"裁判说理并非仅是单方面阐明法庭对案件的处理意见，而是要和庭审紧密结合起来，充分反映法庭对控辩双方意见采纳与否等情况。"[3]

---

〔1〕参见［德］克劳思·罗科信：《刑事诉讼法》，吴丽琪译，法律出版社 2003 年版，第 465 页。

〔2〕［法］卡斯东·斯特法尼等：《法国刑事诉讼法精义》（下），罗结珍译，中国政法大学出版社 1999 年版，第 781 页。

〔3〕刘静坤："'庭审中心主义'改革的历程和路径探索"，载《法制资讯》2014 年第 6 期。

审判中心下的证据规则

"现代证据法的发展历史表明，以规范证据能力为核心的证据规则的建构、实施，必须以审判中心主义的存在为前提。"[1]规制证据能力的证据规则只有在审判中心之诉讼制度的环境内才有生存和发展的空间。侦查中心诉讼模式下，不但以规制证据能力为核心的证据规则难以确立，而且即使确立证据能力规则，侦查中心使审判难以实现对侦查行为以及审前证据的实质性审查，造成证据能力规则很难真正发挥作用。证据能力规则赋予中立的审判机关独立审查判断证据，运用各种证据规则排除不具有证据资格的证据，以实现刑事证据法所追求的准确、公正、和谐以及效率的价值。[2]刑事证据规则的不断完善可以有效切断侦查证据和审判证据的关系，切断侦查与审判的实质性联系，使裁判者能够摆脱审前事实调查者对案件事实判断形成的影响，有利于构建审判对案件事实的实质性认定，保障无罪推定、疑罪从无等基本原则能够真正得到贯彻。

证据能力是证据能够进入法庭审判的资格，证据必须与待证事实具有关联性并且依法收集才具证据能力，以侵犯被告人宪法性权利为代价所获取的证据将作为非法证据被法庭排除于证据体系之外，不能作为定案的根据。"刑事证据规则是一项复杂的系统工程，追求的价值目标是多元化的。其中，追求客观真实是其实体性首要目标，证据规则彰显防止误判的工具理性意义。"[3]

---

〔1〕 李训虎："证明力规则检讨"，载《法学研究》2010年第2期。

〔2〕 关于刑事证据法的价值，参见张保生主编：《证据法学》，中国政法大学出版社2018年版，第67~74页。

〔3〕 主要基于证明原因的确保事实认定的准确性的证据排除规则包括品格证据规则、传闻证据规则以及意见证据规则。

同时证据规则蕴含法律政策导向，包含外部政策和内部政策。"前者，是为了实现事实认定之外的其他法律价值选择，即主要是为了保护犯罪嫌疑人、被告人、证人的权利；后者是促进合理认定事实、规范和引导自由心证权力的法律价值选择，基于多种价值或理由排除相关证据。"〔1〕刑事证据规则不但要规范证据本身，而且要规范证据的运用。〔2〕规范证据运用的规则对案件事实的认定有更为直接的作用。

　　由于我国奉行实质真实的证据观，我国刑事证据法规范长期以来缺乏对证据规则的重视。1996 年《刑事诉讼法》对证据界定时将证据等同于事实，此立法导向使司法实践中办案人员更加重视证据的真实性和客观性，而对于证据的合法性疏于审查。"基于对'事实'和'真实'的追求，法官在法庭上关注的往往只是证据的证明力问题，证据能力问题往往附属于法官对证据证明力的判断，而附属化的一个直接后果便是证据能力问题的虚无化。"〔3〕近年来，基于对刑事冤案的反思，2010 年两个证据规定确立了刑事诉讼非法证据排除规则以及证据的审查判断规则。非法证据排除规则的全面确立标志着我国对证据能力问题前所未有的重视，证据的审查判断规则对取证程序不合法或证据本身无法保障其自身的真实性确立了不得作为证据使用，不能作为定案根据的规则，对证据的提取和保管程序提出了更加规范和严格的要求。2012 年《刑事诉讼法》与《高法解释》吸收了非法证据排除规则等基本规则。但由于缺乏科学的证据理论指引，我国新确立的证据规则依然偏重于对证据真实性的审查规则，即使是以限制证据资格为核心的非法证据排除规则，也并非完全以限制证据能力为目标，而兼顾对证据证明力的考量。"这些带有法定证据主义色彩的证据规则，无一不体现了立法者对法官滥用自由裁量权的担忧，也显示出一种通过限制法官内心确信的标准来加强制度控制的立法思路。"〔4〕

　　我国的刑事证据能力要件为："关联性、未因取证手段违法而被排除、未

　　〔1〕　政策性价值之证据规则包括：实现公正价值的非法证据排除规则、和谐价值的作证特免权规则和不得用以证明过错和责任的证据规则。

　　〔2〕　笔者认为，根据证据法理论，规范证据能力的证据规则包括相关性规则、非法证据排除规则、传闻证据规则、意见证据规则、自白任意性规则和最佳证据规则。规范证明力的规则为证据补强规则。规范证据运用的基本规则包括作证特免权规则、交叉询问规则以及证据印证规则。

　　〔3〕　汪贻飞："论证据能力的附属化"，载《当代法学》2014 年第 3 期。

　　〔4〕　陈瑞华："以限制证据证明力为核心的新法定证据主义"，载《法学研究》2012 年第 6 期。

因无法保障证据真实性而被排除。"〔1〕相应地，证据规则区分为确保证据关联性的证据规则、因取证手段违法而排除证据的非法证据排除规则以及无法保障证据真实性的证据排除规则。无疑，证据规则体系应以非法证据排除规则为基础，因此，本章主要讨论非法证据排除规则及其在我国实施的基本情况，并以审判中心为基本目标，探讨完善非法证据排除规则的基本制度设计。

以审判为中心的刑事诉讼构造是非法证据排除规则有效运行的基础。只有确立审判中心的诉讼构造，控、辩、审三方在刑事诉讼中才有可能形成良性互动，为了确保追诉的成功，侦查机关必须采取合法或正当的方式开展追诉活动；辩方的合法权益如果遭到追诉机关的不法侵害，能够在刑事诉讼制度框架内获得救济；法院依法排除非法证据，即使该证据对有罪认定可以起到重要的证明作用。总之，以审判为中心的确立可以使刑事诉讼各主体之间形成良性的互动和有效的制约，将刑事追诉活动纳入法治的轨道内进行。

第一节　审判中心下的非法证据排除规则

"在刑事诉讼中，对个人权利的关切经常为发现真相设限，并和查明案件事实的需要相冲突。"〔2〕排除非法证据的理论基础经过了保障证据真实说到人权保障以及对侦查人员的威慑说。最初排除非法证据的原因是非法获取的证据其真实性难以保障，为了准确认定案件事实的需要。随着刑事诉讼中人权保障理念的强调，现代排除非法证据的理论根基已经转变为保障嫌疑人、被告人的基本人权以及对违法取证行为进行程序性制裁的需要。

一、非法证据排除规则的基本理论

（一）非法证据排除规则的起源和发展

非法证据排除规则指"在刑事诉讼中，对于侦查人员通过非法手段取得的证据，不得被采纳为认定被告人有罪的根据"。〔3〕非法证据排除规则起源于

---

〔1〕 纵博："我国刑事证据能力之理论归纳及思考"，载《法学家》2015 年第 3 期。

〔2〕 ［美］米尔吉安·R. 达马斯卡：《比较法视野中的证据制度》，吴宏耀、魏晓娜译，中国人民公安大学出版社 2006 年版，第 186 页。

〔3〕 陈光中主编：《刑事诉讼法》，北京大学出版社、高等教育出版社 2013 年版，第 188 页。

美国，目前已经成为各国刑事诉讼中最具普遍性的证据排除规则。美国的非法证据一般指的是违反美国宪法第四修正案有关不得进行不合理搜查和扣押而取得的证据，即调整非法物证的排除，至于以非法的方法获取的言词证据，则以自白任意性规则加以调整。同时，美国在1914年威克斯诉合众国案中最初确立排除规则时，仅适用于联邦法院。根据当时美国的做法，非法证据如果是由州执法部门获得，联邦法院仍会承认该证据的效力，形成了所谓的"银盘理论"。这一做法直到1961年马普诉俄亥俄州案才发生根本性的改变，此案之后，非法证据排除规则适用于各州的刑事诉讼。之后，美国最高法院根据毒树之果理论，将非法证据排除规则扩大到根据非法口供获得的其他证据之范围。

非法证据排除规则在实现人权保障价值的同时，也使美国社会付出了沉重的代价。由于排除非法证据，造成了罪犯逃脱处罚的放纵犯罪的后果，随着犯罪行为的日益猖獗，民众对通过刑事诉讼惩罚犯罪的呼声越来越高，在此情形下，美国开始对非法证据排除规则进行修订，以实现保障公民宪法性权利和有效惩罚犯罪之间的平衡，其中，确立非法证据排除规则的例外成为必然选择，美国在刑事司法实践中逐步发展出善意的例外、必然发现的例外、独立来源的例外以及稀释的例外等。

随着刑事诉讼中保障人权理念的深化，在美国确立非法证据排除规则之后，英国、德国、法国、意大利、日本等世界主要国家陆续确立非法证据排除规则，以有效控制国家权力，在最大限度保障人权的基础之上实现惩罚犯罪目标的实现。同时这一规则也被纳入刑事诉讼国际准则，1984年联合国制定的《禁止酷刑和其他残忍、不人道或者有辱人格的待遇或处罚公约》第15条规定："每一缔约国应确保在任何诉讼程序中，不得援引任何业经确定系以酷刑取得的口供作为证据，但这类口供可用作被控施用酷刑者刑讯逼供的证据。"[1]

（二）非法证据排除的价值

非法证据排除的价值有人权保障、践行正当程序、维护司法纯洁性、威慑理论等各种理论，其中人权保障价值、威慑理论以及维护司法纯洁性是非法证据排除的主要理论基础。

---

〔1〕　参见杨宇冠：《非法证据排除规则研究》，中国人民公安大学出版社2002年版，第159页。

1. 人权保障

刑事诉讼是国家发动的对公民个人的追诉活动。在此过程中，国家权力的强大与被追诉者的弱小形成鲜明的对比，公民个人的合法权益在此过程中极易受到代表国家追诉犯罪的公权力机关的侵害，其中最为典型的即是国家为了收集所谓的犯罪证据，而采取非法手段收集证据。侦查机关的非法取证行为会对被追诉者的基本宪法性权利构成侵害。侦查机关的非法搜查、非法扣押行为可能会侵犯公民的人身权、财产权以及隐私权；侦查人员通过刑讯逼供、暴力取证等获取言词证据的行为会侵犯公民的不被强迫自证其罪的权利、人格尊严以及健康权等基本权利。因此，为了保障公民尤其是被追诉者在刑事诉讼中享有最基本的权利，有必要排除侦查人员通过侵犯人权的方式获取的非法证据。在美国的 Weeks V. United States 案中，关于非法证据排除的理由，联邦最高法院的判决意见指出："在本案中，执法官在扣押被告人的书信和私人文件时不仅没有持有逮捕被告人或搜查被告人房屋的任何令状，而且没有获得被告人的授权，被告人也不在现场。如果信件和私人文件能够像这样被扣押、持有并且用来当作指控公民犯罪的证据，那么宪法第四修正案就会毫无价值。而且，如果可以像这样对待这些权利，那么倒不如从宪法中剔除这些权利。"[1] 在道奇诉美国案件中，霍姆斯大法官在判决意见中指出："如果搜查、扣押因侵犯宪法保障的个人权利而构成违法，那么在允许使用这些证据的情况下，就会对这些权利造成进一步的侵害。"[2] "在马普诉俄亥俄州案中，联邦最高法院宣布非法证据排除规则适用于各州，并且认为非法证据排除规则是宪法第四修正案和第十四修正案必不可少的一部分。"[3] 总之，美国非法证据产生之初的基本理论支撑即为保障个人的宪法性权利，如果允许以侵犯个人基本宪法性权利的手段获取的证据被提交到法庭，则不但公民的安全保障会受到威胁，而且使宪法第四、第十四修正案失去其应有的价值。

同时，保障人权也是大陆法系等国家确立非法证据排除规则的重要理由之一，在德国，"在公开审判或者刑事判决中透漏某些信息可能会侵犯有关个人的合法权益，因而应当被禁止，即使是政府通过完全合法的手段获得这些

---

[1] See Weeks V. United States, 232U. S. 383 (1914), p. 393.

[2] See Dodge V. United States, 272U. S. 530 (1926), p. 532.

[3] See Mapp V. Ohio, 367U. S. 643 (1961), pp. 655~660.

信息"。[1]在日本，有学者认为，"以拷问、强暴等手段所取得的自白，违反了宪法上不得强迫任何人自证其罪的规定，此规定旨在防止公务人员滥用职权，以保障人权，所以违法取得的自白，不应容许为证据"。[2]

权利救济是与人权保障密切联系的非法证据排除的理论价值之一。美国联邦法院在确立和完善非法证据排除规则的过程中，特别强调其对宪法第四修正案权利的救济功能。在沃尔沃诉科罗拉多州案件中，法兰克福特大法官在判决意见中指出："排除证据是一种专门为了保护那些在身上或者所在场所发现了证明其有罪的物品的人而提供的一种救济。"[3]此后，美国有多位大法官重申这一观点。违法取证行为一旦发生，将会直接侵害被告人的基本权利甚至是宪法性重大权利，排除非法证据是权利救济的一种途径和方式，通过排除非法证据尤其是控方的关键证据，可以使被告人免受非法定罪。

2. 维护司法纯洁性

该理论认为，排除非法证据的主要价值基础是为了维护法律的正当程序，通过排除非法证据抑制违法取证行为，以达到维护司法纯洁性的目的。美国有学者认为："法院的司法判决应当建立在不受'污染'的证据之上。如果法院判决所依据的基础是违法收集的证据，法院在一定意义上就成了法律的破坏者。因此，为了维护法院的公正和司法制度的纯洁性，就应当对非法收集的证据予以排除。"[4]美国大法官罗伯茨撰写的判决意见中指出："正当程序所要达到的目标并不是排除那些被推定为错误的证据，而是防止使用这些证据时出现不公正现象，而不管该证据是真实的还是虚假的。"[5] Elkin v. United States 案法院指出，在判断非法获取的证据是否具有证据能力的问题上，"联邦法院不应当成为故意违反宪法规范和侵犯宪法基本权的共谋者"。[6]在日本，刑事法学者田宫裕认为："裁判并非不顾一切地发现真实，而是在诉讼过程中实现具体的正义，排除违法之要求，应比判决被告人有罪的要求来得强

---

〔1〕 参见杨宇冠:《非法证据排除规则研究》，中国人民公安大学出版社 2002 年版，第 194 页。

〔2〕 王茂松:《非法取得证据有关法律问题研究》，金玉出版社 1987 年版，第 27 页。

〔3〕 See Wolf V. Colorado, 338U. S. 25 (1949), pp. 30~31.

〔4〕 Rolando V. del Camen, *Criminal Law and Practice*, Wadsworth Publishing Company Belmont California.

〔5〕 See Lisenba V. California, 314U. S. 219 (1941), p. 236.

〔6〕 Elkin V. United States, 364U. S. 206 (1960), p. 223.

烈。排除违法乃实现正义的基准，其强有力之动机，实为推动法秩序所必要。"〔1〕日本著名教授平野龙一也指出："只有排除违法搜查和扣押收取的证据，并适当地运用这一规则，对于防止警察的违法行为，才是最为有效的方法，也是对警察不法行为的超乎寻常的制裁。"〔2〕

3. 威慑潜在的违法者

威慑理论是指通过证据排除来吓阻未来的公权力违法。墨菲大法官是美国联邦法院最早对威慑理论论述的法官，他认为："如果救济意味着对倾向于违反宪法第四修正案的警察和检察官进行的积极震慑，那么对违法者进行刑事起诉或提起民事诉讼是一种虚无缥缈的救济。"〔3〕而"只有通过排除非法证据，我们才能让热衷于追诉的检察官铭记，违反宪法不会给他们带来任何益处。而且，只有在这一点被理解的情况下，我们才能指望检察官在指导警察的过程中，强调遵守宪法要求的重要性"。〔4〕美国 Elkin v. United States 案中法院指出："非法证据排除规则的目标是预防，而非恢复。它的目的是通过排除非法证据来剥夺违法取证的动机——这种实现尊重宪法保障的唯一的、有效而可行的路径——实现吓阻效力。"〔5〕就非法证据排除的威慑理论而言，美国联邦最高法院指出："利用行政赔偿或者利用民事侵权赔偿等方式在吓阻警察违反宪法规定和侵犯公民基本权利方面已被证实是彻底的失败，完全起不到有效制止警察违法行为的制度效果。因此，只有将非法获取的证据予以排除才是有效吓阻警察违法的唯一制度途径。"〔6〕警察的非法取证行为不但是对公民合法权益的严重侵害，而且是代表国家的侦查机关公然实施违法行为，即通过警察违法甚至犯罪来获取证据。美国印第安纳伯明顿分校法学教授布拉德利认为："排除规则第一个间接救济，其目的是震慑将来的警察非法行为，而不是对本案中已经发生的非法行为进行救济。法院无法改变被逮捕人已经被搜查的事实，并且如果非法搜查的对象是一个无罪的人，他从排除规

〔1〕 王茂松：《非法取得证据有关法律问题研究》，金玉出版社 1987 年版，第 27 页。

〔2〕 转引自李心鉴：《刑事诉讼构造论》，中国政法大学出版社 1992 年版，第 291 页。

〔3〕 See Wolf V. Colorado, 338 U. S. 25 (1949), pp. 42~43.

〔4〕 See Wolf V. Colorado, 338 U. S. 25 (1949), pp. 44.

〔5〕 Elkin V. United States, 364U. S. 206 (1960), p. 217.

〔6〕 See Mapp V. Ohio, 367U. S. 643 (1961), p. 655.

则中根本得不到任何利益。"[1]

二、我国非法证据排除规则的立法及实施

（一）非法证据排除的立法规定及评析

我国非法证据排除规则的确立经过了曲折的历程。[2]非法证据排除规则在我国的立法进程大致可分为三个阶段。

（1）第一阶段以 1996 年《刑事诉讼法》关于非法证据的立法内容为标志。1996 年《刑事诉讼法》对非法取证问题仅作出宣誓性的禁止规定，即严禁通过刑讯逼供、威胁、引诱、欺骗等非法手段取证，但对非法取证并未确立相应的制裁。而 1996 年《刑事诉讼法》的司法解释确立了排除非法证据的规范。不过，从司法实践的运作情况来看，最高人民法院、最高人民检察院（以下简称"两高"）关于排除非法证据的要求并没有得到下级法院、检察院的积极回应。

（2）第二阶段以 2010 年两个证据规定的出台为标志。排除非法证据从一项笼统的规定转变为一项具体的要求。两个证据规定确立的非法证据排除规则呈现以下特点：明确了排除非法证据的具体程序，使非法证据的排除具有可操作性。排除非法证据的立法目的从原来的遏制刑讯逼供转变为防范冤假

---

〔1〕［美］克雷格·布拉德利：《刑事诉讼革命的失败》，郑旭译，北京大学出版社 2009 年版，第 38 页。

〔2〕2004 年，"国家尊重和保障人权"正式写入宪法。2009 年，国务院颁发的《国家人权行动计划（2009-2010 年）》要求在执法、司法的各个环节"依法保障人身权利"，为非法证据排除制度的出台奠定宪法政治基础。2010 年，两高三部联合发布两个证据规定，首次将排除非法证据确立为一项具体的程序规则。2012 年修改的《刑事诉讼法》吸收了两个规定的相关内容，对非法证据排除的对象、排除阶段、排除程序、证明责任以及证明标准等作出规定。之后，最高人民法院、最高人民检察院分别出台司法解释对非法证据排除规则的具体适用予以进一步细化。2013 年 9 月，中央政法委出台《关于切实防止冤假错案的规定》进一步强调排除非法证据在防范冤错案件中的重要性。2013 年 10 月，最高人民法院出台《关于建立健全防范刑事冤假错案工作机制的意见》，再次要求刑事审判实践中应严格排除非法证据。2013 年 11 月，党的十八届三中全会通过的《中共中央关于全面深化改革若干重大问题的决定》中明确指出："严禁刑讯逼供、体罚虐待、严格实行非法证据排除规则。"2014 年10 月，党的十八届四中全会通过的《中共中央关于全面推进依法治国若干重大问题的决定》再次明确要求健全落实非法证据排除制度，加强了对刑讯逼供和非法取证的预防，健全了有效防范并及时纠正冤假错案的机制。相关司法解释、规定、决定、意见等在进一步细化、明确或强调非法证据排除规则后，中国刑事诉讼中的非法证据排除规则体系得以大致确立。目前最高司法机关还在拟定并准备出台更具操作性的非法证据排除的司法解释。

错案、确保案件质量，实现实体公正。两个证据规定使非法证据的范围得以拓展，除了取证方法严重违反法律规定的证据之外，对由于严重违法的取证行为，不能保障证据真实性的证据，亦确定为非法证据并加以排除。此外，首次区分瑕疵证据与非法证据，确立了瑕疵证据的补正规则。但两个证据规定在得到理论界一致肯定的同时，并未获得司法实务部门的积极回应。[1]

（3）第三阶段以2012年《刑事诉讼法》的修改为标志。2012年《刑事诉讼法》吸收了两个证据规定中关于非法证据排除的绝大多数内容，正式将非法证据排除规则确立于刑事诉讼法典之中，对非法证据的界定、排除的主体、排除的阶段、非法证据排除程序中的证明责任、证明标准等予以规定。刑事诉讼法确立非法证据排除规则的直接目的在于遏制刑讯逼供，以及对因刑讯逼供获取虚假口供从而引发冤假错案的防范。至于排除非法证据对于维护司法的纯洁性以及保障人权的作用并未过多关注。因此，其重点排除的是通过非法方法获取的口供以及通过暴力等非法方法获取的证人证言及被害人陈述。由于实物证据的真实性受取证方法的影响较小，因此对非法取得的实物证据并不一概排除，而是补正优先，排除例外。[2]对非法实物证据的宽容态度充分印证了非法证据排除的立法目的在于为避免虚假的证据被采纳成为定案的根据从而造成冤案。此后，两高的司法解释对非法证据排除的内容予以进一步解释。[3]2012年《刑事诉讼法》以及司法解释对非法证据排除程序的规定呈现出要求公检法三机关全程排除非法证据的局面，即三机关均有排除非法证据的义务。

最高人民法院出台的《关于建立健全防范刑事冤假错案工作机制的意见》第8条规定对非法获取证据的非法方法进一步明确，并且确立了重大的程序

---

〔1〕 直到两个证据规定颁布一年多之后，才出现全国首例法院运用非法证据排除规则进行裁判的案件。

〔2〕 收集物证、书证不符合法定程序，可能严重影响司法公正的，应当予以补正或作出合理解释；不能补正或作出合理解释的，对该证据应当予以排除。

〔3〕 《高检规则》重点解释了检察机关在刑事诉讼过程中对非法取证行为调查核实的方法以及证据收集合法性的证明方式。《高法解释》在证据章中以专节的方式对非法证据排除的具体内容和程序进行规定。

性违法导致证据被排除的情形。[1]该规定对非法证据的识别和判断引入了侦查人员取证时是否遵守法定程序。此种转变的意义在于大大降低了非法取证的证明难度，相较于证明刑讯逼供等非法取证的事实行为，对辩方而言，证明侦查人员在规定的办案场所外进行讯问并取得有罪供述，未依法对讯问进行全程录音录像等严重的违法取证行为则较为简单。

2017年两高三部出台《关于办理刑事案件严格排除非法证据若干问题的规定》（以下简称《严格排非规定》），明确规定采用威胁方法取得的供述应该予以排除，采用非法限制人身自由方法取得的供述应该予以排除，确立重复性供述的排除规则。同时，对于侦查、审查逮捕、审查起诉以及审判阶段的非法证据排除程序进一步细化规定。同年，最高人民法院印发《人民法院办理刑事案件排除非法证据规程（试行）》（以下简称《排非规程》），重申中央改革文件对非法证据范围的规定，重点针对非法证据排除程序适用中存在的启动难、证明难、认定难、排除难等问题，进一步明确人民法院审查和排除非法证据的具体规则和流程。

（二）非法证据排除规则的基本内容

1. 非法言词证据的绝对排除

与域外法治国家非法口供排除不同的是，我国非法言词证据的排除对象除了口供之外，还包括证人证言以及被害人陈述。2018年《刑事诉讼法》第56条第1款前半段规定："采用刑讯逼供等非法方法收集的犯罪嫌疑人、被告人供述和采用暴力、威胁等非法方法收集的证人证言、被害人陈述，应当予以排除。"2013年最高人民法院关于防范冤假错案的规定将排非范围扩大到疲劳审讯、冻饿晒烤和部分程序性违法（应该同步录音录像而没有同步录音录像）。《严格排非规定》将排非范围扩大到违法使用戒具、威胁、非法拘禁等，但疲劳审讯、程序性违法、冻饿晒烤等都没有明确。《刑事诉讼法》严禁刑讯逼供和以威胁、引诱、欺骗以及其他非法方法收集证据，不得强迫任何人证实自己有罪。但是由于引诱、欺骗通常与侦查策略难以区分，司法实践中由于引诱、欺骗的原因，排除非法证据的案例较少。

---

〔1〕《最高人民法院关于建立健全防范刑事冤假错案工作机制的意见》第8条规定："采用刑讯逼供或者冻、饿、晒、烤、疲劳审讯等非法方法收集的被告人供述，应当排除。除情况紧急必须现场讯问以外，在规定的办案场所外讯问取得的供述，未依法对讯问进行全程录音录像取得的供述，以及不能排除以非法方法取得的供述，应当排除。"

2. 非法实物证据的裁量排除

《刑事诉讼法》规定收集物证、书证不符合法定程序，可能严重影响司法公正的，应当予以补正或者作出合理解释；不能补正或者作出合理解释的，对该证据应当予以排除。根据参与立法人员的解释，"不符合法定程序，包括不符合法律对于取证主体、取证手续、取证方法的规定，如由不具备办案资格的人员提取的物证、勘验笔录没有见证人签字的物证，未出示搜查证搜查取得的书证等。可能严重影响司法公正是指收集物证、书证不符合法定程序的，行为明显违法或者情节严重，可能对司法机关办理案件的公正性、权威性以及司法的公信力产生严重的损害"。[1]

3. 审判阶段非法证据排除原则先于案件的实体审理

是否应该为庭审排非建构一个相对独立的程序空间？庭审当中非法证据排除是否需要先行调查？是否需要对非法证据进行先行处理？《刑事诉讼法》和相关规定呈现出艰难的反复过程。2010 年《非法证据排除规定》确立了非法证据排除程序的先行调查原则和证据能力优先于证明力原则。[2]2012 年《刑事诉讼法》和《高法解释》并未沿袭庭审中非法证据先行调查的规定，而是对证据收集合法性的调查时间作了灵活规定。[3]对于证据合法性问题解决前是否允许对争议证据进行宣读、质证的问题则无进一步的规定。《严格排非规定》则重新确立了法庭对于非法证据的先行调查原则，即庭审期间，法庭决定对证据收集的合法性进行调查的，应当先行当庭调查。但为防止庭审过分迟延，也可以在法庭调查结束前进行调查。《排非规程》延续了这一规定，人民法院决定对证据收集的合法性进行法庭调查的，应当先行当庭调查。对于被申请排除的证据和其他犯罪事实没有关联等情形，为防止庭审过分迟延，可以先调

---

〔1〕 参见朗胜主编：《中华人民共和国刑事诉讼法修改与适用》，新华出版社 2012 年版，第 124 页。

〔2〕 2010 年《非法证据排除规定》第 5 条规定："被告人及其辩护人在开庭审理前或者庭审中，提出被告人审判前供述是非法取得的，法庭在公诉人宣读起诉书之后，应当先行当庭调查。法庭辩论结束前，被告人及其辩护人提出被告人审判前供述是非法取得的，法庭也应当进行调查。"此条确立了非法证据的先行调查原则。此外，第 10 条第 1 款规定："经法庭审查，具有下列情形之一的，被告人审判前供述可以当庭宣读、质证：（一）被告人及其辩护人未提供非法取证的相关线索或者证据的；（二）被告人及其辩护人已提供非法取证的相关线索或者证据，法庭对被告人审判前供述取得的合法性没有疑问的；（三）公诉人提供的证据确实、充分，能够排除被告人审判前供述属非法取得的。"

〔3〕《高法解释》第 100 条第 2 款规定："对证据收集合法性的调查，根据具体情况，可以在当事人及其辩护人、诉讼代理人提出排除非法证据的申请后进行，也可以在法庭调查结束前一并进行。"

查其他犯罪事实，再对证据收集的合法性进行调查。

4. 证据合法性的证明由控方承担，证明标准与定罪证明标准无异

刑事诉讼法对非法证据的证明责任和证明标准予以明确规定。证明责任的合理分配是非法证据得以有效实施的关键。证明责任分配的一般原理是"谁主张、谁举证"，当事人对自己的主张承担证明责任符合诉讼规律，有利于实现诉讼效率和公正要求。在非法证据排除程序中，非法证据排除申请均由辩方提出，如果根据证明责任分配的一般原理要求其承担证明责任，由于诉讼过程中辩方权利受到的诸多限制以及侦查取证行为的单方性、封闭性和秘密性，要求辩方承担证据非法的证明责任，将会给其造成极大的困难。因此刑事诉讼法确立了非法证据排除程序的特殊证明责任分配方式。

辩方申请排除非法证据时，承担证据非法取得的初步证明，应当提供涉嫌非法取证的人员、时间、地点、方式、内容等相关线索或材料，辩方提交的证据只有在使审判人员产生非法取证的怀疑时，才会启动非法证据排除程序。程序一旦启动，则应由控方承担证明责任，即由控方证明证据系合法取得，证据收集方式合法，不存在非法取证的行为。需要指出的是，此规定并非证明责任的倒置，原因在于控方证明的是证据取得方式的合法性，而证据合法性本身即为控诉机关证明被告人有罪的一部分，不属于证明责任的倒置，而且此种分配方式亦符合主张积极性事实的当事人承担证明责任，而主张消极性事实的当事人不承担证明责任的一般原理。

实践中存在的问题是，辩方即使提出控方证据体系中的疑点，但由于辩方收集以及获取证据的能力有限，侦查人员讯问嫌疑人时律师不能在场，嫌疑人被讯问时人身自由一般处于被限制的状态，要求其承担涉嫌非法取证的人员以及时间、地点等信息，并非易事，在无辩护律师参与的案件中更是如此。因此，辩方的初步证明存在履行的困难。与辩方初步证明相比，刑事诉讼法赋予控方证明证据合法性的诸多证明手段，控方可以运用侦查讯问笔录、同步录音录像、入所和出所的体检证明以及侦查机关提供的情况说明、侦查人员出庭作证证明侦查取证行为的合法性。但以上证据本身存在正当性与合法性的问题。首先，侦查人员制作的讯问笔录是对讯问过程的记载，刑事诉讼法对讯问程序有严格的规定，讯问严格依照法定的时间、地点、讯问人员以及手段进行，并且讯问笔录应经过被讯问人的确认并签字。审前侦查行为具有封闭性的特征，由侦查人员单方制作的讯问笔录存在被侦查人员人为加

工的可能。其次，刑事诉讼法规定侦查人员出庭作证制度，由于侦查人员长期的优势心理和对出庭作证的陌生，实践中侦查人员很少出庭，而是以一纸书面情况说明来代替出庭，情况说明由侦查机关制作，并由侦查机关盖章和侦查人员签名，基于侦查机关趋利避害的本能，很难指望侦查机关的情况说明能够自证非法。允许检察机关以侦查机关制作的情况说明来证明取证行为的合法性，亦存在正当性的问题。因为要求侦查机关自证有错违背基本规律，即使侦查人员存在违法取证行为，其行为可能事先得到领导的默许甚至支持，因此，作为侦查机关，基本不可能以情况说明来证明侦查人员违法取证的情况。最后，关于讯问录音录像。刑事诉讼法对讯问嫌疑人的录音录像予以规范，但实践中存在规避录音录像的行为，由于录音录像制作者的中立性难以保障，侦查人员自侦自录的现象使其很容易将非法取证行为排除于录音录像的记录之外。实践中存在录音录像与讯问过程不同步，非法取证的时候不录，合法取证时才录等诸多规避录音录像的现象。因此，在非法证据排除的证明过程中，并非公诉人员只需按照法定的证明方法——举证，证明即告完成，审判人员应对公诉方所举证据的合法性以及真实性进行判断，尤其是应保障辩方对证据进行充分质证，证明取证合法性的证据亦应同时满足证据的关联性以及真实性的要求。

笔者对"司法实践中关于非法证据证明情况"的调研结果显示，对于被告人而言，提出非法证据排除申请时，初步证明义务的履行并非易事，而相比之下，对于证据合法性承担证明责任的公诉机关则较容易实现证据合法性的证明。

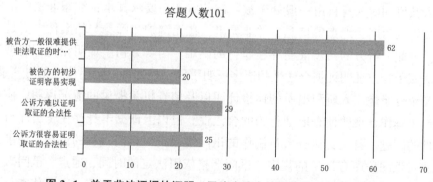

图3-1 关于非法证据的证明，司法实践中的做法是？（可以多选）

答案选项	回复情况
被告方一般很难提供非法取证的时间、地点等初步证明	62
被告方的初步证明容易实现	20
公诉方难以证明取证的合法性	29
公诉方很容易证明取证的合法性	25

关于非法证据的证明标准，刑事诉讼法将非法证据的证明标准表述为确认或者不能排除以非法的方法收集证据情形的，对有关证据应予以排除。司法实践中，已经排除的非法证据案例反映出确认侦查机关存在以非法方法收集证据的案例较少，绝大多数为非法证据排除程序启动之后，由于人民检察院的举证不利，造成不能排除取证的违法性而排除有关证据。确认存在非法取证行为需要辩方有确实充分的证据或者审判机关收集确实的证据证明存在非法取证行为，除非存在明显刑讯逼供的身体伤害，对于侦查人员通过威胁、所外讯问等方式取证的，辩方很难掌握确实的证据，如果没有审判人员协助取证，证明确实存在非法取证行为几乎不可能实现。

（三）我国非法证据排除规则的特点

1. 基于诉讼阶段的全程排除

根据《严格排非规定》的规定，非法证据排除贯穿于侦查、审查起诉和审判全过程。在侦查阶段，犯罪嫌疑人和辩护人可以向人民检察院提出排非申请。对重大案件，人民检察院驻看守所检察人员应当在侦查终结前询问犯罪嫌疑人，核查是否存在刑讯逼供、非法取证情形，并同步录音录像。经核查，确有刑讯逼供、非法取证情形的，侦查机关应当及时排除非法证据，不得作为提请批准逮捕、移送审查起诉的根据。对侦查终结的案件，侦查机关应当全面审查证明证据收集合法性的证据材料，依法排除非法证据，排除非法证据后，证据不足的，不得移送审查起诉。审查逮捕、审查起诉期间，犯罪嫌疑人及其辩护人申请排除非法证据，人民检察院在审查起诉期间发现侦查人员以刑讯逼供等非法方法收集证据的，应当依法排除相关证据并提出纠正意见。被告人及其辩护人可以在开庭审理前提出非法证据排除申请，如果庭审期间发现关于非法证据的相关线索和材料的，也可以在开庭审理时提出。被告人及其辩护人在第一审程序中未申请排除非法证据，有正当理由的，可以在第二审程序中提出申请。

受阶段论诉讼构造的影响，我国的非法证据排除机关为侦查机关、审查起诉机关以及审判机关，并奉行全程排除的理念和思路。此种全程排除的制度设计与俄罗斯刑事诉讼法排除非法证据程序具有相似性，俄罗斯于2001年颁布的《俄罗斯联邦刑事诉讼法典》第88条第3项和第4项分别规定："检察长、侦查员、调查人员有权根据犯罪嫌疑人、刑事被告人的请求或主动地认定证据不允许采信。被认定不可采信的证据不得列入起诉结论或起诉书。""法院有权依照本法典第234条和第235条规定的程序根据控辩双方的请求或主动认定证据的不允许采信。"[1]俄罗斯关于证据排除的阶段以采取全程排除的制度设计，这种证据排除规则带有明显的诉讼阶段化特征，是从立法的角度为办案的侦查机关、检察机关以及审判机关制定行为规范，而不仅是法官的裁判规范。

此种制度设计与诉讼阶段论以及以侦查为中心的诉讼模式有直接的关系。我国刑事诉讼以前并未形成以审判为中心的诉讼格局，审前阶段缺乏司法审查和司法控制，侦查机关权力很少受到约束，公检法三机关在刑事诉讼中流水作业、分工负责，三机关各管一段。在各自管辖的诉讼阶段，本机关几乎实现完全的权力自治，在此基础上将非法证据排除制度设计为全程排除，其目的是为了尽早将非法证据排除于诉讼程序之外，实现层层把关，防止将非法证据带入后续程序，造成对案件事实的错误认定。对于控诉机关而言，更加强调的是应该排除非法证据而非"有权排除非法证据"。

2. 审判阶段非法证据在庭上排除而非庭前排除

我国奉行的是对证据进行结果控制的理念，美国通过非法证据排除规则控制法庭审判的入口，即被排除的非法证据不得被事实认定者所接触，更不能成为定案的依据。我国确立非法证据庭上排除程序，由审判人员在庭上排除非法证据，要求裁判者不得将其用作定案的根据，不能作为裁判援引的理由，如此非法证据排除规则发挥的是控制证据的出口作用。根据证据裁判原则，成为定案根据的证据必须兼备证据能力与证明力，根据通行的证据法原理，证据能力是证据资格或为证据的容许性，即证据能够进入法庭被裁判者评价的资格。因此，证据首先必须经过证据资格的审查和过滤，不具有证据能力的证据，根本不能进入案件事实评价者的视野，更不能成为定案的根据。

---

〔1〕《俄罗斯联邦刑事诉讼法典》，黄道秀译，中国政法大学出版社2003年版，第195页。

但我国非法证据排除规则的制度设计并未遵循这一原理，而是将证据能力问题与证明力的判断交织在一起。

案件进入审判阶段，如果辩方明确提出排除非法证据的申请，对证据收集的合法性有疑问，法官即会专门召开庭前会议，但根据《刑事诉讼法》关于庭前会议功能以及效力的规定，庭前会议并不能形成任何具有法律效力的决定，仅限于"了解情况、听取意见"。换言之，证据是否合法的问题并不能在庭前会议中解决，庭前会议中审判人员只能听取双方关于证据合法与否的意见。笔者对于"审判阶段非法证据如何排除？"的调研结果显示，通过召开庭前会议排除非法证据占到一半以上。这一现象说明庭前会议的效力已经突破了"了解情况，听取意见"这一法律限定的范围，庭前排除非法证据已经成为法官的选择。

答题人数101

庭上排除，对非法……9.90%

庭上排除，并先解……
35.65%

庭前排除，召开庭……
53.47%

图3-2　您所办理的案件中，非法证据排除程序如何操作？庭前排除还是庭上排除，庭上排除如何操作？

答案选项	回复情况
庭前排除，召开庭前会议排除非法证据	54
庭上排除，并先解决非法证据排除的问题，再进行案件的实体审理	37
庭上排除，对非法证据排除与实体问题的处理并不严格区分	10

因非法证据排除兼具实体与程序两大问题，故是否排除非法证据不宜在庭前解决，但是否启动非法证据排除程序则可以在庭前会议决定。根据《严格排非规定》，被告人及其辩护人在开庭审理前申请排除非法证据，按照法律规定提供相关线索或者材料的，人民法院应当召开庭前会议。人民检察院应当通过出示有关证据材料等方式，有针对性地对证据收集的合法性作出说明。人民法院可以核实情况，听取意见。人民检察院可以决定撤回有关证据，撤回的证据，没有新的理由，不得在庭审中出示。被告人及其辩护人可以撤回

排除非法证据的申请。撤回申请后，没有新的线索或者材料，不得再次对有关证据提出排除申请。

非法证据排除的举证责任在于控方，即控方承担证据系合法取得的证明责任，但是为了防止辩方动辄提出排除非法证据的申请，滥用诉讼权利及影响审判效率，刑事诉讼法要求辩方提出排除非法证据的申请时，应提出初步证据，使法官相信可能存在违法取证行为，才能启动非法证据排除程序。对此问题，可以在庭前会议解决；如果法官决定启动排除非法证据程序的，接下来的属于实体问题的，需要通过公开的庭审解决。但控辩双方对于非法证据问题可以协商解决，辩方申请排除非法证据并进行初步证明之后，控方提出相应的证据能够证明证据取得的合法性，并且获得辩方的认可，辩方可以撤回申请。如果控方发现这个证据确实系侦查人员非法取得，则可以将其从指控证据中撤回，不在开庭时提出。

根据《刑事诉讼法》关于庭审排除非法证据的程序设计，辩方在庭审过程中提出排除非法证据的申请，法官并非必须先解决证据的合法性问题，再进行案件的实体审理。庭审中对证据合法性的调查顺序，由裁判者自行掌握，既可以在提出申请后进行，也可以在法庭调查结束前一并进行。非法证据排除与案件的实体性审理合并进行，没有明确的时间界限。负责审查证据之证据能力与负责审理案件事实的为同一裁判者，即由同一合议庭的组成人员同时负责审查证据是否排除的程序性问题和案件的实体认定。

3. 非法证据排除之设计理念以证明力为中心而非以证据能力为中心

我国传统的证据法强调客观真实的证据理念，更加关注的是证据的证明力的审查，而对于可能有碍于真实发现的证据能力较少予以关注。"在我国刑事司法实践中，大多办案人员极力推崇证据的证明力，不重视证据能力或者证据资格，或者将证据的证明力置于更为突出的位置，在重要性上远远超过了证据能力。"[1]

近年来，随着证据规则的不断深入研究，以及在刑事诉讼中对人权保障的不断强调，以非法证据排除规则为核心的证据能力规则在我国受到越来越多的重视。但由于长期司法惯性的影响，传统诉讼理念一时无法实现根本性的转变，我国非法证据排除规则最初的目的是为了遏制由于采纳通过刑讯逼

---

[1] 李训虎："证明力规则检讨"，载《法学研究》2010 年第 2 期。

供等非法方式获得的证据所造成的冤案。直白地说，确立非法证据的直接目的和主要功能即是为了遏制刑讯逼供等非法取证行为。将刑讯逼供与冤案结合在一起考虑，如果通过刑讯逼供获取虚假口供并造成冤案，是我国的立法者坚决不能容忍的，但是，虽有刑讯逼供行为，并未产生冤案，一般不会产生过多的非议。因此，非法证据是否被排除的命运并不真正取决于取证手段和程序是否严重违法，而是通过违法的方式取得的证据是否真实。在对证据资格和证明力的审查主体和审查阶段并未截然分离的情况下，裁判者在考虑是否排除证据时会很自然地考虑证据的真实性，如果认为证据真实，证据包含的基本信息能够被其他证据印证，裁判者一般不会真正排除非法证据，非法证据在法官形成被告人有罪的心证中必然发挥一定的作用。根据学者对有关排除非法证据判决书的研判，"在对是否存在非法取证行为的证明环节，实践中审判人员存在以证据的真实性来反推侦查人员未实施刑讯逼供等非法取证行为的奇怪现象"。[1]

4. 非法证据排除规则设计存在技术性缺陷

证据能力规定与程序法的禁止性规定相关，更是为了保障被追诉者的基本权利尤其是宪法性的重大权利。2010 年《死刑案件证据规定》规定了各类法定证据的审查运用规则，并详细列举了证据不得作为定案根据的法定情形。证据的审查判断规则中，将不具有证据能力而排除证据的规则与证明力规则混合规定，消解了证据能力审查判断的独立和优先地位。

5. 审前排除采取行政化的方式

审前侦查和检察机关排除非法证据完全依行政性的书面方式进行，[2]并不存在三方在场的基本诉讼场域，也无听证的制度设计，不存在独立的排除程序。侦查机关对非法证据的自我排除完全是一种自律行为，应否启动排除程序，是否排除非法证据均由侦查机关内部相应的负责人作出决定即可，无需外部机关的审查。检察机关是专门的法律监督机关，承担审前排除非法证

---

〔1〕 吴宏耀："非法证据排除的规则与实效——兼论我国非法证据排除规则的完善进路"，载《现代法学》2014 年第 4 期。

〔2〕 根据《公安机关办理刑事案件程序规定》第 67 条第 3 款、第 4 款的规定，如果公安机关在侦查阶段发现有应当排除的证据的，经县级以上公安机关负责人的批准，应当依法予以排除，不得作为提请批准逮捕、移送审查起诉的依据。《高检规则》第 65、66、68、69、71、72 条对检察机关排除非法证据的方式作出详细的规定，发现侦查机关以非法方法收集证据的，应报请检察长批准，由侦监或公诉部门对非法证据进行调查核实。经调查如果属于瑕疵证据的，则要求侦查机关予以补正或作出合理解释；如果属于非法证据，则书面要求侦查机关对证据收集的合法性进行说明。

据的主要责任，但检察机关排除非法证据的方式依然为行政性的审查方式，无论是自行发现证据可能系非法取得还是依辩方的申请排除非法证据的，检察机关审查的方式均为审查涉嫌非法取证的侦查机关提供的证据和在听取辩护律师意见的基础上，以书面审查的方式进行，侦查人员和辩护律师一般难以了解对方的意见和理由。这种排除机制由于缺少相应的制约和监督机制，并且由于侦诉机关追诉职能的同质性造成审前很难有效排除非法证据。需要说明的是，检察机关审查批捕和审查起诉的方式均为阅卷和讯问被告人，而在侦查机关提供的案卷一般会经过侦查人员的过滤并对证据进行筛选的情况下，除非侦查人员疏忽，不会将明显违法的证据置于案卷之中，因此通过此种方式一般很难主动发现侦查机关的违法取证行为，因此审前辩方申请排除非法证据存在障碍。

6. 非法供述为刑讯逼供等非法方法

刑事诉讼法及司法解释将非法口供解释为刑讯逼供等非法方法，2013 年最高人民法院出台的《关于建立健全防范刑事冤假错案工作机制的意见》将排非范围扩大到疲劳审讯、冻饿晒烤和部分程序性违法（应该同步录音录像而没有同步录音录像）。其原因是实践证明看守所外讯问发生刑讯逼供等非法取证的可能性较大，已经发现的存在刑讯逼供行为的冤假错案所外讯问的情况比较普遍。刑事诉讼法对部分重大犯罪案件要求全程录音录像，[1]对此类案件，如果侦查人员对讯问过程未进行录音或录像，由于无法证实讯问的合法性，因此应排除所取得的口供。2017 年《严格排非规定》将排非范围扩大到违法使用戒具、威胁、非法拘禁等，但疲劳审讯、程序性违法、冻饿晒烤等都没有明确。

7. 排除非法证据的启动方式为依申请或依职权

我国非法证据的启动方式并非仅依相关人员的申请。由于我国非法证据排除制度承载的主要价值并不在于保障人权与维护正当法律程序，而是为了最大限度遏制刑讯逼供行为以及在此基础上防范冤错案件的需要。因此，为了最大程度上依据虚假的非法证据发生错误定罪的后果，启动排除非法证据的主体，除了利害关系人之外，不但审判机关有权启动非法证据排除程序，

---

〔1〕 2012 年《刑事诉讼法》第 121 条第 1 款后半段规定："对于可能判处无期徒刑、死刑的案件或者其他重大犯罪案件，应当对讯问过程进行录音或者录像。"

侦查机关、检察机关亦可依职权排除非法证据。但根据笔者对审判阶段启动非法证据的调研显示，依辩方申请启动依然占大多数，依职权启动的占少数。

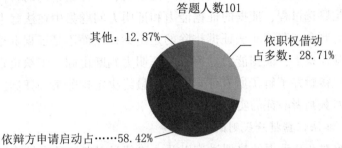

答题人数101

其他：12.87%

依职权借动
占多数：28.71%

依辩方申请启动占……58.42%

图3-3　您所办理的排除非法证据的案件中，启动方式是？

8. 存在对非法证据证据能力减等现象

我国的司法实践中，存在对证据能力的一种非常规处理方式，即对本应排除的证据，出于发现事实真相以及有效惩罚犯罪的需要，不予排除。但是在进行证据评价时降低其证明力，或者将其转化为量刑问题。即裁判者对证据审查之后，如果认为涉嫌刑讯逼供等非法取得的证据真实的可能性极大，选择不予排除证据，但将其证明力减等，并且对被告人在量刑上给予某种优惠。正如学者所言："我国刑事诉讼中处理证据能力即证据排除问题有一种特殊方法，即在有些情况下，回避证据能力问题，而将本属于证据能力的问题转化为证明力的问题，如本应排除的证据不排除，但降低其证明力，有时候还会将其再转化为量刑问题，因证据证明力较低，量刑适当从轻，尤其是不宜判处极刑。"[1] 2008年最高人民法院颁布的《全国部分法院审理毒品犯罪案件工作座谈会纪要》将证明力减等规则予以明文化。[2]

---

〔1〕 龙宗智："论书面证言及其运用"，载《中国法学》2008年第4期。

〔2〕 该纪要规定：行为人本没有实施毒品犯罪的主观意图，而是在特情诱惑和促成下形成犯意，进而实施毒品犯罪的，属于"犯意引诱"，对因"犯意引诱"实施毒品犯罪的被告人，根据罪刑相适应原则，应当依法从轻处罚，无论涉案毒品数量多大，都不应判处死刑立即执行。行为人在特情既为其安排上线，又提供下线的双重引诱，即"双套引诱"下实施毒品犯罪的，处刑时可予以更大幅度的从宽处罚或者依法免予刑事处罚。参见"全国部分法院审理毒品犯罪案件工作座谈会纪要"，载《人民法院报》2008年12月22日。

9. 非法证据排除的法庭基础为一元法庭

英美法系陪审团审判的二元法庭，为了防止证据误导陪审团，由专业的法官根据证据规则在庭前对证据进行删选，确保作出事实裁判的陪审团成员的心证不受非法证据的污染。我国为一元法庭，其证据运用的特征为无明确的庭前证据删选过程，证据的证据能力和证明力问题集中在法庭上由同一主体进行审查判断。我国非法证据排除的是定案根据而不是证据资格，在一元法庭的排除模式下，证据能力的审查与证明力判断由同一组织负责，由于法官事先已经接触并了解了所有证据，即使最终决定排除某一证据，也无法避免该证据对裁判者心证的实质性影响。

（四）非法证据排除规则的实施困境

与学界对非法证据的热烈讨论以及立法部门对非法证据排除规则实施效果的期待相比，刑事司法实践中在排除非法证据的问题上则出现了令人不解的冷清状态。从刑事诉讼法实施的情况来看，非法证据启动难，面对非法证据排除申请，审判人员并不能做出有效的回应。启动后认定非法证据难、非法证据排除难以及即使排除非法证据也难以对判决产生实质的影响。从笔者调研的总体情况观察，非法证据排除规则并未引起检察机关以及审判机关的足够重视，笔者对位于我国中部某一基层法院调研的结果显示，刑事诉讼法实施以来，排除非法证据的案件寥寥无几。立法者期待的通过排除非法证据实现刑事诉讼程序公正以及人权保障的功能并未得到司法实践的积极回应。

1. 非法证据认定难、排除难

从司法实践来看，非法证据认定难，即使个别证据被认定为非法证据而排除，也很难对案件的实体处理结果产生实质性影响，因排除非法证据而判决无罪的案件非常罕见。从某种意义上，非法证据排除规则的全面确立并未产生预期的法律效果，但对倒逼侦查机关依法文明取证，遏制刑讯逼供还是有一定的积极作用的。

目前侦查人员很少实施直接的刑讯逼供行为，但变相的肉刑或威胁、引诱、欺骗等精神强制问题则更加突出。2013年最高人民法院出台的《关于建立健全防范刑事冤假错案工作机制的意见》中规定了冻饿晒烤、疲劳审讯等非法方法，但以上方法均需审查主体进行主观裁量和判断，以上非法取证的行为均存在程度的判断问题，在实践中仍需具体认定，因为其必须达到一定的程度和强度才能被认定为非法行为。以疲劳审讯为例，连续多长时间的审讯为疲劳审讯，是 12 小时，还是 24 小时，夜间审讯能否构成疲劳审讯？多长时间不给吃饭应认定为饿？关于冻饿晒烤，由于不同主体的个人承受能力以及承受程度的不同，很难确定统一的标准，这给司法实践认定非法取证行为造成一定程度的困难。非法的威胁、引诱、欺骗与合法的侦查策略在司法实践中更加难以区别和处理，因此，对非法证据的认定比较困难。

2012 年《刑事诉讼法》实施以来，非法证据排除难已经成为公认的现象。非法证据排除难的关键原因在于司法机关对非法证据证明责任的不当分配以及发现案件事实真相对排除非法证据带来的障碍。除非有明确的证据证明侦查人员存在刑讯逼供行为，否则即使要求辩方仅承担非法证据的初步证明责任，对处于弱势的辩方而言亦并非易事。审前嫌疑人人身自由被限制以及缺少律师帮助的现状造成其很难提出有效的证据使审查人员产生非法取证的合理怀疑。控方证明方式的多样性使其较容易证明取证的合法性以消除审查者的疑虑，从而不排除证据。

2. 法院较少依职权启动排非程序

以审判为中心对非法证据排除的基本要求是审判机关肩负排除非法证据的法定职责。与审前非法证据排除主体相比，审判人员在刑事诉讼中处于中立地位，由其进行非法证据排除，不但可以实现对被告人权利有效救济的保障人权价值，而且可以发挥非法证据排除规则的威慑功能，倒逼侦查机关严格依法收集证据。

由于公、检、法三机关中，法院并不具有绝对的权威性和独立性，导致法官难以承担非法证据排除的重任。对于辩方提出的非法证据排除申请，法官缺乏启动排除程序的积极性。根据笔者的调研，2012 年《刑事诉讼法》实施以来，个别法院未启动一起非法证据排除案件。对于辩方提出的非法证据排除申请，审判机关存在单方拔高辩方承担初步证明责任的要求，司法实践中甚至存在审判人员要求提出非法证据排除申请的辩方承担证明责任的现象。

3. 审判人员对证据资格的审查有让位于证明力的倾向

在我国司法实践中，非法证据是否排除考量的因素不仅是证据的取得方式是否违反法律的禁止性规则，同时考虑证据的真实性以及对案件事实的证明作用，这一现象被称为证明力反制证据能力。在我国追求实质真实的证明观的理念指导之下，审判机关依据非法证据排除规则对证据进行审查时，很难撇开对证据证明力的考量而仅审查证据能力。根据笔者的问卷调查，"您所办理的案件中，认定并排除非法证据时，是否存在因为非法证据的真实性得到确认，造成非法证据难以排除的现象"，回答偶尔存在和大量存在的占绝大多数，回答根本不存在的几乎没有，这反映出在司法实践中非法证据的证据资格并未得到单独审查和考虑，在对非法证据进行调查并决定是否排除时，审查人员会将证据能力问题与证明力问题合并在一起进行审查。更有甚者，"以真实性反推不存在非法取证行为，特别是指供、诱供行为，认为既然内容是真实的，肯定是自愿而为，尤其是认为在先供后证情形下，一些所谓真实的细节事实是不可能由侦查人员指供、诱供取得的"。[1]

笔者对"审判实践中是否会因非法证据的真实性得到确认，导致非法证据难以排除的现象"问题的调研结果显示，根本不存在只占到 10.89%。这一现象反映出审判人员对证据的证据能力并非独立判断，是否排除非法证据并非仅考虑取证手段是否为法律所禁止，证据的真实性是排除证据的考量因素之一。

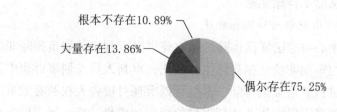

根本不存在10.89%

大量存在13.86%

偶尔存在75.25%

图 3-4　您所办理的案件，认定并排除非法证据时，是否会存在因为非法证据的真实性得到确认，使非法证据难以排除的现象？

4. 司法实践未严格区分非法证据与瑕疵证据

1996 年《刑事诉讼法》及司法解释只有对非法证据的规制，并无瑕疵证据的概念。这一状况在 2010 年被两高三部的两个证据规定所改变，其不但确立了非法证据排除规则，而且对司法实践中广泛存在的瑕疵证据确立了瑕疵证据的补正规则。根据学者的理解，非法证据属于无证据能力的证据，而瑕疵证据属于证据能力待定的证据，如果侦查机关对瑕疵证据能够作出补正和合理解释的，则具有证据能力；反之，则瑕疵证据自始不具备证据能力。根据笔者的调研，司法实践中并未严格区分非法证据与瑕疵证据，存在非法证据瑕疵化、瑕疵证据的补正随意化以及合理解释简单化的倾向。

---

〔1〕　郭文利："刑事司法印证式采纳言词笔录实践之反思"，载《证据科学》2015 年第 6 期。

我国侦查行为的法治化程度不高以及侦查人员收集证据的操作程序不规范的情形较多，造成瑕疵证据较为常见。比如侦查人员取证程序不够规范，有关笔录的记载不够完整。《高法解释》确立瑕疵证据补正规则，但由于瑕疵证据与非法证据在某些方面存在相似性，都是不合法的证据，都侵犯了相关人员的合法权益，实践中有将瑕疵证据视为非法证据予以排除以及将非法证据视为瑕疵证据而不予排除两种现象。

笔者对"司法实践中如何处理非法证据与瑕疵证据"的调研结果显示，清晰区分非法证据与瑕疵证据的只占到31.68%，非法证据瑕疵化以及瑕疵证据非法化的现象较为突出。

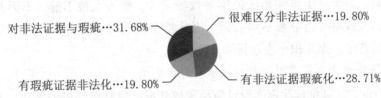

对非法证据与瑕疵…31.68%　　　很难区分非法证据…19.80%

有瑕疵证据非法化…19.80%　　　有非法证据瑕疵化…28.71%

图3-5　司法实践中，您如何处理非法证据与瑕疵证据？

答案选项	回复情况
很难区分非法证据与瑕疵证据	20
有非法证据瑕疵化的倾向	29
有瑕疵证据非法化的倾向	20
对非法证据与瑕疵证据有清晰的区分	32

5. 非法证据排除不彻底，重复口供仅排除涉嫌刑讯逼供的那一次

在侦查实践中，侦查人员通常会收集多次口供，并且大多数会做到口供的前后一致性。刑事诉讼过程中，相关机关如果经过审查认为口供系非法取得，那面临的问题即是如何认识本次非法口供与后续口供的关系，是将以后所有获取的口供均作为非法证据予以排除还是仅排除涉嫌非法取证的那一次口供？根据我国司法实践的经验，如果确认侦查人员获取口供的行为系违反法律规定的禁止方式取得，则对此次口供则予以排除，但对之后犯罪嫌疑人、被告人所作出的与此次口供内容相同或基本相同的口供则选择不予排除。此种做法架空了非法证据排除的威慑效应，其不合理性显而易见。为解决此问

题，2017 年《严格排非规定》对于排除重复供述的态度是，采用刑讯逼供方法使犯罪嫌疑人、被告人作出供述，之后犯罪嫌疑人、被告人受该刑讯逼供行为影响而作出的与该供述相同的重复性供述，除法定情形外，应当一并排除。[1]

6. 审前排除面临障碍

侦检机关在工作机制的协调和衔接上存在一定的问题，检察机关在审前对侦查机关的监督方式和手段有限，难以有效制约侦查机关的违法取证行为。审前辩护率不高，如果嫌疑人被采取羁押措施，很难有机会向检察机关提出排非申请。另外，检察机关内部对案件质量考核的要求和指引以有效追诉犯罪为导向，如果由于排除非法证据导致嫌疑人、被告人被不捕、不诉甚至判决无罪，考核时将会带来不利后果，因此检察机关对非法证据排除规则持消极应对的态度，而非积极主动排除非法证据。

7. 排除非法证据难以消除对法官心证的影响

现行的非法证据排除程序设计极易导致证据虽然被审判机关排除，不将其作为定案的根据，但实际上被排除的非法证据对法官的有罪心证产生影响的局面。首先，侦查机关或检察机关排除非法证据之后，已经排除的证据需要随案移送。[2]究其原因，《高检规则》起草者指出："这一规定主要基于两个方面的考量，一方面是便于处于下一环节的办案人员能够较为全面地了解案件情况，另一方面可以避免办案人员利用职务之便，假借非法证据排除之名随意截留证据。"[3]其次，非法证据实行庭上排除的原则，审判机关不得在庭前作出有关是否排除非法证据的裁判，庭上排除非法证据时启动法庭调查的时间由审判人员自行掌握，并且立法对排除决定作出的时间并无具体的规定，

---

〔1〕 2017 年《严格排非规定》第 5 条规定："采用刑讯逼供方法使犯罪嫌疑人、被告人作出供述，之后犯罪嫌疑人、被告人受该刑讯逼供行为影响而作出的与该供述相同的重复性供述，应当一并排除，但下列情形除外：（一）侦查期间，根据控告、举报或者自己发现等，侦查机关确认或者不能排除以非法方法收集证据而更换侦查人员，其他侦查人员再次讯问时告知诉讼权利和认罪的法律后果，犯罪嫌疑人自愿供述的；（二）审查逮捕、审查起诉和审判期间，检察人员、审判人员讯问时告知诉讼权利和认罪的法律后果，犯罪嫌疑人、被告人自愿供述的。"

〔2〕《高检规则》第 71 条第 1 款后半段规定："被排除的非法证据应当随案移送并写明为依法排除的非法证据。"

〔3〕 孙谦主编：《〈人民检察院刑事诉讼规则（试行）〉理解与适用》，中国检察出版社 2012 年版，第 66 页。

审判人员可以选择非法证据排除在法庭调查结束后立即作出，也可以在合议庭评议时作出，如果选择后者，则将导致此规则所承载的程序独立价值消失殆尽。由于将程序性争议和实体性争议一并进行，很难避免法官最终的裁判不受到已经被排除在定案根据之外的非法证据的影响。

关于法庭审理过程中人民法院决定对证据收集的合法性进行法庭调查的，调查时间如何确定直接影响到非法证据排除的效果以及程序公正是否能够得到实现。《非法证据排除规定》对此规定的是"非法证据问题应当现行当庭调查"，但《刑事诉讼法》并未吸收这一规定，而是将庭审中启动非法证据调查的时间交给法官掌握，即可以在提出排除申请后进行，也可以在法庭调查结束前进行。《排非规程》最终明确了以先行调查为原则。

2012 年《刑事诉讼法》新增的庭前会议制度并不解决非法证据是否排除的实质性问题，如果辩方在审前提出非法证据排除申请的，经法院审查，对证据收集合法性如果有疑问的，则应召开庭前会议了解情况并听取双方关于证据是否合法的意见，参加庭前会议的法官并不对证据的合法性进行调查，即庭前会议所作的工作均是准备性的，对非法证据排除的实质性审理只能在开庭之后在庭上进行，审判人员不能作出有法律效力的处理决定。但根据《排非规程》，审判人员虽不能在庭前会议上作出关于证据是否排除的裁决，但非法证据的问题可以通过双方当事人的共同和协商解决。根据辩方的请求以及提交的侦查人员非法取证的线索或者证据，如果控诉机关承认辩方请求排除的证据确系非法取得，则可以主动撤回某一证据，不将其作为指控的依据；反之，如果经过控方关于证据的说明，辩方认可证据的合法性，则可以撤回排除非法证据的申请。

三、审判中心下非法证据排除的省思与改革

（一）审判中心下全程排除非法证据的省思

1. 全程排除带来的理论矛盾

证据排除本质上发挥的是裁判权的司法审查功能，即法官通过排除非法证据对警察和检察官的审前行为进行司法审查，但由证据的收集机关和控诉机关排除非法证据显然不具有此项功能。同时，"不同的人对于同一法律规定可能做出不同的解释。如果法律要求侦查人员、检察人员和审判人员都承担排除证据的责任，则可能在证据排除的问题上出现三个不同的标准，而且三

个标准适用于不同的诉讼阶段，这对于整个证据排除制度的统一和稳定无疑是不利的"。[1]

在非法证据排除的起源国，美国非法证据排除的主体仅限于审判机关，在法律上并不要求侦查机关以及检察机关有排除非法证据的义务。虽然从实践来看，美国的追诉机关也会排除非法证据，但其如此行为的动机并非为了履行法定的义务，而是为了保证控诉质量以及避免非法证据被排除后导致控诉的失败。究其原因，以美国为代表的西方国家的刑事诉讼以审判为中心，审判在刑事诉讼中具有绝对的主导和核心作用，审判具有绝对的权威性，因此，审判阶段裁判者排除非法证据的效果可以辐射到审前阶段，对侦查人员收集证据可以起到威慑作用。

与非法证据排除规则的起源国美国以及大多数国家的非法证据排除规则不同，我国的非法证据排除贯穿于刑事诉讼全过程，侦查、审查起诉、审判阶段均需排除非法证据。[2]审前主要由肩负法律监督职能的检察机关承担排除非法证据的义务，法院承担审判阶段排除非法证据的义务，在庭前会议中，审判人员听取辩护律师关于排除非法证据的意见，庭审过程中被告方依然可以提出排除非法证据的申请。根据刑事诉讼法，三阶段三方主体排除非法证据并无主次之分，审判亦并非非法证据排除的主要阶段。法律如此设计的目的是督促办案机关及时排除非法证据，根据全国人大法工委的解释："规定刑事诉讼每个阶段的办案机关都有排除非法证据的义务，有利于尽早发现和排除非法证据，提高办案质量，维护诉讼参与人的合法权利。"[3]

全程排除非法证据的制度设计与流水作业的刑事诉讼构造有密切的联系，流水作业的诉讼构造下，侦查、审查起诉以及审判三阶段相互独立，审判与审前程序处于分离以及割裂的状态，审判机关无权对审前的强制侦查行为进行司法审查，因此审判机关很难有完全排除控诉机关提交的非法证据的权威

---

〔1〕 孙远：《刑事证据能力导论》，人民法院出版社2007年版，第129页。

〔2〕 在侦查阶段，非法证据的排除主体为侦查机关和检察机关，侦查机关在侦查过程中发现非法证据的，应主动排除，不得作为提请批准逮捕的依据并不能作为起诉意见。检察机关在审查批捕时负有排除非法证据的义务，不得将其作为批准逮捕的依据。审查起诉阶段非法证据的排除主体是检察机关，检察机关在对案件及证据进行审查时，通过讯问嫌疑人、询问证人、听取辩护律师的意见，发现非法证据的，应主动予以排除，不得将其作为作出起诉决定的依据。

〔3〕 朗胜主编：《中华人民共和国刑事诉讼法释义》（最新修正版），法律出版社2012年版，第119页。

和诉讼地位。

在以侦查为中心的流水线诉讼构造下，审前阶段由承担法律监督职能的检察机关主导排除非法证据具有一定的合理性。因检察机关审前承担侦查监督职能，审查批捕及审查起诉时依法对侦查活动实施监督，检察机关可凭借监督权促使侦查机关对非法取证行为予以纠正。同时，检察机关承担公诉案件的控诉职能并承担举证责任，为了避免由于控诉的关键证据被排除导致起诉的失败，检察机关在审前有排除非法证据的充分动力。但从另一方面来看，检察机关排除非法证据与其承担的追诉犯罪职能发生直接的角色冲突，非法证据并不完全等于虚假证据，在侦查人员非法取得的证据能够证明指控的犯罪事实，排除非法证据给追诉犯罪带来明显的障碍，甚至会造成追诉的失败。在此意义上，控诉机关排除非法证据很难保持基本的中立性。为了实现控诉的成功，避免带来放纵犯罪的后果，如果证据无法重新取得，检察机关可能很难舍弃对案件事实有重要证明作用的非法证据。

要求侦查机关"自我惩罚"式地排除非法证据存在难以解决的逻辑矛盾，侦查机关在刑事诉讼中的首要任务是收集证据并侦破案件。鉴于目前的侦查技术还不够先进以及侦查人员法律意识较为淡薄的状况，侦查机关的非法取证行为不可能短期内杜绝，侦查人员会放弃典型的刑讯逼供手段，但变相的刑讯逼供行为，比如长时间的讯问、在羁押场所以外的地点讯问以及对嫌疑人进行威胁、引诱、欺骗等方式进行讯问依然是侦查人员可能采取的取证行为。对侦查机关而言，如果其能够积极排除非法证据则意味着侦查人员不会选择非法取证，因为如果明知非法取得的证据将会遭到排除，并且会给其带来其他的不利后果，侦查人员基于理性经济人的考虑，权衡利弊后当然不会选择非法取证。侦查人员非法取证的目的主要是为了获取犯罪嫌疑人的口供，从而达到侦破案件的目的。试想，侦查人员通过法律禁止的方式获取了犯罪嫌疑人的口供，再根据口供获取了其他的间接证据，并且其他证据与嫌疑人的口供能够相互佐证，口供的真实性和可靠性得到其他证据的验证，如果此时要求侦查人员排除口供，无疑会对侦查人员构筑的证明链条有致命的影响，使已经宣告侦破的案件面临无法被移送起诉的风险，在我国绩效考评机制的指引下，侦查机关明显缺乏排除非法证据的动力，侦查机关几乎不排除非法证据的实践亦印证了这一分析。

审前机关排除非法证据的动机是为了避免追诉的失败，更多是基于对证据真实性的考量，侦查机关和审查起诉机关排除非法证据与非法证据排除规则本应发挥的威慑以及保障人权、维护司法纯洁性的功能完全背离。无论是侦查机关还是审查起诉机关同属于追诉机关，由于缺乏基本的中立性，将审前排除非法证据的希望寄托在主要负责追诉和控诉犯罪的检察机关，由于案件的处理结果与其有直接的利害关系，故其根本不可能以中立的立场排除所谓的非法证据。尤其是对于社会影响重大的案件或者被害人给追诉机关施加压力的案件，如果排除非法证据可能导致追诉犯罪的失败，或者非法证据能够得到其他证据的印证，其真实性得到保证的情况下，很难指望检察机关主动排除证据。退一步考虑，即使检察机关迫于压力排除了非法证据，与审判机关不同的是，审前检察机关排除非法证据之后，可以另行收集证据，通过这一手段完全可以弥补排除证据可能带来的风险。

2. 审前非法证据排除程序空白

审前排除非法证据的出发点是为了更有效追诉犯罪而并非是保障人权，其排除的目的是为了实现追诉犯罪的成功，即避免由于证据尤其是关键证据被审判机关排除而带来败诉的法律后果。但与庭审中通过诉讼程序的排除方式不同，审前非法证据的排除程序并不具备基本的诉讼形态，法律并未规定检察机关对非法证据调查的程序，宽泛式授权可能会造成审前排除非法证据程序上的混乱。

审前侦查机关与检察机关排除非法证据的程序空白，申请人提出排除非法证据的申请时需要提出哪些证据，检察机关决定启动之后如何展开调查，如果辩方认为非法证据排除申请有足够的理由，但检察机关不展开法庭调查如何进行权利救济，检察机关进行调查时如果侦查机关不予配合如何处理，上述关于审前排除非法证据的一系列基础问题刑事诉讼法均无明确的规定。

3. 检察机关排除非法证据面临的困惑

一般而言，"非法证据经由控辩双方的对抗而被法官排除于审判程序是诉讼的常态"。[1] 我国刑事诉讼中侦查机关和检察机关在非法证据排除中都有重要作用。其中侦查和起诉期间"排除非法证据"实质上是对取证方式和使用证据的限制，与法庭排除非法证据的性质有根本性区别，并且检察机关排

---

[1] 汪建成、付磊："刑事证据制度的变革对检察工作的挑战及其应对"，载《国家检察官学院学报》2012 年第 3 期。

除非法证据亦会面临理论与现实矛盾。

刑事诉讼中检察机关排除非法证据承担三种诉讼角色，一是对自行侦查案件的非法证据予以排除；二是对公安机关侦查的案件所取得的非法证据予以排除，三是法庭上在非法证据排除程序中承担证明责任，证明证据并未通过非法方式取得。检察机关排除非法证据可能面临的困境，其一，可能基于检察机关内部考核压力而过度排除非法证据。如果非法证据在庭上排除可能给控诉机关带来严重的不利性后果，因此为了避免庭上证据被排除的命运，检察机关对证据的审查过于严格，对某些瑕疵证据可能当作非法证据予以排除。〔1〕其二，检察机关可能基于侦查机关的压力而在排除非法证据时有所犹豫。排除非法证据意味着对侦查机关取证结果的否定，甚至会彻底否定侦查成果，必然会导致侦查机关的强烈抵触。同时，对于检察机关自侦案件，追诉犯罪的角色必然会影响其排除非法证据的中立地位。

（二）审判中心下非法证据排除规则的完善

从证据排除与纵向诉讼构造的关系考量，证据排除机制体现的是一种"以证据控制程序"的证据法思维，这种排除规则只有在以审判为中心的诉讼构造中才能发挥作用并取得应有的效果，而以审判为中心的诉讼构造在很大程度上也要借助于"以证据控制程序"的证据法才能维持。〔2〕"排除非法证据本质上是审判权对追诉权的审查和制约，是司法权力对政府权力的程序性制衡，其结果必然是追诉权力、政府权力乃至政治权力至少在某些情况下败在公众的眼前。"〔3〕

我国刑事诉讼流水作业式或诉讼阶段的诉讼构造。表现为侦查、起诉以及审判机关分工负责，各管一段，此种诉讼构造决定了无通过证据制度制约审前机关以及诉讼当事人诉讼行为的必要，而是将证据问题规定在程序之中，通过程序实现对证据的控制。我国推进"以审判为中心"的刑事诉讼制度改革，必然要求发挥审判程序尤其是庭审程序对审前的制约作用，通过排除审前侦查机关非法取得的证据进行程序性制裁，是审判对审前发挥制约作用的核心方式。

---

〔1〕　根据现行刑事诉讼法及其相关的司法解释，对何为"非法证据"并无统一的界定，可能造成实践中侦查机关、检察机关以及审判机关对证据是否为非法证据认识上的不统一。

〔2〕　孙远：《刑事证据能力导论》，人民法院出版社2007年版，第126页。

〔3〕　孙长永、王彪："审判阶段非法证据排除问题实证考察"，载《现代法学》2014年第1期。

1. 有效区分审前排除与庭审排除

依据世界各国排除非法证据的程序设计，审判无疑为排除非法证据的唯一阶段。与诉讼阶段论相对应，我国要求刑事诉讼三机关均发挥对证据的把关作用，共同保证案件质量，侦查机关、审查起诉机关以及审判机关均承担排除非法证据的责任。审前赋予检察机关排除非法证据的重任，检察机关审查批捕、审查起诉时均应审查证据的合法性，认为侦查机关收集的证据属于非法证据的，不得作为批捕证据、起诉决定的依据。对于检察机关自侦案件，排除非法证据面临自我纠错的问题，其道德合理性存在疑问，如果检察机关能够主动排除非法证据，则其可能不会选择非法取证。同时检察机关控诉人的角色可能导致其对非法证据的选择性排除，即对于证明犯罪事实的关键证据，比如通过非法方式获取的嫌疑人口供，由于能够直接证明案件的主要事实，检察机关一般不会轻易排除。排除非法证据属于对侦查行为的否定性评价和制裁，必然会遭到侦查机关的反对，面对侦查机关施加的压力，检察机关可能难以彻底排除非法证据。

审前检察机关即使有排除非法证据的积极性，也是源于排除证据与其有直接的利益关系。检察机关在刑事诉讼中主要承担控诉职能，检察机关的绩效考核指标与有效追诉犯罪有关，至于检察人员是否遵守法律正当程序以及排除非法证据的数量基本不在绩效考核的范围之内。与审判阶段证据被审判人员排除相比，审前检察机关排除非法证据并不会带来致命性的后果。检察机关在审前排除非法证据后，可以要求侦查人员重新取证或者自行重新取证，刑事诉讼法对重新取证的方法和手段并无明确的限制，检察机关完全可以通过重新取证的方式弥补排除非法证据后带来的证明困难。

面对审前排除的弊端和理论矛盾，实现审判中心应确立审判阶段为非法证据排除核心阶段的理念。在刑事诉讼法未修改的背景下，在维持审前排除非法证据的基础上，应发挥审判机关对证据审查判断的核心作用，对证据资格的审查和取舍，由裁判者作出决定和处理，并作出最终的判断。审判人员在庭审阶段启动排除时应保持基本的中立性和独立性，不能因证据是否合法审前已通过检察机关的审查而排除证据时有所顾虑。

在刑事诉讼中，审判机关与案件无利害关系，能够客观中立审查证据并客观排除非法证据。审判阶段严格排除非法证据有利于倒逼侦查机关，规范侦查取证手段，纠正侦查机关通过非法手段获取口供等严重的程序违法行为。

与侦查机关的自我排除非法证据相比，审判阶段对证据进行严格审查和排除，会导致侦查机关通过法律禁止的手段获取的证据被排除于定案根据之外，可能导致侦查人员通过非法手段收集的关键证据被排除，最严重的后果是导致公诉的失败和惩罚犯罪目的落空。如此的威慑作用对侦查人员而言无异于釜底抽薪，既然非法取证可能会给追诉犯罪造成障碍甚至会造成追诉犯罪的失败，无论是从一般预防还是从特殊预防的角度考虑，都会有效防控侦查人员非法取证行为。

为了避免无证据资格的证据出现在法庭上导致审判人员心证受到非法证据污染的风险，可以考虑在正式的庭审活动启动之前由专门的审判人员进行证据的筛选。进行证据筛选的法官与庭审法官应实现必要的分离。设立独立的预审法官负责证据删选，预审法官不参加庭审，与案件的处理结果无利害关系，因此在进行证据删选时不会受到案件实体处理结果的干扰，即不会为了确保被告人能够被判定有罪，而在排除非法证据时有所顾虑，而能公正地进行证据排除。

笔者对"将非法证据排除的权力和职责赋予审判机关的合理性"的调研结果显示，大多数审判人员较为认可此制度安排的合理性。笔者通过与审判人员的访谈发现，审判人员排除非法证据时面临着困难，其中公诉机关的抵触是造成非法证据排除程序启动难以及非法证据排除难的关键因素之一，公诉机关抵触的原因之一即是其对证据已经进行过审查，在此情况下审判人员如果启动非法证据排除程序，相当于不给其面子甚至直接与检察机关作对。

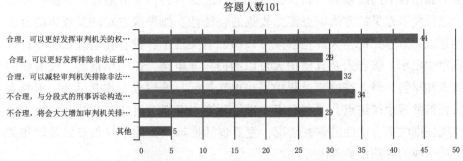

图3-6　如果考虑重新设计我国的非法证据排除程序，将排除非
　　　　法证据的权力和职责赋予审判机关，您认为？（可以多选）

答案选项	回复情况
合理，可以更好发挥审判机关的权威	44
合理，可以更好发挥排除非法证据的威慑功能	29
合理，可以减轻审判机关排除非法证据的阻力	32
不合理，与分段式的刑事诉讼构造相矛盾	34
不合理，将会大大增加审判机关排除非法证据的负担	29
其他	5

2. 审判阶段非法证据排除的制度构建

非法获取口供的非法取证方法包括对被取证人肉体进行物理强制以及进行精神折磨造成其痛苦的行为。"随着人权保障呼声的高涨以及对身体强制审讯方法弊端认识的深入，我国司法实践中的审讯策略正面临着由身体强制向心理强制的转型。"[1] 在我国司法实践中典型的刑讯逼供行为已经很少发生，但对嫌疑人、被告人进行精神强制与折磨以及软暴力等隐蔽化的非法取证手段并未消失，比如让嫌疑人长期保持某一姿势，采取不让嫌疑人吃饭、睡觉以及上厕所等手段进行讯问，以及采取违背基本道德的方式对嫌疑人进行威胁、引诱、欺骗等。"程序法上的非法取证手段与实体法上的刑讯逼供罪捆绑在一起，严重局限了遏制非法取证的努力方向。"[2]

《严格排非规定》明确了非法证据排除程序。被告人及其辩护人申请排除非法证据，并提供相关线索和材料的，人民法院应当召开庭前会议，通过被告方提出排非的线索和材料，公诉人提供证据材料，双方通过对证据收集的合法性发表意见的方法审查证据收集的合法性。如果双方对证据收集的合法性达成一致意见的，人民检察院可以撤回有关证据，没有新的理由，不得在庭审中出示。被告人及其辩护人可以撤回排非申请，撤回申请后，没有新的线索和材料，辩方在庭审过程中不得再次提起。未达成一致意见的，审判人员归纳整理争议焦点，并在庭审中进行调查。审判人员应在庭前会议报告中说明证据收集合法性的审查情况，主要包括控辩双方的争议焦点以及就相关事项达成的一致意见等内容。

---

〔1〕 吴纪奎："心理强制时代的侦查讯问规制"，载《环球法律评论》2009 年第 3 期。

〔2〕 程雷："非法证据排除规则规范分析"，载《政法论坛》2014 年第 6 期。

关于庭审非法证据的裁决时间，启动排除程序之后，法官是当庭作出是否排除非法证据的裁决，还是与案件的事实审理问题一并作出最终的裁决，刑事诉讼法无进一步的规定。[1]根据笔者对审判机关的调研，庭审排除非法证据的，很少当庭作出裁决，通常的情况是等到庭审结束之后与案件的实体问题一起解决。[2]

庭审环节非法证据的排除应遵循证据能力优先于证明力的证据审查基本规则。证据能力解决的是证据的法庭准入资格，即只有合法性得到保障的证据，才具有在法庭上出现并接受调查的资格，严格意义上，无证据能力的证据不得进入裁判者的视野。以审判为中心要求裁判者发挥对证据的实质性审查作用，对证据的审查包括证据能力与证明力的审查，其中证明力的审查属于法官的自由评价范畴，法律一般不加干涉，而对证据能力的审查受到证据规则等的规制，法官依据证据规则审查并排除不具有证据能力的证据是其发挥对审前制约作用的重要途径。根据美国刑事诉讼法，在美国的审前程序中，"辩护方提出有关排除某一控方证据的申请，一般都要在审前动议阶段提出，并由法官主持专门的证据禁止之听证。"[3]同时，审前由预审法官主持，由于预审法官并不参与案件的实体审理，由其对非法证据排除问题作出裁决，可以在保证庭审顺利进行的基础上有效防止法官的预断。

审判中心下非法证据排除的理想模式是庭前法官与庭审法官分离，非法证据排除程序与案件的实体审理程序完全分离，如此才可以保障非法证据难以污染庭审法官心证，保障非法证据排除规则的真正贯彻。根据我国目前刑事诉讼法的规定，并未实现以上两个分离，参加庭前会议的法官与庭审法官不分，庭审中非法证据问题的裁判与实体性裁判也未实现完全的分离。毫无疑问，如果参加庭前会议的法官与庭审法官同一，庭审中程序性裁判与实体性裁判完全合一，不但完全违背刑事证明的基本规律，而且明显不利于案件的公正审理。因此，笔者认为在我国目前的诉讼制度环境下，应实现庭审法

---

〔1〕《高法解释》第102条第2款规定："人民法院对证据收集合法性进行调查后，应当将调查结论告知公诉人、当事人和辩护人、诉讼代理人。"此规定隐含的意思应是当庭作出调查结论，因为如果庭后才作出裁决的话，将无法及时将结论告知相应的利害关系人。

〔2〕某省高级人民法院制定的《非法证据排除程序操作规范（审委会讨论稿）》规定，难以当庭作出"排非"决定的，庭审后，合议庭认为现有证据材料能够作出是否排除相关证据决定的，可以在宣判前将决定及理由书面告知公诉人及申请人，也可以在判决书中一并表述。

〔3〕参见王兆鹏：《美国刑事诉讼法》（第2版），北京大学出版社2014年版，第10页。

官与审前法官、庭审中程序性问题与案件实体问题处理的相对分离。原则上参加庭前会议的法官应有别于庭审法官，可以由审判长指定一名合议庭成员为承办法官主持庭前会议，合议庭其他成员不参与，承办法官通过庭前会议解决程序性争议，证人出庭、是否启动非法证据排除程序以及对案件事实及证据争点进行整理。承办法官外的其他两名合议庭成员庭前不得阅卷、不参与庭前会议，但可阅读《起诉书》和承办法官整理的《控、辩争议事实、证据表》及《出庭作证之证人、被害人、鉴定人名单》。[1]如此可以实现庭前法官与庭审法官的适度分离，减少庭前预断。

根据《严格排非规定》和《排非规程》，庭上辩方提出非法证据排除申请或者庭前会议法官已经决定启动非法证据排除程序的，根据程序性裁判先于实体性裁判的基本原则，开庭后一般应先进行非法证据的调查，在非法证据排除的问题未解决之前，不得继续实体问题的审理。"辩方如果在开庭审理前或者法庭调查前提出口供系非法取得的申请，法庭在公诉人宣读起诉书后，应当先行当庭调查。如果辩方在法庭调查开始后，法庭辩论结束之前提出申请的，法庭应当暂时中断法庭调查或法庭辩论活动，进入专门程序性裁判程序。"[2]在坚持先行调查的基础上，根据最高人民法院法官的解释，应确立以下两种例外："一是被告方在开庭前就已经发现侦查人员非法取证的线索或者材料，但没有在开庭前提出非法证据排除申请的；二是有多名被告人、涉及多个罪名、案情重大复杂或者具有重大社会影响的，或者多名同案被告人同时提出非法证据排除申请的。"[3]

第二节 相关性规则

证据的相关性又称为"关联性"，证据相关性是指"证据有助于证明事实存在可能性的属性"。[4]在证据的诸多属性中，相关性是其根本属性，"相关

---

〔1〕 来源于成都市人民法院庭审实质化改革试点的具体制度设计。

〔2〕 参见张军主编：《刑事证据规则理解与适用》，法律出版社 2010 年版，第 315 页。

〔3〕 参见江必新主编：《最高人民法院关于适用〈中华人民共和国刑事诉讼法〉的解释：理解与适用》，中国法制出版社 2013 年版，第 97 页以下。

〔4〕 张保生等：《证据法学》，高等教育出版社 2013 年版，第 19 页。

性概念是奠基英美证据法原理大厦的基石之一：它处于证据词典的核心地位，在实际的法律论述中扮演着重要角色"。[1] 审判中心诉讼制度的推进需要以完善证据规则为基本保障，而我国相关性规则缺失，造成司法实践中裁判者对证据相关性判断较为随意，影响对案件事实的准确认定。近年来披露的张氏叔侄案、呼格吉勒图案等案件均反映出审判人员对证据相关性判断的失控。在我国确立相关性证据规则既是实现证据法公平、效率功能的基本要求，亦是规范法官取舍证据自由裁量权的需要。

一、相关性与相关性规则

（一）相关性的含义

根据中国学者的解释，"相关性是指证据所包含的证据事实与所要证明的案件事实的联系"。[2] 或"证据必须与待证事实有关，从而具有能够证明案件待证事实的属性"。[3] 我国传统的证据法理论中，关联性（相关性）是与客观性以及合法性相并列的证据基本属性。我国学者对相关性的理解和界定是从证据与待证事实的客观联系出发，并且将相关性更多归入证据的证明价值或者证明力大小的范畴，与英美法系国家将相关性作为证据进入审判的第一道关口的理念完全不同。日本学者所编的《新法律学词典》中将证据的相关性界定为："证据对其所要求证明的事实具有必要的最小限度证明能力。"[4] 澳大利亚于 1995 年颁布的《证据法》第 55 条则将相关性（关联性）证据界定为："诉讼程序中有关联的证据，指如果该证据被采纳时，可以合理地（直接或间接）影响对诉讼中系争事实存在的可能性进行评价的证据。"英国法学家斯蒂芬在其《证据法汇编》中认为："证据相关性意味着所应用的任何两项事实是如此相关联着，即按照事物的通常进程，其中一项事实本身或与其他事实相联系，能大体证明另一事实在过去、现在或将来存在或不存在。"[5] 美国证据法学家乔恩·R. 华尔兹对证据相关性的定义为："实质性

---

〔1〕　［美］米尔建·R. 达马斯卡：《漂移的证据法》，李学军等译，中国政法大学出版社 2003 年版，第 76 页。

〔2〕　陈瑞华：《刑事证据法学》，北京大学出版社 2012 年版，第 83 页。

〔3〕　陈光中主编：《刑事诉讼法》，北京大学出版社、高等教育出版社 2013 年版，第 186 页。

〔4〕　［日］我妻荣主编：《新法律学词典》，董璠舆等译，中国政法大学出版社 1991 年版，第 249 页。

〔5〕　In R. V. Kearley ［1992］. Declan McGrath, Evidence, Thomson Round Hall, 2005, p. 2.

和证明性加在一起就等于相关性。"〔1〕证明性涉及证据与待证事实之间的逻辑关系，而实质性涉及证据证明的事实应是对定罪量刑有意义的事实，由实体法所决定。〔2〕但"证据的相关性和相关的程度是两个虽然联系密切但又截然不同的概念，前者只依赖于信息的认知可能性，而后者还依赖于信息传递者的可靠性"。〔3〕

《美国联邦证据规则》第 401 条规定："证据相关性是指证据具有某种倾向，使决定某项在诉讼中待确认的争议事实的存在比没有该证据时更有可能或更无可能。"《美国联邦证据规则》第 402 条界定了证据相关性与可采性的关系，具有相关性的证据不都具有可采性。"具有相关性的证据具有可采性，除非联邦宪法、联邦制定法、联邦证据规则或联邦最高法院制定的其他规则另有规定。"证据虽具有相关性，但可能基于传闻证据等证据排除规则而不具可采性。第 403 条确立了法官对证据相关性的自由裁量权，旨在排除可能对诉讼产生负面作用的相关证据。"证据虽然具有相关性，但可能导致不公平的偏见、混淆争议或误导陪审团的危险大于该证据可能具有的价值时，或者考虑到过分拖延、浪费时间或无需出示重复证据时，也可以不予采纳。"美国证据法界定的相关性只是形式上的相关性，即证据对实体法规定的案件事实具有证明性，至于证明的程度或分量则属于证明力的范畴，在美国实行陪审团审判时由陪审团成员依据经验法则和逻辑法则进行自由判断，法律对证据力的大小和高低并不作出硬性的规定。

根据美国证据法，证据相关性包括实质性与证明性两大构成要素。"实质性指证据证明的问题属于依法需要运用证据证明的待证事实。如果某一证据并非指向本案的争点问题，那么该证据就不具有实质性。证明性指证据及其所包含的证据事实成立，足以使另一事实的成立变得更加可能或更无可能。"〔4〕

---

〔1〕［美］乔恩·R. 华尔兹：《刑事证据大全》，何家弘等译，中国人民公安大学出版社 1992 年版，第 15 页。

〔2〕美国另一位证据法学者麦考密克也认为："证据要具有相关性，必须具备实质性与证明性两个要素。实质性涉及的是证据与案件之间的关系，即该主张是否为争议事实；证明性是指证据具有支持其欲证明的主张成立或不成立的倾向性，涉及证据与主张之间的关系。"参见［美］约翰·W. 斯特龙主编：《麦考密克论证据》，汤维建等译，中国政法大学出版社 2004 年版，第 359~360 页。

〔3〕［美］米尔建·R. 达马斯卡：《漂移的证据法》，李学军等译，中国政法大学出版社 2003 年版，第 76 页。

〔4〕参见张建伟：《证据法要义》，北京大学出版社 2009 年版，第 126~127 页。

即证据与刑法规定的要件事实之间具有逻辑上的关联性，间接证据的关联性需要事实认定者根据逻辑规则和经验规则进行推论。一般而言，对证据的相关性作出判断或评价，事实认定者需要进行以下推论："一是从证据性事实得出推断性事实，二是由此推断出其与要件事实的联系，三是由此推出其与实体法要件的联系。"[1] 英美国家实行对抗式诉讼，程序由双方当事人推进，没有相关性的证据也需要通过当事人提出异议的方式进行，如果证据无关联性，但对方未提出异议或者异议依据之理由错误，则不会进行专门的相关性审查。需要强调的是，在美国证据法中，对证据的相关性要求并不高，即"一块砖而非一面墙"，证据对待证事实的存在具有最小限度的证明能力即可。由于证据的稀缺性，美国证据法中确立相关性的目的并非为了排除证据而是尽量采纳相关证据。

（二）相关性规则

在美国证据法中，相关性规则是证据能力的基础性规则，是其他证据规则得以存续的基础。"几乎所有证据法中的问题都涉及关联性——要让证据被认许的一方，必须明确指出该证据与和争点有关联，并显示该证据如何能有助于厘清那个争点。"[2] 相关性是证据采纳的首要条件，但相关性并不涉及证据的真实性和证明价值或证明力的大小，"在假设证据为真的前提下，当一个理智健全的调查者认为，提出该证据比不提出该证据可以在某种程度上使讼争事实被确认并对事实运用有关实体法的可能性更大或更小的情况下，这个证据便具有关联性"[3]。证据的相关性属于事实和逻辑问题，应该由法官视具体案件情况根据经验和理性进行自由判断，但鉴于有些证据有明显的误导性，英美证据法通过具体的证据规则对某些证据的关联性作出限定，以有效约束法官的心证。

一是基于诉讼公正和效率的考虑而排除具有相关性的证据。"如果某个具有相关性的证据可能造成不公正的偏见、混淆争点或误导陪审团"，[4] 则基于

---

〔1〕　参见［美］罗纳德·J. 艾伦等：《证据法：文本、问题和案例》（第3版），张保生等译，高等教育出版社2006年版，第149~158页。

〔2〕　［美］Arthur Best：《证据法入门——美国证据法评释及实例解说》，蔡明秋等译，元照出版公司2002年版，第2页。

〔3〕　Paul F. Rothstein, Evidence——State and Federal Rules, 2nd Ed. p. 2.

〔4〕　参见《美国联邦证据规则》第402条的规定。

诉讼公正的考虑将排除这一相关证据。同时，某一证据虽具有相关性，但如果此证据的提出造成诉讼程序的不当拖延、浪费时间或不必要地出示重复证据，则会基于诉讼效率的考虑而排除具有相关性的证据。

二是确立品格证据规则对品格证据的相关性进行限制。从广义的角度理解："品格包括声誉、行为倾向、以前发生的特定事件。"[1] 而狭义上的品格仅包括个人的声誉和行为倾向。该证据规则的基本内容是："一个人的品格或者品格特征的证据在证明这个人于特定环境下实施了与此品格相一致的行为不具有关联性。"[2] 由于品格证据可能会引起陪审团的偏见以致误导陪审团或者浪费时间、造成诉讼拖延，因此品格证据需要排除。《美国联邦证据规则》第 404（a）条在对品性证据进行一般性禁止规定的基础上，同时确立了可以使用品性证据的四种例外："第一，刑事被告人可以打开本人的品性证据之门，此时，检控方可以在反驳中提供刑事被告的品性证据。第二，刑事被告人可以打开被害人品性证据之门，此时，检控方可以在反驳中提供关于被告人品性或者被害人品性的证据。第三，在杀人案件中，检控方为了反驳被害人是首先挑起事端者的主张，可以提供被害人性情平和的品性证据。第四，任何当事人均可在《美国联邦证据规则》第 607、608 和 609 条允许的范围内，为弹劾与正誉目的提出品性证据。"《美国联邦证据规则》第 404（b）条同时规定："关于犯罪、不法行为和其他行为的证据，不可采纳来证明品性，并据此提出这样的推论，即特定场合下的行为与该品性一致。然而，该证据可以基于另一目的提出，例如证明动机、机会、意图、准备、计划、知识、身份、无错误或无意外事件等等。"[3]

三是特定的诉讼行为、特定的事实行为不得用来证明被告人的过错或作出对被告人不利的推断。特定的事实行为包括"事件发生后某人实施补救措施的事实，关于支付、提议支付医疗与类似费用，关于某人是否拥有责任保险的事实，和解或要求和解而实施的特定行为，"[4] 以上事实行为一般情况下不得作为对行为人不利的证据，不得用作证明行为人对该事件负有责任的

---

〔1〕 *Peter Murphy on Evidence*. Oxford University Press, Eight Edition, p. 116.

〔2〕 张建伟：《证据法要义》，北京大学出版社 2009 年版，第 131 页。

〔3〕 王进喜：《美国〈联邦证据规则〉（2011 年重塑版）条解》，中国法制出版社 2012 年版，第 81 页。

〔4〕 参见《美国联邦证据规则》第 407、408、409、410、411 条的规定。

证据。

二、我国的相关性规定

2018 年《刑事诉讼法》第 50 条第 1 款规定："可以用于证明案件事实的材料，都是证据。"这一规定明确了证据应具有相关性。我国传统证据法将关联性视为证据的基本属性，[1]由于将相关性视为事实认定者根据经验和逻辑以及常识进行主观判断的范畴，因此未规定具体的相关性规则。与美国证据法将相关性作为证据可采性的前提规则不同的是，我国虽强调证据与案件事实之间的相关性，并从证据的收集范围，单个证据的审查判断内容尤其是对物证、书证、鉴定意见，视听资料以及电子数据等证据的审查内容以及证据综合审查运用时证明力的审查判断等方面对证据的相关性作出要求，但并未将其作为证据具有证据能力的前提条件，相关性属于法官对证明力判断的范畴，[2]相关性的有无以及强弱由裁判者自由判断，不具有相关性的证据仅不得作为定案的根据。关于我国与美国证据相关性立法内容大相径庭的原因，学者认为包括以下几点："一是英美国家对抗制诉讼之下的具有合议性的案件事实概念；二是英美国家刑事审判由法官与陪审团分工负责的制度；三是英美国家刑事审判定罪与量刑分离的制度。"[3]笔者赞同以上观点，我国与美国的当事人主义诉讼模式存在本质的差别，定罪量刑程序不分，同一审判组织通过开庭同时解决案件的定罪与量刑问题，这一特点决定对相关性的立法存在极大差异。

我国对于相关性的研究限定于将其作为证据的基本属性之一，认为关联性是证据的自然属性，关联性是证据与案件事实之间存在的客观联系，对关联性的研究仅限于哲学认识的层面，并未将关联性作为规范法官对证据的采纳标准进行研究。刑事诉讼法及司法解释对证据关联性均为原则性规定，《刑事诉讼法》将证据的概念界定为，可以用于证明案件事实的材料，都是证据。证据材料必须能够证明案件事实，这一定义本身即强调了证据材料与案件事

---

〔1〕　关于证据的基本属性，无论是传统的两性说，还是现在绝大多学者赞同的三性说，关联性（相关性）均是证据的属性之一，并且相关性是证据能够证明案件事实的属性，属于证据的本质属性。

〔2〕　证据的相关性可以分为形式上的相关和内容上的相关，英美证据理论主要从前者进行规范，而我国传统证据法理论则强调后者，认为相关性属于证明力判断的范畴。

〔3〕　樊崇义主编：《刑事证据规则研究》，中国人民公安大学出版社 2014 年版，第 239 页。

实的关联性。2018 年《刑事诉讼法》第 120 条在确立嫌疑人对讯问的回答义务时，明确了对与本案无关的问题，其有拒绝回答的权利。2012 年《高法解释》第 203、214 条亦有此方面的规定。[1]《死刑案件证据规定》分别对物证、书证、鉴定意见、勘验、检查笔录及视听资料的关联性进行了规定，[2] 2012 年《高法解释》吸收了《死刑案件证据规定》关于单个证据关联性审查的内容，对物证、书证、鉴定意见、视听资料、电子数据等证据进行审查认定时的关联性予以强调。同时，《高法解释》第 104 条确立的对证据证明力大小或证明价值的判断标准亦体现了对证据关联性的强调。[3] 纵观我国刑事诉讼法及司法解释，对证据关联性均为原则性规定，要求证据必须与案件事实有关联，才能作为定案的依据，至于关联性有无以及关联性大小的判断，则交由裁判者自由裁量，在法律上并无进一步的规定。

由于关联性判断标准的缺乏，导致法官对关联性几乎完全依据自我认知来判断，而这一状况必然导致不同的认知主体由于经验、认知水平以及认知能力的不同，对于同样的证据，可能作出不同的关联性判断。在我国法官在判断证据的关联性时可能对于控辩双方的证据适用不同的标准，从而进一步加剧控辩不平等，并有碍于对案件事实的正确认定。这一问题已经在刑事司法实践中有所反映，对于辩方在庭审中提出的证据，法官如果拒绝采纳，其理由基本均为辩方所提交的证据与案件事实无关联性，至于具体的理由法官基本不予论证。以李某某强奸案为例，此案中辩方提交了案发前后的视频证据，以证明李某某不构成强奸罪，但法官认为律师提供的证据与案件事实无

---

〔1〕《高法解释》第 203 条规定："控辩双方申请证人出庭作证、出示证据，应当说明证据的名称、来源和拟证明的事实。法庭认为有必要的，应当准许；对方提出异议，认为有关证据与案件无关或者明显重复、不必要，法庭经审查异议成立的，可以不予准许。"第 214 条规定："控辩双方的讯问、发问方式不当或者内容与本案无关的，对方可以提出异议，申请审判长制止，审判长应当判明情况予以支持或驳回；对方未提出异议，审判长也可以根据情况予以制止。"

〔2〕《死刑案件证据规定》第 6 条第 3 项、第 24 条第 4 项、第 26 条第 2 款、第 27 条第 5 项分别就物证、书证、鉴定意见、勘验、检查笔录、视听资料的关联性进行规定，若经审查这些证据对于待证事实没有证明作用，与待证事实没有关联性，就要将其排除，而不可虚构证明力并赋予其证据能力。

〔3〕《高法解释》第 104 条第 2 款规定："对证据的证明力，应当根据具体情况，从证据与待证事实的关联程度、证据之间的联系等方面进行审查判断。"

直接关联性，从而拒绝采纳该视频证据。[1]根据证据关联性判断标准，辩护律师提供的证据符合证据的关联性特征，具有证明案件事实的功能。将证据关联性的判断完全赋予法官将无法保障法官对关联性作出合法并合理的判断，需设立关联性证据规则来规制法官的判断。

证据要查证属实才能作为定案的根据属于证明力评价规则。证明力包括证据的真实性和证明价值两大要素，证据的真实性指证据载体本身和证据载体记录的案件信息是真实可靠的，不是伪造或变造的。例如，某把刀是故意杀人案中的杀人工具，作为物证的刀具备证明力的条件之一即法庭上提交的刀是犯罪现场发现提取并妥善保管的犯罪工具，如果刀上有血迹，则血迹必须也是真实的，不是事后添加或伪造的。相关性指证据信息对案件的待证事实有证明作用，有逻辑上的联系。我国对证据的关联性并未进行过多的限制和规范，而是交由法官自由判断。与此相反，特别注重证据真实性的判断，《死刑案件证据规定》首次将司法人员的办案经验上升为证据规则，确立了由于无法保障证据真实性的排除规则，对于物证、书证、证人证言、嫌疑人被告人供述等，由于证据收集程序严重违法，以至于对证据的真实性产生致命影响，直接将此类证据排除于定案根据之外，2012年《高法解释》几乎全盘吸收了《死刑案件证据规定》的此类内容，确立了证据真实性的判断规则。此外，2012年《刑事诉讼法》以及《高法解释》一再强调各类证据只有查证属实后，才能作为定案的依据，体现了在证明力判断中对证据真实性的分外重视。

三、审判中心下相关性规则的构建

审判中心要求贯彻证据裁判原则，实现庭审在认定证据中起决定性作用。庭审对认定证据决定性作用的发挥需要确立以下保障机制，法官独立并中立审判、证据规则的保障、实现庭审的实质化等。完善证据规则体系可以实现两方面功能：一方面，完善的证据规则可以保障法官对证据进行合理的判断，避免法官审查判断证据时受到追诉机关的干涉；另一方面，完善的证据规则可以适当限制法官对证据的随意取舍。"关联性的概念可以节省时间，限缩诉讼双方开

---

〔1〕 李某某案宣判结束后，该案审判长李纪红就社会关注的二审五个焦点问题，回答了新华社记者的提问。此案二审法院庭审中，上诉人的辩护人向法庭申请出示多份所谓视频证据，对此检察人员均提出异议，认为与本案不具有直接的关联性。合议庭经依法审查，认为异议成立，因此对辩护人申请出示上述证据，不予准许。

庭前所需准备的主题。最后，借由确保诉讼结果系得自多数人认为与争议事实有关之资料，而增加了审判的正当性。"[1]

我国证据法学理论以及关于证据的立法对于证据相关性的研究基本将其作为证据的基本属性之一，并在此范围内讨论证据相关性，注重的是证据与案件事实之间的逻辑相关性。与此同时，忽视了价值判断在证据相关性判断中的地位和作用。从英美国家证据相关性规则的内容来看，证据相关性的判断和取舍并非仅指证据与案件事实的逻辑关联性，一些具有关联性的证据亦会基于价值考量而被排除于审判证明体系之外。针对我国证据相关性具体规则的缺失，与审判中心诉讼制度对证据的要求相距甚远的现状，应确立相应的相关性证据规则。

明确区分证明过程始端与证明过程终端的相关性，即证据能力之关联性以及证明力之关联性。学者陈朴生对这一问题进行了明确的论述："证据之关联性，得分为证明能力关联性与证据价值关联性两种。前者属于调查范畴，亦即调查前之关联性；后者属于判断范畴，亦即调查后之关联性。"[2]对证据关联性的限制以及关联性规则确立的基础应是调查前之证据关联性，即从诉讼公正以及效率的角度考虑将某些具有关联性的证据排除于证据范围之外。

（一）确立明确的相关性规则

证据与案件事实之间具有逻辑上的联系是证据相关性的首要标准，这一联系也被视为证据相关性的实质性标准。刑事诉讼活动是回溯性的证明活动，这一特点决定不可能完全还原已经发生的案件事实，为了实现追诉犯罪的成功，各国刑事诉讼法对刑事诉讼中需要运用证据证明的案件事实即证明对象均有明确的规定，《高法解释》第 64 条对应当运用证据证明的案件事实予以明确规定。[3]证据必须与以上待证事实（证明对象）具有关联性，才能成为

---

〔1〕 ［美］Arthur Best：《证据法入门——美国证据法评释及实例解说》，蔡明秋等译，元照出版公司 2002 年版，第 3 页。

〔2〕 陈朴生：《刑事证据法》，三民书局 1979 年版，第 276 页。

〔3〕《高法解释》第 64 条第 1 款规定："应当运用证据证明的案件事实包括：（一）被告人、被害人身份；（二）被指控的犯罪是否存在；（三）被指控的犯罪是否为被告人所实施；（四）被告人有无刑事责任能力，有无罪过，实施犯罪的动机、目的；（五）实施犯罪的地点、手段、后果以及案件起因等；（六）被告人在共同犯罪中的地位、作用；（七）被告人有无从重、从轻、减轻、免除处罚的情节；（八）有关附带民事诉讼、涉案财物处理的事实；（九）有关管辖、回避、延期审理等的程序事实；（十）与定罪量刑有关的其他事实。"

定案的根据。

由于事物之间存在普遍联系，[1] 而关联性标准要求"每一个具体的证据必须对证明案件事实具有实质性意义。一个证据的使用必须对证明案件事实或其他争议事实有确实的帮助，即证明性必须达到一定的水平"。[2] 司法人员"在评判证据的关联性时一般应考虑两方面的因素：一是时间和人力的耗费是否允许采纳该证据；二是该证据的采纳是否会给证明带来不必要的干扰和困扰"。[3] 为了实现某种特定的价值或为实现某种特定的诉讼目的，应对证据的关联性通过证据规则予以限制。《美国联邦证据规则》第403至414条就存在对证据相关性限制的证据规则，包括上文所提及的品格证据规则、先前行为规则、事后的补救行为不得作为对被告人不利的证据规则等。由于我国并无专门的关联性证据规则，导致法官对关联性的判断过于随意，实践中造成了一些不利的后果。为了规制法官的自由裁量权，实现对证据的理性判断，避免将与案件事实无关联性或关联性非常微弱的证据进入法庭并被法庭采纳为定案的根据从而造成错误认定案件事实的风险，应从以下方面完善我国的证据关联性规则。

第一，确立品格证据规则。品格证据规则是指"一个人的品格或者品格特征在证明此人在特定环境下实施与此品格相一致的行为时不具有相关性，除非被告人以个人品格作为辩护理由"。[4]"关于被害人的品格证据，一般不能用作为证明被害人构成犯罪的证据，但如果被告人提出被害人具有不良品格作为辩护理由时，对方可以提出被害人具有相反品格的证据反驳被告人。最后关于证人的品格证据，可以用来证明证人证言的可靠性。需要强调的是，确立品格证据规则时应有效区分品格证据与习惯证据。"[5] 根据《现代汉语词典》的解释："习惯是指在长时期里逐渐养成的，一时不容易改变的行为、

---

〔1〕 从哲学的角度来说，客观事物之间的联系是普遍和绝对的。

〔2〕 证据对案件事实的证明性有大有小，有强有弱，司法证明活动要受多种因素的限制，不可能无限期无范围地进行下去，所以作为证明资格的标准，必须达到一定的水平。

〔3〕 一个受贿案件的证人在厕所里听到隔壁有人说该案的被告人曾经受贿多少万元的陈述对证明案件事实是否有证明性？从事物普遍联系的角度说，该证据可能具有关联性，但由于其证明性过于微弱，因此只具备诉讼上的关联性。

〔4〕 张中：《实践证据法：法官运用证据经验规则实证研究》，中国政法大学出版社2015年版，第260页。

〔5〕 樊崇义主编：《刑事证据规则研究》，中国人民公安大学出版社2014年版，第208页。

倾向或社会风尚。"〔1〕对于个人而言，习惯即个人长期养成的稳定的行为方式。习惯与品格的区别在于，"品格一般表现为一种作风，具有较大的主观性或抽象性，习惯则表现为一种具体的行为方法，相对于品格的主观性而言，习惯是具体而固定的"。〔2〕对于个人，习惯具有较强的稳定性以及客观性，并指向具体的行为方法，因此习惯证据对于证明个人在某种情况下实施某种行为即具有证明意义。正如《美国联邦证据规则》所规定的："习惯；日常工作；关于某人的习惯或某组织日常工作的证据，不管是否业已证实，也不管是否有目击证人在场，对于证明该人或该组织在特定场合或时刻的行为与其习惯或日常工作一致，是相关的。"〔3〕

第二，被告人先前犯罪行为、不法行为或其他行为与被告人被指控的犯罪行为不具有相关性。但如果先前行为被用于证明被告人具有犯罪动机、犯罪机会、犯罪意图、犯罪准备、计划、知识、身份或者在实施行为时无错误或无意外事件时，才具有相关性。我国目前的司法实践中，"法院倾向于将被告人以往受过刑事处罚的事实作为不良品性证据加以采用"，〔4〕甚至作为定罪的依据，违背品格证据规则，应予以改变。

第三，明确限制被告人及其亲属的事后补救行为或救助行为的相关性。如果以被告人及其近亲属事后有补救行为，从而推论被告人即是犯罪行为的实施者，无疑会抑制被告人及其他人的补救或救助行为，这一结果可能造成不公正的偏见，并且反而会对被告人不利。当然，如果根据其他证据认定被告人有罪，则被告人的事后补救行为或救助行为当然可作为对其从轻处罚的证据。

第四，明确限制被告人和解协议的相关性。根据我国刑事诉讼，自诉案件以及特殊公诉案件的被告人可以与被害人进行和解。如果和解不成功，不能将和解协议的内容作为对被告人不利的证据。

（二）明确关联性的判断方法

证据与待证事实的关联性存在不同的形式。直接证据与待证事实有直接

---

〔1〕 中国社会科学院语言研究所词典编辑室编：《现代汉语词典》，商务印书馆 1994 年版，第 1233 页。

〔2〕 参见马贵翔等：《刑事证据规则研究》，复旦大学出版社 2009 年版，第 140 页。

〔3〕 《美国联邦刑事诉讼规则和证据规则》，卞建林译，中国政法大学出版社 1998 年版，第 106 页。

〔4〕 樊崇义主编：《刑事证据规则研究》，中国人民公安大学出版社 2014 年版，第 208 页。

的关联，不需要经过三段论式的推理即可直接证明案件事实，而间接证据不能单独直接证明案件主要事实，必须由事实认定者运用经验和常识并依据辅助证据进行逻辑推理才能明确证据对案件事实的证明作用。同时不同证据的证明作用大小强弱不同，但并非直接证据的证明力一定大于间接证据的证明力，有的指向性明确的间接证据，其对案件事实的证明作用不可小觑，例如能够将犯罪嫌疑人与案件事实相联系的关键物证，在证据体系中将起到关键的作用。

司法实践中未有效区分不同间接证据对案件事实的证明作用。案件的主要事实包括两个方面：其一是犯罪事实是否发生；其二是犯罪事实是否为嫌疑人、被告人所为。其中，犯罪事实是否为嫌疑人、被告人所为是主要事实的关键，因刑事案件尤其是重大的命案等确定犯罪事实发生较为简单，但查获嫌疑人却充满某种不确定性，如果无法获得嫌疑人的供述，又无其他直接证据能够证明犯罪是嫌疑人所为，犯罪现场如果未遗留指向性明确的物证等间接证据，则需要根据犯罪后遗留的其他间接证据来发现关键证据以证明待证事实，如果无法获得指向性明确的关键性证据，则案件将不能侦破。

一般情况下，物证等间接证据与待证事实的关联性需要依据科技手段进行鉴定，才能揭示证据信息的关联性。生物化学鉴定、血液鉴定、DNA 鉴定等诸多的鉴定方法是揭示证据关联性的重要手段。公安司法人员收集证据以及对证据的审查判断应重视鉴定的作用。检材的正确合理选择、鉴定机构以及鉴定人具有相应的资质，鉴定过程和方法符合相关专业的规范要求等是保障鉴定意见可信性的前提。

（三）重视并发挥间接相关证据以及辅助证据的相关性

间接证据不能直接证明待证事实，间接证据对次终待证事实的证明必须经过或长或短的推理环节，推理过程中需要运用概括以及支持概括的间接相关证据。所谓"间接相关证据"，指"对直接相关证据（包括直接证据与间接证据）的推理链条环节有支持或削弱作用的证据。间接相关证据可以以科学证据、一般知识证据、特定知识证据的形式出现"。[1]证明主体在运用间接证据证明案件事实时必须依据有证据支撑的概括进行，否则无证据支撑的推理不但无法揭示间接证据与待证事实之间的关系，当然也无助于得出正确的

---

〔1〕　纵博："论证据推理中的间接相关证据"，载《中国刑事法杂志》2015 年第 5 期。

结论。我国传统的证据理论对证据相关性的界定仅限于证据对待证事实的直接关联性或证据对案件事实的证明作用。但在诉讼过程中，"案件事实在大多数情况下并不是昭然的，亦即只是一种待证的假设命题——这正是诉讼之所以必要的一个原因"。[1]如果将证据的相关性仅理解为与待证事实的直接相关性，则必将使对案件事实无直接证明作用的间接相关证据以及辅助证据排除在外，等于变相鼓励相关主体在依据间接证据推论时无需必要的证据支撑，而且也使辩方难以对控方以及间接证据的推论过程进行质疑。

根据学者林钰雄的解释，"按照证据所欲证明者乃直接事实、间接事实或辅助事实，将证据分为直接证据、间接证据与辅助证据。他认为，所谓辅助事实，是指能够推论证据之质地的事实，亦即以某种证据方法之证明力为对象的事实，例如，若证人曾因车祸而眼力及记忆力受损，此即辅助事实，证明这一辅助事实的证据，就是辅助证据。"[2]辅助证据的功能在于判断实质证据的可信性以及证明力，以证人证言为例，控方提出证人证言必须证明证人的可信性，证明证人可信性的证据即为辅助证据，如果证人作证说其在特定的环境下观察到某一事实，则根据当时的环境，证人具备观察的能力或条件，需要通过间接相关证据进行推理。[3]毒品犯罪、盗窃犯罪等均存在一定的行业暗语或特定的行为，此类犯罪的侦查人员如果掌握了某一暗语，将其与待证事实联系时进行的推论需要了解行业术语和特定行为的一般知识支持。

（四）重视无罪证据的否定性关联

侦查人员、检察人员以及审判人员在办案过程中，存在对证据任意取舍的现象，尤其是对可能证明嫌疑人、被告人无罪的证据与案件事实的否定性关联忽视甚至无视。已经发现的诸多错案均存在此方面的问题，安徽于英生案件中，公安被指有意隐瞒证据，办案人员忽略了两项重要证据："一是办案的公安民警曾在于英生家梳妆台的抽屉边缘提取到两枚外来指纹，不属于英生所有。但这一重要证据却没有随公安机关的卷宗移交到检察机关。直到最

〔1〕 周洪波："证明标准视野中的证据相关性——以刑事诉讼为中心的比较分析"，载《法律科学（西北政法学院学报）》2006年第2期。

〔2〕 林钰雄：《刑事诉讼法》，中国人民大学出版社2005年版，第359页。

〔3〕 以影片《十二公民》为例，片中控方提供的关键证人作证说他亲眼目击了犯罪过程，但陪审团成员通过进行数学运算证明，火车经过的时间并不足以使证人看见整个犯罪过程，从而证明证人说谎。

终宣告于英生无罪的安徽省高院判决书中，这两枚指纹才作为新证据现身。二是于英生的案卷材料里，曾有一份 DNA 鉴定报告：蚌埠警方曾于 1997 年 1 月 31 日将案发现场被害人内裤上提取的精液样本送往辽宁省公安厅刑技处进行比对鉴定，根据 1997 年 2 月 3 日辽宁省公安厅［1997］辽公科 D 字第 18 号刑事技术鉴定书证实，现场提取的精液不是于英生的。辩护人曾多次向法庭提交这一关键的鉴定报告，并作出无罪辩护，但始终未被法庭采纳。17 年之后，这份 DNA 比对样本，却又成为抓获疑似真凶武某元的突破口和关键性证据。"[1]浙江张氏叔侄案中，除了二张的口供之外，"证明其有罪的核心证据为口供以及狱侦耳目袁连芳的证言，并无证明二被告强奸杀人的客观性直接证据。同时间接证据极不完整，缺乏对主要案件事实的同一证明力，没有形成有效的证据链。重要的技术鉴定不能排除勾某某作案的可能"。[2]此案中，"根据杭州市公安局于 2003 年 6 月 23 日作出的《法医学 DNA 检验报告》，所提取的被害人王某 8 个指甲末端检出混合 DNA 谱带，可由死者王某和一名男性的 DNA 谱带混合形成，排除张辉、张高平与王某混合形成"。[3]该证据与案件事实具有重要的关联性，但被办案人员忽略，在有罪推定思想的指引下，想当然地认为混合 DNA 谱带与案件无关联性，造成错案。办案人员对证据关联性的判断应坚持客观全面的立场，既要重视可能证明被告人有罪的证据材料与案件事实的肯定关联，同时更应关注可能证明被告人无罪的证据与案件事实的否定关联。

间接证据与待证事实的关联性程度不同，有的间接证据与待证事实具有双关性，能够证明案件的主要事实。司法实践中大多数间接证据只能证明案件事实发生，并不能搭建嫌疑人与案件事实联系的桥梁。因此侦查人员在命案等的侦查过程中，对犯罪现场遗留的可能与犯罪有关的指纹、血迹、精斑、毛发等证据应全面收集，此类证据如果经鉴定与被告人的相应样本作同一认定的，可以成为客观性直接证据，对案件事实具有直接的证明作用。

---

〔1〕参见"于某生杀妻案错案追责"，载 http://news. sohu. com/20150206/n408798728. shtml，2015 年 8 月 7 日访问。

〔2〕参见"浙江高院：轰动一时的张氏叔侄再审无罪判决书原文"，载 http://blog. sina. com. cn/s/blog_ 6299595e0102wawl. html，2015 年 11 月 5 日访问。

〔3〕参见"浙江张氏叔侄冤案"，载 http://news. ifeng. com/mainland/special/zhangshiyuanan，2015 年 12 月 8 日访问。

第三节　亲属作证特免权规则

一、作证特免权基本理论

免证特权是指在案件事实查证过程中，具有证人资格的公民在法定的条件下享有的拒绝充当证人并拒绝回答问题的诉讼权利，即"在诉讼过程中，具有特定身份的人依法享有的拒绝提供证言的权利"。[1]作证特免权的设置与正确认定案件事实以及促进事实真相的发现并无直接的关系，其主要目的是为了维护亲情伦理、保护公共利益以及职业交流权等的需要。[2]作证特免权是各国立法在对发现事实真相与其他社会价值平衡考虑的结果，体现了对人权的保障和尊重。美国证据法学家威格莫尔认为："作证特免权存在的一个基本理由，是要表明一种法律制度重视这些特殊关系胜过制裁犯罪行为。通过破坏这些特殊关系而获得查明事实真相的价值，不及牺牲查明事实真相而维护这些关系的价值。"[3]我国学者也明确指出："维系亲属之间的亲情伦常关系远比亲属证人在法庭上指控被告人犯罪的事实具有更高的诉讼价值。"[4]

作证特免权规则在两大法系国家的立法中均有明确的规定。作证特免权是美国证据法传统的证据规则，不同的司法辖区对特免权的规定内容并不相同，《美国联邦证据规则》第 501 条确立了特免权的一般规则："联邦法院按照根据理性和经验加以解释的普通法调整特免权主张，除非下列任何法律或者规则另有规定：《合众国宪法》、联邦制定法或者最高法院制定的规则。"在美国广泛适用的特免权包括"反对自我归罪特免权、配偶之间的作证特免权、辩护律师与被告人之间的作证特免权、医生与患者之间的作证特免权、神职

---

〔1〕 张建伟：《证据法要义》，北京大学出版社 2009 年版，第 212 页。

〔2〕 作证特免权大致包括以下三种情况：一是证人可就公务秘密、业务秘密拒绝出庭作证；二是证人可因履行某种特定职务而拒绝作证；三是证人可因某种特定关系而拒绝作证，包括亲属关系和自身利害关系。

〔3〕 [美] 罗纳德·J. 艾伦等：《证据法：文本、问题和案例》（第 3 版），张保生等译，高等教育出版社 2006 年版，第 906 页。

〔4〕 参见李拥军："'亲亲相隐'与'大义灭亲'的博弈：亲属豁免权的中国面相"，载《中国法学》2014 年第 6 期。

人员与忏悔者之间的作证特免权等各项特免权规则"。[1]德国刑事诉讼法针对不同的主体确立了完全不受限制的特免权和受限制的特免权。《德国刑事诉讼法》第 52 条第 1 项第 3 款规定："被告的订婚人、其配偶以及特定亲等内的亲属享有完全不受限制的拒绝作证权。"[2]第 53 条规定了律师、专利代理人、公证人、会计师、医生、药剂师等有限制的特免权。作证特免权之权利的享有者包括在诉讼中本应承担作证义务的证人，同时包括被告人。证人享有拒绝提供证言的权利，被告人享有拒绝亲属证人提供对其不利证言的权利。

二、我国的亲属出庭作证特免权

（一）亲属出庭作证特免权的法律规定

2012 年《刑事诉讼法》首次确立了不得强迫被告人的近亲属证人出庭，即近亲属证人有拒绝被强制出庭作证的权利。[3]根据体系解释，我国刑事诉讼法中并未确立国际通行的近亲属拒证特权。[4]因为完整意义上的近亲属拒证特权指的是被告人的近亲属有权拒绝在刑事诉讼中向任何机关和个人提供不利于被告人的证言并拒绝出庭作证的权利。我国关于证人作证义务的规定并无例外规定，意味着作证义务的强制性。刑事诉讼法规制的仅是禁止人民法院强制被告人的近亲属出席法庭并作出对其不利证言的行为。对此规定，根据立法参与者的解释，"对该亲属免予强制出庭的立法目的，主要考虑到强制亲属在法庭上对自己的亲属被告人进行指证，不利于家庭关系的维系和社会和谐的构建"。[5]有学者也认为"虽然该条属于强制证人出庭的例外规定，但其立法目的却在于维护家庭伦理秩序，确保家庭关系的稳定与和谐"。[6]但学界对此规定几乎一致性地提出了尖锐批评，代表性的观点是："立法者在立法思想上顾虑重重，既想革新传统的'大义灭亲'式作证条款、推动我国

---

[1]　参见易延友:《证据法的体系与精神——以英美法为特别参照》，北京大学出版社 2010 年版。

[2]　[德]克劳思·罗科信:《刑事诉讼法》，吴丽琪译，法律出版社 2003 年版，第 246 页。

[3]　2012 年《刑事诉讼法》第 188 条第 1 款规定："经人民法院通知，证人没有正当理由不出庭作证的，人民法院可以强制其到庭，但是被告人的配偶、父母、子女除外。"

[4]　2012 年《刑事诉讼法》第 60 条第 1 款规定："凡是知道案件情况的人，都有作证的义务。"并未免除近亲属的作证义务。

[5]　朗胜主编:《中华人民共和国刑事诉讼法释义》，法律出版社 2012 年版，第 409 页。

[6]　樊崇义主编:《2012 刑事诉讼法解读与适用》，法律出版社 2012 年版，第 254 页。

刑事诉讼制度的文明化进程，又想维护打击犯罪的实效性，权衡折中之下，遂出现了这种既免予近亲属在庭审阶段强制出庭作证，又要求其在侦查阶段接受调查、询问这样不伦不类的立法。"〔1〕

（二）现行规定引发的理论问题及实践困惑

1. 亲属拒绝出庭作证特权保护的权利基点错位

近亲属拒绝作证权表面上看是近亲属的权利，但在刑事诉讼中，被告人近亲属的权利必然依附于被告人权利而存在。对质权是被告人在庭审中享有的核心权利，也是有效辩护的应有之义。而根据 2012 年《刑事诉讼法》第 188 条的规定，被告人的近亲属可以在提供了不利于被告人的证言之后，以拒绝出庭的权利对抗被告人要求与之当面对抗的权利，造成权利保障的主次颠倒，证人权利优先于被告人的权利，直接侵犯被告人的质证权。这一规定还将近亲属拒绝作证的权利孤立化，脱离被告人权利的保护，对近亲属拒证特权单独保护将失去权利保护的基本理论基础。亲属拒证维护的是配偶、子女等亲属之间的亲情伦理以及家庭关系的和谐。此项权利应由被告人和近亲属共同行使才契合立法宗旨。《美国联邦证据规则（草案）》第 505 条规定："刑事案件中的被告人享有禁止其配偶作证反对他的特免权；有权主张该项特免权的人应当是刑事案件中的被告人，或者被告人的配偶以被告人的名义主张该项特免权。"〔2〕美国著名学者乔恩·R. 华尔兹也认为："被告人享有阻止配偶作证的特免权，被称之为'配偶无能力特免权'。"〔3〕1898 年《英国刑事证据法》中也明确指出："在普通刑案中被告人的配偶可以作证但只能当辩护证人，不能强迫其作证。如果被告人不让配偶出庭作证，控诉方也不得加以评论。"〔4〕夫妻特免权的权利持有人在美国不同州的规定不同：一种规定是夫妻双方均可主张特免权；另一种规定是只有作为证人的一方可以主张特免权，理由是特免权的目的是为了促进夫妻关系的和谐，当一方坚持要将另一方送入监狱时，表明夫妻关系已经破裂，特免权提供的保护也就失去了

---

〔1〕 万毅："新刑诉法证人出庭制度的若干法解释问题"，载《甘肃政法学院学报》2013 年第 6 期。

〔2〕 易延友：《证据法的体系与精神——以美英法为特别参照》，北京大学出版社 2010 年版，第130 页。

〔3〕 ［美］乔恩·R. 华尔兹：《刑事证据大全》，何家弘等译，中国人民公安大学出版社 1992 年版，第 369 页。

〔4〕 ［英］鲁珀特·克罗斯等：《英国刑法导论》，赵秉志等译，中国人民大学出版社 1991 年版，第 148 页。

意义。我国刑事诉讼法的规定将这一权利规定为被告人近亲属的专属性权利，造成被告人成为局外人，从而造成当被告人近亲属一旦放弃此免证权，将会直接侵害被告人权利的局面。被追诉人享有阻止亲属作证之特免权，阻止亲属证人提供证言和出庭作证的权利，属于主权利；亲属证人享有禁止提供不利于被告人的证据之特免权，属于从权利。

2. 违背证人作证的基本原理

证人作证的对象是研究证人作证问题的逻辑起点。关于证人作证的对象，我国刑事诉讼法采取了与域外刑事诉讼以及证据法的规定不同的观点，域外关于证人作证强调的是证人向法庭作证的义务，并且规定了法庭有权采取相应手段强制证人到庭的权利。我国在三机关分工负责、互相配合、互相制约诉讼构造的影响下，造成实践中证人作证的对象一般仅为侦查人员。[1]在庭审阶段，证人尤其是作出对被告人不利证言的证人一般不出庭。证人作证的目的是为了说服法官采纳某诉讼主张，其作证的对象无疑是法官，作证的场所应在法庭上，庭前侦查人员收集证据的行为为职权行为，证人向其提供证言的行为与证人作证并非同一概念。质言之，证人作证的本质要求是证人应出庭在法庭上向法官作证，证人作证需经过宣誓程序并经过控辩双方的交叉询问，证人作证等于证人出庭作证。2012 年《刑事诉讼法》第 188 条规定的另一直接后果是导致被告人的近亲属证人有在审前向侦查机关作证的义务，因为凡是知道案件情况的人，都有作证的义务。对于侦查人员的作证要求，证人不得拒绝。但在审判阶段该证人有拒绝向法庭作证的权利，显然这一内容违背了基本的证人作证的原理。

3. 可能冤枉无辜

我国刑事诉讼法对于近亲属作证问题，规定了与美国证据法不同的亲属拒绝出庭作证的规则，即嫌疑人、被告人的近亲属在审前有向侦查机关以及审查起诉机关作证的义务，但在法庭上享有免于出席法庭接受与被告人对质的义务。除此功能之外，近亲属庭前所作的不利于被告人的证言具有证据资格，能够被控方在法庭上宣读并被作为定案的依据。如果近亲属作出有利于被告人的供述，则其一般会主动要求出庭；如果近亲属作出不利于证人的证

---

〔1〕 侦查人员为了收集证据，有权询问证人。侦查人员询问证人时，还应当告知其应当如实地提供证言和有意作伪证或者隐匿罪证要负的法律责任。

言，则其免于出庭的特权会造成被告人无法与其对质，侵犯被告人的对质权。"让事实陈述有矛盾的双方或多方当面质询，有利于发现错误、揭穿谎言，有利于查明情况、发现真实，这是对质及对质制度的基本意义和价值。"〔1〕易延友教授认为："（对质权的）功能主要在于防止无辜者遭受错误追究，保证审判程序的公正和加强裁判的正当性。"〔2〕

从近亲属向侦查机关提供不利于嫌疑人的证言之时起，家庭和睦关系以及亲情伦理已然遭到破坏，赋予其拒绝出庭特权只能达到避免与被告人当庭对质带来尴尬的效果。对被告人而言，由于无法与提供不利证言的近亲属对质，无法当面诘问证人以解释证言中的不实以及不合情理之处。近亲属的证言在受贿等职务犯罪案件中所起的作用不容小觑，受贿案件很难收集实物证据等客观性证据，实践中基本依靠口供和证人证言等主观性证据定案，当近亲属系确定被告人是否受贿以及受贿数额的关键证人时，当其作出对被告人不利的证言，由于该证言在认定犯罪证据体系中的关键作用，要求其出庭并接受控辩双方的质证诘问十分必要，否则不仅侵犯被告人的对质权，而且也不利于审判人员查明案件事实真相。实践证明，受贿案件中，被告人的配偶、子女等多为污点证人，与案件有某种利害关系，近亲属很可能为了自保或基于其他原因而充当控方证人而指控被告人，此时要求其出庭更具有极大的必要性。

三、审判中心下亲属作证特免权的未来走向

我国春秋时期的孔子便提出了"父为子隐，子为父隐"的思想，到了汉朝，"亲亲得相首匿"成为汉律中定罪量刑的一项重要原则。〔3〕刑事诉讼法确立的近亲属拒绝出庭作证的权利与刑事诉讼人权保障理念相悖，未来修法时应确立近亲属作证的特免权，但可以设立某些例外。就当下来看，可以对此规定进行修改，即被告人的近亲属提出对被告人不利证言的，其原则上享有不出庭作证的权利，但如果被告人要求其出庭接受质证的，则被告人的质证权应优先于近亲属的拒绝出庭权。

---

〔1〕 龙宗智："论刑事对质制度及其改革完善"，载《法学》2008 年第 5 期。
〔2〕 易延友："证人出庭与刑事被告人对质权的保障"，载《中国社会科学》2010 年第 2 期。
〔3〕 曾宪义主编：《中国法制史》，北京大学出版社、高等教育出版社 2000 年版，第 99 页。

（一）扩大亲属作证特免权的主体范围

我国现行亲属拒证特权中亲属的范围过窄，不利于最大限度维护家庭关系的和谐以及伦理亲情的保护。除了被告人的配偶、父母、子女之外，其同胞兄弟姐妹以及祖父母、外祖父母、孙子女、外孙子女等亦属于被告人的至亲，刑事诉讼法将后者排除在享有拒证特权的近亲属范围之外，显然不当。笔者认为应扩大亲属作证特免权的权利主体，将被告人的配偶与直系血亲包括在内。

（二）确立完整的亲属作证特免权

确立完整的近亲属拒证特权。首先，被告人的近亲属在刑事诉讼中享有拒绝提供不利于其的任何证言，侦查机关不得强迫近亲属证人提供证言，更不得强制其出庭作证。其次，被告人的近亲属如果放弃此项权利，作出对被告人不利的证言，如果被告人对其证言有异议，法庭认为其应出庭的，则被告人的近亲属应出庭与被告人对质，接受其质证。如此才能实现程序公正的基本要求，保证法院的审判质量以及保障被告人的对质权。

（三）确立亲属作证特免权的例外

权利人行使作证特免权无疑会对案件事实真相的发现带来障碍，造成放纵犯罪的后果，不利于社会利益的维护。为了保护重大的国家利益、社会利益，特免权应设置一定的例外：其一，如果被告人实施的是危害国家安全、社会稳定的犯罪，比如被告人涉嫌颠覆国家政权、实施恐怖活动或从事黑社会性质组织犯罪行为，以上犯罪的社会危害性极其严重，与维护被告人的家庭关系的和谐和伦理亲情相比，国家利益和重大的社会利益的保护应处于上位。其二，如果近亲属证人帮助被告人实施犯罪，即二者共同犯罪的，近亲属无特免权。

审判中心下的质证

第一节 质证的基本理论

一、质证的含义与价值

(一) 质证的含义

质证是指控辩双方在庭审过程中针对对方举出的证据或法院依职权收集的证据进行的质疑和质问活动。举证是质证的前提和基础，未经举证的证据，当然不可能成为控辩双方质证的对象，质证的目的是为了对不利于己方的证据和诉讼主张提出质疑，质证是反驳和攻击对方证据的重要手段，也是影响裁判者内心判断或认证的方法。

有学者从证明责任的角度界定质证，认为"质证行为是指对待证事实不承担证明责任的主体质疑和否定待证事实，以避免对己方不利的法律规范得以适用的活动"。[1] 据此，在刑事诉讼中，质证的权利主体应是不承担证明责任的辩方当事人，一般限于辩方对控方证据的质证。笔者同意以上观点，从理论上分析，质证的主体是控辩双方，即质证是控辩双方对对方提出的不利于己的证据和诉讼主张进行的质疑和反驳活动，是控辩双方反驳对方证据的重要手段。但具体到刑事庭审活动中，由于刑事诉讼是国家发动的一场追诉犯罪并追究被告人刑事责任的活动，在此过程中，侦查机关依职权实施侦查活动并收集有罪证据，公诉案件由检察机关代表国家提起公诉，在法庭上

---

[1] 封利强：《司法证明过程论——以系统科学为视角》，法律出版社 2012 年版，第 245 页。

由公诉机关承担证明责任，被告人消极防御。庭审中呈现的证据绝大多数为不利于被告人的控诉证据，辩方收集证据的能力有限，辩方举证的证据数量相对较少。因此，刑事诉讼质证的核心是辩方对控诉证据的反驳与质疑，旨在削弱甚至推翻指控，如果将质证视为一项权利，无疑是被告人的一项基本权利。正因如此，对质权在美国被上升为被指控者的宪法性权利加以保障。质证权是被告人在庭审中享有的一项基本权利，但是由于被告人法律知识欠缺、庭审中被告人被追诉者的身份以及质证规则与质证技术的复杂性决定其一般很难单独完成质证任务。因此，无论是被告人质证权的实现还是质证任务的完成，均需要专业律师的帮助，由律师帮助被告人进行质证。

　　质证是证明信息必不可少的过滤机制。审前收集证据行为属于单方性活动，控辩双方收集证据具有极强的目的性。虽然法律要求侦查人员全面收集证据，所有不利于被追诉者和有利于其的证据均应依法全面收集，但侦查机关承担的惩罚犯罪的职能以及考核机制的影响决定其为了实现自身利益的最大化，收集证据时很难全面客观，尤其是在面临需要限期破案的重大案件时更是如此。对于辩方而言，其收集证据面临相同的问题，为了最大限度逃避处罚或避免遭受重罚，辩方收集证据亦具有极大的倾向性。因此，基于以上因素，控辩双方向法庭提交的证据材料可能并不具备相关性、真实性以及合法性等要素，而有效的质证是发现和揭示证据材料的虚假以及不合法的唯一手段。与裁判者对证据的审查判断相比，控辩双方与案件的处理结果有直接的利害关系，尤其是对于被告人，承认指控将会面临被裁判者定罪科刑的后果，因此被告方有对控方证据充分质证的动机和需求。美国依据证据能力规则对证据进行删选的活动主要通过质证实现，证据是否可采并不由法官主动取舍，而是由反对方及时向法官提出对于证据的异议，法官只有在当事人提出异议时，才会就证据的可采性进行判断。"口头证言的举证主要通过传唤证人到庭并对其提出问题的方式进行。一般来说（但不总是如此），对方如果对证言提出异议，就必须在证人回答问题之前声明对问题的异议。通常法官通过支持或驳回对问题的意义，来决定这个证人证言是否可采。"[1]

　　质证分为积极质证和消极质证两种方式。"质证可以通过直接针对事实的

---

　　〔1〕　[美] 约翰·W.斯特龙主编：《麦考密克论证据》（第5版），汤维建等译，中国政法大学出版社2004年版，第108页。

反驳、针对证据的反驳以及针对其他证明手段（逻辑法则、经验法则以及法庭科学规则）的反驳来得以实现。"[1] 对于证据的反驳可以通过否定对方证据的证据能力和对证据的证明力提出质疑的方式实现，也可以通过提出相反的证据来予以积极质证。比如，控方以证人张三的证言证明案发时被告人在案发现场，但被告方提出李四的证据证明案发时其不在现场以驳斥控方的证据即为积极质证。消极质证分两种情况：其一是对控方的证据予以单纯的否定，但并未指出控方证据存在的破绽和问题；其二是不仅是对控方证据予以否定，而且提出了具体的理由，比如控方的某个或某些证据不具有证据能力，被告人口供系通过刑讯逼供等非法手段取得，证人证言系通过暴力方式取证，不具备证据资格。或者对控方运用间接证据定案时的推论和依据提出质疑，或者对认定案件事实依据的关键证据所运用的科学技术手段提出质疑。质证的对象为证据形式中包含的证据信息，质证的内容包括证据本身的真实性、关联性以及合法性，以及对证明过程质疑。"其一，对事实推论过程中的概括质疑，经验推论中的概括是否经得住经验、常识的考验，概括应具基本的合理性，不能明显虚假或未主观推测；其二，对推论过程中的逻辑形式质疑，不能违背基本的逻辑形式要求。"[2]

在我国，由于长期奉行职权主义的诉讼模式，"法律的着眼点是司法人员对证据的审查判断"，[3] 因此长期以来缺乏对法庭质证的重视，立法对质证程序以及质证规则的规定零散，难以具体指导质证实践。立法的缺失和书面审理传统导致被告方的质证形式化严重，难以发挥对控方证据能力以及证明力有效质疑的作用。

（二）质证的价值

1. 质证是被告人权利保障的重要武器

惩罚犯罪与保障人权是刑事诉讼法的两大基本价值。由于被追诉者的权益在刑事诉讼中极易受到公权力机关以追诉犯罪之名的侵害，因此现代法治国家的刑事诉讼活动更加强调人权保障价值，在进行刑事追诉的同时有效保障嫌疑人、被告人的基本人权成为各国刑事诉讼法共同的目标和价值追求。

---

〔1〕 封利强：《司法证明过程论——以系统科学为视角》，法律出版社 2012 年版，第 246 页。

〔2〕 尚华：《论质证》，中国政法大学出版社 2013 年版，第 24 页。

〔3〕 参见何家弘、刘品新：《证据法学》，法律出版社 2004 年版，第 241 页。

在刑事诉讼活动中，被告人并非等待治罪的犯罪客体，而是拥有充分程序参与权的诉讼主体。为了保障控辩双方尤其是辩方有效参与刑事诉讼，事实认定者应遵循以下规则："①确保各方向法庭提出有利于本方的主张、意见和证据，并对其他各方提出的证据和主张进行质证、反驳和辩论，从而拥有充分的程序参与机会；②确保各方拥有充分的时间和便利进行抗辩准备，及时将各方的证据告知其他各方，尤其要及时告知被告人、被害人有关控诉的内容和理由，确保每一方均有为反驳其他各方主张和证据进行准备的机会，确保被告人、被害人获得有效的律师协助，从而拥有足够的参与能力；③确保各方的主张和证据均得到考虑和采纳，在各方同时在场的情况下听取每一方的主张和证据，并将裁判结论直接建立在根据这些主张、证据、辩论等所进行的理论推理的基础上，从而使各方的参与产生实际的参与效果。"〔1〕质证是被告人程序参与权的直接要求和体现，裁判者认定案件事实应在公开的法庭上进行，法庭是裁判者审查证据和认定案件事实的基本场所，认证的依据是控辩双方在庭审中所出示的证据，双方对证据应充分质证，未经举证和虽在法庭上提出但未经双方质证的证据，不能成为认证的依据。质证是刑事庭审的核心环节，如果失去对证据的实质性质证，举证将失去根本性的意义。质证同时是被告人的基本权利，是被告人的一项防御性的诉讼权利。现代刑事诉讼法在承认被告人主体地位的同时，赋予其广泛参与刑事诉讼的权利，控方证据质证的权利则属于其基本权利之一。质证权包括对质权、交叉询问权以及对控方出示的实物证据发表意见的权利。由于直接言词原则要求法庭上证据的提出、质证均应以口头方式进行，因此，质证更多体现为对提供证据者的质证，比如对证人、鉴定人、被害人、侦查人员等言词证据提供者的质证。实物证据的收集者、保管者等均是质证的对象。

2. 质证是发现事实真相的必要手段

发现案件事实真相主要是就质证对裁判者的作用而言。准确认定案件事实是正确适用法律的前提，发现事实真相是证据法的基本追求，司法裁判以尽可能地发现事实真相为直接目标。"事实是证据法的逻辑起点，不弄清楚什么是事实，就可能搞不懂什么是证据；同样，如果我们不弄清楚什么是事实

---

〔1〕　陈瑞华：《刑事审判原理论》，北京大学出版社 1997 年版，第 64 页。

认定，我们就可能搞不懂什么是证明。"〔1〕根据证据裁判原则，对案件事实的认定必须依据证据，无证据，不事实。出现在刑事法庭上的证据均为控方或辩方单方收集的证据材料，证据材料转化为定案根据，必须经过关联性、真实性以及合法性等基本要素的检验。换言之，证据材料必须由控辩双方进行充分的质证，才能转化为定案的根据，有效的质证是揭示案件事实真相的有力武器。作为质证基本方式的对质和交叉询问，面对面的对质有利于发现证言的虚假成分，而对证人的交叉询问尤其是通过反询问方的诱导性询问，凭借巧妙的问题设计可以自然而然地使证人主动说出真相，以上两种质证方式均有利于最大限度揭示证言的虚伪和不实之处，有利于帮助法官发现案件事实真相。

3. 质证有利于增强裁判的可接受性

质证权是被告人的重要权利，也是被告人在法庭上维护自己的程序性权利和实体性权利的关键手段。从主体权利保障的价值考虑，被告方对控方证据的有效质证是实现程序参与价值的直接要求和重要体现。被告人对程序的有效参与是确保其接受或者服从裁决的保障，如果被告人被剥夺质证权，对指控的关键证据尤其是被告人有异议的证据无法进行实质性质证，即使最终的判决结果符合实体公正的要求，〔2〕被告人也可能无法接受并认可实质公正的判决。程序正义是看得见的正义，也是被告人能够直接感受到的正义，确保被告人有效质证，尊重被告人的主体价值，保障被告人的程序参与性，可以使被告人有被尊重的感受，通过保障被告人参与权的程序正义可以最大限度实现被告人对裁判的接受性。

4. 质证是证据裁判原则的保障

现代意义上的证据裁判原则要求作为定案根据的证据必须具备证据能力并经过法定的调查程序。法庭审理程序包括控辩双方举证、质证以及法官的认证活动，质证是连接举证与认证的桥梁，控辩双方举证的目的是为了说服审判人员支持和接受己方的诉讼主张，以达到胜诉的目的。我国刑事诉讼并无审前对证据过滤的专门审查程序，控辩双方提交的证据均可以进入法庭，因此单个证据的证据能力以及证明力问题必须接受充分的法庭质证，如果未

---

〔1〕 张保生主编：《证据法学》，中国政法大学出版社 2009 年版，第 16~17 页。

〔2〕 由于实体公正与否判断标准的复杂性，不具备法律专业知识的被告人很难有清晰的认知，因此被告人可能无法接受并认可实质上公正的裁判。

经充分的质证，将会导致无证据能力的证据或证明力欠缺的证据成为定案的根据，造成错误认定案件事实以及发生冤错案件的风险。质证是法庭审判的关键，充分的质证既是保障证据材料成为定案依据的必要环节，也是保障被告人质证权的必然要求。质证的过程表现为控辩双方对证据的收集手段和程序是否合法，证据是否有明确的来源、证据是否具备法定的表现形式以及证据的内容是否真实等进行质疑、辩论等，质证的目的在于揭示证据的虚假和矛盾之处，避免裁判者将不合法的以及不具真实性的证据作为定案的根据，从而作出对自己不利的裁判。充分的质证是法官正确认证的前提，如果质证虚化或形式化，则法官的认证必将失去正当的证据基础，也很难保证最终判决结果的公正性。

二、质证的基本原则与规则

（一）直接言词原则

1. 直接言词原则的基本内容

直接言词原则是在对纠问式诉讼制度进行批判和反思的基础上发展而来的。在纠问式的诉讼制度下，实行书面审理，记载控诉证据笔录的书面文件成为审判人员裁判的主要依据，被告人基本无辩护权并且成为刑讯的对象，导致刑讯逼供泛滥，冤案频发。纠问式诉讼制度的野蛮和非理性的诉讼方式引起了民众的不满，书面审理使裁判者无法接触证据最原始的形式，极大增加了冤枉无辜的错判风险，在对纠问式诉讼制度进行反思的基础上，大陆法系国家在刑事审判中确立了直接言词原则。直接言词原则与职权主义的诉讼模式相匹配，法官并非被动听取控辩双方的诉讼主张，而是负有积极查明案件事实的责任，为了避免审前追诉机关制作的案卷中的笔录证据误导裁判者，影响事实真相的发现，要求言词证据的提供者出庭当面接受裁判者的询问，必要时，法官庭外可以调查核实甚至收集新的证据。

直接言词原则是直接原则和言词原则的合称。直接原则包含两层含义：其一，形式的直接性。法官必须获得对案件事实的直接印象，法官应亲自进行审判而不能委任他人代为进行。并且，法官在审理过程必须始终在场、不能中断；若审判法官因不能继续进行审理，由其他法官代行时，必须更新程序。形式的直接性可称为法官直接审理原则，根据此原则，法官应直接了解证据形成心证，而不得继承他人的调查结果形成心证。其二，实质的直接性。

法官应尽可能运用最接近事实的证据方法，即原始的证据方法作为事实的基础，而不得根据原始证据的衍生品即证据的替代品作为认定事实的基础。"实质的直接性就是禁止法院以间接的证据方法替代直接的证据方法，可称为'证据替代品之禁止'。"〔1〕直接原则包含以下要求："第一，直接审判原则，又称在场原则，即法庭开庭审理时，被告人、检察官以及其他诉讼参与人必需亲自到庭出席审判，而且在精神上和体力上均有参与审判活动的能力。第二，直接采证原则，即从事法庭审判的法官必须亲自直接从事法庭调查和审查证据，证据只有经过法官以直接采证方式获得才能作为定案的根据。第三，法庭审判应尽可能采用原始证据，如书证应尽量采用原件，人证应尽量询问感知案件情况的人。第四，只有法官在直接审理过程中直接调查所得的证据才能作为定案的根据。"〔2〕德国刑事诉讼法中确立直接原则，要求"法庭必须争取使用可能获得的最佳证据，如果法庭可以传唤目击证人，就不能听取询问过该证人的法官的证言，或者宣读询问该证人的笔录来代替"〔3〕。在要求证人出庭作证的基础上，德国法同时确立了直接原则的例外："证人死亡，或者有严重疾病，或者由于居所遥远不能被合理期望到庭，或者因其他原因在不定期内无法出庭；陈述中包含被告人供述的；法庭已经确认可以在证人出庭作证后宣读有关其先前陈述的记录，甚至在作证过程中为了唤醒其记忆也可以这样做。"〔4〕

言词原则要求，"法院只能依据开庭审理时的口头陈述和证言进行事实认定。对侦查案卷记载的内容，原则上不允许作为法院判决的基础"〔5〕。"法院采用证言，应以言词询问为原则，即有不得已情形，亦须就其所在或于其所在地之法院讯问。若证人仅以书面代当庭之陈述，不得采为认定事实之根

〔1〕 参见黄朝义：《刑事证据法研究》，元照出版公司 2000 年版，第 164 页；林钰雄：《严格证明与刑事证据》，学林文化事业有限公司 2002 年版，第 46~52 页。

〔2〕 参见樊崇义主编：《刑事诉讼法实施问题与对策研究》，中国人民公安大学出版社 2001 年版，第 430 页；林山田："论刑事程序原则"，载《台大法学论丛》第 28 卷第 2 期；徐京辉、程立福：《澳门刑事诉讼法》，澳门文化广场有限公司 1999 年版，第 13 页。

〔3〕 ［德］托马斯·魏根特：《德国刑事诉讼程序》，岳礼玲、温小洁译，中国政法大学出版社 2004 年版，第 184 页。

〔4〕 ［德］托马斯·魏根特：《德国刑事诉讼程序》，岳礼玲、温小洁译，中国政法大学出版社 2004 年版，第 185~186 页。

〔5〕 张保生："审判中心与证据裁判"，载《光明日报》2014 年 11 月 5 日。

据。"〔1〕德国等大陆法系国家的刑事诉讼法典中对直接言词原则有明确的规定，《德国刑事诉讼法典》第 226 条规定："审判是在被召集作裁判人员、检察院和法院书记处一名记员不间断地在场情形下进行。"第 250 条规定："对事实得证明如果是建立在一个人的感觉之上的时候，要在审判中对他进行询问。询问不允许以宣读以前的询问笔录或书面证言而代替。"〔2〕《法国刑事诉讼法》第 452 条规定："证人以口头作证。但是作为例外，经审判长允许，证人也可以通过书面文件作证。"《意大利刑事诉讼法》第 526 条规定："法官在评议中不得采用不是依法在庭审中调取的证据。"〔3〕

直接言词原则强调裁判者对证据的直接审查，未直接审理及直接接触证据的人员不得参与裁判。确立直接言词原则的原因是，书面证据可信度的判断无法通过证据提供者作证的表情、作证时的语速、语气等个体因素进行判断，只能借助其他证据能否与其印证。裁判者评价证据的真实性以及证明力的大小，需要亲身感知证据，亲自接触证人、鉴定人等言词证据提供者以及实物证据的制作者。直接言词原则是审判中心诉讼模式的应有之义，审判中心要求案件事实的认定应在审判过程中完成，举证质证在法庭、事实认定形成于法庭，需要直接言词原则进行保障。

2. 我国直接言词原则的立法现状及评析

1996 年《刑事诉讼法》对庭审方式进行改革，试图构建抗辩式的庭审模式，弱化审判人员在证据质证以及法庭调查中的作用，但并未彻底改变职权主义的审判方式，在引进控辩式庭审方式的同时，保留了法官在庭审中根据证据调查需要发问的权利，同时保留了法官在庭外对证据的审查核实权。1996 年《刑事诉讼法》虽要求证人应出庭作证，但由于证人出庭的相关配套措施缺失导致 1996 年到 2012 年《刑事诉讼法》修订之间的 16 年间，我国法庭上证人、鉴定人的出庭率极低，法庭上很少出现证人的身影。2012 年《刑事诉讼法》为了实现庭审的实质化，强化证人出庭的措施，对证人应该出庭的条件、强制证人出庭、证人拒不出庭的处罚以及证人出庭的经济补偿和证人的人身保护等方面试图改变证人出庭率的现状。同时 2012 年《刑事诉讼

〔1〕 李学灯：《证据法比较研究》，五南图书出版公司 1992 年版，第 454 页。
〔2〕 参见《德国刑事诉讼法典》，李昌珂译，中国政法大学出版社 1995 年版，第 95、103 页。
〔3〕 《意大利刑事诉讼法典》，黄风译，中国政法大学出版社 1994 年版，第 93 页。

法》确立鉴定人出庭制度，并且明确关键鉴定人拒不出庭的，其鉴定意见不得作为定案的根据。确立侦查人员出庭制度，侦查人员在非法证据排除的程序中以及目睹犯罪事实或者作为量刑情节的证明者出庭作证。

以上关于言词证据提供者出庭作证的制度设计从某种程度说明对直接言词原则的重视，但刑事诉讼法在确立证人出庭作证的同时，并未否定证人不出庭的程序后果，关键证人如果拒不出庭，其庭前证言是否可以具备证据资格，法官是否可将其作为定案的根据？刑事诉讼法一方面强调证人出庭，另一方面又未否定不出庭的关键证人拒不出庭或出庭后拒绝供述的书面证言的效力，导致证人出庭问题并未得到根本性的解决。作为直接言词原则的子原则，集中审理原则要求法官全程参与审判过程，如果法官由于特殊原因不能参与审判而更换法官时，审判程序尤其是事实调查应重新进行。而我国刑事诉讼法并无集中审理原则的规定，不但可以中途更换法官，而且法官的裁判大多数也并非当庭作出，定期宣判成为判决的主流。

在目前的刑事审判体制下，审理者未必是案件最终裁判者，存在着行政式的审批制度以及重大、疑难、复杂案件审委会干预以及地方性重大案件党委干预的制度，极大影响了法官心证的发挥。2012 年《刑事诉讼法》第 180 条后半段规定："审判委员会的决定，合议庭应当执行。"审判委员会既讨论事实认定又讨论法律适用，直接违背直接审理和言词审判原则，有违司法的亲历性原则，其结果可能是由于审委会成员掌握材料的单向性以及汇报人的偏向性而对案件作出错误的事实认定。法官依据心证对案件事实的判断和认定某种程度上只能达到自身的内心确信，对以社会经验填补证据空隙的部分通常无法说服审批者，因此法官内心确信有罪的案件可能面临无法说服审委会成员的风险。

（二）传闻证据规则

1. 传闻证据规则的基本内容

传闻证据规则即传闻证据排除规则，是美国证据法中最传统且最为复杂的证据规则。"传闻是陈述人并非在审判或听证时作证作出的，作为证据提供用以证明所主张事项之真实性的陈述。除这些规则、最高法院根据国会制定法授权制定的其他规则或根据国会立法另有规定外，传闻不具有可采性。"[1]
禁止传闻的理由在于裁判者无法检验庭外陈述人陈述内容的可靠性。任何人
对事实的陈述都可能存在以下缺陷：观察缺陷、记忆缺陷、讲述缺陷以及诚
实性缺陷，而证人在庭外陈述的环境不得而知，其不出庭直接陈述将导致无
法通过宣誓的仪式以及交叉询问的方法来确定其真实性，陪审团也无法通过
直接察言观色来检验证人的可靠性和证言的真实性。传闻证据不仅限于口头
陈述和书面陈述，也包括人的行为。证据法虽禁止使用传闻证据，但鉴于许
多传闻证据是有证明力的证据，为了避免由于对传闻证据的过分排除导致案
件事实认定的困难以及影响追诉犯罪目标的实现，英美法系国家确立了越来
越多传闻证据的例外，包括先前记录的证言、临终陈述、承认、有损利益的
陈述、心理状态（精神或感情状态）、激愤言词、当场感觉印象的陈述、身体
情况、审前辨认、记录的回忆、业务记录、公共记录以及传闻规则的其他
例外。

　　需要强调的是，传闻证据的一部分为证人在法庭上重述别人的庭外陈述，
但并非所有对他人陈述的转述均属传闻。只有证人在重述他人陈述的目的在
于证明庭外陈述的内容为真实时，此证词才属于传闻，如果证人重述他人庭
外陈述的目的并非为了证明庭外陈述的真实性，而是为了表明他人曾说过这
样的话等情形，则不属于传闻。以汤姆被控犯有扰乱公共秩序罪为例。汤姆
突然在电影院里大喊"着火啦！着火啦！"观众被汤姆的叫喊声吓得惊慌不
已，夺路而逃。审判时，检察官请当时在电影院的南西作证。南西作证说：
"我就坐在汤姆旁边，我听到他大叫'着火啦'"。就此案而言，南西的证言
并非为了证明电影院着火这一事实，而是为了证明汤姆曾经说过这样的话，
恰恰电影院并未着火，他的行为才构成扰乱公共秩序的行为。传闻证据规则
与当事人主义的审判模式相适应，对是否排除传闻证据法官并不主动审查，
而以当事人提出异议为基本条件，即使属于传闻证据，如果当事人未提出异
议，或者当事人一致同意使用传闻证据，法官当然不会排除传闻证据。

　　2. 传闻证据规则与直接言词原则的关系

　　英美法系国家确立传闻证据规则的主要目的是为了保障被告人的对质权，

─────────

　　〔1〕　［美］罗纳德·艾伦等：《证据法：文本、问题和案例》（第3版），张保生、王进喜、赵滢
译，高等教育出版社2006年版，第454页。

同时也为了避免传闻证据对陪审团成员产生错误的引导。而直接言词原则确立的主要目的是从保障审判人员正确认定案件事实的角度出发，即直接言词更多是对负责审判的法官的一种要求，其最终的目的是为了最大限度地发现案件的实体真实。大陆法系的直接言词原则旨在发现实体真实，同时间接达到保障被告人的对质权的效果；英美国家的传闻证据规则以保障人权为出发点，也会引发被告人不被错误定罪的积极效果。因此，不管是直接言词原则还是传闻证据规则，其虽然存在诸多区别，[1]但实现均以证人等言词证据提供者出庭为基本前提，如果庭上不见证人，则直接言词原则和传闻证据规则均失去了存在的根基。

三、质证方法

（一）对质

1. 对质的概念及表现形态

对质指了解同一案件事实的人，其对案件事实的陈述不一致时，让其同时到场，面对面互相质问和对证。对质权的基本含义是在刑事诉讼中，提出对被告人不利证词的人必须亲自出庭作证，并在作证后接受被告人的质询。如果证人不能出庭并在法庭上作证，其庭前证词不能作为定案的根据。根据有关学者的解释，对质指"同一或相关联事项之陈述有不同或矛盾时，使其等同时在场，分别轮流对疑点加以讯问或相互质问解答释疑"，[2]可见陈述不一致的双方面对面并且互相质问和质疑是对质的基本要素和核心。在刑事诉

---

〔1〕 直接言词原则与传闻证据规则的差异为：第一，直接言词原则强调证据材料对发现实体真实的作用和法官调查证据的亲历性及言词调查方式；传闻证据规则则限制证据资格；第二，直接言词原则规范法官审判行为；传闻证据规则规范陈述证据的适格性问题；第三，直接言词原则要求法官依职权贯彻；传闻证据规则以对方当事人提出异议为前提；第四，直接言词原则规范审判者与证据调查之间的关系；传闻证据规则在于确保对方当事人对于不利于自己的证人进行质证权利的行使；第五，直接言词原则侧重于强调和规范法庭审理时法官必须自行调查证据的方式；传闻证据规则强调传闻不得进入法庭对事实的调查程序，并未直接规范法官的行为；第六，根据直接言词原则，在法庭审理中，只要该证据被允许，且在法官面前以言词的形式提出并经过调查，该证据即具有证据资格，能够作为认定案件事实的依据；而根据传闻证据规则，只要证据没有经过对方当事人的反向问或者同意，无论是否经过法官调查，都是无效的。参见宋英辉、李哲："直接、言词原则与传闻证据规则之比较"，载《比较法研究》2003年第5期。

〔2〕 转引自王彦迪："性侵害犯罪防治法中对于被告对质诘问权限制措施之检讨"，东吴大学2008年硕士学位论文，第2页。

讼实践中，对质有两种表现形式：一是以嫌疑人、被告人的对质权为基本表征。当被指控者不服对其不利的证言性陈述时，以宪法或法律赋予的对质权为基础，要求直接面对不利证人并进行质问和质疑。此种对质的理论基础是实现保障被告人对质权的价值。对质的前提是被告人对不利证言有异议而要求对质，此意义的对质主体必有一方为被告人，另一方为提供对其不利证言的证人、被害人以及同案被告人。二是从查明案件事实真相的角度，对质主要是指裁判者为了准确查明案件事实，当出现不同主体对同一或相关联的事实作出不同陈述时，裁判者要求其同时到场，通过面对面的互相质疑和质问，以达到辨明真伪的目的。此意义上的对质以裁判者的职权为理论基础，属于裁判者为了解除心中的疑惑而实施的职权活动。基于此，裁判者可要求被告人与被告人、被告人与证人、被告人与被害人、证人与证人等相互对质。

　　现代意义上的对质权发端于 1603 年的英国华尔特·莱利案。"该案中莱利被指控犯有叛国罪，在庭审中，他要求面对面与控方证人接触，但英国法庭拒绝了这一要求，理由是此要求没有普通法基础。但从此以后，被告人与证人面对面对质的观念在英国逐渐产生。"〔1〕在美国，直到 1988 年的柯伊案，联邦最高法院才宣布被告人享有与证人面对面对质的权利。联邦最高法院判定："与证人面对面对质的权利包括在第六修正案的词句当中，其核心是保证普遍认为对于实现公正而言十分关键的对质权，同时通过使证人的撒谎更加困难这一机制，来保证法庭发现事实程序的完整性。"〔2〕对质权和强制程序权是美国被告人享有的宪法性权利，《美国宪法第六修正案》规定："在刑事案件中，被告人有与对他提出不利证词的人对质的权利，以及以强制程序要求能提出对他有利证词的人出庭作证的权利。"《意大利刑事诉讼法典》第 211 条规定的对质前提为"对质只能在已经接受过询问或讯问的人员之间进行，并且以他们对重要的事实和情节说法不同为前提"。第 212 条就对质的基本程序作出规定："法官应先向参加对质的主体列举他们以前的陈述，然后询问他们是确认还是更改这些陈述，在必要时可以要求他们相互辩驳；在笔录中应记入法官提出的问题、参加对质的人所作的陈述以及他们在对质过程

----

〔1〕　Frank R. Herrmann, S. J., Brownlow M. Speer, "Facing the Accuser: Ancient and Medieval Precursors of the Confrontation Clause", 34 Va. J. Int'l L., 481（1994）.

〔2〕　易延友："'眼球对眼球的权利'——对质权制度比较研究"，载《比较法研究》2010 年第 1 期。

中发生的情况。对质是法官对作出矛盾陈述的证人和当事人的直接质询和诘问，心理学研究表明，谎言往往容易当面被戳穿。"〔1〕

2. 我国刑事诉讼对质规范及问题分析

我国《刑事诉讼法》关于法庭审判程序的规定并无对质制度的规定，无论是从保障查明案件事实的角度还是从保障被告人对质权的角度，均无相关对质的制度设计。《高法解释》第199条以及《高检规则》第402条第4款分别规定了法官讯问同案被告人，如有必要，可以传唤其到庭对质以及被告人、证人对同一事实的陈述存在矛盾，公诉人可以建议法庭传唤有关被告人、证人同时到庭对质。与大陆法系关于对质程序和对质主体完善的规定相比，我国并未确立完整的对质制度，司法解释虽然有对质的零星体现，但极为简略并且解释之间存在矛盾。

（1）司法解释关于对质主体规定存在的冲突。根据《高法解释》的规定，对质的主体仅限于作出不同供述的同案被告人，如果同案被告人关于犯罪事实的陈述不一致，包括实施犯罪行为的分工情况尤其是共同故意伤害案件的被告人，准确认定犯罪行为的组织者、实施者有对质的必要。而《高检规则》确立的对质主体为被告人与证人，即证人与被告人对案件事实的陈述不一致时，需要到庭对质。《高法解释》第199条仅规定了同案被告人到庭对质，显然与对质权的本来意义相距甚远。关于证据收集合法性的调查，被告人与侦查人员对质是揭示是否有非法取证行为的最佳方法，但是侦查人员出庭的启动程序包括审判人员要求其出庭，公诉人可以建议传唤侦查人员出庭以及侦查人员主动要求出庭，对侦查行为或者侦查手段有异议的被告人却无申请侦查人员出庭对质的权利，这一规定有悖国际社会对被告人的质证权保障的理念，更不利于取证是否合法等程序性事实的查明。

（2）被告人无对质的申请权和决定权。根据《高检规则》的规定，对质的申请权为承担控诉职能的公诉人，被告方并无申请对质的权利。将被告人排除在对质的申请权的权利范围之外，违背控辩平等的基本诉讼法原理和诉讼规律，无法保障被告人对质权的实现。《高检规则》将对质的决定权赋予审判人员，对于公诉人提出的对质申请，由审判人员决定是否有对质的必要。

〔1〕 王兆鹏："对质诘问与强制取证权"，载《台大法学论丛》第28卷第3期，转引自龙宗智：《刑事庭审制度研究》，中国政法大学出版社2001年版，第320页。

对质的启动完全属于法官的职权范围，不同的事实陈述者是否同时到庭对质取决于审判的需要，如果法官认为根据现有的证据，已经能够判断不同陈述的真伪，则无需对质。在我国书面印证模式的影响下，法官很容易根据控诉机关精心组织的证据实现证据之间的印证，这一现状决定由审判人员决定将导致对质很难启动。

（3）缺乏对具体对质程序的规定。如果审判人员对证据有异议，决定启动对质，那法官传唤相关人员同时到庭后，对质如何进行？双方谁先发言？在对质过程中，法官是否起主导作用，对质采取何种方式进行？是否必须制作有关对质的笔录？以上内容刑事诉讼法和司法解释均未规定，可能会削弱对质的效果，影响案件事实真相的发现。

（二）交叉询问

交叉询问制度是英美法系国家关于对证人证言可信性进行检验的一项重要证据规则，被学者誉为"曾经发明的揭示事实真相之最伟大的法律引擎"。[1]按照《布莱克法律词典》的解释："交叉询问是指在审判或庭审中，由与传唤证人出庭作证的一方相对立的另一方，对该证人进行的询问。交叉询问的目的，是在事实认定者面前通过指出证人先前证词的矛盾或不可能性，对证人的怀疑，以及使证人陷入削弱其证词的承认等各种方式弹劾证人的信誉。允许交叉询问者提出诱导性问题，但传统上只限于直接询问所涵盖的事项以及可信性问题。"[2]交叉询问不仅存在于刑事庭审中，民事诉讼当事人亦具有交叉询问的权利，交叉询问有广义和狭义之分。广义的交叉询问特指针对人证的法庭调查制度，由主询问、反询问、再主询问、再反询问等环节构成。狭义交叉询问仅指对对方证人进行的反询问，其目的是为了质疑证人的可信性，以削弱证人证言对法官心证的影响。"作为一门技术，交叉询问有自己的规律性，充分反映询问人的理性思考和经验积累。要求询问人对不同的证人使用不同的讯问方法。根据不同证人的性格、职业、习惯、爱好、修养、意识偏好、政治主张、人种、年龄、出生地等因素实施询问策略。盘问人应对不同案件的证人采取不同的态度，甚至语气。"[3]同时，交叉询问可以从三

---

〔1〕 ［美］约翰·亨利·威格莫尔："论普通法审判中的证据制度"，转引自［美］罗纳德·J.艾伦等：《证据法：文本、问题和案例》（第3版），张保生等译，中国政法大学出版社2001年版，第290页。

〔2〕 *Black's Law Dictionary*，8th Edition，West Publishing Company，2004，p.405.

〔3〕 张卫平："交叉询问制：魅力与异境的尴尬"，载《中外法学》2001年第2期。

个角度理解:"首先,交叉询问是指一种法庭调查证据的制度;其次,交叉询问是指一种具体的诉讼行为,即对对方当事人提出的证人进行盘问;再次,交叉询问是一种诉讼权利,被指控刑事犯罪的被告人,有对提供对其不利证言的证人进行诘问的权利。"[1]

一般情况下,直接询问中不得提诱导性问题。但在交叉询问中,一般性的诱导性问题可以容许。诱导性问题通常是问题本身就包含或暗示了询问者所追求的答案。"所谓诱导性问题,就是暗示了提问者希望得到的回答或者暗示了证人尚未作证证明的争议事实之存在的问题。"[2]交叉询问中主询问禁止提出诱导性问题,原因在于主询问时如果允许通过诱导性的方式进行,将引导陈述者按照询问者的要求进行,影响陈述的真实性。反询问的内容如果在主询问的事实和范围之内,则反询问方可以通过诱导性询问的方式发问,因为与直接询问不同,如果不允许质疑方诱导性询问,将很难揭示证人以及证言的不实之处。但是如果反询问方询问的内容超出主询问的内容之外,即又提出新的问题,则对其提出的新问题涉及的内容,禁止诱导性询问。

第二节　我国法庭质证的实践样态

一、我国法庭质证的基本内容

1996 年《刑事诉讼法》改革庭审方式,引进当事人主义抗辩式的庭审方式,减少裁判者职权在庭审中的作用,对被告人的质证权充分肯定并确立了质证的相关制度和措施。2012 年《刑事诉讼法》延续 1996 年《刑事诉讼法》关于质证的规定,第 59 条前半段规定:"证人证言必须在法庭上经过公诉人、被害人和被告人、辩护人双方质证并且查实以后,才能作为定案的根据。"2012 年《高法解释》第 63 条扩大质证范围,即"证据未经当庭出示、辨认、质证等法庭调查程序查证属实,不得作为定案的根据,但法律和本解释另有规定的除外"。2012 年《刑事诉讼法》第 193 条第 1、2 款规定:"法庭审理过程中,对与定罪、量刑有关的事实、证据都应当进行调查、辩论。经审判长许

---

〔1〕 参见马贵翔等:《刑事证据规则研究》,复旦大学出版社 2009 年版,第 260 页。
〔2〕 王进喜:《刑事证人证言论》,中国人民公安大学出版社 2002 年版,第 246 页。

可，公诉人、当事人和辩护人、诉讼代理人可以对证据和案件情况发表意见并且可以互相辩论。"以上规定奠定了我国质证制度的基础。

（一）质证的方式

1. 质问或轮替询问

质问是对出庭的证人、被害人以及被告人的陈述进行发问和质疑的程序。质问的前提是对陈述者的陈述持不同意见或有异议，质问的目的为质疑陈述内容的真实性和可靠性并消除证据对法官心证的影响。发问是质疑的前提，发问是质证主体就相关事实要求陈述者进行当庭陈述，发问的目的是为了质疑，即指出陈述的不可靠或不真实之处。《高法解释》确立了对证人发问的基本顺序，[1]对其发问应由提请其出庭的一方进行，对方经审判长许可，也可发问。法官认为必要时，进行补充发问。法庭审理过程中，公诉人、被害人、附带民事诉讼原告人、辩护人、诉讼代理人，经审判长许可，可以向被告人发问。公诉人、当事人和辩护人、诉讼代理人经审判长许可，可以对证人、鉴定人发问。审判长可以询问证人、鉴定人，并且审判人员可以补充发问。我国刑事庭审中的证人调查制度，是以控辩双方的轮替询问为基础，法官补充询问为补充的调查方式。与美国刑事诉讼庭审中的交叉询问存在区别。首先，我国在肯定控辩双方对证人进行主导性询问的同时，并未否定法官在证人询问中的作用，只要法官认为必要，均会对证人积极询问；而典型的交叉询问是完全排除法官对证人的讯问的。其次，根据对证人出庭条件的规定，我国基本将证人界定为"法院的证人"而非控辩双方的证人，因此并未明确区分主询问与反询问。而在英美刑事诉讼中证人属于"当事人的证人"；再次，典型的交叉询问方式是通过问题的设计对证人进行询问的，我国对证人的询问并非采取一问一答的形式，更多采用概括或陈述式的质问方式。复次，如果控辩双方认为另一方发问的内容与案件事实无关或者发问方式不当的，有权提出异议，审判长也有权主动制止不当的发问。典型的交叉询问由控辩双方推动，对发问的异议也由控辩双方提出。最后，在我国，不但控辩双方以及审判人员有权对证人询问，被害人在庭审中也享有对证人和被告人发问的权利，这也不同于典型的交叉询问。

---

〔1〕《高法解释》第 212 条规定了法庭上控辩双方质问证人以及鉴定人的顺序，即"向证人、鉴定人发问，应当先由提请通知的一方进行；发问完毕后，经审判长准许，对方也可以发问"。

"对证据的内容提出质疑是质证的根本目的，对提出证据的人（包括证人、鉴定人、勘验人、检查人等）进行质问是质证的基本形式。"[1]质证主要通过对证据提供者进行质问来实现。对言词证据而言，质证的对象包括被告人、证人、被害人、鉴定人。对实物证据而言，质证的对象主要通过实物证据的收集者、保管者的质问来实现。

2. 辨认和发表意见

辨认和发表意见是我国刑事诉讼中当事人对物证、书证等实物证据以及书面证言质证的重要手段。辨认是对以上证据质证的基本方式，而发表意见主要是提出质疑性意见。[2]笔录类证据是刑事诉讼中一类常见的证据形式。根据刑事诉讼法的规定，对笔录证据等文书类证据的质证方式是："对未到庭的证言笔录、鉴定意见、勘验笔录和其他作为证据的文书，应当当庭宣读，公诉人、当事人、辩护人以及诉讼代理人有权对其发表意见，审判人员应听取公诉人、当事人和辩护人、诉讼代理人的意见。"

3. 对质

对质是指在诉讼中，当不同主体对同一事实的陈述内容不一致时，由法庭传唤其同时到庭，当面对质，以达到辨明真伪的目的。对质既是被告人的一项重要诉讼权利，也是裁判者发现案件事实真相的重要手段。被告人的对质权受到各国立法的保障，英美法系国家通过排除传闻证据规则间接保障对质权的实现，并且将与不利证人进行对质的权利上升为被告人的宪法性权利予以保障。大陆法系贯彻直接言词原则，要求法官接触证据的最原始的形式，要求裁判者对证人等言词证据提供者直接询问，间接达到保障对质权实现的效果。

我国刑事诉讼法未明确规定直接言词原则，亦未确立传闻证据规则，也无关于被告人对质权保障的程序性规定以及在法庭上对质的具体操作程序。相关司法解释对对质仅有零星的规定，[3]《高法解释》规定的对质主体仅限于同案

---

[1] 龙宗智："论刑事对质制度及其改革完善"，载《法学》2008年第5期。

[2] 2012年《刑事诉讼法》第193条第2款规定："经审判长许可，公诉人、当事人和辩护人、诉讼代理人可以对证据和案件情况发表意见并且可以互相辩论。"《高法解释》第218条规定："举证方当庭出示证据后，由对方进行辨认并发表意见。控辩双方可以互相质问、辩论。"

[3] 《高法解释》第199条规定："讯问同案审理的被告人，应分别进行。必要时，可以传唤同案被告人等到庭对质"。《高检规则》第402条第4款规定："被告人、证人、被害人对同一事实的陈述存在矛盾需要对质的，公诉人可以建议法庭传唤有关被告人、通知有关证人同时到庭对质，必要时可以建议法庭询问被害人。"

被告人之间，而《高检规则》扩大了对质的主体，将对质的主体扩大为被告人和证人。

（二）我国法庭质证的基本特征

1. 言词证据的质证对象为笔录证据而非言词证据提供者

我国在职权主义诉讼模式的长期影响下，司法人员以及当事人缺乏质证意识，质证保障制度以及质证规则不尽完善，证人、鉴定人、被害人以及收集和保管证据的侦查人员基本不出庭，导致对人的质证演变为对书面笔录证据的质证，记载言词陈述的笔录证据成为质证的主要对象。笔录证据在庭审中大量使用，"不仅造成刑事证据规则难以建立和实施，而且还导致一审法院开庭审理过程流于形式，诸多为规范法庭审判而建立的诉讼原则和程序规则形同虚设"。[1] 关于我国刑事庭审活动的质证以笔录证据为主要的质证对象并形成的案卷笔录中心主义，有深刻的权力结构原因和制度背景。[2]

由于我国刑事诉讼实行单轨制侦查，辩护律师获取证据的能力有限，刑事法庭上出现的几乎为清一色的控方证据。证人、鉴定人、被害人等言词证据提供者的出庭率极低，[3] 出现在法庭上的言词证据大多以笔录证据的形式出现，法庭质证的基本对象为控方所提交到法庭的体现为各种笔录证据形式的

---

〔1〕 陈瑞华：《刑事诉讼的中国模式》，法律出版社 2007 年版，第 110 页。

〔2〕 根据达马斯卡的解释，"根据对司法权力结构的科层理想型和协作理想型分类，协作制程序更偏好口头交流和当庭证供，因为官员的临时性的外行性而无需机构记忆的延续，外行官僚无法根据冰冷冷的卷宗来作出决策。此外，协作型系统中还缺乏一个专门负责制作、保管和检索文件的小官僚阶层。而科层理想型的审理方式因其官员职能上的专业分工和等级制而采用分段的递进式程序、分层的上级全面常规审查模式、文件累积式的渐进式审判和排他性的官方程序。科层制司法权力组织靠书面卷宗作为程序衔接机制来整合分段、分层、递进和渐进的程序，作为决策和复核的根据来累积证据信息、保存复审对象以及作为事实和经验抽象的方法来运用三段论逻辑法条而更倚重卷宗管理的操作习惯相一致。参见 ［美］米尔伊安·R. 达马斯卡：《司法和国家权力的多种面孔——比较视野中的法律程序》，郑戈译，中国政法大学出版社 2004 年版，第 92、76～77 页。

〔3〕 证人出庭率低一直是困扰我国刑事司法实践的重大问题。1996 年《刑事诉讼法》引入对抗式的庭审方式，要求证人出庭接受控辩双方的质证，但司法实践中证人出庭率极低，有个别法官审理的刑事案件根本无证人出庭。为解决这一问题，2012 年《刑事诉讼法》试图构建促进证人出庭的制度设计，确立证人出庭的条件、强制证人出庭、不拒不出庭证人的惩罚措施以及证人保护和证人出庭作证的经济补偿等。但该法实施以来，刑事诉讼中证人出庭的问题并未得到有效解决，刑事诉讼法关于证人出庭的某些制度设计一定程度上沦为具文，比如强制证人出庭制度以及在证人的保护制度。实践调研对证人出庭存在两种不同的计算方式，一种为以所有的刑事案件为基础，计算证人出庭率，如此计算的证人出庭率极低。另一种是以应出庭的必要证人为基础来计算证人的出庭率，因此计算出来的出庭率大大高于前者，平均为 25%。

证据。刑事诉讼法及司法解释规定的笔录证据包括以下种类：勘验、检查、辨认、侦查实验、搜查、提取笔录以及扣押清单。以上笔录属于对侦查过程的记录，分别属于对勘验过程、检查过程、辨认过程、侦查实验过程、搜查过程、证据提取过程以及扣押过程的记录，此类笔录证据一般均会将具体侦查行为的时间、地点、参与人员、侦查的具体过程、侦查行为的结果以及通过侦查收集证据的清单进行详细说明。此类笔录证据本身不能证明案件事实，但笔录证据是物证等客观性证据发挥证明作用的前提，只有通过笔录证据才能证明物证的来源，而物证是否来源于案发现场或与犯罪有关的场所是物证发挥证明作用的关键。无相关的笔录证据证明物证、书证的来源的，其不得作为定案的根据。[1]

除此之外，笔录的另一种表现形式为当侦查人员收集言词证据时所制作的笔录。侦查人员讯问嫌疑人时会形成讯问笔录，询问被害人、证人时同样会形成询问笔录，但与法律规定的笔录证据种类不同的是，以上收集言词证据时形成的笔录体现为对言词证据具体内容的记载，虽然笔录中也会记载收集证据的时间、地点以及参与讯问或询问的人员，但仅通过言词证据笔录的记载，一般无法证明收集证据过程的合法性。如果被讯问人或被询问人对取证过程的合法性有异议，不能用笔录证据本身来证明取证行为的合法性。

2. 质证以口供为中心

法庭上对证据的质证以口供为中心，口供中心是我国刑事证据运用的客观现实，侦查机关收集证据以口供中心，检察机关审查判断证据以口供为中心，法庭审判时举证、质证、认证等各个环节均以口供为中心。从证据的收集到公诉机关对证据的审查，再到审判机关对证据的审查判断等证据的运用过程，均呈现出强烈的口供依赖特征，尤其是在贿赂犯罪类案件、命案以及多次实施同种数罪的案件对口供有更强的依赖性。

我国刑事法庭调查"以公诉人强制讯问被追诉者为开端和基础，并以印证被追诉者供述或驳斥被追诉者辩解为主线出示证据"。[2]如果被告人认罪，整个审判过程均围绕侦查案卷中所记载的证明被告人有罪的各种证据材料展开；如果被告人不认罪或当庭翻供，公诉人通常会以庭前被告人曾经做出的

---

〔1〕 关于物证、书证的审查认定见《高法解释》第73条规定："在勘验、检查、搜查过程中提取、扣押的物证、书证，未附笔录或清单，不能证明物证、书证来源的，不得作为定案的根据。……对物证书证的来源、收集程序有疑问，不能作出合理解释的，该物证、书证不得作为定案的根据。"

〔2〕 闫召华：《口供中心主义研究》，法律出版社2013年版，第181页。

有罪供述笔录来驳斥被告人的翻供行为，而法官一般也不会轻易相信被告人翻供之后的内容。司法实践中被告人通常以在侦查阶段受到刑讯逼供为由翻供，对此法官通常要求被告人提供一定的材料或者要求控方提供相应的证据。根据笔者的调研结果显示，非法证据排除程序的证明面临着辩方的初步证明责任很难实现以及控方的证明容易实现的显著差别，对辩方而言，证明侦查人员存在刑讯逼供行为的成功可能性极小，希冀通过裁判者认定刑讯逼供的方式来支持被告人的翻供理由几乎不具有可能性。因此，即使被告人庭上翻供，但由于通常不可能有充分证据的理由支撑，一般很难推翻庭前对侦查机关所作的口供。由于重视书面证据的印证以及法庭调查以笔录证据为中心，被告人当庭翻供对法院的最终判决结果的影响十分有限，因为翻供而排除有罪供述并因此作出无罪判决的案例极为少见。

二、证人等出庭的实践图景

（一）证人出庭

1. 证人出庭的价值

（1）程序参与价值。诉讼各方充分参与庭审程序并影响裁判者的裁判结果是程序参与性的必然要求。庭审的程序参与性要求控辩双方平等地提出本方的诉讼主张和证据，并对对方证据进行充分的质疑和反驳，其中有效质证是质疑和反驳对方证据的基本形式。控辩双方的质证以证人、鉴定人出庭为基本前提。如果控方证人等不出庭，则无论是被告人还是辩护人均无法对证人进行当面质证，被告人无法与证人进行对质，有效辩护不可能实现。以证人不出庭为集中代表的质证的虚化导致庭审演变为控方压倒性的指控活动，庭审由控方主导，刑事审判活动将会失去基本的公正性和平等性，刑事审判活动有演变为行政性治罪活动的危险。

（2）保障被告人的对质权。以对质权为核心的质证权是刑事诉讼中被追诉者的基本权利，《公民权利和政治权利国际公约》中确立了此项权利。证人出庭彰显的最大价值在于保障被告人对质诘问权的实现。[1]证人出庭是被告人对质权实现的必然逻辑推演，如果证人不出庭，则"眼球对眼球"的对质权失去基础。因此，从权利保障的目的和价值出发，为了保障被追诉者的基

---

〔1〕　参见王兆鹏：《刑事被告的宪法权利》，元照出版公司 2004 年版。

本权利，应要求证人等出庭接受对质。保障对质权并非要求所有的证人均需出庭，既然将对质权界定为一项权利，则其实现以有必要对质为基本前提，即对质权可以演变为辩方对证人证言笔录有异议的对质，如果被告人对证人证言无异议或者虽有异议但并不影响定罪量刑，则无对质必要。"由于证人出庭作证的权利保障属性，法庭对不出庭的证人可以采取强制措施，并且对证人应该出庭而不出庭的，应当规定程序性制裁后果。"〔1〕

（3）保障证言可靠性。按照普通法的规则，证言的可靠性有三个保障因素："第一是证人必须当庭宣誓；第二是证人进行陈述时必须直接面对裁判者；第三是证人必须接受对方的交叉询问，至少应该给对方交叉询问的机会。"〔2〕由于证人记忆、感知、表达能力的欠缺决定了证人证言并不具有绝对的可靠性，更遑论有个别证人出于各种动机提供伪证更是会迷惑审判人员的视线，可能酿成错案。为了确保对证人证言能够进行有效质证，确保其真实可靠性，两大法系均要求证人出庭作证，大陆法系国家确立直接言词原则，英美法系国家确立传闻证据规则，明确要求证人应在法庭上接受控辩双方的交叉询问，因为在审判心理学上，控辩双方对对方证人、被害人的交叉询问向来被视为检验证言可靠性的有效方法。对审判人员而言，证人出庭可以最大限度地保障法官发现证言的疑点甚至虚假内容，进而发现可能的疑罪。

传统观点认为，证人出庭是发现案件事实真相的需要。但随着对证人出庭实证研究的进一步深化，更多的研究显示："证人出庭作证与发现案件事实真相之间并没有必然的因果关系。"〔3〕如果仅是为了查明案件事实的需要，法官完全可以根据审前由侦查人员制作的内容明确具体、取证程序合法的证人证言笔录。侦查阶段对证人的询问距离案发时间近、证人的记忆新鲜，还未受到其他因素的影响，可能具有更大的真实和可靠性。而证人在法庭上提供证言，可能出于对法庭仪式的不适应甚至惶恐，造成作证时的紧张，庭审距离案发时间较长，证人的记忆可能已经淡忘，并且证人可能受到外部力量的影响和干预，以上因素均会影响庭上证言的真实性。因此，如果站在准确反映案件事实的角度，证人的庭前证言笔录可能比庭上的证言具有更大的真

---

〔1〕 熊秋红："从保障对质权出发研究证人出庭作证"，载《人民检察》2008 年第 24 期。

〔2〕 何家弘："刑事庭审虚化的实证研究"，载《法学家》2011 年第 6 期。

〔3〕 褚福民："证人不出庭的逻辑演变与课题展望"，载《兰州大学学报（社会科学版）》2012 年第 4 期。

实性。

　　关于司法实践中证人出庭的效果，笔者通过调研显示，证人出庭利弊并存。一般情况下，证人出庭不但能够保障被告人对质权的实现，而且有利于法官判断证言的真伪。但较庭前的证言而言，证人出庭提供的证言由于距离案发时间较长，可能存在证言不够准确的现象。另外，证人出庭的意义在于辩方应有对控方证人进行交叉询问以揭露伪证的机会，但我国辩护律师参与率相对较低，被告人一般很难对证人进行有效的质证。但证人出庭对于保障被告人的对质权以及确保证言可信性的整体价值不能抹杀。

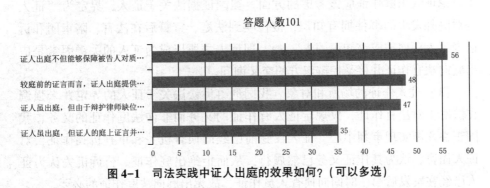

图 4-1　司法实践中证人出庭的效果如何？（可以多选）

答案选项	回复情况
证人出庭不但能够保障被告人对质权的实现，而且有利于法官判断证言的真伪	56
较庭前的证言而言，证人出庭提供的证言由于距离案发时间较长，反而不够准确	48
证人虽出庭，但由于辩护律师缺位或者辩护律师并未掌握对证人交叉询问的技巧，难以对证人有效质证	47
证人虽出庭，但证人的庭上证言并不具有优先采纳的资格，影响证人出庭的效果	35

　　2. 证人作证的法律规定及评析

　　在我国，根据约定俗成的表述，证人有其特定的范围，即了解案件事实并在诉讼活动中提供证言的自然人，了解或感知案件事实是证人的基本条件，只有自然人才能成为证人，单位不能做证人。1996 年修订《刑事诉讼法》时确立了被害人当事人的诉讼地位，因此即使被害人出庭也不认为是证人出庭的表现。另外，我国并无普通证人和专家证人之分，被告人、证人、鉴定人、被害人等均可以称为广义证人。除了言词证据之外，实物证据属于重要的证据类型，实物证据需要相关的人员收集、提取、保管、移送等，对实物证据鉴真的基本方法是对其保管链条的证明，而证明实物证据的保管链条需要收集或提取人员、保管人员、移送人员等出庭，因此需要出庭的人员并不仅限于以上言词提供者，侦查人员出庭就证据的保管链条进行证明，或者侦查人员出庭证明取证的合法性以及对于自首、立功等影响量刑事实的证明，均属于讨论证人出庭作证应该考虑的方面。美国证据法关于证人，界定为"证人是对庭外发生的事件拥有知识，被传唤到法庭，宣誓后在法官、陪审团和诉讼当事人面前披露该知识的人"。[1] 即证人之所以成为证人的关键因素是应出庭向法官作证并接受控辩双方的交叉询问。

（1）证人作证的场所和对象。我国刑事诉讼法关于证人的界定并未强调在法庭上对法官作证，仅规定证人有作证的义务而非向法庭作证的义务，我国正在逐渐实现审判中心，证人在庭前已经向侦查机关和审查机关作证，对证人而言，认为其作证义务已然履行，从而拒绝出庭作证。公诉机关认为证人已经在案发后第一时间向侦查人员作证，故无出庭向法庭作证的必要。

（2）证人出庭作证的条件。按照诉讼原理，控辩双方对证人的质证应在证人在场的情况下进行，否则如果证人不出庭，对证人的质证转化为对证人证言笔录的质证，由于无法与证人当面对质，证人不需接受控辩双方的交叉询问及证人不需宣誓，可能难以发现证人证言的虚假或者矛盾之处，很难达到质证的实际效果。刑事诉讼法虽要求证人出庭，[2] 但并无相应的制度跟进和保障，相反 2012 年《刑事诉讼法》第 190 条作出规定："……对未到庭的证人证言笔录，鉴定人的鉴定意见、勘验笔录和其他作为证据的文书，应当当庭宣读。……"这一规定直接架空了第 59 条对证人出庭作证的基本要求，亦是导致司法实践中证人不出庭的关键原因。

《死刑案件证据规定》确立了证人出庭的两大选择性条件，其一是控辩双

---

〔1〕 ［美］罗纳德·J. 艾伦等：《证据法：文本、问题和案例》（第 3 版），张保生、王进喜、赵滢译，高等教育出版社 2006 年版，第 101 页。

〔2〕 2012 年《刑事诉讼法》第 59 条前半段规定："证人证言必须在法庭上经过公诉人、被害人和被告人、辩护人双方质证并且查实以后，才能作为定案的根据。"

方有异议的相关证人，其二是人民法院认为应出庭作证的证人。[1]符合上述条件之一的，证人均应出庭。新刑诉法并未延续这一规定，而是将上述两大选择性条件进行合并，在符合条件之一时，必须同时符合条件之二，证人才应出庭作证。[2]2012年《刑事诉讼法》确立的证人出庭需同时满足的三个条件中，除第一个条件外，其他两个条件依赖于审判人员的主观判断，是否对定罪量刑有重大影响，是否有必要出庭，均由审判人员进行判断和衡量，如此规定完全是从审判人员的主观愿望出发，如果审判人员对案件已经形成预断，并且担心证人出庭会影响审判效率，则其当然不会通知证人出庭，即使控辩双方对证人证言有异议并且对定罪量刑有重大影响。证人出庭接受辩方的当面对质和质证，本应是被告人的诉讼权利，即与不利于己的证人当面对质，避免证人作出虚假的不利于己的证言，因此，只要控辩双方对证人证言有异议，证人即应出庭作证，接受当庭质证。为了避免传唤所有的双方有异议的证人出庭作证造成司法成本过高，同时为了避免不加区分地要求所有案件中证人均出庭所导致的庭审效率的降低，2012年《刑事诉讼法》将出庭作证的证人范围限定为证人证言对案件定罪量刑有重大影响，但对如何认定对定罪量刑有重大影响，《高法解释》并无进一步的规定。

　　无论是《刑事诉讼法》还是《高法解释》对证人出庭制度设计的出发点均为最大限度发现案件的实体真实。首先，证人出庭作证的三项条件中，控辩双方有异议，证言对定罪量刑有重大影响是证人应该出庭的核心条件，其中从保障被告人对质权的角度，辩方对不利于己的证言有异议应是证人出庭的决定性条件，但刑事诉讼法将证人是否出庭的决定权交给了审判人员，即使符合以上条件，只有审判人员认为证人有出庭必要的，才会准许并通知证

---

　　〔1〕《死刑案件证据规定》第15条规定："具有下列情形的证人，人民法院应当通知出庭作证；经依法通知不出庭作证证人的书面证言经质证无法确认的，不能作为定案的根据：（一）人民检察院、被告人及其辩护人对证人证言有异议，该证人证言对定罪量刑有重大影响的；（二）人民法院认为其他应当出庭作证的。证人在法庭上的证言与其庭审前证言相互矛盾，如果证人当庭能够对其翻证作出合理解释，并有相关证据印证的，应当采信庭审证言。对未出庭作证证人的书面证言，应当听取出庭检察人员、被告人及其辩护人的意见，并结合其他证据综合判断。未出庭作证证人的书面证言出现矛盾，不能排除矛盾且无证据印证的，不能作为定案的根据。"

　　〔2〕2012年《刑事诉讼法》第187条第1款将证人出庭的条件规定为："公诉人、当事人或者辩护人、诉讼代理人对证人证言有异议，且该证人证言对定罪量刑有重大影响，人民法院认为证人有必要出庭作证的，证人应当出庭作证。"

人出庭。同时《高法解释》规定的法院可以准许证人不出庭的条件极为宽松。[1]以上规定表明立法者并未从保障辩方质证权或对质权的角度考虑证人出庭的问题，而是从审判人员认定案件事实的便利考虑。如前所述，证人当庭作证对准确认定案件事实并不能带来绝对的积极作用，在证人被被告方所收买并且证人由于担心受到被告人及其亲属的报复而改变证言时，更是无助于裁判者准确认定案件事实。因此，既然在某些情况下，证人的庭前证言反而比当庭陈述更加可靠，裁判者则不会有传唤证人出庭的积极性。同时，证人出庭必然会给法庭审判带来庭审时间的延长，加剧目前存在的司法资源紧缺的现实，同时由于证人当庭作证存在着推翻庭前证言的风险，增加了法庭出现某种不确定性的因素。以上各种因素决定裁判者是否通知证人出庭存在极大的不确定性。

（3）传唤证人出庭的主体。刑事诉讼法规定证人出庭由人民法院传唤。但在司法实践中，传唤证人出庭的主体是审判人员还是控辩双方分别传唤各自的证人存在分歧。我国证人出庭属于职权启动模式，对证人是否出庭，当事人的诉权几乎没有发挥作用的空间，是否出庭完全由法官依据职权决定。其理由是刑事诉讼法特别强调证人作证的义务，在法庭上证人当然是向法官作证，为了法官查明案件事实而出席法庭，因此，传唤证人被当然视为法官的义务。但此规定在实践中遇到的难题是由于司法资源的有限性，由法官传唤证人面临以下困难：由法官传唤证人加剧司法资源的紧张，法官对证人的情况缺乏了解，面对证人逃避出庭的行为，难以有积极的应对措施促使其出庭。

即使在职权启动模式之下，实践中的证人出庭有时也是通过控、辩双方进行传唤的。有学者通过调研指出："司法实践中存在少部分证人由控、辩方通知的情况（控、辩方通知证人的情况各占 20.75%、15.10%），一定程度上反映了法院转移证人通知责任的倾向。"[2]笔者的调研也印证了这一判断，从审判机关的角度考虑，由于通知证人出庭面临诸多困难，因此，接近一半

---

[1]《高法解释》第 206 条规定："证人具有下列情形之一，无法出庭作证的，人民法院可以准许其不出庭：（一）在庭审期间身患严重疾病或者行动极为不便的；（二）居所远离开庭地点且交通极为不便的；（三）身处国外短期无法回国的；（四）有其他客观原因，确实无法出庭的。具有前款规定情形的，可以通过视频等方式作证。"

[2] 左卫民："刑事证人出庭作证程序：实证研究与理论阐析"，载《中外法学》2005 年第 6 期。

的被调查者认为证人应由控辩双方各自通知。

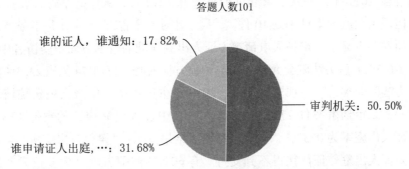

图4-2　关于通知证人出庭的主体，您认为应由谁通知较为合理？

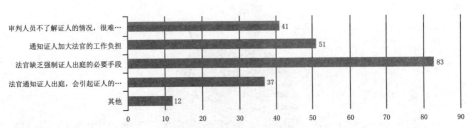

图4-3　目前法律规定由审判人员通知证人出庭，面临的困难是？（可以多选）

答案选项	回复情况
审判人员不了解证人的情况，很难通知	41
通知证人加大法官的工作负担	51
法官缺乏强制证人出庭的必要手段	83
法官通知证人出庭，会引起证人的排斥心理	37
其他	12

3. 证人出庭作证的现状

"新刑事诉讼法实施前，证人出庭率不到5%，新法实施后，数字基本持平，证人出庭并无明显的增加。一项针对修改后刑事诉讼法实施一周年的调查报告结果显示，证人出庭率不容乐观。"[1] "以南京市人民检察院为例，2002 年至 2012 年，一共审查起诉刑事案件 1212 件，90%的案件存在证人证言，但证人出庭的案件不到 10 件。"[2] "针对 5 个省市 15 个律师事务所的律师的问卷调查显示，辩护人申请辩方证人出庭获准的概率方面，受访者中 195 人（61.3%）认为法院会允许；而申请控方证人时，仅有 74 人（23.3%）表示认为法院会准许。一项资料显示，2010 年重庆市第三中级人民法院辖区共审理一、二审刑事案件 2796 件 4048 人，其中证人出庭作证的案件 12 件 13 人，证人出庭率为 0.32%。"[3] 根据调研结果显示："律师普遍反映，申请法院通知证人出庭作证往往得不到支持。有 60%的律师表示'大多数案件法院不同意证人出庭作证'。"[4] 笔者的调研结果也印证了上述判断。一项针对刑事诉讼法实施前后证人出庭率对比的调研结果显示，2012 年《刑事诉讼法》实施后，证人出庭率并无本质的变化。

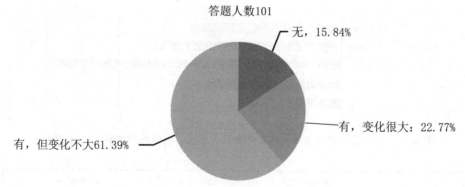

图 4-4　2012 年《刑事诉讼法》实施以来，证人出庭率有何变化？

〔1〕 北京市尚权律师事务所：新刑事诉讼法实施调研报告（2013 年度），载 http://www.crimin-allegalaid.org/a/news/201403/4392.html，2015 年 11 月 5 日访问。

〔2〕 李爱君："从朗读书面证言到修炼盘问艺术——从公诉视角看新刑事诉讼法对证人出庭制度的完善"，载石少侠、胡卫列、韩大元主编：《刑事诉讼法修改与检察工作——第八届高级检察官论坛文集》，中国检察出版社 2012 年版。

〔3〕 徐伟："重庆三中院去年判案证人出庭仅 0.32%"，载《法制日报》2011 年 6 月 14 日。

〔4〕 韩旭："新《刑事诉讼法》实施以来律师辩护难问题实证研究——以 S 省为例的分析"，载《法学论坛》2015 年第 3 期。

笔者认为，对证人出庭率的调查不应局限于证人的绝对出庭率，而应结合 2012 年《刑事诉讼法》关于证人出庭的条件，合理计算证人出庭率。[1]根据笔者的调研，2012 年《刑事诉讼法》实施以来必要证人出庭率为 20%以上，个别地方甚至更高。此外，如果将被害人计算在证人的范围之内，则证人出庭率可能更为理想。我国将被害人的诉讼地位定位为当事人，被害人在刑事诉讼中可以提起附带民事诉讼，根据调研，在有被害人的案件中，被害人的出庭率还是比较高的。2012 年《刑事诉讼法》实施之后，41.58%的被调查者认为证人出庭率在 20%以上。

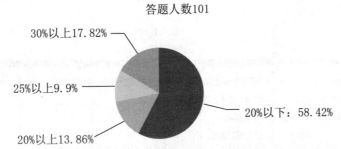

图 4-5　2012 年《刑事诉讼法》实施以来，人民法院必要证人出庭率？

审判人员基本不会动用法律规定的强制手段强迫证人出庭。追诉机关认为离案发时间越近，证人证言越可靠，相反，由于我国审前程序一般持续时间较长，导致证人在此期间受到干扰的可能性变大，因此，证人出庭提供的证言其真实性和可信性未必高于庭前向侦查机关提供的证言。审判机关传唤证人出庭面临现实障碍，对于证人下落不明或躲避作证的情形，审判机关很难实现传唤的成功。刑事诉讼法规定证人有作证的义务，但并未明确证人有向审判人员作证的义务，证人认为在侦查阶段已经向侦查人员作证，作证义务已然完成，侦查机关和审查起诉机关已经多次询问证人，占用其大量的时间和精力，如果审判阶段再次要求证人出庭，很难获得证人的理解，甚至会导致证人的强烈抵触。无论是审判人员还是公诉人员均认为，强制证人出庭

---

〔1〕　证人出庭率的计算方法，应该出庭而未出庭的比率，应该出庭的证人为控辩双方对证人证言有异议，且该证言归定罪量刑有重大影响的一般即应出庭，但根据刑事诉讼法的规定，符合以上条件，还必须是人民法院认为有出庭必要的。需要调查的两组数据：符合前两个条件，但人民法院认为无出庭必要的比率，以及人民法院认为有出庭的必要并通知证人，但证人不出庭的比率。

并不能从根本上解决问题，证人出庭并当庭提供证言的有效性取决于证人有出庭的内在动力，如果证人本身抵触出庭，那么即使强制证人到庭，证人也可能以沉默或者消极回答问题相对抗，甚至会在法庭上恶意否定庭前证言。有的审判人员甚至认为，传唤证人出庭的义务应由控辩双方承担，即如果是控方证人则应由控方负责传唤出庭，辩方证人则应由辩方保障证人到庭，否则应承担证人不到庭的不利后果。

4. 证人不出庭的主要原因分析

根据笔者调研，证人不出庭的原因有证人自身原因以及其他原因。其中对证人的保护不利是证人不愿出庭的最主要原因。

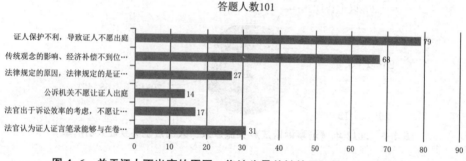

图4-6　关于证人不出庭的原因，您认为最关键的原因是？（可以多选）

答案选项	回复情况
证人保护不利，导致证人不愿出庭	79
传统观念的影响、经济补偿不到位导致证人不愿出庭	68
法律规定的原因，法律规定的是证人作证的义务而非出庭向法官作证的义务	27
公诉机关不愿让证人出庭	14
法官出于诉讼效率的考虑，不愿让证人出庭	17
法官认为证人证言笔录能够与在卷其他证据印证，证人无出庭必要	31

（1）证人保护制度不健全。证人抵触出庭作证的主要原因除了传统的畏于诉讼的文化因素外，主要在于对证人的保护不利。目前刑事诉讼法对证人

的保护范围、保护时间、保护机关、保护措施等均存在一些问题。证人的保护机关为人民法院、人民检察院以及公安机关，但实践证明人民法院缺乏保护证人的能力和手段，也无可行的保护证人的专门措施。公安机关适合承担证人的保护职责，但公安机关具体由哪一部门对证人提供保护，法律并无进一步的规定。

（2）证人不出庭时并不排除庭外证言笔录。应出庭的证人拒不出庭或者证人虽出庭但庭上证言与庭前证言不一致的，如何处理庭前证言笔录？传闻证据规则以及直接言词原则均否定庭前证言笔录的效力，即除非当事人一致同意，否则庭前证言笔录应无证据能力。我国刑事诉讼法并未否定庭前证言笔录的证据能力，证人出庭范围由法院最终决定，如果法院不主动通知证人出庭，庭前证言笔录则顺利进入法庭，经过简单质证之后即可成为定案的依据。关键证人无正当理由拒不出庭的，亦不否定其证言笔录的证据能力，只有在法庭对证言的真实性无法确认的，才不将其作为定案的根据。如果证人被传唤出庭并当庭作证，其当庭证言与庭前证言有矛盾或完全推翻庭前证言，亦并非当然采纳庭上证言，是否采纳当庭证言视证言与其他证据的印证情况而定。[1]可见，我国对于庭前证言笔录并未当然否定其证据能力，而是赋予其当然的证据资格，此种做法违背了证言的感知、记忆、表达的过程必须当庭质证，并经过控辩双方的对质诘问之后才能判断证言的真实性的证据法基本原理，实践中导致由于关键证人不出庭而轻信其庭前证言造成最后事实认定错误的局面。"中国的刑事法官即使在证人出庭作证的情况下，仍然可能拒绝采纳证人当庭所作的口头证言，而坚持将侦查案卷中所记载的证言笔录作为定案的根据。"[2]

2012 年《刑事诉讼法》对证人出庭的努力值得肯定，但依然遗留深层次的问题，控方庭外证言笔录的证据能力依然不受限制，从根本上否定了证人出庭的必要性。证人是否出庭的最终决定权依然归属于审判机关，刑事庭审中辩方并未获得完全的与控方平等的诉讼地位，被告人的质证权并未得到关注和保障，刑事诉讼证据制度的首要价值依然在于如何最大程度保障案件事

---

[1]　审查证人就其翻证能否作出合理解释以及能否被该案的其他证据印证，如果证人翻供无合理理由并且庭前证言笔录能够被其他的证据印证，法庭即可以确定庭前证言笔录的真实性并采信庭前证言。

[2]　参见陈瑞华：《刑事诉讼的中国模式》，法律出版社 2010 年版，第 192~194 页。

实真相的发现，对被告人的权利保障，社会和谐价值、效率价值等均未受到立法者的关注。

（3）检、法不支持证人出庭。由于担心证人出庭给庭审带来变数，检法两家对于证人出庭并不赞成，甚至个别案件存在人为阻碍证人出庭的情况，对于辩方证人更是如此。检察官不支持甚至阻挠证人、鉴定人出庭作证。表现为：对已提供有利于控方的书面证言、鉴定意见的证人、鉴定人出庭等持消极态度；对可能提供有利于辩方证言的证人进行恐吓、阻止其出庭作证，或对已经提供有利于辩方证言的证人进行打击报复。[1]以上种种原因，剥夺了辩方的质证权，造成质证难。

在庭审过程中，无论是审判人员还是公诉人员，由于多种因素的制约，均无要求证人出庭的积极性。对作为控方的检察机关而言，更无促使证人出庭作证的积极性。公诉人指控的目的是说服裁判者接受自己的指控主张从而作出有罪认定，即获取有罪判决是公诉人的直接目的。与证人出庭相比，庭前侦查机关制作的证言笔录更有利于追诉的成功，庭前的证言笔录内容固定，并能与其他指控证据印证，而一旦证人出庭，并且证人在法庭上提出与笔录不一致的证言，无疑给公诉人员的指控带来巨大变数，如果此证人属于关键证人，其证言的改变可能直接导致指控的失败，由于担心证人出庭后改变证言，因此，即使有出庭的条件和可能，公诉人也无促使证人出庭的积极性，尤其是在以人证为核心证据的职务犯罪案件如受贿案件中更是如此。有学者指出："一些公安机关、检察机关对于出庭作证的证人，动辄采取刑事追诉的行为，使其随意遭受拘传、拘留、逮捕等强制措施。一旦证人的庭上证言与检控方的预期不一致，证人就可能受到后者的报复，甚至被追诉，在此情况下，证人还敢出庭作证吗？"[2]因此，公诉人不希望甚至对证人出庭有极强的抵触情绪。在公检法三机关相互配合的诉讼机制下，裁判者对于公诉人提交的庭前证言笔录，都持有极大的信任心理并且乐于采信，因此，"缺少了外力的要求和约束，公诉人对证人出庭的抵触转化为审判机关或明或暗的支持。法官对口头证言的认证主要采用印证方式，或者与其书面证言进行对比印证，

---

〔1〕 参见陈永生、李肖霖："辩护律师质证难的实证调查与分析"，载陈瑞华主编：《刑事辩护制度的实证考察》，北京大学出版社2005年版，第69~78页。

〔2〕 陈瑞华：《问题与主义之间——刑事诉讼基本问题研究》，中国人民大学出版社2008年版，第183页。

或者与其他证据进行关联印证，在这种认证方式下，口头证言缺乏独立的证明价值，证人出庭与否对认证结果的影响不大"。[1]

"由于通知新证人到庭构成刑诉法第198条规定的可以延期审理的情形之一，法庭出于对延期审理的规避，往往缺乏动力通知新证人到庭，导致当事人和辩护人希望传唤的证人不能出庭作证。"[2]审判机关缺乏传唤证人出庭积极性的另外一个重要原因在于交叉询问制度的缺乏。刑事诉讼法无明确的交叉询问的制度设计，对证人的询问体现为轮替询问，缺乏以具体的理由来质疑证人的可信性。导致一般情况下证人出庭只是简单重复在庭前向侦查人员提供的证言，与证言笔录的记载无异。辩方缺乏对证人有效交叉询问技巧，如果被告人未委托辩护律师，其自身对证人的质证能力更加有限，因此，以上因素导致证人出庭并不能起到任何比不出庭更加积极的作用，徒增诉讼成本甚至浪费庭审时间。

但从笔者对法官的访谈来看，大多数法官对关键证人出庭持积极的态度，由于法官责任制以及错案责任终身追究的压力，法官对案件的判决十分谨慎，尤其是对案件事实的认定十分谨慎，因此，由于关键证人出庭能起到查明案件事实的作用，有利于裁判者对案件事实作出准确的认定，减少错判率，法官认为不存在为了节省审判时间或者为了避免出庭带来认定被告人有罪结果不确定性的考虑而反对证人出庭，即法官认为证人不出庭的关键原因是证人自身不愿意出庭，而非审判机关和公诉机关不愿意证人出庭，更无阻止证人出庭的情形。

根据笔者对"您对证人出庭的态度"以及"如果庭前证言笔录与其他证据能够相互印证，但控辩双方对证人证言有异议时，是否会通知证人出庭"的调研结果显示，虽然绝大多数审判人员基于准确认定案件事实的考虑，认为证人有出庭的必要，但还是有相当一部分审判人员由于担心证人出庭后证言有所变动等原因，选择不通知证人出庭。这一现象反映的问题是，审判人员是否通知证人出庭的考量因素并非仅限于刑事诉讼法规定的条件，还会基于证人证言的真实性程度以及诉讼效率的考虑。

---

〔1〕　参见左卫民：《刑事诉讼的中国图景》，生活·读书·新知三联书店2010年版，第103页。

〔2〕　陆而启："叶公好龙：刑事证人出庭的一个寓言"，载《证据科学》2008年第1期。

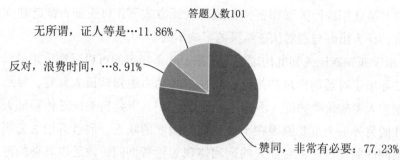

图4-7 您对证人、侦查人员出庭的态度是？

答案选项	回复情况
赞同，非常有必要	78
反对，浪费时间、担心引起法庭审判的不可控因素	9
无所谓，证人等是否出庭，对审判无实质性影响	14

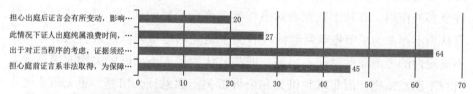

图4-8 在已有庭前证言笔录的情况下，且庭前证言笔录与其他证据能够相互印证，不存在无法排除的矛盾，但控辩双方对证人证言有异议，是否通知证人出庭及考量因素？（可以多选）

答案选项	回复情况
担心出庭后证言会有所变动，影响案件的审判，不通知	20
此情况下证人出庭纯属浪费时间，不通知	27
出于对正当程序的考虑，证据须经控辩双方质证才可采纳，通知	64
担心庭前证言系非法取得，为保障证言的真实性，通知	46

5. 证人不出庭的后果

（1）损害程序公正。必要证人不出庭直接影响刑事审判的程序公正。保障被告人的对质权是实现程序公正的应有之义，如果必要证人不出庭则直接侵犯被告人的对质权以及对证人交叉询问的权利。与不利证人对质并对其交叉询问的权利应属于被告人的基本诉讼权利，我国刑事诉讼法虽未明确规定被告人的对质权，但刑事诉讼的人权保障理念必然认可对被告人对质权的保障。而必要证人不出庭将使与作出对其不利证言的人的对质演变为对书面证言的质证，质证的效果根本无法实现。

（2）可能会导致案件事实无法查明。必要证人不出庭可能导致冤案出现，阻碍实体公正的实现。在刑事诉讼中，控辩双方收集证据时均是从自己的诉讼立场出发，收集的证据难免具有偏向性和片面性，有时还可能存在失真的情况。就证人证言笔录而言，庭前的证言笔录系侦查人员单方制作，询问证人时处于封闭的空间，面对代表国家的侦查人员，侦查人员的强势以及证人的畏惧心理会存在证人作证时尽量满足侦查人员要求的心理倾向。因此，庭前证言笔录的真实性难以保障，尤其是证人由侦查人员询问并且由侦查人员单方制作证言笔录的情况下，证言笔录内容失真在更大程度上不利于被告人。因此，辩方有异议的证人出庭接受辩方的质证是确认证人证言真实性的必要装置。如果证人不出庭，辩方将无法就证人作证的信息来源进行询问，无法核实证人是就其直接感知的案件事实作证还是转述他人的陈述，更无法质疑证人的诚实性，无疑会影响证人证言的证明力。同时，"在刑事警察与检察官已经反复筛选、认真组织的控诉证据体系中，书面证言的自洽性以及与其他证据的协调性在形式上通常无明显瑕疵，诉讼对方虽然可以质疑，但在原始人证不在场，难以戳穿虚假，法官也不能有效辨识真伪"。[1]

刑事诉讼法及司法解释确立的证言笔录的采信标准是看其是否可以与其他证据相互印证。侦查人员制作笔录类证据时很容易做到相互印证，而将不能印证的证据舍弃或隐藏。对证人翻证的审查认定，不能以印证为唯一依据。应综合审查翻证的原因是否合理，翻证后所陈述的内容是否合乎情理，庭前证言笔录的真实性是否得到保障，是否可能存在暴力取证的可能。

（二）鉴定人出庭

1. 鉴定人出庭的必要性

科学技术的发展提高了办案人员运用证据认定案件事实的能力和水平，

---

[1] 龙宗智："论书面证言及其运用"，载《中国法学》2008 年第 4 期。

科技手段在司法证明活动中发挥着日益重要的作用。办案人员专业知识的欠缺决定刑事证明活动中科技手段的运用需要由具备专门知识的鉴定人进行，但科学技术本身的不确定性以及垃圾科学等的存在，鉴定人可能不具备鉴定资格以及超越业务范围鉴定的情况决定鉴定人有出庭的必要性。鉴定意见对被告人的定罪量刑发挥至关重要的作用，由于鉴定人出庭率低，书面的鉴定意见并不接受控辩双方的实质性质证，而经过审判人员的程序性审查之后即成为定案的根据。[1]我国司法实践中自侦自鉴的问题非常严重，鉴定程序不透明，存在暗箱操作，鉴定的检材来源、鉴定过程等均存在不规范之处。鉴定意见错误已经成为冤错命案发生的关键原因，以福建念斌案、云南杜培武案等为代表的错案表明如果缺乏对鉴定意见的专门实质性审查，则错误的鉴定意见将直接导致错误判决的发生。有些鉴定意见可以给出明确的结论，如DNA鉴定、死因鉴定等，但很多鉴定意见只能给出一个范围或倾向，存在误差的可能性。因此，对于鉴定意见不能轻信，鉴定意见的审查判断除了审查鉴定人的资格、检材的来源以及与案件的关联性、鉴定方法是否科学、操作是否规范等，对于不确定的鉴定意见，应结合全案证据综合审查判断，如鉴定意见不能得到其他证据的印证，则鉴定意见不能作为定案的根据。

鉴定人属于专家证人，运用其专业知识对案件中的专门性问题进行鉴定。由于鉴定依据的专业知识一般无法轻易被控辩双方以及裁判者所认知和理解，如果控辩双方对影响定罪量刑的重大鉴定意见有异议时，鉴定人应出庭对其鉴定过程以及鉴定依据的科学技术原理进行解释和说明，必要时接受专家辅助人的质询。鉴定人能否合理解释和说明鉴定依据的科学原理以及鉴定的方法和程序是否合理，能否经受专家辅助人的质询，将成为鉴定意见是否可以被采纳的依据。专家辅助人是有专门知识的人，是刑事诉讼法新增加的诉讼参与人，可以由控辩双方向法庭提出申请，[2]其出庭的作用是就鉴定意见提出意见。对于控方而言，专家辅助人出庭可以帮助控方说明鉴定意见的科学性；而对于辩方而言，通过申请专家辅助人出庭，可以对控方的鉴定意见进行有效的质证，以揭露鉴定意见中的非科学因素；对于审判人员而言，专家

---

〔1〕 我国公安司法人员对鉴定意见持一种普遍的信任态度，在法庭上，对于辩方提出的鉴定意见存在的问题，审判人员对由控诉机关自行鉴定或者指定人员作出的鉴定意见持普遍信任态度。

〔2〕 根据刑事诉讼法的规定，申请专家辅助人出庭的包括公诉人、当事人和辩护人、诉讼代理人。

辅助人出庭后，通过当庭发表对鉴定意见的意见，可以帮助审判人员审查鉴定的过程和运用的技术及方法是否符合相关的规范要求，从而帮助审判人员有效审查鉴定意见。刑事诉讼法规定的专家辅助人其地位与鉴定人有异，并无独立的诉讼地位，仅是帮助控辩双方尤其是辩方质证鉴定意见。"专家辅助人制度的增设有利于强化对鉴定意见的质证效果，将案件所涉及的专门性问题展示在法庭上，通过控辩双方的有效质证得以澄清；有利于审判人员对案件所涉及的专门性问题作出科学判断，摆脱对鉴定意见的过分依赖甚至轻信；有利于在一定程度上减少重复鉴定的发生，避免使问题烦琐化、复杂化，提高审判的准确性。"[1] 但2012年《刑事诉讼法》实施以来，专家辅助人出庭的情况极为少见，根据笔者的调研，即使审判实践中有专家辅助人出庭，辩方申请的情况也并不多见，相反是控方申请专家辅助人出庭证明鉴定意见的科学性较多。

2. 鉴定人出庭的法律规范

不断出现的错案反映刑事司法鉴定存在诸多问题。刑事诉讼鉴定由公权力机关启动，被告人、被害人等无鉴定的启动权，其如果对鉴定意见不服，只能申请重新鉴定。2012年《刑事诉讼法》为了解决鉴定人不出庭以及对鉴定意见的有效质证问题，确立了以下两项制度：一是明确了鉴定人应该出庭的条件，即控辩双方对鉴定意见有异议，人民法院认为鉴定人有必要出庭的，鉴定人应当出庭作证。经人民法院通知，鉴定人拒不出庭的，鉴定意见不得作为定案的根据。二是公诉人、当事人和辩护人、诉讼代理人可以申请法庭通知有专门知识的人到庭，就鉴定人给出的鉴定意见提出意见。其中，有专门知识的人出庭，其目的是为了帮助控辩一方对鉴定意见进行有效质证，其出庭适用鉴定人的有关规定。

3. 鉴定人出庭的现状分析

鉴定人出庭率低是我国刑事司法实践中的难题。2012年《刑事诉讼法》实施以来，实证研究显示，鉴定人出庭率并未因为以上制度设计而显著增加，以上制度不但未有效解决鉴定人出庭的问题，而且造成鉴定意见不得作为定

---

[1] 黄尔梅："准确把握立法精神 确保法律正确实施——最高人民法院刑事诉讼法司法解释稿简介"，载卞建林、谭世贵主编：《新刑事诉讼法的理解与实施》，中国人民公安大学出版社2013年版，第14页。

案根据在实践中被公然违反，司法实践中几乎没有仅因为鉴定人不出庭而排除鉴定意见的案例。北大法宝数据库中 2013 年 1 月 1 日到 2014 年 3 月 17 日期间，涉及鉴定的刑事案件有 46 832 件，而鉴定人出庭仅 18 件。法官在遇到两份鉴定意见有分歧时是否愿意鉴定人出庭的调查显示：40.6% 的参加调查的法官选择"要求鉴定人出庭"，23.9% 的法官倾向于"请第三方鉴定机构另行鉴定"，14.5% 的法官选择"相比于当事人自行委托的，更倾向采信自己委托的鉴定意见"，12.3% 的法官倾向于"庭外咨询相关领域的专家"，8.7% 的法官则"采纳资质能力高的鉴定机构出具的鉴定意见"。[1] 鉴定意见被采纳的比例极高，而即使鉴定意见不被采纳也多是由于鉴定意见本身存在问题，如检材受到污染，鉴定的程序或方法错误，鉴定机构或鉴定人无鉴定资格等。因此，鉴定意见是否被采纳与鉴定人是否出庭并无必然的联系。

法庭上基本无鉴定人出庭接受质证。被告人对控方的鉴定意见不服，即使申请鉴定人出庭并获得审判人员的允许，但由于鉴定意见的专业性，缺乏专业知识的被告人以及辩护人很难对鉴定意见有效质证。

笔者对司法实践中必要鉴定人出庭的调查结果显示，虽然鉴定人出庭面临的障碍较少，但由于刑事诉讼法否定了应当出庭而拒绝出庭的鉴定人其鉴定意见的证据资格，为了避免因排除鉴定意见而导致认定案件事实的困难，法官通知必要鉴定人出庭时非常慎重，从未经历过鉴定人出庭的占到 27.72%，偶有经历的占到 39.60%，由此可见，鉴定人出庭的整体情况不容乐观。

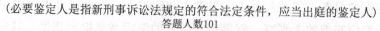

（必要鉴定人是指新刑事诉讼法规定的符合法定条件，应当出庭的鉴定人）

答题人数101

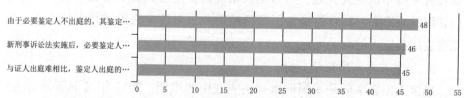

图 4-9　您办理的案件中必要鉴定人的出庭状况如何？（可以多选）

---

〔1〕　胡铭："鉴定人出庭与专家辅助人角色定位之实证研究"，载《法学研究》2014 年第 4 期。

答案选项	回复情况
由于必要鉴定人不出庭的，其鉴定意见不能作为定案的根据，因此法官通知鉴定人时非常慎重	48
新刑事诉讼法实施后，必要鉴定人出庭率有明显增加	46
与证人出庭难相比，鉴定人出庭的障碍较少	45

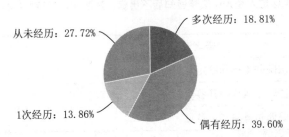

答题人数101

多次经历：18.81%
从未经历：27.72%
1次经历：13.86%
偶有经历：39.60%

图4-10　2012年《新刑事诉讼法》实施以来，您是否经历过鉴定人出庭？

4. 鉴定人不出庭的原因分析

鉴定人出庭率低的原因主要是由于鉴定人不愿出庭以及法官对鉴定人出庭并不欢迎。而鉴定人不愿出庭的原因，根据实证调研，从鉴定人的角度而言，主要是由于担心受到打击报复，开庭时间与鉴定人的工作时间发生冲突，鉴定人认为鉴定意见在书面的鉴定意见书中已经表述明白并无出庭的必要以及担心出庭时表述不清等。而法官不欢迎鉴定人出庭的原因主要是担心鉴定人出庭延长庭审时间，影响法官顺利审理案件。

笔者对"法官对鉴定人出庭的必要性认识、鉴定人出庭的效果以及必要鉴定人不出庭时鉴定意见的排除情况"的调研结果显示，如果控辩双方对关键的鉴定意见有异议，审判人员几乎均认识到鉴定人出庭对法官有效审查鉴定意见的重要性，但是由于鉴定意见需要鉴定人依据专门性知识作出，由于控辩双方缺少相关专门知识，即使鉴定人出庭，也可能无法有效质证鉴定意见。另外，问卷调查结果和笔者访谈结果均显示，刑事诉讼法确立的鉴定意见排除规定有被虚置的风险，应出庭的鉴定人如果经通知后拒不出庭的，法院并不必然排除鉴定意见。

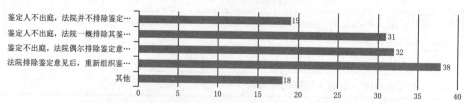

答题人数101

图4-11 法律规定应出庭的鉴定人如果不出庭，其鉴定意见不得作为定案的根据，如果鉴定人经人民法院通知后不出庭，法院如何对待？（可以多选）

答案选项	回复情况
鉴定人不出庭，法院并不排除鉴定意见	19
鉴定人不出庭，法院一概排除其鉴定意见	31
鉴定不出庭，法院偶尔排除鉴定意见	32
法院排除鉴定意见后，重新组织鉴定	38
其他	18

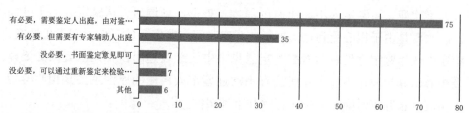

答题人数101

图4-12 当控辩双方对鉴定意见有异议时，您认为鉴定人是否有出庭的必要？（可以多选）

答案选项	回复情况
有必要，需要鉴定人出庭，由对鉴定意见有异议的一方对鉴定意见进行质证	76
有必要，但需要有专家辅助人出庭	35
没必要，书面鉴定意见即可	7
没必要，可以通过重新鉴定来检验鉴定意见是否科学可信	7
其他	6

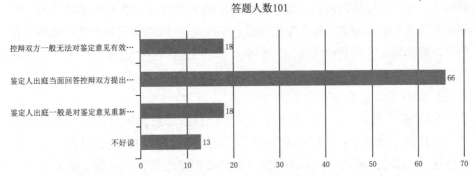

图 4-13　您所办理的案件中，鉴定人出庭的效果如何？（可以多选？）

答案选项	回复情况
控辩双方一般无法对鉴定意见有效质证，出庭效果一般	18
鉴定人出庭当面回答控辩双方提出的问题，有利于法官对鉴定意见作出正确的判断	66
鉴定人出庭一般是对鉴定意见重新宣读一遍而已，并无实质性效果	18
不好说	13

（三）侦查人员出庭

2012 年《刑事诉讼法》规定了警察出庭作证制度，要求警察就其目击的犯罪事实以及取证合法性出现程序性争议时出庭作证，但刑事诉讼法实施以来，警察出庭作证的情况并不尽人意。根据研究，警察不出庭主要基于以下原因：一是观念的原因。长期以来，警察被视为代表国家追诉犯罪的国家公职人员，这一定位"使警察很难认同自己与普通证人一样需要接受法庭调查"。[1]警察不适应在法庭上作证，基于担心在法庭上说不清楚为由，拒绝出庭。

1. 侦查人员出庭的特点

警察出庭与普通证人出庭作证的区别为，警察作证证明的事实与其职务行为有关，无论是人民警察就其执行职务时目击的犯罪情况作为证人出庭作证还是警察出庭证明讯问行为的合法性，均与其职务行为有关。警察证人的特殊性在于，公务性决定警察证人对案件事实的感知、记忆和表达会出现某种程式化

---

〔1〕 李玉华、周军、钱志健：《警察出庭作证指南》，中国人民公安大学出版社 2014 年版，第12-14 页。

的形式。除了采用秘密侦查、诱惑侦查、控制下交付等特殊侦查手段之外，警察对案件事实的感知大多是在案发之后。在日本，"司法警察可以就勘验结果在公审日期作为证人而受到询问"。〔1〕学者陈朴生指出："司法警察官、虽从事与案件之侦查业务……法院仍得以之为证人加以传讯。"〔2〕

2. 侦查人员出庭的法律规范

2012年《刑事诉讼法》第187条第2款首次以法律规范的形式对人民警察出庭作证予以规范："人民警察就其执行职务时目击的犯罪情况作为证人出庭作证。"同时，审判阶段启动非法证据排除程序之后，如果确有必要，侦查人员应出庭对证据收集的过程说明情况。〔3〕《高检规则》确立了辩方对笔录证据有异议时，必要时侦查人员应出庭作证。〔4〕具体而言，刑事诉讼中警察应出庭作证的情形包括以下三种：警察在现场目击犯罪行为发生的，或者警察当场抓获犯罪嫌疑人的；作为侦查人员，警察实施勘验、检查、搜查等侦查活动并制作各种笔录，如果控辩双方对笔录的真实性有异议，警察应当出庭就侦查过程作证。当辩方对证据的合法性提出异议时，警察应出庭就讯问或询问过程提供证言，并接受辩方的质问。

3. 侦查人员出庭的现状

警察出庭作证在实践中突出的问题是，警察从心理上抗拒出庭，认为其是代表国家追诉犯罪的公务人员，出庭接受控辩双方的质询与其身份不符。而且由于侦查人员无出庭作证的经验，导致出庭的效果不佳。在非法证据排除程序中，实践中侦查人员基本不出庭，代之以侦查机关制作的并加盖其公章但无侦查人员签名的证明其取证行为合法的情况说明，这种自我证明的合理性值得反思。即使侦查人员出庭，也不会轻易承认存在非法讯问行为，其对裁判者判断和认定非法证据并无实质性的帮助。根据学者的了解，"我国侦查人员出庭作证几乎都是由检察机关安排的，没有经辩护方单方申请法院传

---

〔1〕 参见王以真主编：《外国刑事诉讼法学》，北京大学出版社1995年版，第417页。

〔2〕 参见陈朴生：《刑事证据法》（第3版），三民书局1979年版，第93页。

〔3〕 2012年《刑事诉讼法》第57条第2款规定了对证据收集合法性进行法庭调查的过程中，警察出庭作证的情形。

〔4〕 《高检规则》第413条规定："对于搜查、查封、扣押、冻结、勘验、检查、辨认、侦查实验等活动中形成的笔录存在争议，需要调查人员、侦查人员以及上述活动的见证人出庭陈述有关情况的，公诉人可以建议合议庭通知其出庭。"

唤侦查人员出庭作证的情况"。[1]"尽管越来越多的辩护律师都提出了排除非法证据的申请，并申请法庭通知侦查人员出庭作证，或者调取全案同步录像资料，但检察机关对此普遍予以拒绝，法庭对此也无可奈何。"[2]

笔者对司法实践中侦查人员出庭状况的调研结果显示，接近一半的审判人员从未经历过侦查人员出庭，侦查人员出庭的情形大多属于非法证据排除程序启动之后而需要侦查人员出庭的，侦查人员作为普通证人或者出庭证明量刑事实的情况较少。

图 4-14 您办理的案件中有无侦查人员出庭的情况？

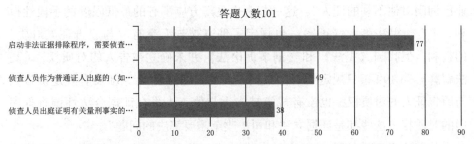

图 4-15 侦查人员一般在以下哪些情况下出庭？（可以多选）

答案选项	回复情况
启动非法证据排除程序，需要侦查人员出庭的	77
侦查人员作为普通证人出庭的（如抓捕时目击犯罪事实的）	49
侦查人员出庭证明有关量刑事实的（如自首、立功等）	38

〔1〕 何家弘："对侦查人员出庭作证的实证研究"，载《人民检察》2010 年第 11 期。
〔2〕 陈瑞华："论侦查人员的证人地位"，载《暨南学报》2010 年第 2 期。

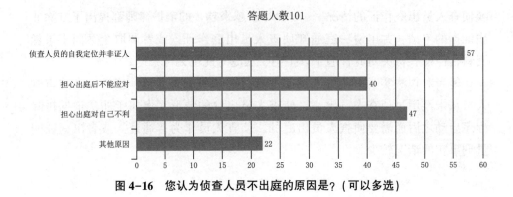

答题人数101

图 4-16　您认为侦查人员不出庭的原因是？（可以多选）

第三节　审判中心下质证的完善

《公民权利和政治权利国际公约》第 14 条规定，被指控者有权"询问或业已询问对他不利的证人"，这一权利也是辩方应享有的最低限度的手段性权利。《美国宪法第六修正案》也规定了刑事被告人享有"与原告证人对质"的权利，但我国《宪法》和《刑事诉讼法》并未确立被告人的对质权，《高法解释》第 199 条只规定了"同案被告人等到庭对质"，"却没有规定被告人与原告证人的对质权，也没有规定被告人与侦查人员在证据合法性调查程序中的对质权，这些都是证据立法和司法改革需要解决的问题"。[1]

英美法系国家的质证程序具有直接言词性特征。各种言词证据的陈述者需要出庭接受质证，英美法系国家的证人的范围较广，包括了我国刑事诉讼中的被告人、被害人、证人、鉴定人以及侦查人员。同时，展示性证据需要鉴真，需要证据的收集者、保管者以及移送者出席法庭就证据的保管链条的完整性予以陈述。美国言词证据和实物证据的出示和质证均以言词陈述的方式出现，并以证人（广义）出庭的方式以实现对陈述者交叉询问和对质。

推进以审判为中心的诉讼制度改革，以庭审实质化为基本保障。学者在论证此问题时，几乎一致认为应在刑事诉讼法中明确直接言词原则，从而要

---

〔1〕　张保生："司法改革应遵循证据裁判规律"，载《法制与社会发展》2014 年第 6 期。

求证人、鉴定人等言词证据的提供者出庭作证，笔者认为直接言词具有概括性的特征，充其量只是指导性的法律原则，而传闻证据规则则是具体的操作性规范。直接言词原则的出发点与价值基础在于保障法官准确认定案件事实，其核心是强调法官审判的亲历性以及接触证据最原始的形式，与被告人在庭审中的基本权利的保障无直接关系。与此相反，传闻证据规则立法的核心价值在于保障被告人的对质权，保障对告人与作出对其不利证言的证人进行面对面对质的宪法性权利。我国刑事诉讼法一直强调被告人的诉讼主体性地位并强调对被告人权利的保障，但刑事诉讼实践反映出被告人在庭审中的权利保障并未达到理想的状态。因此对当下影响庭审实质化实现的证人等言词证据提供者不出庭的问题，虽然确立直接言词原则和传闻证据规则均是有效的应对之策，但结合上述分析，确立传闻证据规则这一证据法的基本规则是确保证人出庭的关键措施。

审判中心下质证的完善应以庭前会议发挥实质性的证据开示与争点整理功能为前提，如果庭前准备不够充分，控辩双方对对方将在庭审中提出的证据互不了解，双方的争议焦点未予明确，不但无法实现庭审的集中化，而且也无法保障质证的针对性和效率。对事实和证据争点进行整理是庭前会议的一项重要功能，根据成都中院对庭审实质化的试点经验，其将庭前会议对事实争点的整理总结为：首先，对事实争点进行整理。公诉人概要说明起诉书指控的内容，包括指控的罪名、犯罪事实和不利于被告之量刑情节。征求被告人和辩护人对公诉指控的意见，承办法官概括控辩双方争议的事实、情节，要求双方在庭审中重点围绕争议事实、情节进行调查、辩论，无争议的事实简化调查和辩论。其次，对证据争点进行整理。询问辩方是否有需要在庭审中出示的证据。询问控辩双方对对方证据的相关性、真实性以及合法性是否存在异议，以及有异议的证据名称。承办法官概括控辩双方争议的证据名称，要求双方在法庭调查中对争议的证据采用一证一质的方式，出示原件、原物。对于无争议的证据，庭审时可以采取简化出示的方式。再次，解决辩方是否申请调取证据的问题。询问被告人、辩护人是否申请调取侦查机关已收集、但未随案移送的证据材料，并作出是否同意的决定。询问被告人、辩护人是否申请法庭收集其他证据，是否申请重新鉴定、补充鉴定，并作出是否同意的决定。询问公诉人、被告人、辩护人是否申请证人、被害人、鉴定人出庭作证，并作出是否同意的决定。同意相关人员出庭作证的，要求申请方向法庭提交《出庭作证的证人、被害人、鉴定人名单》。承办法官作出同意证人、被害人、鉴定人出庭作证的决定后，可以要求申请方协助通知其出庭作证。申请方是公诉人的，由公诉人通知并促使证人、被害人、鉴定人出庭作证。申请方是被告人、辩护人的，且需要出庭作证的证人、被害人、鉴定人系控方人证（相关证据材料由侦查机关收集在案）的，由公诉机关通知并促使其出庭作证；需要出庭作证的证人、被害人、鉴定人系辩方人证的，由被告人、辩护人通知并促使其出庭作证。通知证人、被害人、鉴定人时，可以告知其法院将提供出庭补贴的金额。

一、确立传闻证据规则

确立传闻证据规则的正当性在于，传闻证据不可靠，不全面，书面传闻可能属于侦查人员随意记录的内容，充满追诉的价值取向，不能反映证人作证内容的原貌。转述他人陈述面临着信息遗漏或改变的风险，如果允许传闻证据在法庭上适用，可能产生裁判者错误认定案件事实的风险。但传闻证据并非一概不可采，如果不分青红皂白一概排除传闻证据将给有效惩罚犯罪带来巨大压力，各国在确立传闻证据规则的同时，均确立了诸多传闻证据规则的例外，传闻证据的例外主要从传闻证据的可靠性以及必要性两个角度进行设置。[1]传闻证据的可靠性指从产生传闻证据的具体情况分析，比如传闻证据的来源可靠，侦查人员对证言笔录的记载遵循法律的正当程序、传闻证据的真实性能够得到其他证据的验证。由于传闻证据具有非常高的可信性，虚假的可能性较小，在此情况下，双方当事人的交叉询问并非十分必要，缺乏交叉询问也不会给受传闻证据不利影响的当事人带来致命的伤害。使用传闻证据的必要性是指由于客观条件的限制，比如原始证人死亡、重大疾病或者路途十分遥远等原因，造成原始证人无法出庭接受双方当事人的当庭质证，为了证明犯罪事实的需要，不得不肯定原始证人笔录的证据资格。《美国联邦证据规则（2004）》第803条列举了24种"证人不必出庭"的例外，第804条又列举了6种"证人无法出庭"的例外，两个条文同时设立兜底条

---

〔1〕 英美法系历来重视法官自由裁量的传统，法官心证判断传闻证据例外是否需要采纳是需要考虑的内容是证据的必要性和可信性两个基准，这是形成传闻证据例外的指导原则。参见宋英辉、李哲："直接、言词原则与传闻证据规则之比较"，载《比较法研究》2003年第5期。朱立桓："英国传闻证据规则例外的变迁及其启示"，载《比较法研究》2008年第6期。

款，第 807 条规定"虽然不属于规则 803 或规则 804 特别规定的陈述，但具有同等的间接真实性保障时"，也可以作为传闻证据规则的例外。所谓无法出庭的例外包括："陈述人享有免于作证的特权并拒绝作证的；陈述人虽无免于作证特权，但宁愿受处罚亦不作证的；陈述人由于死亡或患身体上或精神上的疾病，或健康状况不佳不能出庭或不能作证的；陈述人声称对自己所作陈述的内容已记不清的；通过传票或合理手段无法通知陈述者出庭作证的。除以上立法上的规定，法官还可以基于可信性和必要性创制案例上的采纳规则。"〔1〕

我国刑事诉讼法无对传闻证据使用的限制，2012 年《刑事诉讼法》在 1996 年《刑事诉讼法》的基础上，完善了保障证人、鉴定人、侦查人员等出庭的各种措施，但法律的规定与传闻证据规则的要求以及被告人对质权保障的要求还相距甚远。有学者认为我国刑事审判方式朝着当事人主义诉讼模式迈进，"在解决我国庭审大量使用书面证言等侵犯被告人对质权的问题，传闻证据规则较直接言词原则更有优势"。〔2〕

我国的司法现状是大量的传闻证据进入法庭，证人证言笔录、被害人陈述笔录、被告人供述笔录、书面的鉴定意见以及勘验、检查等笔录成为质证的对象和法官认证的重要依据。能够与其他证据印证的笔录证据的证明力优先采用，庭审中即使被告人翻供，其庭审的翻供内容并不能当然被法官采纳，要求被告人庭上翻供时必须说明理由，并且要求翻供的内容必须有其他证据支撑和佐证，根据证明基本原理，肯定性事实容易证明，而否定性事实通常难以证明，被告人翻供的，通常的主张是犯罪事实并非其所为，但被告人通常很难自己收集证据洗清嫌疑，即虽然翻供，但可能无法提出有效的证据支持其翻供的主张，从而根本无法推翻侦查阶段形成的有罪供述。

在我国的司法实践中，依据书面证言定案成为常态，这一状况不但使直接言词原则无法实现，而且也无法保障被告人的对质权以及对关键证人的交叉询问权。在此情况下，确立传闻证据规则无疑对于促使证人出庭具有明确

---

〔1〕《美国联邦刑事诉讼规则和证据规则》，卞建林译，中国政法大学出版社 1996 年版，第 98 页。

〔2〕 陈卫东：《反思与建构：刑事证据的中国问题研究》，中国人民大学出版社 2015 年版，第 338 页。

的导向意义，并且有助于直接言词原则的实现。[1]但我国并非纯粹的当事人主义，庭审中法官依然占据重要的职权地位以及长期以来对实质真实的追求决定我国对传闻证据规则的引进不能绝对化，应与我国的刑事诉讼传统以及诉讼模式相契合。质言之，为了实现质证的实质化以及言词证据质证的根本价值，我国应确立传闻证据规则，即"了解案件事实的人应该出庭作证，除法律另有规定之外，法庭不应采纳庭审之外的证人陈述作为定案根据，无论是书面陈述还是他人到庭转述"。[2]在确立传闻证据规则的基础上，应对我国现行的证人作证条件进行改造，控辩双方对证人证言有异议是证人出庭的核心条件，只要控辩双方对证人证言提出真正的异议，并且该证人证言对定罪量刑影响较大，则证人即应出庭作证；同时，对被告人可能判处死刑的案件，即使双方对证人证言无异议，基于慎用死刑的考虑，应要求关键证人出庭，即能证明适用死刑的情节的证人出庭。但应同时考虑传闻证据本身的特点以及司法实践需求等情况，理性设置传闻证据的例外。

第一，传闻证据规则适用的刑事案件类型是被告人不认罪的适用普通程序审理的案件。对于被告人认罪的适用速裁程序以及简易程序审理的案件不适用传闻证据规则。同时，如果被告人及其辩护人认可传闻证据的效力，则也不适用传闻证据规则。实行混合式诉讼模式的日本，"对于简易审判程序、交通即决裁判程序，因当事人无争执，且案件轻微，为谋求减轻诉讼关系人之负担及增进法院审理案件之效率，并不采用传闻法则"。[3]

第二，在适用传闻证据规则的案件范围内。并非所有的证人均应出庭作证，证人出庭作证的最大价值在于保障证人的对质权，美国传闻证据规则例外的确定从关注传闻证据的可靠性到重点关注传闻证据对保障被告人质证权

---

[1] 确立传闻证据规则并非一概否认庭前证言笔录的作用。相反，在下列情形下，笔录证据依然可以发挥作用：第一，作为法庭上唤起证人记忆之凭据，如《德国刑事诉讼法》第253条规定："证人或鉴定人表示无法回忆某项事实时，为帮助其回忆，可以宣读先前对其询问的笔录中与此有关的部分。"第二，作为攻击证人可信性之弹劾证据使用。也就是当证人当庭证言与庭前证言笔录不一致时，可以以此攻击证人的可信性，律师们将证人先前陈述在法庭上逐字逐句地摘出，通过充分的交叉询问让证人在庭审中做出不可避免的让步，揭示证人先前证言的过于绝对化与不可信，以及这种不可信对审判的重要影响。

[2] 樊崇义、李静："传闻证据规则的基本问题及其在我国的适用"，载《证据科学》2008年第3期。

[3] [日]田口守一：《刑事诉讼法》，刘迪等译，法律出版社2000年版，第243页。

的功能。因此，被告人对控方提供的庭前证言笔录无异议，则证人即无出庭的必要，但我国并非完全的当事人主义诉讼模式，虽然控辩双方对证人证言无异议，但法官基于查明案件事实的需要，如果认为证人有出庭必要的，可以要求证人出庭。当然，与辩方对证言笔录的异议相比，法官要求证人出庭的权力应谨慎行使。

第三，在对传闻证据的判断上，赋予法官一定的自由裁量权。有些证据虽符合传闻证据的基本特征，但如果法官认为证人出庭作证将造成不必要的花费或导致庭审的拖延时，可以采纳书面证言。2012 年《刑事诉讼法》修改之前，有学者将应出庭而未出庭证人证言真实性的审查确认解释为，"只有该书面证言'特别可信'或有'可靠性的情况保障'时，才能确认其真实性，将其作为定案的根据"。[1]

二、保障被告人的对质权

审判中心下实现庭审的实质化应保障当事人交叉询问的权利以及对质的权利。对质权即"眼球对眼球的权利"，是刑事庭审中被告人享有的基本权利，指被告人有权在法庭上面对不利证人，并有权对其提出质问的权利。根据有关学者的解释，"对质权，是指二人同时到场，面对面互为质问之义。诘问权是指在主问者询问证人完毕后，由他人对证人的再行询问，以求发现疑点或澄清事实"。[2]"对被告人而言，与不利于己的证人进行面对面对质的权利比传唤有利于己的证人并对其进行主询问从而引出有利事实的权利更为重要。"[3]《美国宪法第六修正案》规定，在刑事案件中，被告人有与对他提出不利证词的人对质的权利，以及以强制程序要求能提出对他有利证词的人出庭作证的权利。"从发现真实的角度看，对质权有利于实现定罪量刑的精细化，有助于防范冤假错案，防止无辜者被错误定罪。"[4]

（一）扩大对质主体范围

根据目前的司法解释，对质的主体范围限于同案被告人之间以及被告人与证人之间。这一范围显然难以涵盖所有需要在法庭上对质的主体，司法实

---

〔1〕 龙宗智："庭审实质化的路径和方法"，载《法学研究》2015 年第 5 期。

〔2〕 王兆鹏：《辩护权与诘问权》，华中科技大学出版社 2010 年版，第 116 页。

〔3〕 参见郭天武："论我国刑事被告人的对质权"，载《政治与法律》2010 年第 7 期。

〔4〕 易延友："证人出庭与刑事被告人对质权的保障"，载《中国社会科学》2010 年第 2 期。

践中，就相同的案件事实提供不一致陈述的主体除了被告人、证人之外，还包括被害人。因此，完整的对质应包括同案被告人之间、被告人与证人之间、证人与证人之间、被告人与被害人之间以及被害人与证人之间的对质。

（二）明确对质的申请主体

目前唯有检察机关有对质的建议权，而被告人及其辩护人无对质申请权，显然与控辩平等的基本刑事诉讼理念相悖。案件的处理结果直接关系到被告人的定罪处罚，允许被告人申请有关人员出庭对质是对质权保障的基本需要，因此，法律应同时赋予公诉人和被告方对质的申请权。

（三）完善对质程序

对质如果缺乏程序规范，不但会影响审判效率，而且可能由于无章可循导致对质偏离矛盾焦点，失去对质的本来意义。因此，应以严格的程序规范对质，裁判者在决定对质时，应做好充分的准备，掌握不同主体陈述的矛盾所在，从而在双方对质时进行有效引导。《俄罗斯联邦刑事诉讼法典》第163条第2、3款规定："侦查员在开始当面对质的询问时，先要询问当面对质的人，他们是否彼此相识和他们彼此的关系如何，然后让指定的人依次就实行当面对质所要查明的情况作出陈述。在作出陈述以后，审判员可以向每一个被询问的人提出问题。当面对质的人经审判员许可，可以互相提问，所提出的问题应在笔录中记明。宣布参加当面对质的人在以前各次询问中所作的陈述，以及重放这些陈述的录音，只有当他们在当面对质中作出陈述并记入笔录以后，才容许宣布。"[1]上述规定肯定了审判人员在对质过程中的作用，同时确立了对质主体的对质程序和方法，值得借鉴。

（四）详细制作笔录

言词性和对抗性是对质的基本特征，真实的发现则依赖于言词的碰撞。对质的过程应详细如实记入笔录，笔录对互相质疑理由的记录是查明真相的基本依据。对此，我们可以借鉴《俄罗斯联邦刑事诉讼法典》第163条关于对质笔录的规定："对质过程的每一个环节和内容都应当如实记入笔录。对质开始前的告知内容就应当记入笔录；当面对质过程中的提问及其回答均应当在笔录中记明。""在当面对质的笔录中，被询问人的陈述应当按照他们先后的顺序加以记

---

〔1〕《俄罗斯联邦刑事诉讼法典》，苏方遒、徐鹤喃、白俊华译，中国政法大学出版社1999年版，第101页。

载。当面对质的每一个参加人应对自己的陈述签名，并对每一页分别签名。"〔1〕

（五）对质的例外

只有在特殊情况下，被告人的对质权才受到一定的限制。美国最高法院在一起儿童性侵害案件中裁定，如果确认儿童证人——被害人由于恐惧无法在被告人面前有效作证，法官可允许证人——被害人通过笔录电视作证和接受质询。〔2〕

（六）对质权保障的前提——关键证人等言词证据提供者出庭

与公权力机关不同的是，对于提供了对其不利情况的证人，辩方有强烈的要求其出庭并与其直接对质的心理需求。尤其是对于强奸、受贿等案件，如果被告人对关键被害人、行贿人的关键证言有异议，则与其当面对质是辩护权实现的关键，直接关系到其实体性权利的保障。我国实行单轨制侦查，辩护律师的调查取证权受到多方面的限制，辩方要求检察机关和审判机关收集证据的权利由于缺乏保障机制在实践中难以实现，因此庭审中辩方很少主动提出影响定罪的证据，而寄希望于通过对控方证据的有效质证，指出控方证据的破绽和疑点。因此，被告人对于证人享有两项基本权利，其一为享有申请法庭强制传唤有利于己的证人出庭作证的权利，其二是有权与不利于己的证人当庭对质的权利。

"判断言词笔录是否可靠的标准又具有更为丰富的内涵，对被告人供述而言，主要集中于供述的自愿性，辅之以取证程序的规范性；对于证人证言而言，除了陈述的自愿性、作证的资格并辅之以取证程序的规范性外，更为注重的是证人的诚实品性，证言的客观性以及在特定案件中证人所提及其所观察现象的可能性等。"〔3〕在证人出庭的情况下，可通过四项措施确认证人证言的真实性：其一，具有科以伪证效果之保证或宣誓；其二，可由认定事实者直接观察其言谈举止；其三，可要求到庭证人就其认知事实之背景作更为详细之说明（以判断证言可靠性）；其四，因该证言而受不利认定之对方当事

---

〔1〕《俄罗斯联邦刑事诉讼法典》，苏方遒、徐鹤喃、白俊华译，中国政法大学出版社 1999 年版，第 101 页。

〔2〕 Maryland V. Craig, 497 U. S. 836 (1990).

〔3〕 参见〔美〕特伦斯·安德森、〔美〕戴维·舒姆、〔英〕威廉·特文宁：《证据分析》，张保生等译，中国人民大学出版社 2012 年版，第 87 页。

人对其进行交叉诘问。[1]

证人出庭是被告人对质权实现的基本前提，证人出庭对于保障被告人的对质权和对证人交叉询问的权利，有利于控辩双方判断证言的可靠性和真实性，保障裁判者对证人证言的正确认定从而准确认定案件事实均具有极为重要的作用。无论在大陆法系直接言词原则的要求之下还是在英美法系国家传闻证据规则的调整之下，证人出庭均为原则，不出庭成为例外。针对我国一直以来存在的证人出庭率不高的现状，除了确立传闻证据规则之外，应从以下方面予以完善。

首先，应调整证人出庭的条件。目前 2012 年《刑事诉讼法》关于证人应该出庭的条件过于苛刻，因此，为了确保异议证人以及重大案件证人出庭，应将证人出庭的条件调整为以下几种情形：控辩双方对证人证言有异议，该证言对案件的定罪量刑有重大影响；可能判处 10 年有期徒刑以上的关键证人；裁判者认为证人应出庭的。即从可能判处的刑罚、证人证言对定罪量刑的影响等方面确定应该出庭的证人的案件范围。

其次，完善对证人的保护制度。一是扩大证人保护的对象。需要对证人提供保护的案件类型，刑事诉讼法规定为危害国家安全犯罪、恐怖活动犯罪、黑社会性质的组织犯罪、毒品犯罪等案件，而司法实践中需要对证人进行保护的案件类型远不止以上内容，应扩大证人保护的案件范围，对严重的暴力犯罪案件以及职务犯罪案件的证人均应提供保护。同时应扩大需要保护的证人类型，目前保护的证人类型仅限于证人、鉴定人和被害人本人及其近亲属，除了证人本人及其近亲属外，与其有亲属关系的其他人也可能面临被侵害的危险，适当扩大证人的保护类型是必然的选择，可以考虑将近亲属的范围扩大为祖父母、外祖父母以及孙子女和外孙子女。二是延长对证人的保护期限。2012 年《刑事诉讼法》第 62 条规定，因在诉讼中作证，本人或者其近亲属的人身安全面临危险的，办案机关应提供相应的保护。可见，对证人的保护期限为诉讼中作证期间，保护期限有极大的局限性。证人的人身安全面临威胁的时间不但是诉讼中作证期间，作证结束后亦有遭到打击报复的威胁和现实危险，因此，对证人的保护时间不应限于诉讼期间，而应扩充至危险消除之日止。三是扩大对证人的保护内容。目前对证人的保护内容仅限于人身安

---

[1] 参见王兆鹏等：《传闻法则理论与实践》，元照出版社 2003 年版，第 46 页。

全，实践中证人遭到的威胁不限于人身安全，其财产、名誉等均可能面临危险，因此对证人的权利保护内容应予以完善，将其扩大到证人的财产以及名誉、荣誉等基本权利的保护。

最后，适当调试证人保护的措施。2012 年《刑事诉讼法》第 62 条关于证人"不公开真实姓名、住址和工作单位等个人信息"，"采取不暴露外貌、真实声音等出庭作证措施"的规定变相剥夺了被告人的质证权，应予以适当改变。

三、完善交叉询问制度

交叉询问和对质是质证的基本方法。二者的区别为，交叉询问的对象是证人，对质的主体则包括证人以及被害人，对质的前提是双方对同一事实作出不同的陈述。对质发生在证人与证人之间、被告人之间、被告人与证人之间。交叉询问包括一系列询问规则。由于交叉询问是一项具有极强技巧性与专业性的活动，因此需要以辩护律师的充分参与为基本前提，如果被告人无力聘请律师，国家应通过法律援助制度保障被告人获得免费的律师帮助，从而帮助其实现交叉询问的权利。

（一）两大法系国家询问证人的基本规则

作为交叉询问的代表国家，《美国联邦证据规则》第 614（a）条规定："法院可以自行或者根据当事人的请求传唤证人，所有的当事人都有权对该证人进行交叉询问。"[1]对证人交叉询问的具体规则为，证人区分为本方证人和反方证人（或控方证人与辩方证人），证人出庭后，先由本方对证人进行主询问，再由反方对证人进行反询问。直接询问的内容应为与案件有关的事项，直接询问中禁止使用诱导性询问，询问内容与案件无关的，审判人员应该制止。询问内容不当的，对方可以提出异议。交叉询问则允许进行诱导性询问，以揭示证人证言的不实之处。交叉询问的范围不得超过直接询问中证人作证的范围，但交叉询问的内容并非必然与案件事实有关，有些看似与定罪量刑的案件事实无直接关联，但可以质疑证人证言的可信性，因此，交叉询问的内容不应严格限制为必须与案件事实有关。

大陆法系由于奉行职权主义的诉讼模式，法官在庭审中承担积极的发现

---

[1] 王进喜：《美国〈联邦证据规则〉（2011 年重塑版）条解》，中国法制出版社 2012 年版，第 200 页。

案件事实真相的职能，并且未严格区分控方证人与辩方证人，因此并未实行完全的交叉询问规则。以大陆法系的代表国家德国为例，其法庭上对证人的讯问方式为轮替询问或交替询问。"轮替询问并不严格区分控方与辩方证人，诉讼与询问不严格区分控辩两大阵营，只是体现多元诉讼主体共同参与询问，通过协力探讨并发现案件事实真相。"〔1〕

（二）我国询问证人制度的完善

关于我国刑事诉讼中询问证人制度是否属于交叉询问，学界有不同的认识。认为属于广义交叉询问的理由为："从我国现行的法律规定来看，庭审中对于证人的询问主要由控辩双方为主进行，审判人员的发问只是一种补充性发问，故从法律层面上看，我国对证人的询问已经采取了交叉询问的方式。"〔2〕龙宗智教授也认为："我国刑事庭审中的人证调查，虽然不能称作典型意义或严格意义上的交叉询问，但仍然可以从广义上界定为交叉询问，而且这种交叉询问，在直接人证调查中是一种重要的甚至基本的方式。"〔3〕持相反观点的学者认为："我国现行法律文本上的庭审证人调查制度，只是在形式上具备了交叉询问的外形，但实质上根本不是那么回事。由于我国并未建立对抗制诉讼模式，更未确立对抗式诉讼模式所必需的控辩平等武装所需的配套制度和证据规则。因此，充其量只能是一种控辩双方的轮替询问，加上法官补充询问的调查方式。"〔4〕笔者赞同后一种观点，我国庭审中对证人以及鉴定的询问制度从询问顺序上看，表面上与交叉询问的顺序基本相似，但我国缺乏交叉询问制度运行的社会土壤，〔5〕并未区分控方证人与辩方证人，亦未区分主询问规则与反询问规则，对交叉询问中的异议也并无完善的规定。而且，由于法律援助的案件范围有限，辩护律师参与庭审程序并不具有普遍性，缺乏交叉询问制度的主体基础。

我国目前法律文本规定的轮替式的人证调查制度基本符合我国的刑事诉讼文化传统，但人证调查的个别制度设计违背基本的诉讼原理与诉讼规律，

---

〔1〕 尚华：《论质证》，中国政法大学出版社 2013 年版，第 131 页。

〔2〕 王进喜：《刑事证人证言论》，中国人民公安大学出版社 2002 年版，第 259 页。

〔3〕 龙宗智：《刑事庭审制度研究》，中国政法大学出版社 2001 年版，第 305 页。

〔4〕 参见马贵翔等：《刑事证据规则》，复旦大学出版社 2009 年版，第 270 页。

〔5〕 交叉询问的运行以对抗制诉讼模式为基础，以辩护律师普遍性参与、严格的主询问规则以及反询问规则以及异议制度为保障，我国 1996 年进行审判方式改革引入对抗式的诉讼模式，但从实践效果来看，这一改革并未达到应有的效果，庭审的实质性对抗依然难以实现，诉讼中的控辩关系依然是一边倒的制度设计。

应予以改变。

1. 有效区分控方证人与辩方证人，合理确定交叉询问的顺序

刑事诉讼法并未区分控方证人与辩方证人。对证人的询问，应当先由提请通知的一方进行，由提请证人出庭的一方对证人先行询问存在以下问题，如果辩方申请法院通知控方证人出庭，则辩方对证人的询问应属于交叉询问而非直接询问，而根据询问证人的顺序先询问证人的一方为直接询问，如果在此情况下认定辩方对证人的询问属于主询问则存在根本的错误。因此，笔者建议应有效区分控方证人与辩方证人，对于控方证人，无论哪一方提请证人出庭，均应由控方先询问，再由对方进行交叉询问，辩方证人亦然。

2. 正确认定诱导性询问

根据我国刑事诉讼法，诱导性询问被一概禁止，《高检规则》对诱导性询问进一步禁止。[1]允许以庭前的证言笔录对证人进行弹劾，质疑证言的可信性。显然，我国刑事诉讼中一概禁止对证人的诱导性询问存在根本性错误，根据交叉询问的一般原理，主询问或直接询问一般禁止诱导性询问，反询问时如果禁止使用诱导性询问将失去反询问的价值。律师对控方证人发问时，为了质疑证言的真实性，揭露可能的谎言，辩护律师需要设计一系列环环相扣的问题，才能使证人自然而然地说出律师想要的答案。如果采取直接询问的方式，则很难获得证人的直接答案。因此，对于控方证人，应允许辩护律师在询问证人时通过设计问题以诱导证人说出实际情况，即允许诱导性询问。

3. 合理确定控辩双方发问的内容

刑事诉讼法规定对证人发问的内容应与本案事实有关。将对证人发问的内容严格限制在与本案事实有关的范围内将限制交叉询问的展开，单纯的有关犯罪构成要件事实的询问固然是询问证人的目的之一，但对证人的询问更大程度上是为了质疑证人的可靠性或可信性，而对证人的有效质疑需通过对证人的学历、文化、党派以及宗教信仰等的询问来实现。因此应严格限制控

---

[1] 根据《高检规则》第402条的规定，讯问被告人、询问证人应当避免可能影响陈述或者证言客观真实的诱导性讯问、询问以及其他不当讯问、询问。辩护人对被告人或证人进行诱导性询问以及其他不当询问可能影响陈述或者证言的客观真实的，公诉人可以要求审判长制止或者要求对该项陈述或者证言不予采纳。被告人、证人对同一事实的陈述存在矛盾需要对质的，公诉人可以建议法庭传唤有关被告人、证人同时到庭对质。《高检规则》第406条第5款规定："证人进行虚假陈述的，应当通过发问澄清事实，必要时可以宣读在侦查、审查起诉阶段制作的该证人的证言笔录或者出示、宣读其他证据。"

辩双方发问的内容与本案事实有关，如果询问的目的在于质疑证人的可靠性，则应放宽询问证人的内容。

4. 完善专家辅助人制度，以实现对鉴定意见等科学证据质证的实质化

鉴定意见是鉴定人运用其专业知识和技能对证据作出的鉴定，由于控辩双方甚至裁判者缺乏专业知识，无法有效质疑鉴定意见的真实以及科学与否。因此，刑事诉讼法引入专家辅助人制度，由其运用其专业知识对鉴定意见质证。专家辅助人可以由公诉人、当事人和辩护人以及诉讼代理人提出申请，由法庭通知，任务是就鉴定人作出的鉴定意见提出意见。

根据笔者的调研显示，2012 年《刑事诉讼法》确立专家辅助人制度以来，专家辅助人的出庭率并不高，有 75% 的审判人员从未经历过专家辅助人出庭，并且控方申请专家辅助人的比率比辩方要高。根据审判人员的理解，专家辅助人出庭的最为关键的意义在于能够帮助法官对鉴定意见作出正确的判断与认定，其次才是能够帮助申请方对鉴定意见进行有效质证。

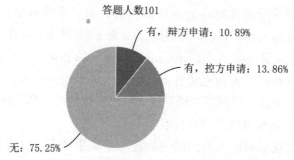

图 4-17　您所审理的案件中是否有专家辅助人出庭？

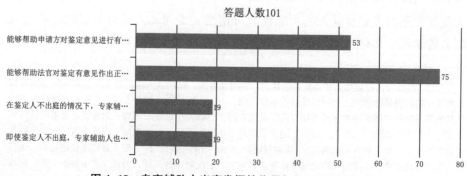

图 4-18　专家辅助人出庭发挥的作用如何？（可以多选）

答案选项	回复情况
能够帮助申请方对鉴定意见进行有效质证	53
能够帮助法官对鉴定有意见作出正确的判断与认定	75
在鉴定人不出庭的情况下，专家辅助人出庭难以发挥作用	19
即使鉴定人不出庭，专家辅助人也可以发挥理想的作用	19

审判中心下的印证模式

第一节　印证的基本理论

认证，又称证据评价、证据的审核认定，是指事实审理者对庭审中经过质证的证据依法进行审查判断，以确定其可采性以及证明力强弱的诉讼活动。认证包含两层含义，其一是裁判者对单个证据可采性以及证明力的评价；其二是在各个证据的证明力被确认之后，裁判者综合全案证据认定案件事实。认证模式是裁判根据证据形成内心确信，以达到证明标准的方法。认证模式与证明标准存在密切联系。证明标准是指在诉讼中承担证明责任的当事人将案件事实应该证明到的程度，认证模式是实现证明标准的基本方式。

裁判者的认证模式在诉讼证明历史上经过三个重要阶段：神示证据制度、法定证据制度以及自由心证证据制度。三种不同的证据制度下，裁判者的认证模式呈现不同的特点。神示证据制度时期，在原被告双方各执一词，裁判者难以做出决断时，并非根据证明责任分配机制作出相应的判决，而是求助神灵，最终依据神的旨意来对案件事实作出最终的认定。法定证据制度时期，裁判者对证据判断几乎没有自由裁量权，法律对认定案件事实应具备的证据种类和数量予以明确规定，并视口供为证据之王。此时裁判者的认证模式为僵化的法定证据认定模式，有了法律规定的特定证据，即使裁判者对被告人是否有罪心存怀疑，也必须作出有罪认定，反之，如果现有的证据未达法定的证据数量，即使裁判者内心确信被告人有罪，也必须作出无罪认定。基于对法定证据制度下视口供为证据之王带来的错误认定案件事实风险的反思，大陆法系国家转而实行自由心证证据制度。与法定证据制度相反，自由心证的证据制度肯定裁判者的经验、理性以及良心在审查判断证据以及认定案件事实中的作用，证据证明力的审查由裁判者根据自己的理性、逻辑和经验进行判断，以最大限度发挥裁判者的主观性，奉行内心确信的证明标准。

一、印证的概念及类型

证据法的逻辑起点在于事实认定，其内在功能指向事实认定的准确性。以证据认定案件事实需诉诸特定手段和方法，我国长期以来将印证作为基本的证据分析方法，我国的刑事证据制度虽不属于传统的法定证据制度，但与自由心证证据制度亦存在区别。《高法解释》吸收《死刑案件证据规定》的相关内容，对各种证据的审查判断以及认定案件事实的标准均规定了详细的要求，出现了以限制证据证明力为核心的证据理念，被学者称为新法定证据主义。[1] 由于法律对如何审查证据的证明力予以详细的规范，并无裁判者发挥自由心证的更大余地，并且我国刑事证据制度中特别强调印证在对单个证据的审查判断以及依据间接证据定案在证明标准把握中的作用，此种认证模式极为关注证据之间的外在联系，较为忽视裁判者的内心判断，被称为印证证明模式。

印证证明是对我国刑事司法实践中裁判者对单个证据的审查判断以及综合审查判断证据从而认定案件事实的证明方法的客观描述。作为裁判者认定证据以及案件事实的方法，印证证明与自由心证不同，自由心证关注的是裁判主体的内心自省性，印证强调的是证据的外部属性。印证是裁判者审查判断证据以及认定案件事实的基本要求，与孤证不能定案有相同的理论根据。

裁判者对单个证据进行审查认定时，除了审查证据的来源、实物证据的保管链条是否完整、证据与笔录记载是否有冲突，取证的程序和手段是否合法之外，另外一种重要的途径和方法是审查本证据是否能够得到其他证据的印证。印证不仅是证据评价环节的基本方法，同时，印证还是事实认定环节的基本要求，根据直接证据定案的，要求孤证不能定案，即直接证据尤其是口供必须得到其他证据的补强才能认定案件事实。如果缺乏直接证据，裁判者根据间接证据定案的，要求各间接证据共同指向待证事实，间接证据之间

---

〔1〕　新法定证据制度与法定证据制度存在重大区别，但在限制证据的证明力上有相同之处，参见陈瑞华：《刑事证据法的理论问题》，法律出版社 2018 年版，第 73~98 页。

相互印证，证明方向一致，不存在无法排除的矛盾和无法合理解释的疑问，全案证据必须形成完整的证明体系。不管是依据直接证据定案还是依据间接证据形成证据链条定案，证据之间相互印证均是裁判者运用证据认定案件事实的重要规则。

（一）印证的概念

证据相互印证是刑事司法人员审查判断证据和认定案件事实的一条重要的经验法则。随着 2010 年两高三部《死刑案件证据规定》第一次在法律文本和司法解释中使用印证，2012 年修订的《刑事诉讼法》以及《高法解释》对印证的全面吸纳，标志着作为审查判断证据之司法经验的印证方法上升为法律，正式成为裁判者认定案件事实时必须遵守的规则。但对于何为印证、印证的基本要素以及特征内容，学界依然存在较大的分歧。

关于印证的概念，陈瑞华认为："印证指两个以上的证据在所包含的事实信息方面发生了完全重合或者部分交叉，使得一个证据的真实性得到了其他证据的验证。这种印证既可以发生在两个证据之间的验证上，也可以发生在若干个证据对某一证据的佐证方面。"[1] 龙宗智将印证界定为："不同载体所含信息的相互照应及共同性。""证明的关键是获得相互支持的其他证据；单一的证据不足以证明，必须获得更多具有内含信息同一性的证据来对其进行支持。"[2] 李建明对印证的表述是："被认定具有客观性、相关性的证据必须得到其他证据的印证，据以认定案件事实的全部证据都必须相互印证。"[3] 谢小剑认为："证据之间的相互印证是指案件的证据具有同向性，指向共同的犯罪构成要件事实和从重、从轻、免除刑事处罚理由的事实。"[4] 韩旭认为："印证就是要求案件多个证据证明方向一致、证明内容相同或相似。"[5] "在通常情况下，对于某一案件事实的认定，仅凭审查某一个证据是否具有真实性、可靠性，无法达到确认案件事实的目的。任何一项证据都无法借助自身来证明其真实、可靠性，只有与其他证据结合起来，加以综合分析、判断，才能确认其真伪。只有通过综合考察所有证据之间的相互关系以及这些证据

---

〔1〕陈瑞华：《刑事证据法学》，北京大学出版社 2018 年版，第 153 页。

〔2〕龙宗智："印证与自由心证——我国刑事诉讼证明模式"，载《法学研究》2004 年第 2 期。

〔3〕李建明："刑事证据相互印证的合理性及其限度"，载《法学研究》2005 年第 6 期。

〔4〕谢小剑："我国刑事诉讼相互印证的证明模式"，载《现代法学》2004 年第 6 期。

〔5〕韩旭："论我国刑事诉讼证明模式的转型"，载《甘肃政法学院学报》2008 年第 2 期。

与案件事实之间的关系，才能对案件事实作出正确的认定。"[1]

以上代表性观点对印证的理解并不存在根本性的分歧。归纳起来，印证具有狭义和广义两种含义。根据印证的字面含义，印即为一致或相同，所以狭义的印证应该限定为某一证据材料所包含的信息与其他证据所包含的信息相重合，共同证明同一待证事实。比如在故意杀人或故意伤害案件中，如果同时存在多个目击证人，如果其作证的内容一致或者证人证言的内容与被告人的口供一致，则能够实现相互印证。广义的印证指的是所有证据具有同一证明方向，不存在无法解释的矛盾。比如某盗窃案如果被告人认罪，并交代了所有的犯罪情节，犯罪现场发现被告人的大量指纹，在被告人家里发现被盗的财物，案发时有人看到被告人出现在案发现场，除了被告人供述之外，其余的证据不能作为直接证据证明案件的基本事实，但这些间接证据无疑能够验证或佐证被告人供述，能够佐证其真实性，或与其有相同的证明方向，此情形虽并不属于典型意义的印证，但证据之间相互佐证或一个证据得到其他证据的验证，证据之间证明方向一致，对待证事实构成相同的证明指向，属于广义的印证。"佐证就是多个证据虽然彼此在内容上不具有同一性，但各自都对某一待证事实具有一定的证明指向性，因此，彼此都能够加强对方对案件事实的证明作用。"[2]因此，证据内容相互吻合或重合以及证据内容的交叉均属于典型的印证，而证据内容相互支撑，相互验证、协调一致可以归为广义的印证范畴。根据刑事诉讼法关于印证的规定，笔者认为应坚持广义印证的概念，即印证不单指证据信息的重合，也包括证据之间不存在无法合理解释的矛盾，相互之间的证明方向一致。根据法律规定，印证既适用于对单个证据证明力的判断，也是裁判者认定案件事实时判断是否达到证明标准的标尺。就司法实践而言，印证成为刑事诉讼中公、检、法三机关对证据进行审查所共同遵循的规则。最高人民法院指导案例第 32 号、最高人民检察院指导案例第 2 号对事实认定的分析均采用了印证分析，各级法院刑事案件的判决书中对判决的说理部分几乎都有印证出现。可见，证据相互印证成为裁判者认定被告人有罪时证据呈现的必然样态，即印证是作出有罪判决的必要条件。

印证证明模式关注的是证据的证明力，即证据材料所包含的信息能够相

---

[1]　陈卫东、谢佑平主编：《证据法学》，复旦大学出版社 2005 年版，第 391 页。
[2]　周洪波："中国刑事印证理论批判"，载《法学研究》2015 年第 6 期。

互支撑，以形成稳定的证明结构。以被告人供述和证人证言等实务中常见的证据为例，被告人供述是否采信的关键在于口供是否能与在案的其他证据印证。证人证言亦是如此，证言的主观性和可变性决定对证言真实性的判断以直接言词原则为基本前提，即证人应出席法庭并在公开的法庭上接受质证，辩方可以从证人的品性、证人的观察能力、是否亲身感受案件事实等角度质疑证言的可信性。但在印证的证明模式之下，只要证言的内容被其他证据印证，即可成为定案的依据。

（二）印证的类型

证据印证区分为被告人认罪的印证和被告人不认罪的印证。在被告人认罪的案件中，由于存在证明犯罪事实的直接证据——口供，对证据的审查判断呈现出以口供为中心的印证模式。即在推定口供为真实的情况下，以案件的其他证据印证口供，如果口供的信息均得到其他证据的印证，则证明即告完成。在被告人不认罪的案件中，由于被告人不认罪，如果没有其他证明被告人实施犯罪行为的直接证据，则此类案件属于完全依据间接证据定案。只有间接证据的案件中，每一间接证据只能证明案件事实的某一方面，间接证据需要经过推论和推理来证明被证对象，需要审判人员运用经验法进行推理。由于客观性印证证明模式的限制，在被告人不认罪的只有间接证据的案件中，审判人员运用证据时非常谨慎，对定案证据的数量要求极为苛刻。根据笔者对检察机关以及审判机关的调研，对于无直接证据，仅凭间接证据定案时，是否会出现定案的困难，绝大多数被调查者选择肯定的答案。

二、印证与自由心证的关系

自由心证是大陆法系国家的证据法概念，是在对法定证据制度的批判基础上发展起来的，自由心证指"法律不对证据的证明力加以规定，证据证明力的有无及大小交由裁判者自由判断"。[1]在对案件事实的认定方面，对证明标准的把握法律不作出硬性的规定，要求裁判者达到内心确信即可，证明标准亦是裁判者自由心证的结果。自由心证包括两项原则：自由判断和内心确信。自由判断指由裁判者对证据证明力的有无和大小自由判断，不受任何其他因素的限制。内心确信指裁判者在自由判断的基础上，必须形成内心的真

---

〔1〕 秦宗文：《自由心证研究——以刑事诉讼为中心》，法律出版社 2007 年版，第 26 页。

诚确信，即内心形成确定的信念。自由心证并非绝对的自由，裁判者对证据的取舍以及对案件事实的认定必须遵循经验和逻辑法则，本着理性和良心进行自由判断。"而对证据相关性的判断并非无章可循，而是一系列经验推论过程，需要通过一系列经验推论过程加以证明，一是从证据性事实得出推断性事实，二是由此推出要素性事实，三是推出其与实体法规定相联系的要件事实。"[1] 英国证据法学家威廉·特文宁曾指出："现代意义上的司法证明是一种理性主义的证明，其直接目标就在于裁判的准确，其核心价值在于追求事实真相；而这种特性的司法证明又具有深厚的哲学基础：英国的经验理性主义和欧陆的纯粹理性主义。"[2]

传统的自由心证赋予裁判者自由判断证据和自由认定犯罪的绝对权力，而绝对的权力导致绝对的腐败，不加限制的自由心证可能面临失控的危险。无论是对单个证据证明力大小的判断，还是对是否达到定罪证明标准的把握，完全的自由心证可能会由于裁判者的权力过大而导致裁判者随意出罪入罪。20 世纪 30 年代以后，大陆法系国家逐渐抛弃传统自由心证的非理性因素，以证据规则和诉讼制度来保障裁判者遵循理性进行自由判断，确保判决的正当性。学者对现代自由心证的限制总结为以下方面："其一，通过证据资格的法律化，裁判者自由心证的范围呈缩减趋势。其二，开始越来越强调心证的形成必须符合经验法则和逻辑法则。其三，强调裁判理由制度的确立。其四，明确心证所应达到的标准，并开始将客观性要求融入证明标准的要求之中。"[3] 我国学者在对自由心证的研究中指出，应从程序和证据规则等方面对裁判者的自由心证进行控制，"从实现法官的精英化、完善直接言词原则、对证据进行庭前审查，排除不具备证据资格的证据、完善判决书的说理制度以及完善对判决的监督机制等方面实现对自由心证的制约"。[4] 有论者指出："一般来说，刑事诉讼中的司法证明存在着两种不同的方式：一是通过对直接证据所包含的证据事实进行印证和补强，从而达到证明待证事实的效果；二是通过

---

〔1〕 [美] 罗纳德·艾伦等：《证据法：文本、问题和案例》（第 3 版），张保生、王进喜、赵滢译，高等教育出版社 2006 年版，第 149 页以下。

〔2〕 [英] 威廉·特文宁：《证据理论：边沁与威格摩尔》，吴洪淇、杜国栋译，中国人民大学出版社 2015 年版，第 23 页。

〔3〕 吴宏耀、魏晓娜：《诉讼证明原理》，法律出版社 2002 年版，第 180~181 页。

〔4〕 汪海燕、胡常龙："自由心证新理念探析"，载《法学研究》2001 年第 5 期。

将若干个间接证据所包含的证据事实进行逻辑推理，使其形成较为完整的证据锁链，从而排他地认定待证事实的存在。其中，在案件存在直接证据的案件中，对待证事实的证明就等于对直接证据所包含的证据信息的验证和补强。在案件只有间接证据的情况下……实现排除合理怀疑的司法证明主要采用构建证据锁链或证明体系的方法。"〔1〕

印证与排除合理怀疑密不可分，作为裁判者审查判断证据的规则，印证不仅要求单个证据真实性的获得应得到其他证据的印证，而且在对证据的综合审查判断时，各个证据之间应相互印证，无不能排除的合理怀疑。"裁判者在对案件事实做出认定时，不仅要对单个证据的证据能力做出评断，更要对一组证据和全案证据拼接的逻辑过程进行分析和论证，将证据缜密思维的脉络和结果生成的路径选择展现出来，案件的疑点和人们心中的疑虑才会真正消除。"〔2〕印证与自由心证并非属于完全不同的证明模式，印证可以说是自由心证的一种亚类型。自由心证证明模式并非意味着审判人员拥有对证据进行取舍和判断的完全自由，自由心证受到一定的限制，裁判者需要在正当法律程序内依据一定的证据规定对证据进行取舍和审查判断，"对全案证据的自由心证，完全可以是法官基于对全案证据能否'印证'证明内心认知而产生的一种整体性判断"。〔3〕

由于自由心证更加关注裁判者的主观判断和认知，肯定裁判者根据辅助证据进行情理判断在认定案件事实中的作用，而印证证明特别强调印证证据的客观性、全面性以及印证的充分性，尤其是对证据的数量要求较高。因此，两种模式下的裁判者面对相同的案件，依据相同的证据可能会得出完全不同的结论。以受贿案为例，受贿案件经常体现为一对一的证据，如果受贿人不承认受贿，在印证证明模式下，仅有行贿人的证言并不能认定犯罪，但在自由心证之下，允许根据一方证据实现认定犯罪的目的，比如即使受贿人不承认受贿，但行贿人的说法有证据支持，有证人证明行贿人行贿，有决定行贿的记录，即只要行贿人的证言得到其他证据的印证，即可定案。

---

〔1〕 陈瑞华："刑事诉讼中的证明标准"，载《苏州大学学报（哲学社会科学版）》2013 年第 3 期。

〔2〕 王戬："论'排除合理怀疑'证明标准的中国意义"，载《华东政法大学学报》2015 年第 6 期。

〔3〕 左卫民："'印证'证明模式反思与重塑：基于中国刑事错案的反思"，载《中国法学》2016 年第 1 期。

三、印证的基本形态

（一）对直接证据的印证

直接证据是指能单独证明案件主要事实的证据，案件的主要事实指犯罪是否发生以及犯罪是否为犯罪嫌疑人所为。诉讼实践中可能成为直接证据的通常包括犯罪嫌疑人、被告人供述，被害人陈述，证人证言，书证以及视听资料。而物证、鉴定意见以及各种笔录证据由于其包含的信息有限，几乎不可能单独直接证明案件的主要事实。刑事诉讼法明确规定，孤证不能定案。[1]直接证据需要得到其他直接证据或间接证据的印证或补强。

对直接证据的印证包括两种情形。其一是直接证据被其他直接证据印证。共犯被告人供述的互相印证、被告人供述与被害人陈述、被告人供述与视听资料等直接证据的内容相互印证。比如受贿案件中，行贿人交代了行贿的对象、时间、地点、贿赂的财物等相关信息，如果受贿人主动坦白，其交代的事实情节与行贿人的描述达到高度重合，直接证据与直接证据相互印证是印证的理想状态。其二是案件中直接证据只有一个，该直接证据被其他间接证据印证。比如被告人供述了犯罪发生的经过，交代了犯罪的动机、犯罪工具、实施犯罪的现场、犯罪经过以及犯罪后处理等。犯罪工具被现场收集到的物证所印证，犯罪动机被相关的证人证言所印证，实施犯罪的经过被侦查人员进行的现场勘查情况所印证，即被告人供述的与定罪量刑有关的内容均有相关的证据印证。以故意杀人案件为例，犯罪嫌疑人交代杀人过程，犯罪现场的犯罪工具发现被告人指纹，有证人证实案发时犯罪嫌疑人到过案发现场，以及被告人与被害人有矛盾等，均可对犯罪嫌疑人的口供进行印证。

（二）间接证据之间相互印证

间接证据是指"不能单独证明案件主要事实，只能证明案件事实的某个方面或某一环节，必须与其他证据相结合才能证明案件事实的证据"。[2]间接

---

[1]　2012年《刑事诉讼法》第53条第1款规定："只有被告人供述，没有其他证据的，不能认定被告人有罪。"

[2]　陈光中主编：《刑事诉讼法》，北京大学出版社、高等教育出版社2013年版，第217页。进一步而言，间接证据是指以间接方式与案件要件事实相关联，经过推论才能证明案件要件事实的证据。间接证据多表现为实物证据或科学证据，其证明力不一定低于直接证据。间接证据与案件事实的关联需要经过推论。参见张保生等：《证据法学》，高等教育出版社2013年版，第46页。

证据相互印证指各个间接证据证明的待证事实的各个环节或部分之间具有相同的指向。证据之间具有内在的联系，各个间接证据之间相互支撑，形成完整的证明锁链。"它们在证明作用上都指向同一方向，都具有证明假定的案件事实的作用。"[1]《高法解释》第105条规定依据间接证据定案时，"间接证据之间相互印证，不存在无法排除的矛盾和无法合理解释的疑问"。依据间接证据定案要求间接证据之间证明方向一致，司法实践中不同间接证据证明方向完全一致，没有任何冲突的理想状态很难达到，证人证言、被害人陈述等主观性证据在案发后受到诸多因素的影响，与其他客观性证据之间发生冲突属于正常现象。运用间接证据定案需要审判人员依据办案经验、理性进行推理，在排除所有合理怀疑的前提下，才能对案件事实作出最终的认定。

（三）印证与补强的关系

"补强证据规则指为了防止错误认定案件事实或发生其他危险性，法律规定在运用某些证明力显然薄弱的证据认定案件事实时，必须有其他证据补充说明其证明力的一项证据制度。"[2]证据补强存在主证据和补强证据之分，主证据是能单独证明案件主要事实的证据，比如包含全部犯罪构成要件事实的被告人供述、证人证言等。补强证据是为增强或担保主证据证明力之证据。对主证据证明力补强有以下两种途径：一是通过补强证据直接证明案件事实的某部分，从而与主证据形成相互印证关系来增强主证据的证明力；二是通过补强证据直接证明主证据的某个方面，来增强主证据的证明力。

2012年《刑事诉讼法》第53条确立了口供补强证据规则。[3]《高法解释》进一步明确了该规则。[4]在被告人自愿供述的前提下，根据被告人的供述提取到隐蔽性很强的其他人很难通过道听途说得知的一些客观性证据，且此证据与在案的其他证据能够印证，则根据以上证据，可以认定被告人有罪。

---

[1] 李建明："刑事证据相互印证的合理性与合理限度"，载《法学研究》2005年第6期。

[2] 卞建林主编：《刑事证明理论》，中国人民公安大学出版社2004年版，第384页。

[3] 2012年《刑事诉讼法》第53条第1款规定："对一切案件的判处都要重证据，重调查研究，不轻信口供。只有被告人供述，没有其他证据的，不能认定被告人有罪和处以刑罚；没有被告人供述，证据确实、充分的，可以认定被告人有罪和处以刑罚。"

[4]《高法解释》第106条规定："根据被告人的供述、指认提取到了隐蔽性很强的物证、书证，且被告人的供述与其他证明犯罪事实发生的证据相互印证，并排除串供、逼供、诱供可能性的，可以认定被告人有罪。"

原因在于，"一旦可以确认根据被告人的供述查获了对定案有较大价值的物证、书证等证据，则口供的真实性或者客观性会显著上升。可以说，审查供证关系是在当前刑事诉讼模式下的一种不得已而又较为有效的审查判断证据的方法"。[1] 被告人供述与物证书证的关系为，获取被告人供述在先，获取其他证据在后，口供成为获取其他证据的唯一信息来源，其他证据的隐蔽性可以担保口供的真实性，如果不是刻意替人顶罪，在被告人自愿认罪的情况下，如此认定犯罪有其合理性。

关于证据补强与口供印证的关系，有观点认为证据补强其实就是用某一种证据对另一证据加以印证，以增强或担保后一证据的证明力。证据补强"实际上要求某类证据以其他的独立证据加以印证支持，以使该证据反映的事实诸如对犯罪行为的定罪等是足够充分的"。"补强就是指支持或印证，补强证据的作用在于通过证据的相互印证作用而增强或担保主证据的证明力。"[2] 被告人供述的补强，其实是指对供述真实性的"补充"和"强化"的意思。要做到对口供的补强，无非也是运用口供之外的其他证据，使得口供所包含的事实信息得到其他证据的验证和佐证。所谓补强其实就是一种印证。补强是以被补强的证据为中心进行的一种证据验证活动，而印证侧重强调证据相互之间的佐证和验证。[3]

证据印证与证据补强具有相似性，证据印证的功能实际上就是补强，能够补强的证据必然也是具有印证功能的证据；证据补强或证据相互印证，都是为了保证证据的真实性和认定案件事实的可靠性。就口供补强而言，主证据能够证明犯罪构成的全部要件事实，即是证明犯罪的直接证据，如果主证据的真实性和可靠性得到保障，则可以定案。补强体现的是补强证据对主证据的真实可靠性保障作用，而主证据并无对补强证据的担保作用。补强证据的两种表现形态：一种是补强证据不能直接证明案件事实，只能担保主证据的可靠性，例如能够证明证人品格等担保证人可信性的证据。另一种是补强证据本身能够证明案件事实，与主证据证明的案件事实重合。如被害人陈述、证人证言、视听资料等直接证据对口供的补强。"第一种补强证据，属于聚合

---

〔1〕　方文军："供证关系与事实认定探微"，载最高人民法院刑事审判一至五庭主编：《刑事审判参考》（总第11集），法律出版社2000年版，第165页。

〔2〕　陈光中主编：《证据法学》，法律出版社2011年版，第271页。

〔3〕　陈瑞华："论被告人口供规则"，载《法学杂志》2012年第6期。

性补强证据；第二种属于支持性补强证据。"〔1〕

四、我国的印证证明模式及其评价

在我国的证据理论以及司法证明活动中，以辩证唯物主义认识论为基础。法官审查判断证据的自由受到限制，要求定案证据之间必须相互印证，注重证据之间的客观印证而较少关注法官心证，其目的在于避免法官随意取舍证据以恣意裁判。

法官在对据审查判断时追求证据之间的相互印证是我国刑事证明的重要传统，也是司法工作者审查判断证据、认定案件事实的一项重要经验。2010年《死刑案件证据规定》8个条文共11次出现印证的表述，《高法解释》7个条文共10次出现印证的表述。《高法解释》对证人证言、被害人陈述、被告人供述和辩解以及鉴定意见的审查与认定分别规定了该证据与其他证据之间能够相互印证。同时对证人当庭证言与庭前证言出现矛盾以及被告人庭审中翻供或者庭前供述和辩解存在反复，庭审中供认时审查认定证据的方法，均以证据之间的相互印证为标尺。《高法解释》第83条确立了被告人的供述和辩解的审查规则，尤其是被告人翻供的审查规则。〔2〕以上司法解释分别从单个证据的审查判断、被告人当庭翻供以及证人在法庭上作出不一致陈述、根据间接证据定案的审查判断方法作出规定。其共同特征是最终采信的证据必须与其他证据能够相互印证，作为定案根据的证据之间必须相互印证。

对于印证证明模式，学界存在两种不同的观点。一种观点对印证证明模式持基本的批判态度，认为此种证明模式的形成"源于我国非直接和非言词的审理方式、审理主体与判决主体分离、二审实行重复的事实审理、法官未实现精英化并且素质不高以及辩证唯物主义的认识论等因素"。并认为"印证的证明模式导致很高的证明标准，影响惩罚犯罪目标的实现；印证导致注重

---

〔1〕 ［加］道格拉斯·沃尔顿："补强证据的论证可视化工具"，金华译，载《证据科学》2009年第4期。

〔2〕 审查被告人供述和辩解，应当结合控辩双方提供的所有证据以及被告人的全部供述和辩解进行。被告人庭审中翻供，但不能合理说明翻供原因或者其辩解与全案证据矛盾，而其庭前供述与其他证据相互印证的，可以采信其庭前供述；被告人庭前供述和辩解存在反复，但庭审中供认，且与其他证据相互印证的，可以采信其庭审供述；被告人庭前供述和辩解存在反复，庭审中不供认，且无其他证据与庭前供述印证的，不得采信其庭前供述。

证明的外部性而非内省性，容易产生印证的机械化；要求证据之间相互印证对证据的数量提出了很高的要求，而对证据数量的片面追求容易导致侦查人员不惜一切手段获取有罪证据，导致非法侦查行为的泛滥。在此基础上，主张引入自由心证的证明模式，实现自由心证对印证证明模式的补充，弥补其实践中造成的缺陷和不足"。[1]另一种观点对印证持肯定态度。"认为证据相互印证是司法理性主义精神的必然要求。而且印证的证明模式与自由心证并无内在的冲突，可以与自由心证相兼容。印证反映事物本身规律，符合诉讼认识规律，属于中国长期实践的结晶。在肯定印证证明模式的基础上，认为印证的重点是把握证据相互印证的合理限度。"[2]

从 2012 年《刑事诉讼法》以及《高法解释》对不同证据审查判断以及证据综合审查判断的规定来看，印证已然成为审查判断证据的重要规则，无论是对单个证据的审查判断还是对证据的综合审查即证明标准的判定，均要求证据之间相互印证。另外需要注意的是，对于被告人不认罪的案件，完全依据间接证据定案，印证证明给间接证据的数量和质量提出了很高的要求。以作出无罪判决的云南航务管理局陈某涉嫌杀害女友案为例。"此案中有诸多不利证据指向陈某，被害人、被告人当日通话时间隔不远，包裹尸体的毛巾与家里的相同，事后有逃避行为，证据证明陈某在电脑里搜索故意杀人罪、手机定位、指纹等有关犯罪的词汇，最为关键的是绑尸体的胶带上提取的四枚血潜手印是陈某所留，被公诉机关认为是陈某实施犯罪的关键证据。但由于被害人的死亡时间不能确定，根据现有证据只能推断出大致的时间段而非准确的时间点，案发现场只是侦查人员和公诉人员的推定，没有直接证据予以证明。认定的作案动机只是猜测，并无确定的证据证明，在捆绑尸体的胶带纸上检出陈某的夹层血潜手印，只能证明陈某接触过尸体和捆绑用的胶带纸，不能得出陈某杀人的唯一结论。侦查机关没有查获作案工具，被害人的手机一直未找到、在陈某的车上也未检出被害人的血迹。昆明中院认为此案没有证明陈某故意杀人的直接证据，现有证据仅仅能得出陈某接触过被害人的血和胶带纸上留有指纹，并不能形成杀人的证据锁链，证据不具有唯一性和排

---

[1] 参见龙宗智："印证与自由心证——我国刑事诉讼证明模式"，载《法学研究》2004 年第 2 期。左卫民："'印证'证明模式反思与重塑：基于中国刑事错案的反思"，载《中国法学》2016 年第 1 期。

[2] 李建明："刑事证据相互印证的合理性与合理限度"，载《法学研究》2005 年第 6 期。

他性。据此宣判陈某无罪，二审维持原判。"[1]

笔者对"审判人员如何理解并运用印证证明模式"的调查结果显示，对于目前的印证证明模式审判人员普遍持保留态度，其主要的原因是印证证明注重证据的外部性，而忽视法官根据经验、理性等形成的内心判断，限制了法官自由裁量权的发挥，印证证明中强调口供作为印证的核心证据，容易强化"口供中心"，从而催生非法取供行为。

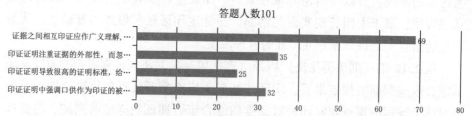

图5-1 您在司法实践中如何理解并运用印证证明模式？（印证证明包括单个证据真实性的印证以及间接证据定案时全案证据的相互印证）（可以多选）

答案选项	回复情况
证据之间相互印证应作广义理解，指不同证据证明方向一致	69
印证证明注重证据的外部性，而忽视法官根据经验、理性等形成的内心判断，限制了法官自由裁量权的发挥	35
印证证明导致很高的证明标准，给法官定罪带来困难，容易产生放纵犯罪的后果	25
印证证明中强调口供作为印证的核心证据，容易强化"口供中心"，从而催生非法取供行为	32

[1] 笔者选取此案并不代表笔者不认可云南昆明法院的判决，当时此案在今日说法播出时，笔者发现法院和被害人的代理律师持有完全相反的观点，代理律师认为根据现有的证据，完全可以认定陈某即为杀人凶手，但审判机关并不认可其观点，由于此案的关键痕迹物证等未找到，在被告人拒不认罪的情况下，审判人员认为根据现有证据无法达到事实清楚、证据确实充分的标准，因此一审法院作出无罪判决，二审法院维持原判。参见"云南航务管理局原处长陈某涉嫌杀害女友的一审被判无罪"，载 http://news.xinmin.cn/shehui/2015/06/24/27945128.html，2016年3月1日访问。

第二节　侦查中心下的印证证明

"'印证'证明模式实际上是一种适应权力垄断的司法体制（诉讼体系）和侦查中心主义（及与之相配套的书面审理模式）的自我相对理性化的技术机制，是一种缺乏正当程序支撑的、非精细化的证明模式。"[1]侦查中心下印证证明模式的特点在于，突出口供的重要性，"形成以被告人口供为中心的印证证明体系。忽视对单个证据的独立审查，强调证据之间的相互印证作为审查认定证据的关键"。[2]在采信某一证据时，要求单个证据必须得到其他证据的印证，证据相互印证才敢定案。侦查中心模式下的印证注重证据自身信息之间的相互支持，忽视审判者情理推断的作用，此种证明模式设立的目的在于控制审判人员在事实认定过程中的主观因素，陈瑞华教授认为："我国法院强调证据相互印证，形成完整的证据锁链，重视证据之间排除矛盾或者证据矛盾得到合理解释，这都是一种规则和实践的表象而已。在这些表象的背后，其实存在着一种带有法定证据主义色彩的证据理念。"[3]

一、侦查中心下印证证明的运行环境

英国证据法学家威廉·特文宁曾指出："现代意义上的司法证明是一种理性主义的证明，其直接目标就在于裁判的准确，其核心价值在于追求事实真相；而这种特性的司法证明又具有深厚的哲学基础：英国的经验理性主义和欧陆的纯粹理性主义。"[4]我国的诉讼证明某种程度也体现了理性主义的色彩，但并非完全的理性主义。我国刑事诉讼长期奉行辩证唯物主义的客观认识论，肯定证据对待证事实的客观证明作用，并要求诉讼中依据证据认定的案件事实应符合客观真实。对客观真实的不懈追求与印证证明追求的客观印证的目

---

〔1〕　左卫民："'印证'证明模式反思与重塑：基于中国刑事错案的反思"，载《中国法学》2016年第1期。

〔2〕　谢小剑："我国刑事诉讼相互印证的证明模式"，载《现代法学》2004年第6期。

〔3〕　陈瑞华："论证据相互印证规则"，载《法商研究》2012年第1期。

〔4〕　参见［英］威廉·特文宁：《证据理论：边沁与威格摩尔》，吴洪淇、杜国栋译，中国人民大学出版社2015年版，第23页。

标相契合，但客观真实观指导下的印证证明对证据客观性以及证据数量的过度追求不但容易带来放纵犯罪的危险后果，还会导致侦查人员为了实现印证而人为"制造证据"。

我国刑事诉讼法对侦查程序的制度设计中最大的问题是侦查权极少受到外部制约，除逮捕之外，强制性侦查措施和强制措施的决定和实施主体均为侦查机关。侦查中心下证据收集具有垄断性和单方性的特征。侦查机关收集证据占绝对的主导地位，辩方不但无法参与证据收集过程，而且被追诉者诉讼主体地位的缺失导致其成为控诉机关的证据来源，面对侦查人员的讯问，嫌疑人有如实回答的义务。2012 年《刑事诉讼法》确立了侦查阶段律师的辩护人地位，犯罪嫌疑人被侦查机关第一次讯问之日起，有权委托辩护人。这一规定意味着辩护律师在犯罪嫌疑人在第一次讯问之前以及讯问时不能介入，无法为嫌疑人提供及时的法律帮助，而第一次讯问无论对侦查机关还是嫌疑人均至关重要，如果嫌疑人第一次认罪，在以后的诉讼环节想有效推翻第一次有罪供述，基本不具备可能性。实证研究表明："我国犯罪嫌疑人在侦查讯问中的认罪率，尤其在初次讯问中的认罪率非常之高是一个普遍现象，而且近二十年来，我国侦查讯问实践中犯罪嫌疑人认罪率高的现象几乎没有发生变化。"[1] 此外，根据 2012 年《刑事诉讼法》，律师虽然可以以辩护人的身份介入侦查活动，但与 1996 年《刑事诉讼法》相比，辩护律师在侦查阶段并无发挥更大作用的空间。[2] 另外，侦查阶段收集的证据以证据笔录的形式被固定于侦查卷宗之中，笔录证据由侦查人员单方记载，侦查人员极有可能为了实现证据的印证而进行选择性记录。刑事诉讼法对各种侦查行为规定了严格的程序，如讯问嫌疑人时侦查人员制作的笔录应经其核对并签名，询问证人、被害人等的笔录同样需由其核对并签名，辨认必须符合法定的要求等，物证的固定、收集和保管等均需遵守严格的程序规定。但实践证明侦查人员制作的笔录经常出现失真的现象，尤其是讯问嫌疑人的笔录更是存在诸多问题，比如多次讯问笔录高度一致，甚至标点符号都相同；讯问时间与笔录记载的内容不符。

---

〔1〕 参见左卫民等：《中国刑事诉讼运行机制实证研究》，法律出版社 2007 年版，第 38~64 页。

〔2〕 律师侦查阶段可以从事的活动依然为提供法律帮助；代理申诉、控告；申请变更强制措施；向侦查机关了解嫌疑人涉嫌的罪名和案件有关情况以及提出意见。

侦查中心下的庭审活动辩护律师难以有效参与。2012 年《刑事诉讼法》实施后，辩护律师的参与率并无实质性的提高，即使有辩护律师参与法庭审理活动，由于其调查取证能力有限，庭审中基本很难提出有效的影响定罪的证据，[1]同时也很难对控方精心构建的证据体系进行有效质证，从辩护效果来看，量刑辩护成为辩护律师发挥作用的主战场。辩护的范围也被限制在控方构建的证据体系框架之内。因此，侦查中心下的印证表现为裁判者根据卷宗中记载的有罪证据进行，印证证明成为侦查案卷中记载的各种笔录证据之间的相互印证。

侦查中心导致法庭审理活动呈现虚化现象，首要的表现即是举证的虚化，控方举证的虚化体现为举证的概括化和形式化。为了节省庭审时间，提高庭审效率，公诉人一般进行略式举证，将证据按照先言词证据、后实物证据的顺序分组向法官展示，举证过程中控方一般仅简要说明每组证据的主要内容和能够证明的案件事实，基本不会详细说明每份证据的具体内容，也不会就证据如何证明案件事实尤其是如何根据间接证据证明案件事实的推论过程进行说明。

笔者对近年来披露的一系列冤假错案进行分析后发现，侦控机关在生产与包装案卷材料过程中存在对案件证据信息进行单向筛选的倾向，即只向审判机关移送能够满足指控需要的证据信息，而对于与指控目标不一致，甚至能够明确证明犯罪嫌疑人无罪的一些"反证"，或者视而不见，或者隐瞒，甚至不惜制造虚假的证据。例如在念斌案件中，侦查机关以种种理由隐瞒最初的毒物检验图谱长达数年，而这些检验图谱最终表明，根据这些检验图谱并不足以证明死者的死亡原因，遑论证明系念斌投毒致死。

二、侦查中心下印证证明的基本特征

（一）印证以口供为中心

在以侦查为中心的刑事诉讼模式下，印证模式发挥作用的机制在于侦查人员全力突破口供，由供到证，印证以口供为中心。现行的事实认定模式是

---

〔1〕　当然，我国审前的证据标准与审判阶段的证明标准相同，一定程度上具备精密司法的特征，公诉案件控方证明被告人事实犯罪行为的证据一般不会存在问题，即冤错案件毕竟属于极少数。但不可否认，实践中由于辩护律师调查取证能力的限制，对于可能证明被告人无罪的证据辩护律师一般无从了解。

对侦查确认的事实的验证模式,庭审设计集中于以被告人口供为中心进行验证,庭审并非重新构建案件事实的程序。[1]刑事司法实践中公安司法人员有严重的口供情结,从取证到法庭的举证、质证以及裁判者的认证,无不以口供为中心,可谓无口供不敢定案。由于印证以口供为中心,自然强化了口供的地位,容易催生刑讯逼供等非法获取口供的行为,而非自愿性口供的真实性自然难以保证。

口供是犯罪嫌疑人、被告人供述的简称,指犯罪嫌疑人、被告人在刑事诉讼过程中作出的有罪供述。自愿真实的口供包括所有的案件信息,能够成为证明案件事实的直接证据,并且获取口供的成本较低,因此司法实践中侦查人员极为重视口供的收集与运用。但口供具有两面性,口供虽然可以成为认定被告人有罪的直接证据,但犯罪发生后,基于趋利避害的本能,真正的犯罪分子往往采取各种手段逃避惩罚,面对侦查人员的讯问,拒绝陈述或作出虚假陈述成为常态。正是由于口供虚假的可能性大,同时为了引导侦查人员全面收集证据,刑事诉讼法要求重证据,不轻信口供,并确立了单凭口供不能定案的口供补强规则。当然,刑事诉讼法对要求办案人员不轻信口供,但并不代表从法律层面上不重视口供,刑事诉讼法对口供的收集程序以及对口供的审查判断予以规范,并以口供为基础确立非法证据排除规则。

口供中心不仅体现为审前收集证据以及审查起诉机关审查判断证据以口供为中心,在对案件进行实质性审理的审判阶段,依然围绕口供进行。法庭调查环节以讯问被告人为开端,讯问被告人的目的是让被告人在法庭上复述审前口供笔录的内容。如果被告人的当庭供述与庭前笔录一致,此后对证据的举证、质证均围绕口供而展开;如果被告人的当庭供述与口供不一致,即出现翻供的情形,审判人员判断翻供的合理性以及当庭翻供是否采信的标准是翻供是否有充分合理的理由以及审前口供是否能与其他证据印证,如果审前口供能被其他证据印证,而被告人又不能提供翻供的充分理由,法庭依然会采纳庭前供述笔录,庭审实践中,很少由于被告人翻供而采纳其当庭陈述的案例。以其他证据验证口供的真实性,看其是否能与口供相互印证。如果获取口供的程序合法,手段正当,嫌疑人供述的自愿性得到保障,则可以最大限度保障口供的真实性,以真实口供为基础的证明体系可以保障裁判者认

---

〔1〕 重新建构案件事实指审判人员不受控方主张的影响,庭审应重新构建案件事实。

定案件事实的正确性，即最大限度接近客观真实。

印证的本来意义是两种不同来源的证据的信息相互重合，即不同的证据同时包含相同的事实信息。由于口供一般包括所有的待证事实信息，口供中心的强调导致印证以口供为中心。此种印证模式的特征为裁判者先入为主认定口供真实可靠，在此基础上，再以其他证据对口供包含的信息进行印证，如果出现其他证据与口供相矛盾，裁判者一般不会怀疑口供的真实性，而是对其他证据进行任意的解释或者干脆排除与口供证明方向不一致的证据。浙江张氏叔侄案中，除了被告人口供和其他证据之外，在被害人的指甲缝里发现有第三人的 DNA，如果这一证据能够进入法庭，并且张氏叔侄的口供能够排除，则根本不可能被错判有罪。

（二）印证以书面证据或笔录证据为基础

由于关键证人、鉴定人、侦查人员等均不出庭，被告人供述笔录、证人证言笔录、被害人陈述笔录、勘验笔录、检察笔录、侦查机关的情况说明等大量充斥法庭。笔录证据在我国法庭审判中发挥至关重要的作用。以案卷笔录为主要承载方式的书面证据为基础的审判方式是印证证明存在的重要制度环境。我国证据相互印证以书面的审理方式为基础，"法官所强调的证据印证主要是一种案卷笔录材料的相互验证"。[1] 正是由于印证证明模式的存在，忽视甚至无视法官根据庭审活动直接听审形成的内心判断的主观心证重要性，造成整个庭审活动虚化，庭审举证、质证以及认证活动成为对侦查所认定事实结论的确认活动，对书面证据的质证不但剥夺被告人的对质权、交叉询问的权利，更使通过辩方有效质证发现控方证据疑点的功能丧失殆尽，庭审的公正性可想而知。

侦查中心的典型特征为侦查阶段形成的案卷笔录在侦查机关、审查起诉机关以及审判机关之间依次传递，案卷笔录中记载的证据以及侦查人员对案件事实的认定对审判人员最终认定案件事实一般具有决定性的效果和意义，审判很大意义上仅具有对侦查结论的确认功能，很难实现对审前证据的实质性审查。侦查中心下印证证明的表现形式是书面证据或笔录证据之间相互印证。书面证据由侦查人员单方制作，不但辩护律师无法参与，也无需由法官进行司法审查，侦查程序的封闭性以及侦查笔录制作的单方性造成侦查笔录

---

〔1〕　陈瑞华："论证据相互印证规则"，载《法商研究》2012 年第 1 期。

内容的客观性、真实性难以保障。

裁判者对笔录证据的审查主要集中在笔录的记载内容是否完备，有无技术性的瑕疵和错误。在言词证据提供者不出庭的情况下，很难实现对笔录证据的实质性审查。侦查人员为了成功破案的目的，通过变通实现口供等关键笔录证据的相互印证并非难事。实践证明，"证人不出庭，尤其是对定罪量刑有关键作用的证人不出庭，仅凭先前所固定的书面证言认定案件事实，是造成冤假错案的重要原因"。[1]

（三）印证证据的证据能力较少受到审查

证据的采信要求证据应具备证据能力和证明力，在此基础上的证据相互印证才能保障认定案件事实的正当性。而实际的侦查中心造成证据的证据能力很难受到审判人员的严格审查，其后果是可能不具有证据能力的非法证据成为印证的依据。证据能力欠缺或存疑的证据成为印证的基础会造成以下后果：首先，可能造成案件事实的错误认定。非法获取的证据尤其是非法获取的言词证据其虚假的可能性较大。实践证明，通过刑讯逼供、威胁、引诱、欺骗等非法方式获取的口供极易造成错误定罪的风险。证据能力有保障证据真实性的功能，不具有证据能力口供，几乎成为所有错案的罪魁祸首。从已经发现的错案观察，几乎每一起案件均存在侦查人员以刑讯逼供等方式获取口供的现象，正是以虚假口供作为印证的基础造成错误的事实认定结果。由于印证以口供为中心，以虚假口供为基础的印证有产生错误累加效应的风险。错误累加效应指如果用于印证的单个证据不可靠甚至虚假，相互印证的证据越多，事实认定错误的可能性就越大。[2]

（四）证据真实性的判断取决于能否得到其他证据的印证

侦查中心的印证模式下，单个证据的真实性判断淹没于证据之间的形式印证。目前我国审判实践中对证据真实性的评价路径是依据证据之间的相互印证来评价单个证据的真实性，但是"将能够相互印证的证据均赋予较大的证明力，无异于以证据之外的因素来评价证据的证明力"。[3]

---

[1] 何家弘："冤案是如何制造的"，载 http://opinion. caixin. com/2014 - 12 - 18/100764618_all. html #page2，2015 年 11 月 1 日访问。

[2] 林劲松："刑事审判书面印证的负效应"，载《浙江大学学报（人文社会科学版）》2009 年第 6 期。

[3] 封利强：《司法证明过程论——以系统科学为视角》，法律出版社 2012 年版，第 308 页。

审判实践中未能有效区分证据评价与事实认定。证据评价是对单个证据证明力的审查，判断证明力的大小。而事实认定是裁判者在综合评价控辩双方证据的基础上，对被告人是否有罪以及罪名作出相应的事实认定。评价证据必须着眼于证据的个性，证据个性取决于其所处的案件的具体情况，证据的证明价值不仅限于证据表面体现的信息。只有将证据准确置于个案中，裁判者才能做出准确的评价。

印证证明有效发挥作用的前提是审判人员应先审查判断单个证据的证据力，在确保单个证据真实可靠的基础上，再结合所有证据综合审查证据之间是否有矛盾，是否能够达到法定的证明标准。我国审判人员对证据真实性的审查不太注重辅助证据对证据真实性的证明作用，而是习惯与所有的证据进行比对，以证据之间的相互印证和相互支撑来认定单个证据的真实性。司法实践中以证据能得到其他证据的印证来代替对单个证据真实性的审查，在单个证据的真实性未得到完全确认的情形下，只要该证据所包含的信息得到其他证据的印证即将其作为认定犯罪的依据。在对被告人形成有罪预断的前提之下，审判人员在庭审过程中一般不会过多关注对单个证据的审查判断，而是"转向对公诉人提交的一组证据或者全部控诉证据之间的印证关系的审查，基本上都是通过寻找证据之间相互的共同点、差异点来查证证据，证据查证属实才能成为定案的根据转化为证据相互印证才能成为定案的根据"。[1] 如上所述，在我国目前的审判模式和诉讼体制下，依靠相互印证的证据定案存在巨大的风险，很可能将无罪的被告人认定有罪。

（五）存在虚假印证和片面印证的现象

我国目前认罪案件的证明模式是一种形式印证模式，司法实践中存在虚假印证和片面印证的现象。"虚假印证指以不可靠的证据材料作为印证证明的中心从而得出虚假的印证关系。"[2] 所谓片面印证，又可以称为选择性印证，即"对于在案的证据材料进行有目的的选择，从而在表面上形成一个相互印证的证据体系，控诉机关刻意隐瞒对被告人有利的证据，对于被告方的辩解或者质疑视而不见"。[3] 以被告人供述和辩解为例，侦查机关收集和固定的被

---

〔1〕 谢小剑："我国刑事诉讼相互印证的证明模式"，载《现代法学》2004年第6期。

〔2〕 刘静坤："避免虚假印证 防范冤错案件"，载《人民法院报》2014年3月5日。

〔3〕 王彪："非法证据对法官心证的影响与消除"，载《证据科学》2015年第4期。

告人口供经常有多次，被告人的多次口供中，认罪口供和不认罪口供并存，侦查机关只向检察机关移送被告人的认罪口供，而被告人的不认罪口供绝对不会进入侦查卷宗。证人证言亦存在相同的情形，证人的多次证言或多个证人的证言可能兼有不利于被告人和有利于被告人的证言，而反映在案卷笔录中的可能仅为不利于被告人的证言。

由于可能存在的检材错误、鉴定人的业务素养不高、鉴定依据的原理不科学、鉴定过程不规范等因素的影响，导致鉴定专家给出的司法鉴定意见存在错误的可能性。但由于缺乏专门知识，审判人员对鉴定意见持普遍的信任态度，视鉴定意见为科学的结论。以此为基础的印证存在错误的风险。刑事庭审中对物证的审查存在形式化倾向，侦查人员无需出庭对物证的收集和提取过程作出说明，审判程序中不存在对物证的鉴真程序，实践中物证在法庭上仅由控方出示并由被告人进行简单的辨认即作为定案的根据。以上种种情况导致能够相互印证的证据未必均为真实的证据，不能被印证的证据可能才是反映案件事实的证据。实践中侦查人员可以采取各种办法做到证据之间的相互印证，证据之间虽然实现了表面的相互印证，但并未达到法定的证据确实充分的证明标准。以李怀亮案为例，此案中存在很多客观性证据，现场勘验笔录、鉴定意见、被害人的拖鞋、裤头、矿灯、发夹、花生叶及泥土上的血迹等，但以上证据只能确定被害人身份、证明被害人的死亡地点、死亡原因等，即只能证明被害人被害的犯罪事实已经发生。但本案缺乏关键的客观性证据，即可以将嫌疑人与案件相联系的证据。如果在被害人的身上或者案发现场发现李怀亮的血迹或者有李遗留的其他物品，这样嫌疑人才能与案件发生关系。李怀亮的供述只能与证明犯罪事实发生的客观性证据实现某种程度的印证，但由于此案关键物证缺失，导致印证的基础薄弱，难以达到法定的证明标准。已经发生的错案反映出以下特征：从表面上看，指控机关提出了很多物证等客观性证据，但公诉机关提交的证据大多只能证明案件本身的情况和被告人的基本情况，而真正的关键物证则缺少，定案的依据基本依靠被追诉者的口供。在此情况下，表面上看，口供与客观证据能够相互印证，但印证的并非关键证据，其实口供是侦查人员根据现场情况制作出来的。

（六）忽视法官的心证，法官自由评价证据的权力受限

我国目前诉讼证明中的印证方法是一种注重证据所承载信息外在统一、而不太容许证明主体根据理性和经验进行内省式理性判断的证明方法。法律

所要求的有效印证是证据所承载客观信息的印证，而不是证明者的经验、常识对证据可信性的支持，抹杀裁判者依据审判经验进行情理推断的作用。"心证形成者的个人社会经验不可避免参与心证的形成，对证据之间的缝隙进行填补。我国的印证证明提高了对证据量的要求，要求更多的直接根据证据信息作出判断，从而缩小个人社会经验在心证形成中的作用。我国个人经验的填补往往被视为主观臆断。"〔1〕如果审判实践中出现相互矛盾的一对一证据，我国不允许审判人员根据经验和常识将其中一方的证据排除，从而能够根据旁证佐证的另一方证据作出判决。

客观印证证明模式中的心证是没有自由的，这种心证的非自由性表现在两个方面："一方面，当不能运用客观事理在证据与待证事实之间建立推理关系时，任何人都不能认定待证事实是客观真实的。另一方面，如果运用客观事理在证据与待证事实之间建立了证明的推理关系，这个时候不仅必然会对待证事实形成事实确信，而且这种确信就有任何人都不能否认的真实性。"〔2〕

司法实践中存在如下情况，公诉人员坚信被告人为真正的犯罪人，审判人员根据经验判断也认为被告人有罪，但由于根据现有证据无法实现理想的印证证明，迫不得已作出无罪判决。办案人员的判断是其内心确信的体现，但由于坚持客观印证标准，对案件事实的认定需要接受上级法院甚至审判监督法院的检验，因此，对于证据不能很好印证的案件，审判人员难以坚持作出有罪判决。"某市有一起故意伤害案。该案中，被告人系男性成年人，被害人是一女中学生，双方是邻居关系，但两家长期不合。起诉书指控，一天，在被害人厨房中，被告人用厨房中的菜刀砍伤了被害人左手小臂下侧面，伤口深达约一厘米，根据司法鉴定，构成轻伤害。本案有两个基本证据：一是被害人陈述，称自己被对方用菜刀砍伤。另一证据是被告人供述完全否认砍伤这名女孩。这间厨房当时没有任何其他人进入，因此完全可以排除第三者伤害可能。一审判决被告人伤害罪成立，理由是被害人不可能自伤，即能够排除自伤的合理怀疑，而剩下的只有一种可能，就是被告人伤害。但二审判决被告无罪，理由是被告的伤害行为缺乏证据印证，因此不能达到证据确实、

---

〔1〕　秦宗文：《自由心证研究——以刑事诉讼为中心》，法律出版社2007年版，第211页。
〔2〕　周洪波："比较法视野中的刑事证明方法与程序"，载《法学家》2010年第5期。

充分的程度。"[1] 笔者认为在此类案件中应允许裁判者进行合理的情理推断，排除合理怀疑，以免造成放纵犯罪的后果。

我国现行的证据制度对法官评价证据的裁量权限制较多，并且错案责任追究制度以及二审、再审对事实的全面审查制度以及申诉上访等变相对法官认定案件事实提出极高的要求。为了避免自己对案件事实的认定结论被上级法院推翻，法官认定案件事实时非常谨慎，甚至有寻求明确的证明力规则指引的强烈愿望，[2] 刑事诉讼法回应这一要求，规定了一系列限制证明力以及对证明力判断的规则，比如拟判处死刑的案件，如果没有被告人口供或被告人口供存疑，但其他证据确实充分的，一般不宜直接判处被告人死刑立即执行。对于被告人不认罪的案件，即使通过其他间接证据可以通过理性推理推断案件事实，判处死刑时也要极为慎重。

三、侦查中心下印证证明的风险

侦查中心背景下印证证明的最大风险在于容易造成对案件事实的错误认定。

侦查中心下印证证明模式的基本特征是证据收集的单方性以及依据笔录证据进行印证证明。而笔录证据的制作环境、制作主体等因素决定审判人员依据笔录证据印证而定案存在一定的错误风险。案卷笔录由追诉机关制作，为了实现追诉犯罪的成功，侦查机关制作案卷笔录时倾向于将有利于被追诉者的证据尤其是对认定犯罪不利的证据排除在证据范围之外，移送给审判机关的证据一定是对认定有罪有利的证据。在直接言词原则难以贯彻、法庭审判围绕公诉机关提交的笔录证据进行质证的双重作用下，注定了印证的形式性以及造成错判的风险。

以证据之间的简单初步印证来反推各个证据的真实性，亦存在很大的错误风险。由于口供是整个印证证明体系的核心，侦查的封闭性和单方性使侦查机关自我授权采取侦查行为，侦查阶段司法审查的缺失和侦查机关强大的权力导致其可以采取多种手段获取口供。侦查人员为了实现侦查的成功和追诉犯罪的实现，为了实现证据的印证，将会刻意隐瞒不能被其他证据印证的

---

[1]　这一案件就涉及审判人员的自由心证问题。参见最高人民法院刑一至刑五庭主编：《刑事审判参考》，法律出版社 2014 年版，第 183 页。

[2]　对不同证据证明力大小强弱的判断，对证据的取舍，甚至定罪时证据数量的要求，法官希望法律予以明确规定。而这种要求与对证明力的判断规律相矛盾。

证据，最终提交给法庭的证据几乎为清一色的不利于被告人的证据（法定量刑情节除外），使审判人员根本无法知悉可能对被告人有利的证据。同时，为了达到印证目的，侦查人员甚至不惜制造虚假证据以及对物证作不利于被告人的解释。印证以犯罪嫌疑人、被告人口供为中心，即以被告人的有罪供述为中心。对被告人的有罪供述高度信任，再以其他的言词证据与实物证据印证口供。在我国刑事诉讼体制以及刑事证明模式下，司法实践中较容易做到其他证据与口供的形式印证。作为证据使用的被告人口供一般体现为多份口供笔录，实践中被告人口供极为稳定，整个诉讼过程中无翻供现象并不占绝对多数，当嫌疑人、被告人口供前后不一致时，侦查人员当然会选取被告人认罪的那份口供，而一旦口供虚假，则印证的证明体系轰然倒塌，酿成错案。同时，为了达到其他证据与口供相印证的效果，司法实践中存在对科学证据不当解读的现象，杜培武案中以测谎结论、警犬气味鉴别、泥土化学成分分析等所谓的科学证据认定杜有罪，但由于鉴定意见的科学依据欠缺，导致将错误的鉴定意见作为定罪的关键证据，形成冤案。

最后，需要特别强调的是，印证证明本身对证据的数量和质量均有极高的要求。刑事诉讼证明活动是一种回溯性的证明活动。案件发生之后，犯罪事实者为了逃避处罚，通常会极力隐匿、毁灭证据，或者伪造犯罪现场或其他的证据形式，刑事诉讼证明是根据犯罪遗留的历史碎片来证明案件事实，侦查人员收集证据受到侦查时间、侦查水平、侦查技术等多方面的限制，并且侦查活动应严格依据法定程序进行，嫌疑人同时有防御权，以上因素决定证据资源的稀缺性以及侦查人员收集证据面临诸多不确定影响的因素，在有些犯罪隐蔽性强，以及遗留证据稀缺的案件中，实现印证证明变得非常困难。

刑事诉讼法增加了加强保障人权的各项措施，尤其是辩护律师在侦查阶段即可介入，使侦查机关办案时面临越来越多的挑战，对审判机关而言，疑罪从无理念的不断强调以及错案责任追究制度的不断规范使无罪判决呈上升趋势。无疑，证据客观印证的硬性要求使审判人员对于无法达成有效印证的案件，必须作出无罪判决。可见，印证证明带来的过高证明标准，容易出现放纵犯罪的后果，不利于社会稳定。

在控制犯罪的目的观一时难以转变的情况下，如此高的证明标准并不意味着侦查机关追诉犯罪的手段节制。相反，对于证据稀缺的案件或主要依据口供定案的案件，侦查人员收集证据时如果嫌疑人不配合，为了实现追诉犯罪的成功，以牺牲程序正义和嫌疑人的基本人权为代价来获取印证证据似乎成了必要的选择。

笔者对"案件无直接证据而只有间接证据时，审判实践中是否会出现定罪的困难"的调研结果显示，由于长期依赖口供在证明有罪体系中的核心地位，如果被告人拒不认罪，一般情况下，由于间接证据很难形成完整的符合客观印证要求的证据锁链，因此会给认罪带来困难。

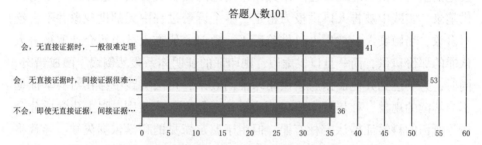

图 5-2　被告人不认罪，并且也无其他直接证据的情况下，即只有
间接证据时，审判实践中是否会出现定罪的困难？（可以多选）

答案选项	回复情况
会，无直接证据时，一般很难定罪	41
会，无直接证据时，间接证据很难形成完整的证据链条	53
不会，即使无直接证据，间接证据能够形成完整的证据链条，依然可以定罪	36

第三节　审判中心下印证证明的重塑

国外自由心证以证明主体的内心确信为前提，其预设前提是证明主体具有适格性。在我国法官的业务水平和职业素质参差不齐，法官远未实现精英化的情况下，依据外部可反复检验的印证方法对证据进行审查判断有一定的合理性，而且根据诉讼认识论的基本原理，证据之间能够相互印证本身是证据确实充分的必要条件。

我国目前证据印证中出现问题的本质原因并非印证本身的问题，而在于侦查中心主义之下印证的环境和体制以及机制难以保障印证的客观性以及印证对案件事实的证明作用。推进以审判为中心的诉讼制度改革，应改良侦查中心下的印证证明模式，审判中心下的印证证明应在控辩双方的充分参与下进行，侦查机关收集证据的权力应有所限制，辩护律师在收集证据的过程中应有发挥作用的空间。理性印证证明的实现以庭审实质化为实施的必要空间，应淡化口供在印证体系中的作用，在确保单个证据具有证据能力并且其真实性得到确认的前提下，裁判者才能进行证据之间的比对，审查证据之间是否印证。

一、2012 年《刑事诉讼法》实施后印证证明可能面临的困境

2012 年《刑事诉讼法》确立了不得强迫自证其罪的规则，正式以法典的形式确立了非法证据排除规则。对讯问嫌疑人的程序要求更加严格，讯问重大案件犯罪嫌疑人时应同步录音录像，讯问被羁押的嫌疑人必须在看守所内进行，辩护律师在侦查阶段即可介入，为嫌疑人提供各种法律帮助等，以上旨在保障人权的制度设计无疑会给侦查人员获取口供带来一定的困难。一旦嫌疑人拒不认罪，不但侦查人员失去获得直接证明嫌疑人有罪的直接证据，而且同时丧失依靠口供查找其他证据的机会，给侦查工作造成困难和阻力。长期对于口供的依赖造成一旦缺乏口供，裁判者完全依赖间接证据是不敢定案的。

二、审判中心下印证证明的重塑

笔者对"审判中心下是否需要对印证证明模式进行改良"的调查结果显示，绝大多数审判人员与检察人员认为需要对当前的印证模式进行改良，最关键的理由是在当前的印证模式之下，由于对于印证证据充分性等证据数量的极度强调，导致某些案件如果加入司法人员根据司法经验以及良心的理性判断即可认定犯罪，但由于证据的缺陷，不得不放弃追诉或者宣告无罪。[1]

笔者对"实现审判中心，您认为是否需要对印证模式进行改良"的调查

---

〔1〕　笔者通与检察官的访谈更是证实了这一结果。一位资深检察官认为，目前的印证模式存在的最大弊端是印证机械化，抹杀了检察人员以及审判人员根据司法经验以及办案常识进行情理推断的作用，容易导致放纵犯罪的风险，并且告知笔者实践中出现过几起这样的案例。

结果显示，大部分审判人员认为需要对此模式进行改良，只有少部分法官认为印证证明能够适应审判中心的要求。

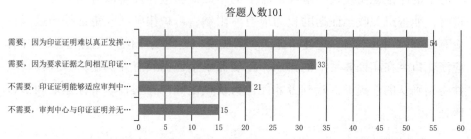

答题人数101

需要，因为印证证明难以真正发挥…	54
需要，因为要求证据之间相互印证…	33
不需要，印证证明能够适应审判中…	21
不需要，审判中心与印证证明并无…	15

图 5-3 实现审判中心，您认为是否需要对印证模式进行改良？(可以多选)

答案选项	回复情况
需要，因为印证证明难以真正发挥法官的经验判断作用，一定程度上造成认定犯罪的困难，并且造成认定犯罪的机械化	54
需要，因为要求证据之间相互印证，导致证明标准过高，容易产生放纵犯罪的后果	33
不需要，印证证明能够适应审判中心的需要	21
不需要，审判中心与印证证明并无直接的联系	15

　　印证证明是对我国司法人员办案经验和认识规律的总结，符合裁判逻辑和正常的认知心理。"印证证明之证据的多数性、可重复检验性、客观性以及稳定性"，[1]"追求证据的相互印证是司法理性主义的表现。"[2]印证模式是裁判权自我控制和追求理性证明的结果，多数情况下可以达到对案件事实的正确认定，可以防止事实认定出现根本性错误，尤其是在案件的客观性证据扎实，并且口供系合法取得的情况下，证据之间的印证意味着案件事实的准确认定。司法实务界认为，"强调证据之间的相互印证，有助于将案件办成经得起历史检验的铁案"。[3]因此，印证证明的积极意义不容否认，证据相互印证是裁判者形成心证的前提，如果证据之间存在矛盾，或者证据指向完全

〔1〕谢小剑："我国刑事诉讼相互印证的证明模式"，载《现代法学》2004 年第 6 期。

〔2〕李建明："刑事证据相互印证的合理性与合理限度"，载《法学研究》2005 年第 6 期。

〔3〕参见牛克乾："证据相互印证规则与死刑案件事实的细节认定"，载《人民司法》2010 年第 14 期。

不同的方向，则裁判者绝不可能形成内心确信。

"印证证明模式实际上是一种适应权力垄断的司法体制（诉讼体系）和侦查中心主义（及与之相配套的书面审理模式）的自我相对理性化的技术机制，是一种缺乏正当程序支撑的、非精细化的证明模式。"[1] 审判中心是证明模式理性化的重要保障，证明模式的合理改良均以审判中心之相关制度的建立为前提。为了避免追求印证证明的机械化给认定案件事实造成困难从而带来放纵犯罪的后果，在反思印证证明模式的基础上，应对我国长期以来实施的印证证明模式进行改良。印证证明的有效运行需要内部结构和外部机制的保障。

侦查中心下印证证明模式在实践中暴露出严重的问题。在客观性证据不足或者无关键客观性证据而主要依靠口供等主观证据定案的案件中，形式化的粗糙印证造成案件事实的错误认定。进行审判中心的诉讼制度改革，无疑会给传统的印证模式带来改良的空间，审判中心的实质内核是庭审实质化。侦查中心下印证模式生成的制度环境将发生改变，从侦查到审判过分依赖口供、笔录证据贯穿整个刑事诉讼过程、非直接非言词的审理方式、审理与裁判的分离等现象均会发生改变。

（一）引入自由心证，确立正当程序和精细化操作机制为支撑的新型证明模式

自由心证既包括法官对证据证明力的判断和对证据取舍的自由，亦包括认定案件事实的自由心证。自由心证的实现需要法官在综合衡量控辩双方证据的基础之上，根据理性、经验、常识等进行情理推断，对于证据之间不能印证的部分，允许裁判者根据办案经验进行情理推断，肯定自由心证的价值和作用。审判中心要求审判在认定证据、保护诉权等方面发挥核心作用。我国传统印证模式的运用以口供为中心，追求其他证据对口供的印证，忽视对单个证据的审查判断，尤其是忽视对证据之证据能力的审查。庭审以公诉机关提交的案卷笔录为基础，缺乏以直接言词的方式对证据尤其是实物证据的实质性审查。审判中心印证证明的完善应尊重印证的客观规律，厘清印证的客观性与法官对证据的主观评判关系，将印证的客观性与法官的主观判断相

---

[1]　左卫民："'印证'证明模式批判与重塑——基于中国刑事错案的反思"，载《中国法学》2016 年第 1 期。

结合。

我国传统的印证证明注重证明的外部性而忽视内省性，极大压缩了裁判者自由心证作用发挥的空间。事实认定的过程是裁判者自由心证的过程，证据证明力的把握应遵循自由评价原则。证明标准应由裁判者从主客观两方面综合判断。客观方面的判断是审查在案证据是否相互印证，而主观判断则是是否排除了合理怀疑。

现代自由心证通过证据资格的法律化、心证的形成符合逻辑法则和经验法则、裁判理由制度的确立以及明确心证应达到的标准，对裁判者的心证进行规制。印证与排除合理怀疑密不可分，作为裁判者审查认定证据的方法，印证要求在对证据综合审查判断时，证据的信息内容相互融合，不存在无法排除的合理怀疑。我们应容忍证据数量不充分、证据质量不完美以及证据体系不完整的现实状态，承认利用不充分证据由审判人员依据办案经验和理性进行正当逻辑推理和情理推断等方式实现事实认定。

印证是形成稳定证明结构的基本保障，在客观性证据充分且言词证据依法取得的情形下，印证证据越充分，对案件事实认定的正确程度越高。我国刑事诉讼中嫌疑人、被告人并无沉默权，亦未确立自白任意性规则，反而有如实陈述的义务，保障口供真实性的诉讼机制并未完全建立，在此背景下，如果完全赋予裁判者以自由心证评判证据将面临巨大的风险。我国法官还未实现精英化，审判人员审理案件的独立性还无法得到完全的保障。以上诸多因素决定目前坚守印证证明模式是保障案件实体公正的必然选择，但如此并非彻底否定法官自由评判证据功能的发挥。笔者认为，对严重的刑事犯罪应继续保留印证的证明方式，比如对故意杀人、防火、投毒等可能判处死刑的被告人必须适用最为严格的证明标准，现行印证的证明方式有助于最大限度保障认定犯罪的准确性。同时对于罪行较轻的刑事犯罪进行认定时，在坚持印证证明的同时应肯定裁判者的心证作用，允许其正确运用经验法则进行合乎情理的推理，排除可能的合理怀疑，作出尽可能准确的事实认定。

（二）纳入印证体系的证据必须具备证据能力

证据能力与证明力是证据材料转化为定案根据的基本要件。传统的印证模式忽视对单个证据证据能力的审查和把关，导致不具有证据能力的证据成为定案的根据。证据能力包括关联性与合法性两大要素，我国证据法理论关注合法性作为证据能力的基本要素，而忽视关联性亦为证据能力的另一基本要素。作为证据能力的关联性是证据的最小相关性，需要相关性规则的调整。我国的证据能力规则主要体现为非法证据排除规则，审判阶段非法证据排除规则的真正落实是保障印证正确性的前提。证据合法性的审查应从证据的收集程序、保管链条以及笔录记载并结合录音录像等方面进行审查。对于侦查机关而言，审判中心非法证据排除规则的严格实施倒逼侦查人员收集证据需严格遵守法定程序和手段，严格依据合法手段在程序要求范围内取证，以避免由于非法取证或取证瑕疵导致证据被排除从而招致追诉败诉的后果。

（三）纳入印证体系的证据必须真实可靠

确保单个证据的真实性是实现印证可靠性的基础和前提，单个证据的真实性通过法定程序得以确认，是确保实质性印证的条件。如果单个证据的真实性未得到确认，即使做到证据与其他证据的印证，亦不能确保对案件事实认定的准确性。单个证据真实性的确认以辩护律师的充分参与下对证据的实质性质证为前提。言词证据实质性质证的前提是证人、鉴定人、侦查人员等言词证据提供者出庭，判断证人证言的可靠性，需要通过当事人与证人当面对质，"从心理学的角度，当面撒谎需要客服的心理障碍远远超过非当面指责需要克服的心理障碍。因此，让证人在被告人到场的情况下接受询问，对存心作伪证的证人可产生天然的威慑。这也是对质权强调眼球对眼球这项内容的原因之一"。[1] 对证据的审查同时兼顾证据与其他证据之间的印证关系以及证据真实性能否得到保障。

（四）确立以客观性证据为中心的印证方法

证据审查判断指的是"司法人员对于收集的证据进行分析、研究和鉴别，找出它们与案件事实之间的客观联系，找出证据材料的证据能力和证明力，从而对案件事实作出正确认定的一种活动"。[2] 口供中心的印证模式容易催生侦查人员非法获取口供，从而出现刑讯逼供等侵犯嫌疑人重大权利的情形发生。口供的易变性导致此种印证方式存在出错的可能性。审判中心要求淡化或弱化口供的作用，应将以口供为中心的印证模式转变为客观性证据审查模式。2012 年《刑事诉讼法》确立的防止非法讯问的措施，对辩护律师权利的保障以及非法证据排除规则的确立等对印证的办案模式形成冲击，在肯定

---

〔1〕 李先伟："证人出庭作证与公诉结果的不确定性"，载《人大法律评论》2013 年第 1 期。

〔2〕 樊崇义主编：《刑事诉讼法学》（第 3 版），中国政法大学出版社 2013 年版，第 198 页。

印证证明模式的基础上，有学者主张"诉讼证明应转向由证到供的相互印证"。[1]

客观性证据是指"以人以外之物为证据内容载体的证据。此类证据由于其外部特征、性状及内容等基本稳定，因而客观性较强"。"客观性证据审查模式是以客观性证据为主的证据印证模式。是指在刑事诉讼中，司法机关以客观性证据为审查中心，凭借具有稳定性、可靠性的客观性证据确认案件事实，并以此为基础审查和检验全案证据，进而准确认定犯罪事实的审查工作模式。"[2]客观性证据审查模式强调物证、书证等客观性证据在认定案件事实的证据体系中的核心地位，要求客观性证据自成体系，再以口供与客观性证据印证。对审判人员而言，印证模式可以转变为，先考虑实物证据之间是否相互印证，即证明方向是否一致，有无无法合理排除的矛盾，再以证人证言、被害人陈述等言词证据印证客观性证据，以上证据如果能够形成闭合的证据锁链，并且被告人自愿认罪，未提出受到刑讯逼供、威胁等非法取证请求，则即可定案。有学者认为合理的证据审查顺序应为"先审查客观证据，再审查主观证据，最后审查嫌疑人、被告人的供述和辩解。对于同一类型的证据，按照证据生成的先后顺序进行审查，物证书证需与证明其来源的笔录证据一并审查"。[3]笔者赞同以上观点，并且笔者通过查阅中国法律文书网的判决书发现判决书对证据罗列的顺序发生变化，即一般先罗列除口供之外的其他证据，最后才是口供，并且强调口供能与其他证据相互印证。此项转变一定程度上反映出司法实践中审判机关对客观性证据在证明案件事实体系中的核心地位的肯定和重视。

证据的审查判断模式的转变要求审判人员合理运用间接证据。"根据间接证据通过推论以强化心证并印证直接证据，排除合理怀疑，达到证据确实充分的标准。"[4]虽然间接证据的信息较为分散，但是"多角度的信息能够为案件事实的认定提供更为发散的分析思路和质疑，有可能提高防止错误认定案件事实的能力。"[5]以物证为例，物证是连接两个事实要素的桥梁，往往

〔1〕谢小剑："刑诉法修改下相互印证的证明模式"，载《中国刑事法杂志》2013 年第 5 期。

〔2〕樊崇义、赵培显："论客观性证据审查模式"，载《中国刑事法杂志》2014 年第 1 期。

〔3〕万毅："论证据分类审查的逻辑顺位"，载《证据科学》2015 年第 4 期。

〔4〕龙宗智："以审判为中心的改革及其限度"，载《中外法学》2015 年第 4 期。

〔5〕褚福民："刑事证明的两种模式"，载《政法论坛》2015 年第 3 期。

一方面连接已知案件事实，一方面连接嫌疑人，即物证具有"双联性"。以杀人工具刀为例，作为杀人工具的刀，一般包含的证据信息有嫌疑人的指纹以及被害人的血迹，如果经过鉴定，刀上的指纹确定为嫌疑人所有，并且刀上的血迹系被害人所留，则由于刀上具有的不同证据信息，可以将嫌疑人和杀害被害人的行为联系起来。实践中，侦查机关经常忽视物证的双联性，已经发现的错案中有诸多案件虽然有相关物证，但物证只能证明犯罪事实发生，与犯罪事实有关联，但无法与嫌疑人发生关联。证据的双关联对案件事实的认定具有极为重要的意义，如果侦查人员收集的物证经鉴定与案件发生联系，仅能证明犯罪事实已经发生，但要证明犯罪行为由嫌疑人实施，则关键在于建立物证与嫌疑人之间的联系，如物证上留有嫌疑人的指纹，物证为嫌疑人所有等。

（五）贯彻直接言词原则，保障印证的正当程序环境

侦查中心下证据印证的直接特征是笔录证据等书面证据的相互印证。书面印证的方式忽视了裁判者通过直接接触证据最原始的形式获得察言观色机会，从而通过判断情态证据以辨别证据真伪的机会和能力，容易造成裁判者仅通过审查侦查机关精心制作的笔录证据的表面印证认定犯罪事实的错误风险。直接言词原则是保障裁判者直接接触证据以及通过言词的方式审查判断证据的基本原则，此原则能够保障审判人员接触证据的最原始信息，通过当面的听证，可以获取书面证据材料难以承载的其他对认定证据真实性和关联性有效的信息，形成内心确信。直接言词原则要求控辩双方有实质异议并对定罪量刑有影响的证人、鉴定人、被害人、侦查人员等出庭作证，接受对证据有异议的一方的质证。2012 年《刑事诉讼法》确立了保障必要证人、鉴定人以及侦查人员出庭的具体制度，无疑有利于直接言词的实现。

（六）发挥过程证据和辅助证据的作用

过程证据与结果证据、实质证据与辅助证据是学者在研究证据制度的过程中所创设的新的关于证据的学理分类。过程证据是"记录特定诉讼行为过程事实的证据，其表现形式包括笔录证据、情况说明材料、录音录像资料、侦查人员的证言等，过程证据可以起到对结果证据的印证作用，还可以发挥直接证明量刑事实以及争议的程序性事实的作用"[1]根据日本学者田口守一

---

[1]　陈瑞华："论刑事诉讼中的过程证据"，载《法商研究》2015 年第 1 期。

的观点："补助证据是证明补助事实（有关实质证据的可信性）的证据，是推断实质证据的可信性事实，补助证据中包括可信性弱的弹劾证据、可信性强的补强证据、可信性较弱但经过再次强化的恢复证据，等等。"〔1〕

对于实物证据，"过程证据可以通过鉴真方式来印证其真实性。而对于言词证据，过程证据则对其真实来源和真实内容发挥印证作用"。〔2〕实物证据的真实性可以通过对证据保管链条的完整性证明来实现，证据保管链条的证明依据为侦查人员在收集实物证据的过程中形成的各种笔录证据，勘验、检查笔录、证据提取笔录、扣押清单等可以直接证明证据的收集过程和来源。笔录证据可以对证据的收集、提取、保全、鉴定、出示等证据保管链条起到证明作用，证明法庭上出示的证据即为侦查人员收集的原始证据，没有被调换。

我国的刑事证明一般将证据限定为实质证据，而将辅助证据排除在外，根据学者的理解，"实质证据是在证明时被认为属于待证事实的存在或发生而形成的证据，辅助证据是在证明时被认为属于相对独立于待证事实之外的其他事实的存在或发生而形成的证据"。〔3〕辅助证据可以发挥对实质证据的印证作用，以受贿案件为例，如果行贿人承认行贿，但受贿人坚决不承认，但如果有其他的辅助证据，比如受贿人在行贿人行贿前后的不同表现，之前不为行贿人谋取利益，但推定受贿之后积极为行贿人谋取利益。辅助事实虽然与待证的案件事实无直接的关联性，比如被告人案发后的表现（案发后逃跑、抗拒抓捕等）、证人的诚实品格以及作证时的神态、语气等。故意杀人案件中，能够证明被告人有犯罪动机的事实，比如与被害人有过节等。以上辅助证据可以起到对实质证据的印证作用，加强或减轻某一质证证据的证明力。

审判中心下实现合理的印证应发挥辅助证据的作用，对于特定的情节可以运用辅助证据进行证明，由裁判者根据辅助证据进行合理的推断，辅助证据的运用依赖于裁判者的审判经验、理性等的有效发挥。

（七）确立多方参与的证据形成机制

如上所述，我国目前的证据由控方单方形成，缺乏外部的监督和辩方的参与，侦查机关的传统强势权力以及侦查行为的自我授权和侦查过程的封闭

---

〔1〕 ［日］田口守一：《刑事诉讼法》，刘迪等译，法律出版社 2000 年版，第 219 页。
〔2〕 陈瑞华："论刑事诉讼中的过程证据"，载《法商研究》2015 年第 1 期。
〔3〕 周洪波："实质证据与辅助证据"，载《法学研究》2011 年第 3 期。

性造成侦查人员为了达到追诉犯罪的目的可以通过各种方式获取甚至制造能够证明嫌疑人有罪的证据材料。为了避免依据虚假证据之间的印证认定案件事实造成的错案后果，应从源头上确保争取收集程序的正当性以及证据收集的多方参与性，通过辩护律师、见证人以及讯问嫌疑人的录音录像制度等确保侦查人员证据收集的理性化、正当性。确立多方参与的证据形成机制并非彻底改变单轨制侦查的现状，在目前的侦查体制下和诉讼框架内，我国更不可能照搬英美法系国家的双轨制侦查制度，即赋予辩护律师与侦查人员相同的侦查权。强化侦查过程中证据收集多方主体的参与可以进行以下制度设计：第一，确立讯问嫌疑人时辩护律师在场制度，早在 2002 年，中国政法大学樊崇义教授带领的团队就侦查讯问过程的全程录音录像、律师在场制度在北京、甘肃和河南等地进行调研，取得了宝贵的实证调研资料。随着 2012 年《刑事诉讼法》的修改，讯问重大嫌疑人时全程录音录像制度已经确立，律师在场制度的确立已经成为诉讼文明发展的必然趋势。讯问嫌疑人时律师在场即是保障嫌疑人基本诉讼权利的需要，亦是监督侦查人员依法取证的必要制度设计。律师在场制度可以与值班律师制度相结合。第二，完善见证人制度。见证人是被侦查机关邀请就侦查行为见证的自然人。刑事诉讼法关于搜查、扣押等侦查行为确立见证人制度。见证人制度完善的关键在于确保见证人的中立性。

最后，随着刑事诉讼法的修改，印证可能会面临新的问题。2018 年《刑事诉讼法》确立了认罪认罚从宽制度，根据司法实践，基层人民法院办理的案件认罪认罚的比例不断提高，犯罪嫌疑人认罪案件的印证要求是否可以降低，值得我们进一步思考。另外，对于审判实践中出现的特殊案件面临的证明难题，比如性侵未成年人案件，如果被告人拒绝作出有罪供述，由于此类案件的主要证据是被害人陈述，未成年被害人陈述天然的缺陷导致此时如果适用严格的印证证明容易导致追诉犯罪的失败，造成放纵犯罪的后果，此类案件对证据审查判断时是否可以实施"宽松的印证规则"抑或直接实施自由心证证明模式，都是值得我们进一步讨论的问题。[1]

---

[1]　参见向燕："性侵未成年人案件证明疑难问题研究——兼论我国刑事证明模式从印证到多元求真的制度转型"，载《法学家》2019 年第 4 期。

审判中心下的证明标准

第一节　刑事证明标准的基本理论

一、刑事证明标准的含义

"如果说证明评价仅仅限于检测证明是否成功，即法官可以否认个案中的某个事实已经被证明，那么证明尺度（有时也称证明标准、证明额度或证明强度）则是一把尺子，衡量什么时候证明成功了；证明尺度也决定对某个具体内容的法官心证，它决定着法官必须凭什么才算得到了心证。"[1] 所谓证明标准，是指承担证明责任的诉讼一方对待证事实的论证所达到的真实程度。"证明标准对刑事司法证明的意义主要表现在两个方面：一方面，对于事实的审理者而言，证明标准的高低在一定程度上决定着他对案件的实体处理；另一方面，对证明主体而言，对待证事实的证明达到法定标准是其证明责任得以卸除的前提。"[2] 作为诉讼证明的尺度，证明标准可从两个角度理解，既可以从承担证明责任的诉讼方来理解，亦可从审判者事实认定的角度来理解。证明标准在刑事诉讼中并非孤立存在，证明标准必然与证明责任紧密联系。一方面，证明标准亦是承担证明责任的诉讼一方说服审判人员达到的标准；另一方面，证明标准是审判人员在法庭上运用证据认定案件事实时所要达到的标准。

依据证据裁判原则，刑事诉讼活动中对案件事实的认定必须依据证据，

---

[1] ［德］汉斯·普维庭：《现代证明责任问题》，吴越译，法律出版社 2000 年版，第 90~91 页。

[2] 参见熊秋红："对刑事证明标准的思考——以刑事证明中的可能性和确定性为视角"，载《法商研究》2003 年第 1 期。

无证据不得认定事实。无罪推定原则要求在审判机关认定被告人有罪之前，其应被推定为无罪，即只有通过开庭审判，控辩双方在法庭上提出证据，并通过一系列的论证和辩论，以说服审判人员采纳自己的诉讼主张。就刑事诉讼的证明活动而言，刑事公诉案件是检察机关代表国家发动的以追究被告人刑事责任为目的的一种诉讼活动，根据证明责任分配的一般原理，既然追诉由公诉机关发起，证明被告人有罪的责任由公诉机关承担，并且公诉人对案件事实的证明必须达到某种最低的程度，才能卸除其证明责任，实现追诉成功，而这一最低的程度即为证明标准。同时，证明标准的另一重要功能是防止审判人员运用证据认定案件事实时随意行使自由裁量权。审判人员不得随意运用证据认定案件事实，证据必须在法庭上经过控辩双方的举证、有效的质证和充分的辩论之后，审判人员才能对证据进行认定。只有所有有关定罪量刑的事实均有相应的证据证明，成为定案根据的证据应同时具备证据能力和证明力，证据之间形成完整且闭合的证据锁链，证据之间的矛盾能够得到合理的解释，合理的怀疑被排除，才能最终认定被告人有罪。

　　证明标准有广义和狭义之分，广义的证明标准指在刑事诉讼的侦查、审查起诉以及审判阶段，任一诉讼阶段宣告终结，办案机关作出相关处理决定时所遵循的标准。狭义的证明标准仅指审判阶段裁判者作出有罪判决的标准。指裁判者经过开庭审理，充分听取控辩双方的举证、质证和辩论，作出有罪判决时遵循的标准。从严格意义上分析，由于证明标准与证明责任紧密相关，对证明标准的界定无法脱离证明责任，而证明责任的承担者说服的对象是裁判者，证明的场域当然是审判阶段，因此，证明标准应在审判环节才有讨论的空间，严格意义上刑事诉讼中只存在审判阶段唯一的证明标准，审前侦查机关侦查终结移送审查起诉，公诉机关审查起诉后决定提起公诉所遵守的标准称为证明标准不够妥当，应将其称为证据标准。"刑事诉讼法为审前立案、批准逮捕、侦查终结以及提起公诉等确立的标准并非真正意义的证明标准，最多只能称为证据标准。"[1]公检机关作出某种决定时对案件的认定，并非

---

　　〔1〕　由于需对学界关于证明标准的同一性和层次性进行评析，鉴于学界关于证明标准约定俗成的用法以及为了研究的需要，本章笔者以广义的证明标准为论说基础，但严格来讲，审前侦查机关、审查起诉机关所遵循的并非证明标准，只能称之为证据标准。

司法证明活动，而依然属于查明真相活动，对事实真相的查明的根本目的是为法庭审判的证明活动做准备，承担公诉职能的检察机关庭前进行的证据审查与认定同中立的审判机关对证据的审查有本质区别。

证明标准是保证案件得到公正处理的重要标尺。以审判为中心要求裁判者不能恣意裁判，而应在公开的法庭上直接接触控辩双方提交的证据并经过双方充分的质证辩论后，严格按照证明责任分配机制和证明标准的要求，作出公正的判决。

二、刑事证明标准的法律规定

证明标准既是裁判者作出有罪认定的标准，也是承担证明责任的一方完成证明任务、卸除证明责任需要达到的标准和尺度。我国 1979 年《刑事诉讼法》、1996 年《刑事诉讼法》对证明标准作出完全相同的规定，即要求审判机关作出有罪判决时，必须达到"犯罪事实清楚、证据确实充分"的标准。此项证明标准的客观性特征明显，被称为客观性证明标准。客观性证明标准导致对证明标准的要求过高，有的学者指出："证明标准高于一定程度，极可能诱使执法者采取刑讯逼供等野蛮手段；当这种野蛮手段普遍化时，立法者就可能将其合法化；即使在正式规则中没有合法化，也可能在潜规则中合法化。"[1] 从裁判者的主体向度出发，是否达到证明标准需要诉诸裁判者的主观判断，"犯罪事实是否清楚、证据是否确实充分"必须以裁判者的主观认知为依托，依赖于裁判者的内心确信，而证明标准的客观性显然无法准确规制和引导裁判者的主观判断。因此，这一具有理想主义色彩的客观化证明标准，很难称得上是具体的证明尺度，充其量是司法证明的目的而已。为了解决证明标准客观化造成难以有效指导审判实践的难题，增强证明标准的可操作性以及更好地引导裁判者，2012 年《刑事诉讼法》在继续肯定原证明标准的基础上，对证明标准进行了主观化的改造，将英美法系国家的"排除合理怀疑"融入客观性证明标准之中，从正反两方面对证明标准予以规范。一方面，裁判者作出有罪判决时，控方主张的案件事实应达到"事实清楚，证据确实充分"的客观状态，同时由于此种客观状态依赖于裁判者的主观判断和内心确

---

〔1〕 易延友：《证据法的体系与精神——以英美法为特别参照》，北京大学出版社 2010 年版，第320 页。

信，因此裁判者作出有罪判决时，必须排除一切合理怀疑。[1]

从广义的证明标准含义出发，刑事诉讼法按照诉讼阶段的不同，规定了基本相同的证明标准。侦查终结移送审查起诉、检察机关提起公诉以及审判机关作出有罪判决时需遵循相同的标准，刑事诉讼法对三阶段的证明标准均规定为"犯罪事实清楚、证据确实充分"。[2] 2012 年《刑事诉讼法》第 53 条第 2 款阐释了证据确实充分的条件："定罪量刑的事实都有证据证明；据以定案的证据均经法定程序查证属实；综合全案证据，对所认定事实已排除合理怀疑。"[3] 2012 年《刑事诉讼法》特别强调裁判者在综合全案证据的基础上，对证据形成的主观认知，即应排除合理的怀疑。

从宏观层面来看，刑事诉讼法根据不同的诉讼阶段规定了大致相同的标准，但刑事诉讼法对诉讼三阶段证明标准的表述依然有所区别。[4]由于对侦查机关证明标准的要求是"应该达到"，而对检察机关证明标准的要求是"其认为已经达到"，据此有学者认为侦查阶段的证明标准与审判机关作出有罪判决的标准相同，而高于提起公诉的证明标准，并进一步指出对侦查终结提出如此高的标准

---

〔1〕《死刑案件证据规定》第 33 条第 1 款规定了死刑案件中根据间接证据定案的标准："据以定案的间接证据已经查证属实；据以定案的间接证据之间相互印证，不存在无法排除的矛盾和无法解释的疑问；据以定案的间接证据已经形成完整的证明体系；依据间接证据认定的案件事实，结论是唯一的，足以排除一切合理怀疑；运用间接证据进行的推理符合逻辑和经验判断。"

〔2〕 2012 年《刑事诉讼法》第 160 条规定，公安机关侦查终结的案件，应当做到犯罪事实清楚，证据确实、充分，并且写出起诉意见书，连同案卷材料、证据一并移送同级人民检察院审查决定；同时将案件移送情况告知犯罪嫌疑人及辩护律师。第 172 条规定："人民检察院认为犯罪嫌疑人的犯罪事实已经查清，证据确实、充分，依法应当追究刑事责任的，应当作出起诉决定，按照审判管辖的规定，向人民法院提起公诉，并将案卷材料、证据移送人民法院。2012 年《高检规则》第 404 条从反面规定了达不到起诉条件的标准：（一）犯罪构成要件事实缺乏必要的证据予以证明的；（二）据以定罪的证据存在疑问，无法查证属实的；（三）据以定罪的证据之间、证据与案件事实之间的矛盾不能合理排除的；（四）根据证据得出的结论具有其他可能性，不能排除合理怀疑的；（五）根据证据认定案件事实不符合逻辑和经验法则，得出的结论明显不符合常理的。"2012 年《刑事诉讼法》第 195 条第（一）项确定的审判阶段的证明标准为：案件事实清楚，证据确实、充分，依据法律认定被告人有罪的，应当作出有罪判决。

〔3〕《死刑案件证据规定》第 5 条第 2 款对死刑案件证据确实充分的解释为："定罪量刑的事实都有证据证明；每一个定案的证据均已经法定程序查证属实；证据与证据之间、证据与案件事实之间不存在矛盾或矛盾得以合理排除；共同犯罪案件中，被告人的地位、作用均已查清；根据证据认定案件事实的过程符合逻辑和经验规则，由证据得出的结论为唯一结论。"

〔4〕 侦查终结移送审查起诉时要求侦查机关应当做到"犯罪事实清楚，证据确实充分"，人民检察院作出起诉决定的标准是"认为犯罪事实已经查清，证据确实充分"。

违背刑事诉讼认识规律，并且容易导致侦查的拖延。笔者认为此种认识属于对法条的机械化理解，不管法律关于刑事诉讼证明标准如何表述，毫无疑问，证明标准均需要办案人员在办案过程中依据证据和证据能证明的案件事实进行主观判断，是否达到证明标准必须依靠办案人员的主观认知，因此侦查终结移送审查起诉时也必然是侦查机关认为已经达到了犯罪事实清楚、证据确实充分的标准。刑事诉讼是控方代表国家发动的追究犯罪人刑事责任的活动，侦查阶段侦查机关的核心任务是全面收集证据，经过一系列的侦查活动，侦查机关认为有关犯罪构成要件的犯罪事实已经查清，才能终结侦查活动。虽然法律对于侦查终结的标准要求应该做到"犯罪事实清楚，证据确实充分"，但对于标准的具体判断依然取决于侦查人员的主观判断，即一定是侦查人员认为已经达到了法定的标准。

第二节　公诉与定罪证明标准的同一性与层次性之争

我国《刑事诉讼法》规定，侦查终结、提起公诉、定罪裁判三阶段都应达到"犯罪事实清楚，证据确实充分"的证明标准。2012 年和 2018 年《刑事诉讼法》修改维持了三阶段统一证明标准的立法。但对此规定不断有学者提出质疑，以审判为中心的诉讼制度改革提出以来，关于此问题又出现新一轮的争议，质疑者认为："根据证明标准多层次的理论，审前程序中对于案件事实不可能也无需达到审判所需的证明标准。"[1]"从诉讼认识规律以及各阶段认识主体接触的证据数量的多寡分析，诉讼三阶段对证明标准的把握应是依次提高的关系，侦查终结移送审查起诉的证明标准最低，公诉机关移送审查起诉的证明标准次之，而作出有罪判决的证明标准应最高。"[2]据此，有

---

[1] 闵春雷："以审判为中心：内涵解读及实现路径"，载《法律科学（西北政法大学学报）》2015 年第 3 期。该文认为证明标准层次性的主要理由是侦查阶段不具备严格证明标准形成的条件和可能性，因为审前阶段不具备保障准确认定案件事实的基本诉讼元素。

[2] 参见陈卫东、刘计划："关于完善我国刑事证明标准体系的若干思考"，载《法律科学（西北政法大学学报）》2011 年第 3 期；王胜扬："刑事证明标准层次性论略"，载《政治与法律》2003 年第 5 期；陈辉、肖本贵："刍议'金字塔'型刑事证据标准与公诉观念的转变"，载《中国刑事法杂志》2000 年第 4 期。李学宽、汪海燕、张小玲："论刑事证明标准及其层次性"，载《中国法学》2001 年第 5 期。杨宇冠、刘曹祯："以审判为中心的诉讼制度改革与质证制度之完善"，载《法律适

学者建议把我国证明标准规定为四个类别，"立案侦查的证明标准是'合理犯罪嫌疑'；逮捕的证明标准是'优势概率的证明'；侦查终结移送起诉和提起公诉的证明标准都是'明确证据的证明'；有罪判决的证明标准是'排除合理怀疑的证明'"。[1]相反，坚持者认为，统一证明标准符合我国立法和司法现状，证明标准统一有利于增强判决的预测性，降低公诉证明标准不利于犯罪嫌疑人的权利保障。[2]陈光中教授主张，以审判为中心的诉讼制度改革，"要求侦查、起诉阶段对于事实认定和法律适用的标准应当参照适用审判阶段的标准，满足高质量审判的要求"。[3]龙宗智教授认为在当前"技术型"审判中心制度中，侦查机关、公诉机关应当使控诉证据达到法定标准，从而切实改善审判条件。[4]从我国的司法实践、诉讼构造和诉讼文化等方面考察，同一性证明标准在我国实施具有合理性。"从原理上看，证明标准应是整个刑事证明行为的标尺，适用于各个诉讼阶段一切刑事证明的场合；从应用上看，证明标准主要是为负有证明责任的主体设立的，检察官提起公诉时要用这个标准审查起诉的事实是否有确实、充分的证明，而此前检察官对于侦查终结的案件自然也应适用同样的标准去审查其证明情况，否则就不能作出是否应当提起公诉的正确决定；至于审判阶段，法官也同样运用这一标准来衡量和确认案件事实，形成自己的内心确信。如果我们给刑事证明设立几个标准，无论在理论上或者应用上都会造成紊乱，显然是不可取的。"[5]十八届四中全会提出以审判为中心的刑事诉讼制度改革，要求侦查、审查起诉的案件事实、证据均经得起审判的检验，要求审前的侦查、起诉均应面向审判、服从审判。[6]

（接上页）用》2016年第1期。从目前的研究现状来看，尤其是在审判中心的诉讼制度改革背景之下，证明标准的层次性理论似乎成为大多数学者的共同主张，各位学者论述的角度可能不完全相同，但均得出了相同的结论。

〔1〕 何家弘：《短缺证据与模糊事实——证据学精要》，法律出版社2012年版，第306页。

〔2〕 参见孙长永："提起公诉的证据标准及其司法审查比较研究"，载《中国法学》2001年第4期；郭松、林喜芬："文本、实践、语境：公诉证据标准的现代性诊断"，载《法制与社会发展》2007年第5期；谢小剑："提起公诉证据标准之内在机理"，载《比较法研究》2007年第3期；葛琳："公诉证明的理论框架"，载《证据科学》2008年第6期。

〔3〕 陈光中、步洋洋："审判中心与相关诉讼制度改革初探"，载《政法论坛》2015年第2期。

〔4〕 参见龙宗智："'以审判为中心'的改革及其限度"，载《中外法学》2015年第4期。

〔5〕 徐静村："我的证明标准观"，载陈光中、江伟主编：《诉讼法论丛》（第7卷），法律出版社2002年版，第15页。

〔6〕 参见沈德咏："论以审判为中心的诉讼制度改革"，载《中国法学》2015年第3期。

两高三部于 2016 年 7 月共同发布的《关于推进以审判为中心的刑事诉讼制度改革的意见》第 2 条后半段重申了侦控审统一的证明标准："犯罪事实清楚，证据确实、充分。"

　　笔者以审判人员与检察人员为调查对象，以"对于目前公诉与审判适用相同的证明标准，您认为是否合理"为调查内容的结果显示，69.3% 的被调查者认为目前的证明标准合理，认为完全不合理的只占到 3.96%。笔者通过对从事刑事公诉的检察官进行访谈，也印证了这一结果，检察官认为提起公诉的证明标准必须与作出有罪判决的证明标准一致，否则在我国目前的诉讼制度下，降低公诉证明标准将会产生对公诉机关不利的后果。

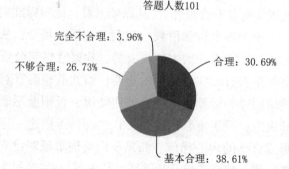

答题人数101

完全不合理：3.96%
不够合理：26.73%
合理：30.69%
基本合理：38.61%

图 6-1　对于目前公诉与审判适用相同的证明标准，您认为？

一、证明标准层次性主张及理由

（一）证明标准层次性的广义与狭义

　　证明标准的层次性有广义和狭义之分。广义证明标准的层次性指因待证事实不同（证明对象不同）、可能判处刑罚的轻重不同、诉讼阶段及进程不同以及诉讼主体不同应适用不同的证明标准。刑事诉讼的证明对象包括犯罪构成要件事实、量刑事实、程序法事实。证明标准层次论主张对于与定罪有关的事实应坚持最严格的证明标准，即犯罪事实清楚、证据确实充分的标准。影响量刑的事实区分为有利于被告人和不利于被告人的量刑事实，对不利于被告人的量刑事实，坚持与定罪相同的标准，但对有利于被告人的量刑事实以及程序法事实，则可采较低的证明标准。就可能判处刑罚的轻重不同而采取不同的证明标准而言，有学者主张对于死刑应坚持最高的证明标准，而可能判处其他刑罚的证明标准可以适当降低。刑事诉讼分立案、侦查、审查起诉和审判四大阶段，除立案阶段外，层次论主张移送审查起诉、决定提起公诉以及作出有罪判决应采取由低到高的层次性标准。狭义的层次性证明标准仅指依据刑事诉讼阶段和诉讼进程的不同，适用不同的证明标准，侦查终结移送审查起诉、决定提起公诉以及作出有罪判决的证明标准依次提高，移送审查起诉以及决定提起公诉无需坚持与审判相同的标准。以审判为中心的诉讼制度改革要求审前应面向审判以及服务于审判，仅涉及不同诉讼阶段证明标准的把握问题，因此，此处的讨论仅限于狭义上的证明标准层次性问题。

（二）证明标准层次性主张的理由分析

1. 诉讼认识论

起诉权仅是一种司法请求权，并不具有对案件进行实体性处分的性质。从认识论的角度而言，证明主体对案件事实的认识是渐进的过程，是一个由感性认识上升到理性认识的过程。"诉讼证明本质上是一个人们主观对客观存在的案件事实的认识过程，辩证唯物主义认识论要求人们对客观世界的认识必须建立在实践的基础上，而且有一个由浅入深、由表及里、不断提高、不断深化的过程。"[1] 因此，不同的认识阶段不可能适用同样的标准。

2. 域外国家和地区对证明标准的规定体现了层次性

《德国刑事诉讼法典》第 152 条第 2 款规定："除法律另有规定外，在有足够的事实根据时，检察院负有对所有的可予以追究的犯罪行为作出行动的义务。"[2]《日本刑事诉讼法典》未对提起公诉证据标准提出明确的要求。日本检察业务主管当局指出："检察官在案件侦查终结后对案件作出处理的基准是：（1）诉讼条件的有无；（2）犯罪成立与否；（3）犯罪嫌疑的有无；（4）有无免除刑罚的事由；（5）有无追诉的必要。其中'犯罪成立与否'是关于嫌疑事实的法律评价，凡不符合犯罪构成要件的，应当作出不起诉决定；'犯罪嫌疑的有无'即关于案件的证据判断，如果嫌疑事实缺乏证据证明，或者证据证明嫌疑人并非嫌疑事实的行为人，检察官应当决定不起诉。至于存在犯罪嫌疑时，决定起诉的证据标准，则要求根据确实的证据，有相当大的

---

〔1〕 卞建林主编：《刑事证明理论》，中国人民公安大学出版社 2004 年版，第 259 页。

〔2〕 ［德］clause Roxin：《德国刑事诉讼法》，吴丽琪译，三民书局 1998 年版，第 416 页。

把握可能作出有罪判决才可以认为是有足够的犯罪嫌疑。"[1] 这一证据标准与德国法的要求基本相同。

英国于 2013 年颁布的《皇家检察官守则》规定，检察官在审查起诉时，需要同时检验证据和"公共利益"，在证据检验阶段，检察官提起公诉的条件是对犯罪嫌疑人存在"现实的定罪可能"。"检察官需要考虑是否存在可采的、实质性的并且可靠的证据证明被告人实施了被指控的罪行。检察官应当确信，该案不存在不经审判就被判决无罪或者被裁定为无辩可答的现实可能性。"[2] 因此，检察官决定提起公诉应从法官或陪审员的角度考虑问题，同时应考虑和预测辩方可能提出的辩护意见。

美国存在预审和大陪审团对检察官提起公诉的案件的审查过滤程序。预审程序适用于美国联邦及各州，是在法庭审判前，由预审法官对控方证据进行审查，以决定是否将案件交由法庭正式审理的诉讼程序。同时，联邦及 18 个州要求重罪诉讼必须经过大陪审团的审查。[3] 预审程序与大陪审团审查程序的一个重要功能就在于隔离那些恶意或缺乏根据的指控。美国检察官掌握的证明标准是预审法官或大陪审团审查案件所采纳的标准。后者的证明标准是"合理怀疑"的标准，拉菲（Lafeve）教授在其教科书将"合理怀疑"解释为："存在合理的原因使人相信犯罪已经发生，并且该犯罪是由被告实施的。"由此判断，合理怀疑一定低于排除合理怀疑的作出有罪判决的证明标准。近年来，许多州的检察官开始适用"证据之形式上有罪"的起诉证明标准。美国证明标准共分为九个层次："（1）绝对的确定性——任何法律目的均不作此要求。（2）排除合理怀疑——刑事案件中为有罪认定作必须；（3）清晰且有说服力的证明——适用于某些民事案件以及某些管辖法院对死刑案件中保释请求的驳回；（4）优势证明——适用于多数民事案件以及刑事诉讼中被告人的肯定性抗辩；（5）可成立的理由——适用于逮捕令状的签发、无证

---

〔1〕〔日〕法务省刑事局编：《日本检察讲义》，杨磊等译，中国检察出版社 1990 年版，第 81 页。

〔2〕黎杰翠："浅析英国检察制度"，载 http://www.shjcy.gov.cn：81/jwgk/jccs/200803/t20080318_614.htm，2015 年 12 月 6 日访问。

〔3〕陪审团审判是美国设置预审程序与大陪审团审查程序的一个制度原因，由于陪审团是由不具备法律知识的社会大众组成的，如果检察官将不具备关联性的证据甚至违反法律程序获得的证据呈于法庭，很可能影响陪审团的判断。

逮捕、搜查及扣留、控诉书及起诉书的签发、缓刑及假释的撤销，以及对公民逮捕的执行；（6）合理相信——适用于'拦截和搜身'；（7）有合理怀疑——无罪释放被告人的充足理由；（8）怀疑——适用于调查的开始；（9）没有信息——对任何法律目的均不充分。"[1]

《法国刑事诉讼法典》第79条规定："预审程序只在重罪起诉中强制适用，绝大多数轻罪和违警罪案件则不需要经过预审法庭的审查。"[2]法国在大革命时期废除了法定证据制度，取而代之的是自由心证的证据制度，自由心证赋予法官自由评价证据的裁量权，法官在判定被告人罪与非罪的问题上完全遵循其良知和理性认识，而无需对据以作出裁判的证据和证据材料的证明力进行说明。[3]由此推之，刑事诉讼法不会设定检察官提起公诉的明确标准。《德国刑事诉讼法典》第170条之（一）规定："检察官提起公诉需要具备'充分理由'，即'足够的犯罪嫌疑'，指'被指控人极有可能实施了犯罪行为并被判有罪'。"[4]

持证明标准层次论的学者认为，绝大多数大陆法系和英美法系国家的刑事诉讼法对证明标准均作出了层次性的规定，尤其是以美国为代表的英美法系国家其证明标准的层次性特征明显，并且认为证明标准的层次性规定符合认识规律，故主张我国应引入层次性的证明标准。

3. 起诉的证明标准过高，有损于惩罚犯罪目标的实现并容易架空审判

我国目前坚持起诉审判相同的证明标准导致起诉的证明标准过高，不但有损于惩罚犯罪目标的实现，而且不能有效维护被害人的利益以及修复被犯罪破坏的社会秩序。同时，起诉与审判适用同一证明标准将会对审判的独立性造成影响，在一定程度上造成法院作出无罪判决的阻力。"过于苛刻的证明标准有损于检察官的中立地位，而层次性的证明标准则可以克服以上弊端。"[5]"要求侦查机关和检察机关严把办案质量关本意是好的，可以从源头上杜绝错案，但将侦查、起诉的证明标准等同于定罪的证明标准实际上加重了侦查机关和

---

[1] 汤维建、陈开欣："试论英美证据法上的刑事证明标准"，载《政法论坛》1993年第4期。

[2] 参见《法国刑事诉讼法典》，罗结珍译，中国法制出版社2006年版，第81页。

[3] 参见〔法〕贝尔纳·布洛克：《法国刑事诉讼法》，罗结珍译，中国政法大学出版社2009年版，第80页。

[4] 《德国刑事诉讼法典》，宗玉琨译注，知识产权出版社2013年版，第171页。

[5] 参见李辞："公诉与定罪适用同一证明标准的理论反思"，载《当代法学》2015年第3期。

检察机关的证明责任，虚化了法院庭审的证明作用。"[1]

4. 证明标准同一容易使庭审流于形式

侦查终结移送审查起诉、决定提起公诉奉行与有罪判决相同的证明标准，容易造成庭审虚化。"我国庭审流于形式的深层结构原因，在于侦查终结与提起公诉、定罪标准的一致，使侦查必须达到将案件查个山高月小、水落石出的程度，否则无法向下一个阶段移送案件。"[2]该观点认为，如果审前的证明标准过高，庭审阶段将几乎没有关于无罪辩护的余地，绝大多数案件被告人已经认罪，即无进行实质性审理的必要。

二、证明标准同一性主张及理由

（一）证明标准同一性主张

证明标准同一性主张，在刑事诉讼侦查、审查起诉以及审判阶段应适用相同的证明标准，不得降低审前的证明标准。"如果办案人员自己心中都无把握，似是而非，对犯罪嫌疑人是否有罪还拿不准，存有疑虑，这样的案件就不应起诉。因为自己都未能真诚确信，又怎能说服法庭确认被指控事实呢。在内心确信的基础上实施指控是检察人员职业道德的体现，是对法律负责也是对犯罪嫌疑人本人负责的体现，否则，就是不负责任的滥用起诉权。"[3]

（二）证明标准同一性主张的理由

第一，公诉案件在法院对案件进行实体审理之前不受实质审查，即有起诉必有审判。如果降低公诉证明标准，可能会导致大量的被告人被判无罪的案件涌入审判程序，必然造成审判机关不堪重负，亦会造成审判资源的浪费。

第二，我国对于提起公诉要求较高的证明标准，与中国特有的诉讼构造相适应。公检法三机关互相配合的关系致使提起公诉的证据标准不能降低。《宪法》和《刑事诉讼法》规定公检法三机关在刑事诉讼中分工负责、互相配合、互相制约，共同完成刑事诉讼的任务。长期以来，由于公安机关负责人在政治地位上高于法院院长和检察院检察长，检察机关拥有法律监督权，有权对公安机关的侦查活动，人民法院的审判活动实施监督，因此实际上造

---

〔1〕 杨宇冠、刘曹祯："以审判为中心的诉讼制度改革与质证制度之完善"，载《法律适用》2016年第1期。

〔2〕 张建伟："以审判为中心的认识误区与实践难点"，载《国家检察官学院学报》2016年第1期。

〔3〕 龙宗智：《相对合理主义》，中国政法大学出版社2000年版，第305页。

成三机关的关系中，公安机关权力最大，法院地位最低。公安机关的侦查结论一般即可决定案件最终的审判结果，公安机关成为事实上的刑事诉讼中心，人民法院一般难以发挥对侦查机关以及审查起诉机关的制约作用，在法庭上审判人员排除非法证据存在诸多顾虑和障碍。在诉讼构造的阶段性并未发生根本性改变的情况下，侦查依然是查明案件的关键环节，提起公诉后公诉机关一般不再补充证据。

第三，辩护律师的调查取证权未得到充分保障的情况下，绝对不可降低起诉标准。庭审的形式化导致辩方在庭审中发挥的作用依然有限，辩护律师在庭审中很难提出有利于被告人的证明被告人无罪的证据，审判人员不享有庭外收集新证据的权力，而只有对控辩双方提交的证据有疑问时，才在庭外进行调查核实，裁判者最终定案的依据基本即是公诉方提交的证据，法院极少作出无罪判决，在此情况下，如果公诉的证明标准低于有罪判决的标准，会大大增加错案发生的几率。

三、审判中心下公诉证明标准的合理定位

刑事诉讼中是否应统一证明标准在以审判为中心诉讼制度改革中具有重大的学术争议。审判中心要求侦查、审查起诉的事实、证据经得起审判的检验。检察机关提起公诉的标准应以裁判者作出有罪判决的标准为依据，对于经过补充侦查，证据依然存疑的案件，检察机关应当作出不起诉决定。时任最高人民法院常务副院长沈德咏在对审判中心进行解读时指出："以审判为中心，其实质是在刑事诉讼的全过程实行以司法审判标准为中心，核心是统一刑事诉讼证明标准。司法审判标准中心指'从刑事诉讼的源头开始，就应当统一按照能经得起控辩双方质证辩论、经得起审判特别是庭审标准的检验，依法开展调查取证、公诉指控等诉讼活动'。"[1] 正是由于公检法三机关在三阶段对证明标准的实际把握不同，审前机关对证明标准的把握过低，个别案件在侦查阶段即出现质量问题，使案件带病进入起诉甚至审判，由于后一阶段对前一阶段的制约作用有限，最终对未达到证明标准的案件作出有罪判决。

笔者对审判中心下提起公诉的证明标准是否应与审判的证明标准相同调研

---

[1]　沈德咏："论以审判为中心的诉讼制度改革"，载《中国法学》2015 年第 3 期。

的结果显示，[1]司法实践中绝大多数检察人员与审判人员对这一问题的认识一致，均认为目前刑事诉讼法关于证明标准的规定较为合理，即使推进审判中心，也不能降低证明标准。其根本的原因是审判机关仅对公诉进行形式审查，有诉必有审，降低公诉证据标准可能直接导致公诉机关滥诉现象；降低公诉证据标准并无实质性的意义，因为错案责任追究的存在，即使降低其标准，公诉机关依然会参照审判机关的证明标准起诉；降低公诉证据标准将使法院的审判任务大大增加以及降低公诉证据标准可能会导致无罪判决率上升，超出各方面的承受能力。

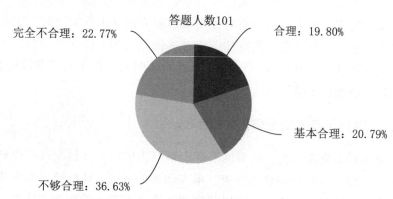

图6-2　推进以审判为中心的诉讼制度改革，有人认为应降低公诉的证明标准，以突出审判的中心地位，您认为这种主张？

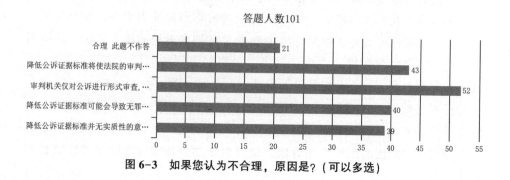

图6-3　如果您认为不合理，原因是？（可以多选）

---

[1]　对此问题，笔者通过问卷调查和访谈的形式调研，访谈过程中，几乎所有的访谈对象都认为目前的证明标准合理，并阐释了具体的原因，其中最为关键的原因是错案追究制的指引。

答案选项	回复情况
合理 此题不作答	21
降低公诉证据标准将使法院的审判任务大大增加	43
审判机关仅对公诉进行形式审查，有诉必有审，降低公诉证据标准可能直接导致公诉机关滥诉现象	52
降低公诉证据标准可能会导致无罪判决率上升，超出各方面的承受能力	40
降低公诉证据标准并无实质性的意义，因为错案责任追究的存在，即使降低其标准，公诉机关依然会参照审判机关的证明标准起诉	39

现行刑事诉讼法对证明标准的规定能够保障刑事诉讼的有效运行。如果贸然降低证明标准，将可能导致公诉机关的滥诉现象，不利于刑事诉讼追求的人权保障价值。同时，降低公诉证明标准将会使法院审判案件的数量大幅增加，进一步加剧案件数量与司法资源的紧张关系。推进以审判为中心的诉讼制度改革，并非要求降低提起公诉的标准，相反，以审判为中心，要求侦查、审查起诉的案件事实、证据均经得起审判的检验，对提起公诉的证明标准提出了更加严格的要求，应继续坚持证明标准的同一性。

（一）可以提高公诉质量，避免检察机关滥用起诉权

我国刑事诉讼法对侦查终结、提起公诉设置与定罪相同的标准，是慎重追诉的表现。[1]出于对放纵犯罪的担忧，刑事诉讼法对不起诉的监督和制约途径较多，被害人、公安机关等对检察机关作出的不起诉决定不服的，均可以申诉或申请复议。[2]人民检察院内部对不起诉同样存在制约，不起诉决定的作出需经过检察长或检委会批准，不起诉亦是人民检察院内部业务检查的重点。与对检察机关不起诉的多重制约相比，对检察机关不当起诉的制约机制相对匮乏。域外有预审程序，由法院审查公诉是否有合理根据，发挥防止公诉权滥用的功能。与域外不同，我国缺乏防止滥诉的预审制度，检察机关的起诉决定直接发动审判程序。一旦降低公诉证据标准，极易导致滥诉而损害

---

〔1〕 谢小剑：“论我国的慎诉制度及其完善——兼评以审判为中心的诉讼制度改革”，载《法商研究》2015年第6期。

〔2〕 被害人对检察机关的不起诉决定不服的，可以向上一级人民检察院申诉，对申诉决定不服的，直接向人民法院起诉，也可以不经申诉，直接起诉。如果是公安机关移送审查起诉的案件，对于检察机关的不起诉决定，公安机关可以要求复议，意见不被接受的，可以向上一级人民检察院提请复核。

被告人的权益，这是我国采取等同于定罪的公诉证据标准的主要原因。[1]我国刑事诉讼无审前过滤机制，即有起诉必有审判。由于缺乏审判之前对案件再次审查和对不具备定罪条件案件的过滤机制，如果检察机关提起公诉的证明标准较低，其直接后果必然是会将未达到定罪标准的被告人送入审判程序，如此不但会造成司法资源的浪费，也会增加错误判决的风险。各国的司法实践表明，即使证据十分薄弱的案件，只要进入审判程序，也有可能被误判有罪。由于法官缺乏查明事实真相的能力，将证据不充分的案件移交法院审判，将使法院面临定放两难的困境。并且，如此将导致的高无罪判决率也难以被司法机关以及社会公众所接受。我国诸多冤错案件出现的原因恰恰在于检察机关降低起诉的证明标准，在证据不充分的情况下，将案件带病起诉至法院，导致法官作出错误判决。基于此，2016 年 10 月两高三部共同发布的《关于推进以审判为中心的刑事诉讼制度改革的意见》第 9 条要求，严格执行存疑不起诉制度，其目的是为了避免"带病"起诉、审判，造成"起点错、跟着错、错到底"。2018 年《刑事诉讼法》确立了认罪认罚从宽制度，检察机关主导控辩双方进行协商并提出量刑建议，检察机关提出的量刑建议审判机关一般都应予以接受，检察院取代法院获得更多控制结果的能力，也诱发了虚假认罪的风险，降低公诉证明标准可能会大幅增加不公正结果的概率。[2]因此，检察机关坚持与定罪相同的证据标准，将会缓解审判机关作出无罪判决的压力。同时，提起公诉的高标准可以倒逼侦查人员严格执法，依法全面收集证据，提高侦查质量。

（二）从指控犯罪的证据数量分析，一般情况下，指控犯罪的证据数量不会随着诉讼的推进而增加

不可否认，从理论上来说，每一诉讼阶段办案人员可接触的证据数量不同，随着诉讼阶段的推进，案件呈现出的证据应是不断增加之势。但需要强调的是，刑事诉讼过程应是不断出罪的过程，随着诉讼的推进，证明犯罪嫌疑人无罪的证据可能会出现，但从不利于犯罪嫌疑人的有罪证据分析，侦查阶段应是犯罪嫌疑人有罪的证据数量最为充分的阶段。我国非法证据全程排除的制度设计意味着审查起诉和审判阶段非法取得的控诉证据可能被排除，

---

〔1〕 参见谢小剑："提起公诉证据标准之内在机理"，载《比较法研究》2007 年第 3 期。
〔2〕 参见孙皓："论刑事证明标准的'层次化'误区"，载《当代法学》2017 年第 4 期。

导致指控证据随着诉讼进程的推进不断减少。

侦查是刑事诉讼的关键环节,是起诉和审判的基础,侦查质量的高低直接影响之后的程序处理。司法实践表明,只有侦查机关全面充分收集证据,最大程度查清案件事实,才能更大限度避免冤假错案。侦查是收集证据的关键环节,"侦查距离案件发生最近,更容易获取可靠证据,证人证言等内容更鲜活、准确,侦查过程中的亲历性、积极主动性,都是事实真相发现的重要因素"。[1]我国实行单轨制侦查,侦查人员可以采取多种强制侦查手段收集证据,由于无严格的侦查期限,侦查机关有充分的时间和手段收集有罪证据。刑事诉讼法规定检察机关审查起诉时和审判过程中如果认为案件事实不清楚、证据不足的,可以退回补充侦查,但补充侦查属于例外而非常态。证据收集贵在迅速及时,故补充侦查的效果并不理想。我国审前程序持续的时间一般较长,案件一旦进入审判阶段,已经错过收集证据的最佳时机,因此一般不会再有机会收集指控犯罪的新证据,而法庭上辩方可能通过提出新的证据,申请通知新的有利于被告人的证人出庭,申请重新鉴定或勘验,以上措施可能会推翻控方所构建的证明被告人有罪的证据链条。认为证明标准同一性与诉讼主体的认识规律相悖的观点表面上看有一定的道理,但是对于侦查机关、起诉机关而言,其在审前作出相应的处理决定时面对的大多是控诉证据,而证明标准指的是证明被告人有罪而非无罪的标准,因此侦查终结和决定提起公诉时办案机关完全有依照审判证明标准进行判断的现实可能性。

(三)统一证明标准是以审判为中心诉讼制度改革的内在要求

审判中心要求审判机关发挥对侦查和审查起诉机关的倒逼作用,避免案件带病起诉和审判,造成"起点错、跟着错、错到底"。如果侦查终结和提起公诉的标准低于有罪判决标准,则审判机关通过严格证明标准倒逼侦查和审查起诉机关的目的必将无法实现。构建以审判为中心的刑事诉讼格局,关键在于促使侦查、审查起诉按照裁判的标准和要求运行,确保侦查、审查起诉的案件事实经得起法律的检验。这就要求侦查机关收集证据和检察机关审查判断证据都应严格按照审判的要求进行,侦查机关严格依法收集证据,证据收集的质和量都应以审判阶段的要求为标准,检察机关决定是否提起公诉时

---

〔1〕 谢小剑:"以审判为中心改革中的统一证明标准:学术争辩与理论反思",载《当代法学》2019年第5期。

对证据审查的标准同样应遵循审判阶段的证明标准。

有论者认为，统一证明标准强化了侦查的中心地位，[1]"如果要求侦查、起诉阶段的证明标准与审判一致，侦控机关可能会以侦查、起诉阶段已经达到了证明标准为由迫使法官作出有罪判决或接受侦查行为的合法性"。[2]其实，统一证明标准强化的并非侦查的中心地位而是侦查在刑事诉讼中的基础地位，旨在提高侦查质量，避免案件带病进入审查起诉和审判程序，从而减少错误判决的概率。另外，由于证明标准是一种主观判断，起诉机关按照有罪判决的标准提起公诉，并认为达到了有罪判决的标准，仅代表公诉人员的主观认知，对此法官并非必需认可并作出罪判决。恰恰相反，审判中心要求法官对控诉证据不能照单全收，通过法庭审理对证据进行实质性的审查后，法官如果认为不能排除合理怀疑，对案件作出无罪判决亦属正常现象。因此，控诉机关以已经达到证明标准为由迫使法官作出有罪判决并不存在，统一证明标准并不会带来起诉绑架审判的后果。

（四）坚持证明标准的同一性与审判机关作出无罪判决并不矛盾

检察机关提起公诉时坚持与审判机关作出有罪判决同一证明标准，并非要求审判的结果一定是对公诉请求的确认。恰恰相反，随着以审判为中心的诉讼制度改革的推进，庭审不再是对侦查结果的简单确认，庭审应实现实质化，贯彻直接言词原则，关键证人、鉴定人需出庭接受控辩双方的当庭质证，审判人员必须亲自参加庭审，通过直接接触证据，当面听取控辩双方的意见，最终作出被告人是否有罪的裁判。庭审实质化使庭审阶段辩护律师能够进行充分辩护从而影响法官裁判，同时，刑事诉讼法进一步扩大辩护律师获取证据的手段，除了申请检察机关、审判机关调查取证之外，同时赋予辩护律师申请调取证据权，即辩护人认为侦查机关、检察机关掌握的有利于被追诉者的证据未移送给后续的办案机关的，有权申请检察机关或审判机关调取证据。无疑，刑事诉讼法对辩方权利保障的不断完善为辩方进行实质性辩护提供了广阔的空间。因此，相较于审查起诉阶段辩护人的参与程度而言，审判是辩护人参与最为实质化的阶段，审查起诉阶段听取辩护律师意见与审判阶段在

---

〔1〕 参见杨波："审判中心下统一证明标准之反思"，载《吉林大学社会科学学报》2016 年第 4 期。

〔2〕 吉冠浩："刑事证明标准的形式一元论之提倡——兼论审判中心主义的实现路径"，载《证据科学》2015 年第 6 期。

中立的裁判者面前当庭举证、质证以及集中发表辩护意见不可同日而语。因此，公诉案件经过实质性的法庭调查和法庭辩论之后，裁判者完全可能形成与公诉机关不同的结论。

起诉奉行与有罪判决相同的证明标准，并不意味着法院作出有罪判决即表示检察机关起诉错误，从而需要承担相应的错案责任。毫无疑问，对证明标准的把握依靠办案人员的主观判断，面对同样的证据，不同的主体对证据能够证明的案件事实可能存在不同的认识，而且审判过程中辩方可能提出新的证据，申请新的证人到庭。[1]因此，不能以无罪判决反推起诉的错误。降低检察机关提起公诉的标准与正确认识无罪判决是两个问题，两者并不具有必然的联系。我们完全可以在继续维持现行起诉标准的基础上，正确看待法院的无罪判决。区分无罪判决的不同情形，对于检察机关故意入罪的，应要求检察机关承担相应的责任，但对于有证据证明有犯罪事实，检法两家对证据所能证明的事实认识不一致的，检察机关则不需承担责任。

笔者对"公诉机关与审判机关适用相同证明标准的前提下，无罪判决出现的原因"进行调研的结果显示，出现这一现象的主要原因是司法实践中公诉机关掌握的证明标准并未达到有罪判决要求的程度以及公诉人员和审判人员的主观认识不同。

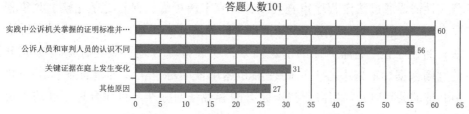

图6-4 既然公诉机关和审判机关适用相同的证明标准，
您认为为何还有无罪的情况出现？（可以多选）

---

〔1〕 2012年《刑事诉讼法》第40条规定："辩护人收集的有关犯罪嫌疑人不在犯罪现场、未达到刑事责任年龄、属于依法不负刑事责任的精神病人的证据，应当及时告知公安机关、人民检察院。"实践中存在的问题是可能辩护律师在进入审判阶段之后才掌握此类证据。另外，刑事诉讼法并未规定辩护律师不及时告知的不利后果，为了达到最佳的辩护效果，辩护律师完全可能将证明被告人无罪或不服刑事责任的关键证据留到审判阶段再提出。

答案选项	回复情况
实践中公诉机关掌握的证明标准并未达到"事实清楚、证据确实充分"的程度	60
公诉人员和审判人员的认识不同	56
关键证据在庭上发生变化	31
其他原因	27

第三节　审判中心下证明标准的运用

以审判为中心要求审判机关严格掌握刑事证明标准，审判不再是对侦查和起诉的背书，相反，审判应是对被告人定罪量刑的唯一决定性阶段。我国的证据制度建立在辩证唯物主义认识论的基础上。要求定罪量刑的事实都有证据证明。依据证据裁判原则，所有影响定罪和量刑的事实均应有相应的证据证明，同时对定罪量刑的事实有证明作用的证据必须具有证据能力，系合格的取证人员依法定程序和手段依法取得，不得以刑事诉讼法禁止的手段收集证据。同时，据以定案的证据必须是真实的，而非伪造或虚假的，证据的真实性需要通过法定程序审查判断，只有来源可靠、保管链条完整、收集程序合法、证据的基本要素齐全的证据才能保障其真实性。2012 年《刑事诉讼法》肯定了证明标准判断的主观因素，明确排除合理怀疑是证据确实充分的判断依据。审判中心下正确理解和运用证明标准需要厘清证明标准与自由心证的关系以及如何协调我国原有的客观证明标准与排除合理怀疑的主观标准。

审判中心下应从以下两方面讨论证明标准问题，其一是审前提起公诉是否应坚持与审判相同的证明标准，这一命题关涉到审判机关作出无罪判决的理由、公诉与审判的关系等一系列重大问题，更是关系到诉讼认识论的根本问题。其二是审判中心下裁判者如何理解和把握刑事诉讼证明标准，因为证明标准的合理把握与运用是犯罪事实得以正确认定的标尺。2012 年《刑事诉讼法》为了解决原刑事证明标准的要求过于客观化所导致的对司法实践规范作用不足的弊端，[1] 将排除合理怀疑的标准作为证据确实充分的条件之一，进一步明确了证据确实充分的含义，确立了主客观相统一的证明标准。审判中心下对证明标准的把握面临的直接问题是排除合理怀疑是否意味着证明标准的实质性降低以及如何合理理解排除合理怀疑的标准。

一、证明标准与自由心证

在法定证据制度下，法律预先规定各种证据的证明力和证据的评判标准，法官在审判中必须严格遵守，法官的角色就如自动售货机，基本无自由裁量权。因此，在法定证据制度下，由于法官对案件事实的认定严格按照法律对完整证明以及不完整证明等的预先规定，只要起诉方提交的证据构成法律要求的完整证明，法官必须作出有罪判决，不能构成完整的证明，即必须作出无罪判决，因此有人把法官说成是"立法者所涉及和建造的机器的操作者"。[2] 证明标准的设定既无必要，也无可能。

证明标准与自由心证的证据制度存在密切的关系，自由心证证据制度是证明标准确立的重要基础。所谓自由心证，指证据的证明力或证据的证明价值不再由法律事先作出具体明确的规定，法官和陪审员在审判中可以运用自己具有的"人类普遍认知能力"，即根据自己的理性、良心来自由评判具体个案中各种证据的证明力。与此同时，审判人员在对证据进行自由评价和判断的基础上作出有罪判决，必须达到相应的标准。随着对法定证据制度的摈弃，在自由心证证据制度确立之后，为了避免法官判断证据过于随意，滥用自由裁量权，两大法系国家对审判者评判证据从过程和结果两方面进行限制，其中明确有罪判决的证明标准便是限制裁判者主观任意性的重要砝码。现代西方国家刑事证明标准的认识论基础是哲学上的怀疑论和不可知论，并且证明标准本质上是一种主观性标准，需要由裁判者在具体案件中予以把握，因此两大法系国家均从主观方面对证明标准作出规范，大陆法系国家确立有罪判

---

[1]　过于强调司法证明的客观目标的立法表述方式，容易造成法官对"事实清楚"的含义作出任意解读，以至于享有太大的自由裁量权。近年来披露的冤案中，法官的有罪判决均是在"事实清楚，证据充分"的基础上作出的，但若干年之后，根据相同的证据，法院又得出"事实不清，证据不足"的结论。由于缺乏明确的指引和符合裁判者心证规律的具体证明标准，导致司法实践中裁判者对定罪的证明标准任意解释。

[2]　[美] 约翰·亨利·梅利曼：《大陆法系》（第 1 集），顾培东、禄正平译，西南政法学院1983 年版，第 39 页。

决的证明标准为"内心确信"，英美法系确立的有罪判决的证明标准为"排除合理怀疑"。"所谓主观性的证明要求，原本是自由心证原则的内在应有之义，是指法律对裁判者认定案件事实提出了内心确信程度的要求。从比较法的角度看，无论是英美法中的'排除合理怀疑'，还是大陆法中的'内心确信无疑'，基本上都属于这种证明标准主观化立法模式的产物。"〔1〕

二、审判中心下排除合理怀疑的理解与把握

在排除合理怀疑的发源地，美国出于对错误认定案件事实并错误裁判的担忧和外行陪审员过大的心理压力，确立排除合理怀疑的证明标准。此标准与美国经验主义哲学、陪审团审判、对抗式的诉讼结构、刑事证据规则以及诉讼文化、宗教传统等有密切联系。排除合理怀疑能够减轻事实认定者的心理负担，美国学者考察排除合理怀疑的起源时指出，"该证明标准当时并不具有当下主要用于保护被告的功能。相反，其最初的主要功能是保护陪审员的灵魂免受诅咒"。〔2〕排除合理怀疑要求的是"普遍的、公共性的感觉而非个人经验。要求事实认定者作出判断时更多从理性人的立场考虑"。〔3〕在美国的证据立法以及判例中，并无对"合理怀疑"以及何谓"排除合理怀疑"的明确解释和说明。在美国，"若检察官提出全部证据后，一般理性的裁判者，不能认定犯罪构成要件该达到毋庸置疑的程度时，则法官应径为被告无罪判决。此时判决即告结束，被告甚至无须提出证据反驳检察官的指控，案件亦无须交付陪审团做实体审议。"〔4〕合理怀疑是"指案件的这样一种状态，即在全面比较和考虑了所有证据之后，在陪审团成员心目中留下了这样的印象，即他们不能说自己对指控事实的真实性和确信的确定性感到了有一个可容忍的定罪"。〔5〕

《布莱克法律词典》对排除合理怀疑的解释为："是指全面的证实、完全的确信或者一种道德上的确定性。具体而言，排除合理怀疑的证明是'达到

---

〔1〕 参见陈瑞华：《刑事证据法的理论问题》，法律出版社 2015 年版，第 264 页。

〔2〕 See James Q1Whitman, *The Origins of Reasonable Doubt*, Yale University Press, 2008, pp. 12~31.

〔3〕 李训虎："'排除合理怀疑'的中国叙事"，载《法学家》2012 年第 5 期。

〔4〕 王兆鹏：《美国刑事诉讼法》，元照出版公司 2007 年版，第 703 页。

〔5〕 ［美］罗纳德·J·艾伦等：《证据法：文本、问题和案例》（第 3 版），张保生、王进喜、赵滢译，高等教育出版社 2006 年版，第 818 页以下。

道德上的确信'的证明，是符合陪审团的判断和确信的证明，作为理性人的陪审团成员在根据有关指控犯罪是由被告人实施的证据进行推理时达到了如此高的内心确信，以至于不可能作出其他合理的推论。"[1] 英国学者塞西尔·特纳称："所谓排除合理怀疑，指的是陪审员对控告的事实缺乏道德上的确信、对有罪判决的可靠性没有把握时所存在的心理状态。因为，控诉一方只证明有罪的可能性（即使是根据或然性原则提出的一种很强的可能性）是不够的，而必须将事实证明到道德上的确信程度。"[2] 可见，排除合理怀疑是一种道德标准，即"那种足以对付实际生活的确定性"（moral certainty），[3] 其合理把握依赖于裁判者的审判经验、思维理性以及审判良心。

有学者对合理怀疑从正反两方面进行解释，"所谓合理之怀疑，必非以下怀疑：①非任意妄想怀疑；②非过于敏感机巧的怀疑；③非仅凭臆测的怀疑；④非吹毛求疵，强词夺理的怀疑；⑤非于证言无徵的怀疑；⑥非故为被告解脱以逃避刑事责任的怀疑；⑦如果属于以上各种的怀疑，即非通常有理性的人，所为合理的、公正诚实的怀疑。"[4] "'合理怀疑'是指'基于原因和常识的怀疑——那种将使一个理智正常的人犹豫不决的怀疑'，所以排除合理怀疑的证明必须是如此令人信服以至于'一个理智正常的人在处理他自己的十分重要的事务时将毫不犹豫地依靠它并据此来行事'。"[5] 排除合理怀疑，是指"综合所有经过法庭调查和法庭辩论的证据，法官对于被告人的犯罪事实已经产生了内心确信，而不再有任何有证据支持或者符合经验法则或逻辑法则的疑问"。[6] 根据全国人大法工委的解释："排除合理怀疑是指对于认定的事实，已没有符合常理的、有根据的怀疑，实际上达到确信的程度。"[7] 因此，排除合理怀疑作为一项主观标准，其本身并无确定性可言，某种程度上指道德的确定性，是对裁判者的道德慰藉。排除合理怀疑是审判人员综合全案证据，尊重理性和良心，运用逻辑和经验法则对证据进行综合审查判断，

---

〔1〕《布莱克法律词典》（英文第5版），美国西方出版公司1979年版，第147页。

〔2〕转引自龙宗智：《证据法的理念、制度与方法》，法律出版社2008年版，第194页。

〔3〕参见［美］理查德·A.波斯纳：《法理学问题》，苏力译，中国政法大学出版社2002年版，第268页。

〔4〕李学灯：《比较法研究》，五南图书出版公司1992年版，第667页。

〔5〕卞建林主编：《刑事证明理论》，中国人民公安大学出版社2004年版，第238页。

〔6〕陈瑞华："刑事诉讼中的证明标准"，载《苏州大学学报（哲学社会科学版）》2013年第3期。

〔7〕朗胜主编：《中华人民共和国刑事诉讼法修改与适用》，新华出版社2012年版，第123页。

以得出对案件事实的判断结论。合理怀疑应该是有理由、有根据的怀疑，并且是符合常理的、有证据支撑的怀疑。

学界对排除合理怀疑引入刑事证明标准的理解不尽一致，有学者认为我国目前不完全具备排除合理怀疑适用的土壤和法治环境，因此此标准引入将面临传统的适用之惑和实践中的中国式挑战。"'排除合理怀疑'与'证据确实、充分'的结合适用还存有配套制度、诉讼规则和体系化建设的诸多缺陷和问题。"[1] 同时，如何理解与调和排除合理怀疑的主观性和犯罪事实清楚、证据确实充分的客观性亦存在不同的观点。排除合理怀疑是英美法系国家尤其是美国作出判决时的证明标准，此标准无论如何理解均无法达到犯罪事实绝对清楚的程度，无法达到"犯罪事实清楚、证据确实充分"的客观真实角度，从应然的角度分析，此标准的引入可能会导致裁判者认定案件事实实际标准的降低。但 2012 年《刑事诉讼法》修订之后，无论是立法者还是学者的解释几乎一致认为排除合理怀疑的引入并非对证明标准的降低，此项内容是对证据确实充分的阐释和说明，刑事证明标准并未发生任何改变，只是对裁判者的指引更加明确。[2]

证据确实充分和排除合理怀疑的证明标准并非完全统一，二者在对于审判人员认定案件事实的指导功能以及实际标准的把握上有区别，从某种意义上讲，排除合理怀疑更为关注审判人员心证在认定案件事实中的作用，更加关注审判者的主观认知，因此需要外部证据的数量相对较少；而证据确实对定案证据的数量要求较高，更为强调的是有罪证据之间具有相同的证明方向，各个证据所包含的案件信息能够相互印证和佐证，所有的疑点均能排除。[3] 这一规定提供了裁判者对如何达到证明标准的判断方法。除了依据直接证据定案之外，从证据到案件事实的最终认定需要经过推理，而推理的依据是司法人员的经验以及常识，是司法人员在长期的日常生活以及审判实践中积累的经验法则，"经验法则作为诉讼证明过程中事实认定之逻辑推理的大前提，

---

〔1〕 参见王戬："论'排除合理怀疑'证明标准的中国意义"，载《华东政法大学学报》2015年第 6 期。

〔2〕 参见陈瑞华："刑事证明标准中主客观要素的关系"，载《中国法学》2014 年第 3 期。陈卫东：《反思与建构：刑事证据的中国问题研究》，中国人民大学出版社 2015 年版，第 280 页。

〔3〕 《死刑案件证据规定》对证明标准的解释为"根据证据认定案件事实的过程符合逻辑和经验规则，由证据得出的结论为唯一结论"。

在实质意义上决定了司法人员运用证据进行推理的逻辑结论，并且经验法则作为证据发挥作用的背景性因素又进一步强化了推理结论的内在说服力，从而使结论更具有可接受性"。[1]

笔者对"您如何理解排除合理怀疑与证据确实充分的关系"的调查结果显示，排除合理怀疑并不意味着审判人员对证明标准把握标准的降低，一定意义上，排除合理怀疑并未对审判实践产生过多的影响。

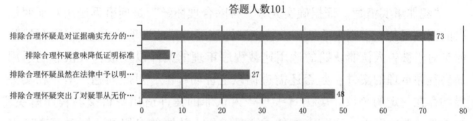

图 6-5　在审判实践中，您如何理解证明标准中排除合理怀疑与证据确实充分的关系？（可以多选）

答案选项	回复情况
排除合理怀疑是对证据确实充分的主观表述，证明标准并未降低	73
排除合理怀疑意味降低证明标准	7
排除合理怀疑虽然在法律中予以明确，但并未对司法实践产生实际影响	27
排除合理怀疑突出了对疑罪从无价值的强调	48

需要思考的是，司法实践中审判人员对证明标准的把握是否出现矫枉过正的倾向？原来审判人员认定案件事实把握的证明标准不够严格，对犯罪事实不够清楚，证据不够确实充分的案件有作出有罪判决的情况。十八届四中全会以来，疑罪从无的理念不断被强化，从中央到地方纠正冤案步伐加快，[2]以及错案责任追究的强调和完善，甚至提出错案终身追责，造成审判人员压力增大，对案件事实的认定非常谨慎。十八届四中全会以来疑罪从无的强调，实践中无罪判决案件增多，贿赂犯罪案件甚至命案等均出现对于检

[1]　最高人民法院刑事审判一至五庭主办：《刑事审判参考》，法律出版社2014年版，第107页。
[2]　十八届三中全会以来，已经被纠正的冤案以及已经被立案复查的案件呈几何倍数增长。

察机关的指控，法院经过审理之后认为案件证据不足，证据之间不能形成完整的证据链条，存在不能排除的合理怀疑，从而作出无罪判决的案件。[1]

三、认罪案件证明标准的运用

审判中心有其适用的特定案件范围，即审判中心主要适用于被告人不认罪的案件以及被告人虽认罪但案情重大、复杂的案件，或者被告人认罪但可能判处被告人死刑以及审判人员对于认为有必要进行实质性审理的案件。

"犯罪事实清楚、证据确实充分，排除合理怀疑"是刑事诉讼法对证明标准的明确规范，审判中心适用的特定案件范围遵循此证明标准应无任何异议。但是对于被告人认罪认罚的适用速裁程序审理的案件以及被告人认罪的适用简易程序审理的案件，是否还需遵循以上证明标准，对此问题，学界和实务界均存在一定的争议。美国对于被告人认罪的案件适用辩诉交易程序解决。被告人认罪的案件，法官审查的重点是被告人认罪的自愿性，同时审查基本的犯罪事实是否存在。从辩诉交易在美国的发展历程来看，"大致经历了从早期仅审查有罪答辩的自愿性，到后期需同时审查有罪答辩的自愿性和事实基础"。[2]在美国，排除合理怀疑证明标准确立的基础是控辩双方对抗式的刑事诉讼，即辩方对控方的基本犯罪事实存在争议。如果被告人不认罪，将会在法庭中提出新的证据或者对于控方证据提出疑点和异议，对控方证据提出合理的疑点即可能造成裁判者对控方证据产生合理怀疑，而被告人认罪案件则不存在辩方的异议。日本学者田口守一认为："简易程序中的真实是被简化的审判程序所认定的实体真实，在推进程序多元和程序协同中，刑事诉讼中真实主义的样态也需多元化，有些案件需严格查明真实，有些案件则相对查明真实即可。"[3]我国刑事诉讼法对证明标准的规定并未区分被告人认罪与不认罪案件，而是统一适用"犯罪事实清楚、证据确实充分"的证明标准。

笔者认为，对被告人认罪的适用简易程序或者速裁程序审理的案件其证明标准可以适当降低为基本犯罪事实清楚，基本证据充分。"犯罪事实清楚、证据确实充分"标准发挥作用的程序空间是庭审中控辩双方严格举证与质证，

---

[1] 代表性案件有云南航管局原处长陈某涉嫌杀害女友案。

[2] 参见谢登科："论刑事简易程序中的证明标准"，载《当代法学》2015年第3期。

[3] [日]田口守一：《刑事诉讼法》，张凌、于秀峰译，中国政法大学出版社2010年版，第13~16页。

对言词证据质证的方式应可能是言词证据的提供者，证人、鉴定人等需要出庭接受质证和交叉询问，实现庭审的实质化。而对于被告人认罪的案件，一般无需经过严格的法庭调查和辩论，对于双方无争议的证据，法庭调查时可以简化，对于双方无争议的证人证言等，当然也无需证人出庭作证。既然被告人已经认罪，法庭审理过程中的法庭调查程序可以简化，庭审的关键环节质证也可以简化，对于裁判者的主观认知而言，对于被告人已经认罪的案件，在确认其认罪自愿性的基础上，如果对证明标准把握过高，反而不利于刑事审判效率的提高和对案件事实的认定。当然，对于适用普通程序审理的被告人可能被判处死刑的案件，仍应坚持最高的证明标准。

四、"以审判为中心"与疑罪从无

无罪推定原则既是刑事诉讼的基本原则，亦是刑事证明的基本原则的基础。无罪推定的基本内涵是在任何人在未被审判机关确定为有罪之前，应被假定为无罪。公诉案件中公诉机关承担证明责任，并需要将定罪事实证明到法定的证明标准，如果法官听取控辩双方对证据的质证以及辩论之后，无法形成被告人有罪的内心确信或心中对被告人是否有罪仍心存疑问，即无法排除合理怀疑时，应根据证明责任分配的基本原理，贯彻疑罪从无原则。换言之，疑罪从无是在案件事实真伪不明时，根据"疑义时有利于被告人"的基本原则和负证明责任者承担不利后果的责任分配方式，亦是为了实现刑事诉讼中保护无辜的基本价值追求。同时，对于裁判者而言，疑罪从无亦是一项裁判规则，由于"法律需要事先规定某项待证事实既无法被证明存在，也无法被证明不存在时应该有何种法律后果，该后果可以是积极意义的，也可以是消极意义的"。[1]在刑事诉讼证明语境下，疑罪意味着公诉人对于主张的犯罪事实不能证实，而根据辩方提供的证据也不能证伪，既不能确定有罪，也不能确定无罪时的一种裁判规则。"疑罪从无"与"疑义时有利于被告"的精神一致，"是在证据的综合评价结束之后，对于犯罪事实仍存有无法排除的疑问时，指导法官应如何裁定的裁判规则"。[2]

---

〔1〕　参见蔡圣伟："论罪疑唯轻原则之本质及其适用"，载陈泽宪主编：《刑事法前沿》（第2卷），中国人民公安大学出版社2005年版，第233页。

〔2〕　参见林钰雄："论罪疑唯轻原则"，载林钰雄：《严格证明与刑事证据》，法律出版社2008年版，第124～151页。

需要说明的是与当事人主义诉讼模式完全的对抗制不同，"职权主义诉讼制度并不存在当事人主义诉讼模式下当事人举证行为与不利后果之间的那种严格的逻辑对应关系，控方举证不足并不必然承担败诉的后果。只有在所有的证据均被利用完之后，才适用'罪疑惟轻'原则"。〔1〕即裁判者应穷尽所有证据调查方法，在掌握并对所有证据进行衡量之后，指控的犯罪事实依然处于真伪不明的状态，才能作出无罪的认定。我国刑事庭审程序保留了职权主义的特征，2012 年《刑事诉讼法》依然延续了法官庭外调查权的规定。法官如果对证据有异议，并非消极应对，而是应积极进行庭外调查核实，因此疑罪从无的前提并非严格建立在控方承担证明责任的证明责任分配基础上。裁判者除了进行必要的庭外调查之外，对于辩方提出的调查取证申请以及调取证据申请，法官基于诉讼关照义务以及维护控辩双方实质平等的考虑，应调查或调取相关的证据，避免由于辩方取证能力的欠缺导致裁判者掌握的证据信息不完整而作出冤枉无辜的风险。

贯彻以审判为中心，就侦查、起诉以及审判的关系而言，其核心是法院通过审判是否说了算的问题。实施裁判职能的法官是否拥有认定案件事实的最终裁决权，其判断的根本标准是面对疑罪时是否敢于坚持作出无罪判决。在"以侦查为中心"的诉讼模式下，由于公检法三机关配合多于制约，办案过程缺乏必要的过滤机制，〔2〕侦查结论基本决定了最终的裁判结果。审判缺乏对控诉机关的基本制约，对于公诉案件，即使证据不足甚至关键证据缺失，流水作业的诉讼模式导致审判机关司法权威的缺乏致使其很难作出无罪判决。〔3〕正是认识到侦查中心下疑罪从有造成冤错案件不断出现的弊端，最高人民法院周强院长特别强调，推进"以审判为中心"的诉讼制度改革，要"全面贯彻证据裁判原则……坚持用证据说话，用证据证明案件事实，不搞非法证据，不搞虚假证据，不认定没有证据支持的事实，用严密的证据链条锁定犯罪事实……不仅要坚持有罪则判，而且要坚持疑罪从无"。〔4〕推进审判中

---

〔1〕 ［德］克劳思·罗科信：《刑事诉讼法》，吴丽琪译，法律出版社 2003 年版，第 416 页。

〔2〕 过滤机制缺乏指出罪机制的缺乏，我国刑事诉讼的入罪功能有余而出罪功能不足。

〔3〕 疑罪从轻指对于疑罪案件，审判机关不作无罪判决，但会作出轻刑判决。比如如果证据确实充分时被告人本应判处死刑的，裁判者在罪疑时一般作出留有余地的死缓或无期徒刑判决。"疑罪从拖"指对于疑罪案件，本应作出无罪判决，但裁判者基于种种原因不愿及时作出无罪判决，而是将案件反复重审，李怀亮案件、念斌案即为此类案件的典型代表。

〔4〕 周强："必须推进建立以审判为中心的诉讼制度"，载《人民日报》2014 年 11 月 14 日。

心的诉讼制度，应严格按照证据裁判原则审查判断证据，在控辩双方充分举证、质证的基础上，经过裁判者依据职权进行必要的调查取证，根据所有能够获取的证据认定被告人有罪依然存疑的，即不能排除合理怀疑，就应作出无罪判决。

审判中心与辩方证据获取权及证据知悉权

推进以审判为中心的诉讼制度改革，需要以控审分离、控辩平等的诉讼结构为支撑。由于检察机关代表国家对犯罪行为进行追诉，有强大的国家力量作后盾，控诉机关在拥有的权力、手段和物质条件上均明显超过被追诉者，而且其追诉犯罪的职能使其容易获得道义上的支持，以上因素造成刑事诉讼中控辩双方地位天然具有不平等性。而控辩平等对抗是刑事诉讼的基本理念之一，为了实现实质上的控辩平等，必然要求加强对嫌疑人、被告人的权利保障，赋予其特殊的防御性权利和救济性权利，同时对其权利的实现进行一系列程序保障，赋予其不被任意逮捕或拘禁的权利、不被强迫自证其罪的权利、获得有效律师帮助的权利、享有无罪推定的权利等对抗追诉机关，以实现权利对权力的制衡。因此，实现审判中心并非仅是公检法三机关的事情，而是需要辩方的充分参与，对辩护权的充分保障是审判中心实现的重要一极。

我国刑事诉讼中长期以来逮捕的高适用率[1]意味着绝大多数嫌疑人处于被羁押待审的状态，其人身自由被限制或剥夺的状态决定其很难实现自我有效辩护，同时法律知识的欠缺、嫌疑人被羁押之后的紧张心态等一系列因素均限制了其自我辩护权的发挥。因此，获得辩护律师的有效帮助是保障被追诉人辩护权真正实现的前提和保障，故充分保障辩护律师行使辩护职能是以审判为中心实现的必要装置。1996年修订《刑事诉讼法》时并未将辩护律师的权利保障作为修法的重点，法律条款对辩护律师阅卷权、会见权、调查

---

[1] 有学者对1996年《刑事诉讼法》实施以来的全国批捕率进行考察后发现，1998年至2010年我国的批捕率平均达到90.21%，参见李昌林："审查逮捕程序改革的进路——以提高逮捕案件质量为核心"，载《现代法学》2011年第1期。

取证权等基本权利的规定较为模糊抽象，相关司法解释从有利于办案的角度对辩护律师的权利进行限缩解释，无论是基本的阅卷、会见、调查取证等权利，还是申请公权力机关调取证据以及辩护意见的表达与采纳均面临权利行使的障碍。以上状况导致学界几乎一致认为1996年《刑事诉讼法》对辩护制度的规定是一种倒退，辩护实践也印证了这一判断。1996年以来，刑事诉讼中辩护律师的参与率并未上升甚至还有下降的趋势，无论是委托辩护还是法律援助辩护，辩护律师的参与率均呈现出与法治发展不相契合的状态，长期以来刑事案件的辩护率维持在20%以下，个别的落后地区甚至远远低于这一比例。同时，即使是有辩护律师参与的案件，辩护律师行使权利也并非一帆风顺，辩护律师阅卷难、会见难、调查取证难成为制约辩护律师进行有效辩护的瓶颈，同时侦查机关可以依据《刑法》第306条对辩护律师追究法律责任，进一步加剧了辩护律师参与刑事诉讼并进行有效辩护的难度。从法律规定到司法实践对辩护律师权利保障不力，辩护律师证据知悉权受限，阅卷受阻，辩护律师合理的辩护意见很难得到听取和采纳，以上种种因素造成由于被追诉者缺乏辩护律师的有效帮助，刑事诉讼几乎成为控诉机关主导的行政性的治罪活动，最严重的后果就是冤错案件不断出现。为了构建合理的刑事诉讼结构，实现真正意义上的控辩平等，加强对被追诉者辩护权的保障，2012年《刑事诉讼法》对辩护制度进行了多方面的完善，重新定位辩护人的职责，突出辩护人从事程序性辩护的重要性；明确了辩护律师在侦查阶段的辩护人身份；进一步完善了对辩护律师会见权、阅卷权以及调查取证等基本权利的保障；增加自审查起诉时起辩护人可以向嫌疑人核实证据；扩大了法律援助的范围；加强对辩护律师权利的救济，辩护律师在审查批捕、侦查终结、审查起诉以及死刑复核过程中有权发表口头或书面的辩护意见，以上规定有效解决了律师从事刑事辩护的障碍，但其对辩护权的保障并非完美，辩护律师申请调取证据难、法庭质证难、辩护律师正确辩护意见采纳成了2012年《刑事诉讼法》实施后的律师辩护的"新三难"。

　　刑事诉讼中应充分保障辩护律师行使各项辩护职能，审查批捕、侦查终结前、审查起诉、庭前会议、庭审过程中以及死刑复核程序均应提供辩护律师参与刑事诉讼的空间并听取辩护律师的意见。保障辩方申请调查取证、申请调取证据权的实现，加强法律援助制度的完善，进一步扩大法律援助的案件范围。国家专门机关应充分认识到辩护律师在帮助全面查清案件事实、防范冤假错案、维护程序公正等方面的积极作用，公检法三机关与律师之间应构建彼此尊重、平等相待、理性抗辩、良性互动的新型关系。中央政法委《关于切实防止冤假错案的规定》强调，切实保障辩护律师会见、阅卷、调查取证和庭审中发问、质证、辩论等辩护权利。对于被告人及其辩护人提出的辩解、辩护意见和提交的证据材料，人民法院应当认真审查，并在裁判文书中说明采纳与否的理由。

推进审判中心的诉讼制度改革，需要对辩护权予以进一步的保障，其中对辩护律师权利的保障是对被告人辩护权保障的必然延伸。审判中心诉讼制度的核心是庭审的实质化以及对证据合理运用，而庭审实质化的关键是质证实质化，质证实质化的前提是对辩方质证权予以有效保障，辩方有效质证的前提是其证据获取权及证据知悉权的有效保障。本章以辩方证据获取权及知悉权为主要内容，探讨通过完善辩方证据获取权及证据知悉权以实现辩护律师有效参与刑事诉讼，实现庭审实质化，推进以审判为中心的诉讼制度改革。

第一节　辩方证据获取权及证据知悉权的含义与实现方式

依据证据裁判原则，诉讼中认定案件事实应以证据为依据，控诉方提出对被告人的指控，应以确实充分的证据为根据，辩方在刑事诉讼中虽不承担证明责任，但辩方如果进行积极辩护，则需要提供相应的证据予以证明，比如如果辩方提出无作案时间，案发时不在案发现场以及未达法定的刑事责任年龄以及无刑事责任能力等积极主张，应提供具体的证据予以证明。在刑事诉讼中，辩方获取证据一般有两种途径：其一为直接获取证据，即辩方通过一系列的诉讼行为积极获取证据，包括自行调查取证、申请调查取证以及申请调取证据。其二为对于控方以及审判机关调查核实取得的证据，辩方有获悉证据内容的证据知悉权。需要说明的是，根据刑事诉讼法的规定，并未赋予被追诉者调查取证以及通过阅卷知悉控方证据的权利，[1]辩方证据获取权

---

〔1〕　2012年《刑事诉讼法》第37条第4款规定，自案件审查起诉之日起，辩护律师可以向被追诉者核实证据，由于法律规定简单粗疏，核实证据的内容、核实的方式等无论在理论还是在实践操作中均存在争议。

及知悉权由辩护律师行使，本章讨论的基本内容为辩护律师证据获取权以及证据知悉权的保障。

一、辩方证据获取权及证据知悉权的含义与价值

（一）辩方证据获取权及证据知悉权的含义

证据获取及证据知悉权并非普遍适用的刑事诉讼法概念，学界在探讨辩护权以及相关子权利时，并无关于以上权利的专门探讨。有学者在探讨辩方在刑事诉讼中有关证据权利时，使用的是辩方证明权的概念，[1] 我国对证明权更多在民事诉讼领域研究，刑事诉讼一般研究证明责任和辩方的权利，由于刑事诉讼的证明责任由控方承担，并非如民事诉讼一般的举证责任分配之"谁主张、谁举证"，因此容易忽略辩方的证明权，理论界也缺乏对证明权进行专门的研究。余茂玉博士指出："刑事诉讼证明权就是当事人为确定依法需要查清的事实，而依法取证、举证、质证以及参与审查评定证据活动的权利。无论是被告人还是辩护人、诉讼代理人，其在诉讼中，为确立依法需要查清的事实，而依法取证、举证、质证的权利，还有权参与法官心证的形成过程。"[2]

关于辩方在刑事诉讼中的证据权利，一般探讨的范围为自行调查取证权、申请调查取证权、申请调取证据权以及在此基础上的举证权、质证权和对裁判文书中裁判理由的知悉权。笔者认为，在上述一系列关于辩方的证据权利体系中，证据获取权及证据知悉权是辩护权有效行使的前提和基础，如果辩方的证据获取权及证据知悉权无法获得充分保障，则其他权利则变成无源之水，失去保障的根基。辩方证据获取权指在刑事诉讼中，辩护律师有获取有利于被追诉者的证据权利。辩方获取证据通过两种方式实现，其一是通过直接调查取证的方式获取证据，此方式亦为辩护律师获取证据的最为理想和有效的方式。其二是通过间接的方式获取证据，即通过申请检察机关、审判机关调查取证以及申请其调取证据的方式获取有利于被追诉者的证据。证据知悉权指辩护律师有知悉控方证据的权利，知悉证据的方式主要通过阅卷、控

---

〔1〕　参见余茂玉：《刑事诉讼证明权研究：以辩方为视角》，中国人民公安大学出版社 2010 年版，第 29~36 页。尚华：《论质证》，中国政法大学出版社 2013 年版，第 74 页。

〔2〕　余茂玉：《刑事诉讼证明权研究：以辩方为视角》，中国人民公安大学出版社 2010 年版，第 30 页。

方的证据开示等方式实现。需要强调的是，控方证据并非均为不利于被追诉者的证据，根据刑事诉讼证据全面收集原则，侦查人员收集证据时，应客观全面，既要收集不利于嫌疑人、被告人的证据，又要收集有利于嫌疑人、被告人的证据。

（二）辩方证据获取及知悉的价值

1. 有效辩护的前提

有效辩护是与无效辩护相对的概念，无效辩护制度来源于美国刑事诉讼。根据《美国宪法第六修正案》的规定，在任何刑事诉讼中，被告人都享有获得律师帮助的权利。美国联邦最高法院在 1932 年鲍威尔诉阿拉巴马州案的判决中认定："如果所投入的时间或其他情况使律师不能为案件的准备和审理提供有效帮助的话，则州政府的这一责任不应被认为已经完成。"〔1〕一些联邦和州法院通过判例逐渐发展出无效辩护的概念，无效辩护指律师的辩护存在严重的缺陷，并且对辩护效果带来不利影响的辩护。按照一般的职业标准，"有效辩护是指律师为被告人提供了富有意义的法律帮助。假如律师无力为被告人提供任何法律帮助，或者所提供的法律帮助是流于形式或者缺乏实质价值的，那么，这种辩护就不是有效的辩护"〔2〕我国学者认为，有效辩护是指："犯罪嫌疑人、被告人及其辩护律师提出的正确意见和主张被办案机关所采纳，从而使得程序上和实体上有利于犯罪嫌疑人、被告人的诉讼决定得以作出。实现有效辩护必须满足的条件是：一是合格的刑事辩护律师；二是充分的庭前准备；三是与被告人充分的协商沟通；四是对控诉方案件材料的有效审查；五是提出合理的辩护主张。"〔3〕其中，对控诉方案件材料的有效审查即为充分知悉控方证据，合理辩护主张的提出要求辩护律师不仅知悉不利于被追诉者的证据，而且积极获取有利于被追诉者的证据，〔4〕亦是有效辩护的基本前提。

---

〔1〕［美］伟恩·R. 拉费弗等：《刑事诉讼法》（上册），卞建林等译，中国政法大学出版社 2001 年版。

〔2〕陈瑞华："刑事诉讼中的有效辩护问题"，载《苏州大学学报（哲学社会科学版）》2014 年第 5 期。

〔3〕参见樊崇义、赵培显："有效辩护与刑事法律制度的完善"，载顾永忠主编：《刑事法律援助的中国实践与国际视野》，北京大学出版社 2013 年版，第 133~136 页。

〔4〕此类证据包括能够证明被追诉者无罪或不负刑事责任的证据以及有利于被追诉者的量刑证据。

2. 实现控辩双方平等武装的必要装置

控辩双方平等武装是控辩平等的基本要求。对于辩方而言，平等武装指辩方拥有对抗控方的武器。打官司就是打证据，辩方获得有效武装的关键是证据获取及证据知悉权的保障。证据的收集和运用贯穿于刑事诉讼的整个过程，客观全面收集证据是控辩审三方正确运用证据的前提。在刑事诉讼中，收集证据主要由侦查人员依职权进行，刑事诉讼法赋予侦查机关有效收集证据的必要手段，侦查机关可以采取任意侦查措施甚至强制侦查措施收集证据，对于特殊的取证困难的案件，2012 年《刑事诉讼法》赋予侦查机关采取特殊侦查手段取证的权利。[1] 控方拥有的强制侦查措施为其收集证据提供便利条件，以嫌疑人、被告人口供为例，刑事诉讼法虽在证据章中明确不得强迫任何人证实自己有罪，但同时保留了"对于侦查人员的讯问，嫌疑人应该如实回答的义务"，这一规定意味着嫌疑人无沉默权，有配合侦查人员讯问的义务。侦查人员询问证人时，应当告知他应如实地提供证据、证言和有意作伪证或者隐匿罪证要负的法律责任，这一规定明确要求证人应如实向侦查人员作证的义务。此外，侦查人员通过对犯罪现场的勘验，可以获取有关的痕迹物证，通过搜查、扣押以及辨认可以获取相应的物证、书证，通过对侦查活动中勘验、检查活动等的记载，可以形成各种笔录类证据。与侦查机关相比，辩护律师调查取证的手段有限，辩护律师并无强制性的调查手段，自行调查取证权的实现以被调查者的自愿配合为前提，同时由于《刑法》第 306 条的存在以及办案机关对辩护律师存有的偏见导致辩护律师调查取证存在诸多风险，以向证人收集证据为例，对于已经被侦查人员询问过的证人，如果辩护律师向其重新收集证据，证人提供了与向侦查人员陈述不一致的内容，辩护律师可能面临教唆证人改变证言并被追诉的风险。因此，由于辩护律师调查取证充满风险以及法律对辩护律师调查取证保护制度不完善，实践中辩护律师一般很少选择自行调查取证。

辩护律师有效辩护的实现无疑应以充分知悉控方证据为基本保障，虽然并不否认辩护律师自行调查取证对平等武装的重要性，但鉴于辩护律师自行

---

〔1〕 2012 年《刑事诉讼法》在侦查措施中新增技术侦查措施、隐匿身份的秘密侦查措施以及控制下交付。

调查取证面临的诸多障碍，有效知悉控方证据是辩护律师进行有效辩护的重要手段。因为如果辩方无法知悉控方掌握的指控证据，同时无法获得有利于被追诉者的证据，尤其是无法获取控方已经掌握的能够证明被追诉人无罪的证据，则平等武装根本无法实现。

二、有效的法律帮助是辩方证据获取权及证据知悉权实现的前提

刑事诉讼活动中辩护律师的有效参与是辩方质证权等基本权利得以保障的前提，交叉询问需要对控方的证据进行有效的质疑和辩驳，交叉询问是一项技术性和专业性极强的活动，被告人法律知识水平的欠缺以及经验的有限性决定其很难进行有效质证。在无辩护人的案件中，被告人的质证权、申请排除非法证据、申请调查取证权以及申请调取证据权益根本无法得到保障。因此，庭审举证、质证的实质化均以辩护律师的有效参与为基本前提。我国辩护率一直处于低位运行状态，指定的法律援助辩护范围有限，委托辩护不高，完善辩护制度的出路在于进一步完善刑事法律援助制度，扩大刑事法律援助的范围，保障法律援助律师的业务水平，确立法律援助律师的准入制度。

第二节 辩方获取证据及知悉证据的途径及手段

一、辩方获取证据的基本途径

（一）自行调查取证

辩护律师自行调查取证是其获取证据的基本途径之一。根据法律文本的规定，辩护律师自行调查取证的对象包括证人、被害人、犯罪嫌疑人或被告人、掌握实物证据的有关单位和个人。2012 年《刑事诉讼法》延续了 1996 年《刑事诉讼法》确立的辩护律师自行调查取证的基本方式，对于有利于被告人的证人以及不利于被告人的证人确立了不同的取证条件。[1]辩护律师向可能提供不利于被追诉者的证人调查取证首先需经过检察院或法院的许可，并以

---

〔1〕 2012 年《刑事诉讼法》第 41 条第 1 款前半段规定："辩护律师经证人或者其他有关单位和个人同意，可以向他们收集与本案有关的材料。"第 2 款规定："辩护律师经人民检察院或人民法院许可，并且经被害人或者其近亲属、被害人提供的证人同意，可以向他们收集与本案有关的材料。"

被调查者同意为基本前提。而 2008 年《律师法》似乎有意突破刑事诉讼法关于辩护律师自行调查取证的规定，规定律师自行调查取证的，凭律师执业证书和律师事务所证明，可以向有关单位或个人调查与承办法律事务有关的情况。毫无疑问，此规定的立法目的是为了减少辩护律师自行调查取证的阻力，未特别强调调查取证需经被调查者同意，但这一内容并未被 2012 年《刑事诉讼法》所吸收。

2012 年《刑事诉讼法》明确了侦查阶段律师的辩护人身份，对侦查阶段辩护律师的权利予以进一步的保障，但对于侦查阶段律师是否有权自行调查取证并未明确规定，导致司法实践中对此问题存在理论认识上的分歧以及实务操作标准不一。由于在刑事诉讼中扮演的诉讼角色不同，辩护律师和办案机关对律师在侦查阶段是否有权调查取证几乎持完全相反的观点。办案机关对此大多持反对态度，其理由为刑事诉讼法并未明确赋予侦查阶段律师调查取证权，法律未明确赋予的权利辩护律师即不应享有。而且从证据收集的情况来看，我国侦查取证方式并未实现"由供到证"的完全转变，获取口供依然为侦查机关侦查取证的主流，如果允许律师在侦查期间自行调查取证，必将会给侦查工作带来极大障碍，尤其是对于主要依据口供定案的受贿等职务犯罪案件更是如此。与之相反，学界和律师界对辩护律师侦查阶段的调查取证持普遍肯定态度。其理由是：其一，2012 年《刑事诉讼法》要求辩护律师收集的能证明嫌疑人无罪或不负刑事责任的关键证据应及时告知侦查机关以及检察机关。[1]据此规定，如果辩护律师在侦查阶段不能调查取证，何来将以上证据告知相关机关。其二，刑事诉讼法已经确立了律师在侦查阶段的辩护人身份，而调查取证是辩护人权利的应有之义，承认侦查阶段的律师辩护人地位就应承认其调查取证权。其三，根据体系解释，刑事诉讼法关于辩护律师权利的一系列规定已经体现出赋予其侦查阶段调查取证权的意图。笔者赞同后一种观点，"法律条文并非孤立存在并发挥作用，法条的确切涵义有时必须联系前后相关法条的语境才能确定，尤其是同一部法律内部前后法条之间不能出现矛盾和冲突"。[2]侦查阶段辩护律师有权调查取证是律师进行有

---

[1] 2012 年《刑事诉讼法》第 40 条规定："辩护人收集的有关犯罪嫌疑人不在犯罪现场、未达到刑事责任年龄、属于依法不负刑事责任的精神病人的证据，应当及时告知公安机关、人民检察院。"

[2] 万毅："'曲意释法'现象批判——以辩护制度为中心的分析"，载《政法论坛》2013 年第 2 期。

效辩护的基本保障条件，侦查阶段是收集、固定以及保全证据的关键阶段，实物证据随着时间的流逝可能会面临毁损、灭失的风险，随着时间的推进言词证据可能会改变，证人的记忆会逐渐模糊，侦查阶段不但是获取指控证据的黄金时间，也是辩方收集对被追诉者有利证据的关键环节，因此为了实现辩护律师在侦查阶段的有效辩护，充分保障嫌疑人的合法权益，为了实现实体公正和案件事实的准确认定，均应赋予辩护律师在侦查阶段以调查取证权。侦查阶段赋予律师调查取证权亦是其作为辩护人享有权利的应有之义。

与侦查机关取证的强制力不同，辩护律师调查取证以对方的同意和配合为前提，如果对方不愿提供证据，可以任何理由拒绝辩护律师的要求，造成辩护律师自行调查取证权利的落空。

（二）申请调查取证和申请调取证据

由于辩护律师并无强制取证权，取证能否成功取决于对方配合程度，我国公民的法律意识还较为淡薄，律师自行调查取证面临不少障碍，为了弥补辩护律师调查取证能力和手段的不足，刑事诉讼法和相关司法解释都规定了辩护律师有权申请人民检察院和人民法院收集和调取证据。

根据《高法解释》的规定，辩护律师调查取证时，因对方不同意，申请人民法院收集、调取，或者申请通知证人出庭作证，人民法院认为确有必要的，应当同意。辩护律师直接申请人民法院向证人或者有关单位、个人收集、调取证据材料，人民法院认为确有必要，且不宜或不能由辩护律师收集调取的，应当同意。人民法院收集、调取证据材料时，辩护律师可以在场。收集调取证据材料后，应及时通知辩护律师查阅、摘抄、复制，并告知人民检察院。辩护律师的申请应以书面形式提出，并说明理由，写明需要收集、调取证据材料的内容或者需要调查问题的提纲。对辩护律师的申请，人民法院应在5日内作出是否准许、同意的决定，并通知申请人；法院不准许、不同意的，应当说明理由。《高检规则》作了大致相同的解释，只是审查时间规定为7天。

以上规范性法律解释规定的辩护律师申请调查取证的理由可以是"由于对方不同意"，也可以"基于其他原因"直接申请调查取证；律师提出申请的方式应是书面而非口头方式，而且只有被申请的检察院或法院认为确有必要时，才会准许。显然以上规定造成检察机关和法院对申请的审查标准语焉不详，如果申请被拒绝，律师如何进行救济也不明确。在我国现行刑事诉讼环境下，检察机关本就承担刑事追诉职能，有较强的刑事追诉倾向，申请检察机关调查取证与检察机关的追诉职能相悖，成功的概率可想而知。行使审判权的法院虽然在刑事诉讼中地位中立，但法官在刑事诉讼中承担较重的审判任务，申请法院调查取证又有多大可行性也令人生疑。

为了保障辩护律师获取有利于嫌疑人、被告人的证据，2012年《刑事诉讼法》新增加了辩护律师申请调取证据权。辩护人认为在侦查、审查起诉期间公安机关、人民检察院收集的证明犯罪嫌疑人、被告人无罪或罪轻的证据材料未提交的，有权申请人民检察院、人民法院调取。[1]

（三）申请证人出庭作证

2012年《刑事诉讼法》对证人出庭的程序性问题予以规范，[2]人民法院对是否通知证人出庭的衡量标准是，控辩双方对证人证言有异议，且该证人证言对案件定罪量刑有重大影响，同时人民法院认为有作证必要的，证人才应出庭。不可否认证人出庭可能给庭审结果带来不确定性，尤其是在证人证言属于关键性证据的案件中更是如此。因此，为了避免证人出庭后改变证言带来的败诉风险，公诉方一般不希望证人出庭。对庭审法官而言，证人出庭接受控辩双方的对质可能使庭审过程充满变数，使法官难以掌控庭审，而且证人出庭也面临着延长审理时间，降低庭审效率的弊端，在目前法官结案指标的压力下，法官对证人出庭也无很大的积极性。2012年《刑事诉讼法》实施后证人出庭率并无实质性突破，海南省H市2013年以来刑事案件

---

〔1〕《高法解释》进一步规定申请应以书面形式提出，并提供线索或材料，人民检察院移送相关证据材料后，人民法院应及时通知辩护人。《高检规则》规定，案件移送审查逮捕或者审查起诉后，辩护人认为在侦查期间公安机关收集的证明犯罪嫌疑人、被告人无罪或者罪轻的证据材料未提交，申请人民检察院调取的，人民检察院案件管理部门应及时将申请材料送侦监或公诉部门办理。经审查，认为辩护人申请调取的证据已收集并且与案件事实有联系的，应当予以调取，认为申请调取的证据未收集或者与案件事实无联系的，应决定不予调取并向辩护人说明理由。公安机关移送证据材料的，人民检察院应在3日以内告知辩护人。从以上规定分析，在侦查和审查起诉期间，辩护人可以向检察机关申请调取有利于嫌疑人的证据，而到了审判阶段，辩护人可以向人民法院申请向检察机关调取有利于被告人的证据。

〔2〕《高法解释》第182条第（三）项后半段规定，申请证人、鉴定人、有专门知识的人出庭的，应当列明有关人员的姓名、性别、年龄、职业、住址、联系方式等基本信息。证人是否出庭由人民法院在开庭前决定，允许控辩双方在参加庭前会议时对出庭证人、鉴定人、有专门知识的人的名单提出异议。对于不召开庭前会议的案件，辩方只能在法庭审判开始之后庭审过程中，才能申请通知新的证人到庭。

证人出庭作证情况统计显示：出庭公诉案件总数 1582 件，其中证人出庭案件 5 件 7 人，证人出庭率 0.3%。值得注意的是，5 个案件中控方证人出庭案件 4 件 5 人，证言均被法庭采信，辩方证人 1 件 2 人，证言未被法庭采信。[1] 如此低的证人出庭率显然与我国刑事诉讼对抗制的诉讼庭审制度改革的初衷相悖。

二、辩方知悉证据的基本手段

（一）会见权、阅卷权

除了自行调查取证和申请调查取证以及申请调取证据外，辩护律师通过与被追诉人的会见、与被追诉者通信以及阅卷等方式可以知悉相应的证据。会见与通信是辩护律师参与刑事诉讼的重要活动，通过与嫌疑人的交流，辩护律师不但可以为其提供法律帮助，而且可以充分知悉被追诉者是否实施犯罪行为以及掌握有利于嫌疑人的相关证据。有效辩护的实现除了需要积极收集有利于被追诉者的证据之外，对不利于被追诉者的控方证据辩方也应充分知悉，唯此，辩方才能有针对性地进行辩护，找出控方证据存在的漏洞，实现有效辩护的最大化。

辩护律师通过会见嫌疑人、被告人获取对其有利的证据是辩护律师享有的基本权利，但笔者调研发现，侦查人员普遍反映，侦查阶段辩护律师会见嫌疑人后，嫌疑人翻供率较高，如果在嫌疑人供述前辩护律师会见，则以后可能很难获得有罪供述，检察机关侦查的职务犯罪案件更是如此。因此，2012 年《刑事诉讼法》实施以来，检察机关自侦案件律师的会见权依然会受到一些限制。

（二）辩护律师向嫌疑人、被告人核实证据

2012 年《刑事诉讼法》赋予辩护律师核实证据的权利，自案件移送审查起诉之日起，辩护律师可以向犯罪嫌疑人、被告人核实有关证据。辩护律师通过阅卷获得的证据绝大多数属于对嫌疑人不利的证据，控方案卷中的证据可能由于提取、保管、收集方式不当等原因导致证据的虚假或与实际情况不完全相符，因此，向嫌疑人、被告人核实证据是辩护律师与嫌疑人、被告人

---

[1] 李雪峰："刑事诉讼证人出庭作证相关问题探讨"，载《广西政法管理干部学院学报》2014 年第 2 期。

商讨合理的辩护策略以及进行有效辩护的基础。刑事诉讼法的这一规定值得肯定，但核实证据的具体方法《刑事诉讼法》和相关的司法解释并无进一步的详细规定，究竟是律师仅能就了解到的证据不明确的部分向嫌疑人口头核实，还是辩护律师可向嫌疑人出示摘抄或复制的案卷材料，司法实务界存在分歧。根据笔者的调研，实务部门主流观点认为，辩护律师核实证据并不等于向嫌疑人直接出示案卷证据材料，其理由是如果允许律师将所有证据展示给嫌疑人，极有可能导致嫌疑人出现串供和翻供的情况，在共同犯罪案件中更是如此。而且如果证人的信息被嫌疑人知悉，可能会导致证人被报复的现象，客观上加剧证人不出庭的状况。笔者认为以上理由过于牵强，刑事诉讼法规定的辩护律师核实证据的阶段为审查起诉阶段，根据侦查规律，在审查起诉阶段侦查机关的证据已经固定，而且除了嫌疑人口供之外，还存在着其他证明嫌疑人有罪的各种证据，即使嫌疑人翻供，如果其他证据确实充分，尤其是相关的实物证据能够形成完整的证据链条，依然可以实现追诉的成功，并不会给侦查造成障碍。至于办案机关担心的证人受到报复的问题，笔者认为应从加强对证人的保护作文章，而非片面限制嫌疑人的知悉权。

（三）申请重新鉴定或勘验

勘验犯罪现场是侦查机关实施的专门侦查行为，辩护律师无权参与，如果辩护律师对侦查人员的勘验过程以及结果有异议，可以视诉讼的不同阶段向检察机关或审判机关提出重新勘验的申请。根据我国刑事诉讼鉴定体制，辩方无权自行鉴定或直接申请办案机关鉴定，对于办案机关出具的鉴定意见辩方如果有异议，只能申请补充鉴定以及重新鉴定，申请重新鉴定的时间一直延续到开庭审理阶段。辩护律师通过申请重新鉴定或勘验，可能会获得有利于被告人的证据信息，尤其是当重新勘验和鉴定的结论与原结论完全相反的情况下更是如此。

从以上关于辩护律师获取和知悉证据的法律规范分析，刑事诉讼法对辩护律师获取和知悉证据的权利从以下三方面予以保障：其一，辩护律师自行调查取证；此为辩护律师获取证据最为简单直接的方式，但其效果取决于证人的配合程度，实践中并未取得理想的效果。根据实证调研的结果，2012年《刑事诉讼法》实施以来，"实践中调查取证是律师的红线，一不小心就会落入刑网。调查取证从目前来讲，一点进步都没有，就是不能去触碰的高压线"。[1]其二，通过向检察机关、审判机关等公权力机关申请调查取证或申请调取证据。检察机关负有客观义务，对于辩护律师调查取证或调取证据的申请，应积极给予回应和帮助，但此义务与检察机关承担的控诉职能直接冲突，一般很难取得理想的效果。其三，通过对辩护律师阅卷、会见、通信、申请证人出庭、申请重新鉴定等权利的保障来实现其知悉证据的目的。在以上各种途径中，辩护律师知悉控方证据最直接的方式即是查阅控诉方的案卷尤其是证据卷，可以获得控诉机关指控被告人的证据，2012年《刑事诉讼法》进一步扩大了辩护律师阅卷的范围，对辩护律师实现充分的防御有所帮助。

第三节　辩方证据获取权及证据知悉权的问题与完善

一、辩方证据获取权及证据知悉权的问题透视

（一）刑事法律援助存在的问题

刑事法律援助是指为了保障公民的辩护权顺利实现，实现法律的平等保护，国家对因经济困难或者其他原因没有委托辩护人的被追诉者提供免费法律帮助的制度。确立完善的刑事法律援助制度，有利于实现刑事诉讼人权保障目标的实现，增强被追诉者的防御能力，使受援的嫌疑人、被告人感受到司法的公平正义，增强其对人民法院判决的可接受程度。

20世纪以来，随着市场经济的高速发展和人权保障潮流在世界范围的兴起，刑事司法领域中加强人权保障的呼声越来越高，刑事法律援助制度应运而生。刑事法律援助最早产生于英国，分别经历了慈善阶段、社会化阶段以及国家福利阶段，目前各主要国家都普遍建立了刑事法律援助制度，主要由政府出资为那些因为经济原因请不起律师的被告人免费提供律师。[2]《公民权利和政治权利国际公约》第14条第3款（乙项）规定："在判定对他提出的任何刑事指控时，人人完全平等地有资格享受以下的最低限度的保证，有相当时间和便利准备他的辩护并与他自己选择的律师联络"，"出席受审并亲

---

〔1〕　笔者对律师的访谈和北京尚权律师事务所的调查均说明了这一现象。
〔2〕　樊崇义主编：《刑事诉讼法》，中国政法大学出版社2013年版，第179页。

自替自己辩护或经由他自己所选择的法律援助进行辩护；如果他没有法律援助，要通知他享有这种权利；在司法利益有此需要的案件中，为他指定法律援助，而在他没有足够能力偿付法律援助的案件中，不要他自己付费"。[1]

1. 我国刑事法律援助的立法规定

中华人民共和国国刑事法律援助制度的正式确立以 2003 年国务院《法律援助条例》的颁布为标志。由于我国刑事法律援助制度起步较晚，发展缓慢，造成长期以来法律援助的刑事辩护率不高，尤其是法律援助律师介入的比例更低，刑事法律援助的萎缩状态造成嫌疑人、被告人的实体性以及程序性权利无法得到有效维护，尤其是对于大量的因经济困难而无力聘请律师的家庭贫困者而言，更是直接剥夺了其获得法律帮助的权利。为了改变这一状况，2012 年《刑事诉讼法》对刑事法律援助制度进行了完善：第一，将律师介入法律援助的时间提前到侦查阶段，1996 年《刑事诉讼法》规定的指定辩护仅适用于审判阶段，而按照《法律援助条例》，犯罪嫌疑人在被侦查机关第一次讯问或采取强制措施之日起，因经济困难未聘请律师的，可以向法律援助机构提出申请。2012 年《刑事诉讼法》吸收了以上规定，将法律援助的时间提前到侦查阶段。第二，扩大了强制辩护的范围。[2]将强制辩护的案件扩大到可能被判处无期徒刑以上的刑事案件。[3]第三，改变法律援助的产生方式。1996 年《刑事诉讼法》规定的法律援助的产生方式为人民法院的指定，2012 年《刑事诉讼法》将其修改为公、检、法应当通知法律援助机构指派律师提供辩护，将人民法院从负责指派法律援助律师的任务中解脱出来。第四，扩大申请法律援助的主体范围。[4]

---

〔1〕　参见刘冬平："《公民权利和政治权利国际公约》第 14 条有关公正审判权一般规定的内涵"，载赵秉志主编：《刑法论丛》（第 1 卷），法律出版社 2015 年版。

〔2〕　2012 年《刑事诉讼法》规定犯罪嫌疑人、被告人是盲、聋、哑人，或者是尚未完全丧失辨认或控制自己行为能力的精神病人；犯罪嫌疑人、被告人是未成年人的；犯罪嫌疑人、被告人可能判处无期徒刑、死刑，没有委托辩护人的，人民法院、人民检察院、公安机关应当通知法律援助机构指派律师为其辩护。

〔3〕　同时在强制医疗程序中规定，被申请人或被告人没有委托诉讼代理人的，人民法院应当通知法律援助机构指派律师为其提供法律帮助。

〔4〕　犯罪嫌疑人、被告人因经济困难或其他原因没有委托辩护人的，本人及其近亲属可以向法律援助机构提出申请，对符合法律援助条件的，法律援助机构应当指派律师为其提供辩护。

2. 刑事法律援助面临的困境

不可否认，2012 年《刑事诉讼法》关于法律援助的规定可以有力推动我国刑事法律援助的发展。但必须正视的是，刑事法律援助依然存在以下问题：第一，法律援助的义务主体不够明确，实践中存在将法律援助义务转嫁给律师的情况。[1]第二，法律援助的范围依然有限。刑事诉讼法将法律援助的刑期条件规定为无期徒刑以上，实践证明被判处无期徒刑以上的被告人只占极少数，这将使大量的嫌疑人、被告人被排除在法律援助之外。第三，二审程序、死刑复核程序以及审判监督程序是否可以进行法律援助，法律并无明确规定。第四，刑事诉讼法仅明确了对犯罪嫌疑人、被告人的法律援助或强制辩护制度，而作为刑事诉讼当事人之一的被害人是否应给予法律援助，刑事诉讼法留下了空白。

我国刑事辩护率长期处于较低水平，1996 年《刑事诉讼法》修订后，由于辩护制度尚不完善，刑事辩护率一直较低，据统计近十年来我国的刑事辩护率为 20% 到 30%，经济不发达的省份辩护率更低。刑事诉讼辩护低的原因"在很大程度上可以归结为犯罪嫌疑人、被告人经济困难，无力支付聘请辩护律师费用，因为从目前刑事辩护律师收费的标准看，一个刑事案件从侦查到审判的律师辩护费用基本相当于一个中等收入水平劳动者的半年收入"。[2]

法律援助在司法实践中的运行亦面临困境。无论是从法律援助的案件数量还是质量来看，均不能达到预期目标。"首先，全国法律援助机构的办案数在逐年增加，但法律援助案件的比例依然较低，据统计，2003 年至 2011 年，刑事法律援助案件占全年一审审结刑事案件比例平均为 14.5%，仅占全年一审审结刑事案件的 1/7 左右。"[3]其次，由于提供给法律援助律师的经费有限，缺乏法律援助质量体系的控制标准，导致法律援助的效果不尽如人意。

---

〔1〕《法律援助条例》第 3 条前半段明确规定："法律援助是政府的责任"，但该条例第 6 条同时规定："律师应当依照律师法和本条例的规定履行法律援助义务，为受援人提供符合标准的法律服务，依法维护受援人的合法权益，接受律师协会和司法行政部门的监督。"《律师法》第 42 条规定："律师、律师事务所应当按照国家规定履行法律援助义务，为受援人提供符合标准的法律服务，维护受援人的合法权益。"

〔2〕刘方权："中国需要什么样的刑事法律援助制度"，载《福建师范大学学报》2014 年第 1 期。

〔3〕参见顾永忠、陈效："中国刑事法律援助制度发展研究报告"，载顾永忠主编：《刑事法律援助的中国实践与国际视野》，北京大学出版社 2003 年版，第 15 页。

除少数专业水平较高和责任心强的律师外，大多数法律援助律师不认真行使会见、阅卷，调查取证等权利，导致法庭上的辩护流于形式，很难影响法官最终的判决结果。

（二）调查取证权难以保障

《刑事诉讼法》及司法解释对辩护律师调查取证进行了详细的规定。[1]但仔细研读会发现规定存在以下问题：第一，辩护律师申请调查取证时，人民检察院和人民法院的审查理由均为"确有必要"，这一理由高度概括，极其含糊，无任何具体的标准，可能成为检、法机关任意拒绝律师申请的借口。第二，无论是辩护律师申请调查取证抑或申请调取证据，如果人民检察院、人民法院予以拒绝，辩护律师不服的，如何救济付之阙如。无救济即无权利，在我国现行的刑事诉讼结构下，检察机关在承担法律监督职能的同时又是刑事公诉机关，诉讼地位决定其对于辩方的申请可能会消极应对。我国审判机关的地位并不完全中立，注重与公安、检察机关的配合，无疑也会影响其作出决定的公正性。第三，刑事诉讼法将申请调查取证以及申请调取证据的权利仅赋予了律师，而辩护权的真正享有者犯罪嫌疑人、辩护人则不享有此项权利。第四，辩护律师申请调查取证，人民检察院或人民法院进行调查时，司法解释均规定辩护律师可以在场而非应该在场。第五，刑事诉讼法给辩护律师自行调查取证设置了诸多障碍，与国际刑事司法准则以及域外多数国家关于辩护律师调取证据权利的规定相比，我国对于律师调查取证有更加苛刻的要求。[2]第六，律师调查取证风险依旧存在。[3]《刑法》第306条辩护人妨害作证罪更是被律师视为因人设罪的条款，历年来已经有不少律师因为涉嫌妨害作证罪而身陷囹圄。[4]从实务运作来看，自行调查取证依然是辩护律师不敢轻易触碰的红线，实践中辩护律师很少自行调查取证。

---

[1]　律师调查取证的法律依据为2012年《刑事诉讼法》第39、41条，《高法解释》第49、50、51、52、53条，《高检规则》第50、52、53，《六机关规定》第8条。

[2]　辩护律师调查取证时需经过被调查人的同意，辩护律师向控方证人调查取证时，还必须经人民检察院或者人民法院许可，才可收集与本案有关的材料。

[3]　2012年《刑事诉讼法》第42条第1款规定："辩护人或者其他任何人，不得帮助犯罪嫌疑人、被告人隐匿、毁灭、伪造证据或者串供，不得威胁、引诱证人作伪证以及进行其他干扰司法机关诉讼活动的行为。"反映了国家专门机关对律师行使权利极大的不信任。

[4]　重庆李庄案以李庄"眨眼"唆使被告人龚某模翻供为由追究其刑事责任、广西北海案亦是因为律师会见嫌疑人后被告人翻供而追究辩护律师的刑事责任。

律师申请调查取证存在实际申请和最终准许的"双少"状态,虽然法律赋予律师申请检、法调查取证的权利,而律师弃之不用的主要原因在于没有安全感,担心遭报复。[1] 而且从检察机关的立场分析,由于与辩护律师存在直接的利益冲突,因此很难同意律师调取证据的申请,同时我国人民法院并不完全中立,与控方存在互相配合的关系,因此对于辩方的申请通常也并不积极。根据北京大学法学院人权研究中心所作的一项调查,"律师申请检察院收集调取证据的案件只占同期律师办理案件数的7%,其中申请获准的案件占总申请案件数的64.6%。律师在一审阶段申请法院收集调取证据的案件占同期律师办理案件数量的10%,法院同意了其中66.7%的申请"。[2] 律师申请调取证据面临更多的现实困境:

首先,对于证明犯罪嫌疑人、被告人无罪或罪轻的证据材料,辩护律师缺乏发现的有效途径。侦查阶段辩护律师无权调查取证的情况下,仅靠查阅控方的案卷很难发现有利于辩方的证据,即使有幸发现如何证明此类证据已经被公安机关、人民检察院收集同样面临困难。辩护方发现无罪或罪轻的证据材料有两种途径,即通过阅卷和通过律师调查权获取线索,我国的侦查活动秘密进行,辩护律师参与非常有限,侦查卷宗由侦查机关单独制作,出于趋利避害的本能,对其不利的证据侦查机关根本不会放在侦查案卷中,所以希望通过阅卷来获取有利于辩方证据线索的可能性并不大。以上障碍的存在可能导致律师虽然有权申请检、法机关调取证据,但存在苦于无法得知相关信息而无法行使此项权利。

其次,由于检察机关身兼控诉职能,与被告方存在直接的利益冲突,辩护律师向检察机关申请调取有利于嫌疑人的证据通常很难实现。检察机关被定位为我国的法律监督机关,有权监督公安机关的侦查活动、人民法院的审判活动以及各种执行活动,但作为公诉方的检察机关参与刑事诉讼,更多的是承担控诉职能,其有将犯罪分子绳之以法的强烈愿望,因此"要求检察机关协助被追诉方收集证明被告人无罪、罪轻的证据实际上是要求诉讼的一方协助对方获取对抗自己的武器,这是违反心理学的一般规律及人的本性

---

〔1〕 甄珍、郑瑞萍:"论辩护律师申请调查取证权的实现",载《河南社会科学》2013年第11期。

〔2〕 参见陈瑞华主编:《刑事辩护制度的实证考察》,北京大学出版社2005年版,第12~16页。

的"。[1]已经发现的错案也再次证明检察机关协助收集有利于辩方的证据的可能性极小。

再次，辩护律师申请调查取证权属于请求权，其实现需要检察机关以及人民法院的配合，如果辩护律师的申请符合法律规定，但检察院以及人民法院予以拒绝，辩护律师可以诉诸的救济手段十分有限。[2]如前所述检察机关在刑事诉讼中承担公诉职能，与被告方存在直接利益冲突，由其对无罪和罪轻证据的收集情况进行监督，可能会导致监督落空，尤其指对自侦案件更是缺乏监督的动力，因此检察机关监督义务与公诉角色的冲突可能使此权利沦为一项宣誓性的权利，救济手段设置的不合理必然导致司法实践中被追诉方申请强制取证权的虚置。

最后，对于拒绝律师申请调取证据的，无相应的程序性制裁。检察机关和人民法院如果怠于向公安机关以及人检察院调取证据，无需承担任何不利后果，法律未规定任何程序性制裁，不会因为检、法机关的无理拒绝而使证据归于无效。辩护律师即使以此为由提出上诉，二审法院也不会视其为程序性违法而撤销原判，发回重审。

二、辩方证据获取权及证据知悉权的保障

（一）完善法律援助制度

按照联合国人权委员会的要求，"法庭为被告人指定的律师应为其提供有效的辩护。为此应确立以下规则：（1）在为被告人提供法律援助时，法庭必须指定那些有能力代表其利益并为其辩护的律师担当此任；（2）法庭为被告人指定的律师应受到过必要的培训并具备必要的经验，以在适应案件的性质和严重程度的情况下进行辩护；（3）被法庭指定从事法律援助的律师应以一种独立的方式自由地进行职业上的判断，而不受政府或法院的影响；（4）被法庭指定从事法律援助的律师必须作对被告人有利的辩护，并根据自己的职

---

〔1〕 陈永生："刑事误判问题研究"，法治建设与法学理论研究部级科研项目，第135页。
〔2〕《高检规则》第57条规定，辩护人、诉讼代理人认为公、检、法及其工作人员具有下列阻碍其依法行使诉讼权利的行为之一的，可以向同级或上以及人民检察院申诉或控告，控告检察部门应接受并依法办理，相关办案部门应担予以配合，主要包括没有正当理由不同意辩护律师提出的收集、调取证据或通知证人出庭作证的申请，或者不答复、不说明理由的；未依法提交证明犯罪嫌疑人、被告人无罪或罪轻的证据材料的。

业判断选择辩护策略；（5）由法庭指定的辩护律师应获得相应的经济补偿，以确保其有足够的动力为被告人提供充分的辩护"。[1]

1. 逐渐扩大刑事法律援助的案件范围

将强制辩护的最低刑期确定为有期徒刑，将老年人纳入法定指派律师援助的范围，同时明确二审程序、死刑复核程序以及审判监督程序中符合条件的嫌疑人、被告人均有获得法律援助的权利。需要强调的是，刑事诉讼法再次修改时应将被害人明确规定在法律援助的范围之内，司法实践表明刑事案件的被害人大多属于经济困难的社会群体，被害人在刑事诉讼中有独立的诉讼利益需要维护，尤其是由于犯罪行为遭受物质损失的被害人更需要专业律师的帮助。

2. 降低申请法律援助辩护的标准

犯罪嫌疑人、被告人因经济困难或其他原因没有委托辩护人的，本人及其近亲属可以向法律援助机构提出申请。对符合法律援助条件的，法律援助机构应当指派律师为其提供辩护。经济困难的标准由案件受理地人民政府的规定执行。[2]而各省、自治区、直辖市又普遍将"公民经济困难的标准"界定为与当地最低生活保障标准一致，结果导致申请法律援助的范围被限制得极为狭窄。[3]因此应改变目前将法律援助的经济困难的标准等同于当地最低生活保障标准，笔者建议判断申请法律援助的主体是否存在经济困难的情况，应参照当地居民的平均工资水平，申请者的收入低于平均工资水平的，即可进行法律援助。

3. 对法律援助案件进行质量监控

获得辩护人的有效辩护时保障辩护权的核心内容。[4]提高法律援助辩护质量是刑事法律援助良性发展的前提和必要条件，法律援助辩护质量的提高需要参与者不断提高专业技能，增强责任心，同时合理的质量监控也是保障辩护质量的有效途径。对法律援助案件的质量监控可通过两种主要途径展开：

---

〔1〕 陈瑞华：《比较刑事诉讼法》，中国人民大学出版社 2010 年版，第 256 页。

〔2〕 最高人民法院、最高人民检察院、公安部、司法部联合发布的《关于刑事诉讼法律援助工作的规定》第 4 条规定："公民经济困难的标准，按案件受理地所在的省、自治区、直辖市人民政府的规定执行。"

〔3〕 陈永生："我国刑事法律援助的范围与经费问题透视"，载顾永忠主编：《刑事法律援助的中国实践与国际视野》，北京大学出版社 2013 年版，第 227 页。

〔4〕 ［日］田口守一：《刑事诉讼法》，刘迪等译，法律出版社 2000 年版，第 90 页。

"一种途径是建立一套既包括办案结果指标，也包括办案过程指标的案件质量评估体系，通过主、客观审查的方式来评估其工作成效；另一途径是建立非定型化的工作关系模式，即根据援助人员已有的工作表现来确定未来是否提供指定援助的机会及援助机会的多少，并与个人津贴收入予以挂钩。实际监控中，两种方式应有机结合。"[1] 同时，作为法律援助的主管机关，对法律援助工作应建立基本的工作标准，有基本的质量审查体系，要有会见被告人的笔录，有阅卷笔录，要提交辩护思路和辩护意见，树立基本的尽职义务。[2]

确立有效辩护。对法律援助进行质量监控是实现有效辩护的必然要求，笔者认为，有效辩护固然包括被追诉者自身辩护权的充分行使，但更加强调的是律师进行刑事辩护时的有效性，即辩护律师不能仅满足于从形式上履行职责，更重要的是辩护律师应积极充分参与刑事诉讼活动，通过会见，与被追诉者进行充分的沟通和协商，认真查阅、摘抄、复制案卷材料，积极调查核实证据，对有利于被追诉者的定罪和量刑证据充分搜集，庭审阶段对控方证据进行充分的质证和辩论，通过以上活动，为被追诉者提供高质量的辩护。

4. 设立规范的刑事辩护准入制度

为了实现法律援助的有效性，应建立刑事辩护律师专业资格，提高刑辩律师素质。"彻底改变当前凡是取得律师职业资格的人员无论时间长短、水平高低均可从事刑事辩护的不正常情况，以保证刑事辩护的质量。"[3] 根据两高两部的《关于刑事诉讼法律援助工作的规定》第 13 条第 1 款规定："对于可能被判处无期徒刑、死刑的案件，法律援助机构应当指派具有一定年限刑事辩护执业经历的律师担任辩护人。"该条第 2 款规定："对于未成年人案件，应当指派熟悉未成年人身心特点的律师担任辩护人。"

5. 扩大法律援助队伍

鉴于我国律师的数量有限，法律援助的对象扩大后，可能与辩护律师数量形成冲突，因此，可以考虑吸收社会力量参与法律援助，允许基层法律工作者、法律专业教师和取得法律资格证书的学生以及退休司法人员参与法律

---

〔1〕　左卫民、马静华："刑事法律援助改革试点之实证研究——基于 D 县试点的思考"，载《法制与社会发展》2013 年第 1 期。

〔2〕　田文昌、陈瑞华：《刑事辩护的中国经验》，北京大学出版社 2013 年版，第 369 页。

〔3〕　冀祥德：《控辩平等论》，法律出版社 2008 年版，第 248 页。

援助工作。

（二）调查取证权的保障机制

1. 吸收《律师法》关于自行调查取证的规定

为了解决律师自行调查取证难的问题，2008 年《律师法》对辩护律师自行调查取证采取了较为宽松的规定。[1]与刑事诉讼法关于律师的自行调查取证相比，取消了需经对方同意或许可，有利于消除律师调查取证的阻力。笔者建议刑事诉讼法再次修订时应吸收这一规定，使律师的自行调查取证权真正落到实处。

2. 对于检察机关、人民法院随意拒绝辩护律师申请调查取证或申请调取证据的，应给予相应的程序性制裁

刑事诉讼法确立了辩护律师权利受到侵犯时的救济制度。救济的内容包括申请调查取证或申请调取证据被人民检察院、人民法院无正当理由拒绝的，但未确立程序性制裁，使救济的功能大打折扣。确立程序性制裁有利于检、法机关积极履行职责，帮助辩护律师收集有利于辩方的证据。因此，如果律师申请调取证据或申请调查取证，由于检察机关和人民法院怠于履行职责，致使证据毁损、灭失的，应作出不利于控方的推断。

3. 应赋予辩护方申请证据保全的权利

证据保全制度是指"证据在后续程序中存在灭失、伪造、变造、藏匿或其他难以取得的情形时，由当事人及其辩护人、诉讼代理人向专门机关提出申请后所采取的预防性保全措施"。[2]我国民事诉讼法以及行政诉讼法中均规定有证据保全制度，刑事诉讼涉及对被追诉人的人身自由、财产甚至生命的剥夺，因此更应赋予嫌疑人、被告人充分的诉讼权利。侦查阶段是收集证据的关键阶段，实践中存在侦查机关消极取证的状况，随着时间的推移，犯罪遗留的证据可能面临着毁损、灭失的危险，证据的性质和状态也会发生改变，因此我国刑事诉讼中增设证据保全制度具有紧迫性。域外大多数国家和地区规定了证据保全制度。鉴于检察机关在审前充当准司法官的角色，与审判阶段相比，较易保持中立的诉讼地位，因此可以考虑以下制度设计，"犯罪

---

〔1〕 2008 年《律师法》第 35 条第 2 款规定："律师自行调查取证的，凭律师执业证书和律师事务所证明，可以向有关单位或个人调查与承办法律事务有关的情况。"

〔2〕 张泽涛："我国刑诉法应增设证据保全制度"，载《法学研究》2012 年第 3 期。

嫌疑人、被害人及其近亲属可以在侦查阶段或者审查起诉阶段，申请检察院保全有利于自己的证据，辩护律师或者代理律师也可以代为提出保全证据的申请；对此，除确无必要或者明显是为了故意拖延诉讼的以外，检察院不得拒绝；检察院应当及时把根据犯罪嫌疑人、被害人等的申请收集调取的证据告知申请人，必要时可以通知申请人或者其律师到场"。[1]

4. 明确律师申请调查取证时检、法机关应当同意的具体条件

依据刑事诉讼法和相关司法解释的规定，目前律师申请调查取证的，能够获得人民法院和人民检察院认可的理由为"认为确有必要"，应对其予以明确，笔者认为，只要辩护律师申请调取的证据与案件的定罪量刑有关联，可以用于证明案件事实，并且律师申请的目的不是为了故意拖延诉讼，即应获得准许。

5. 辩护律师证据知悉的保障机制

（1）保障律师的会见权。辩护律师与嫌疑人、被告人自由会见与交流是律师知悉案件事实并获取证据的重要制度保障。2012 年《刑事诉讼法》的相关规定基本解决了辩护律师会见难的问题，一般案件律师仅凭三证即可会见，并且会见时不被监听。但危害国家安全犯罪、恐怖活动犯罪、特别重大贿赂犯罪案件，侦查期间辩护律师会见在押的犯罪嫌疑人，应当经过侦查机关许可。为了保障职务犯罪案件律师的会见权，笔者认为对于特别重大贿赂犯罪案件应作限缩解释，即嫌疑人必须同时具备涉嫌犯罪数额在 50 万元以上和犯罪情节恶劣的条件，同时 50 万的犯罪数额的确定应以有证据证明的已经查证属实的犯罪数额为准，不得以初步调查的犯罪数额来考量，另外此类案件人民检察院应保证在侦查终结前许可辩护律师见到犯罪嫌疑人。

（2）确保律师阅卷的全面性。刑事诉讼法要求审判人员、检察人员、侦查人员必须依照法定程序，收集能够证实犯罪嫌疑人、被告人有罪或者无罪、犯罪情节轻重的各种证据。辩护律师自人民检察院对案件审查起诉之日起，可以查阅、摘抄、复制本案的案卷材料。较旧法而言，新法扩大了辩护人的阅卷范围，查阅、摘抄、复制的范围不再限于"诉讼性文书及技术性鉴定材料"，而是将各种由侦查机关装卷成册的证据材料也纳入其中。因此，根据以上规定，如果律师通过阅卷掌握案情以及了解了所有的证据，包括有利于嫌

---

[1]　吴建雄："检察官客观义务的错案预防价值"，载《法学评论》2011 年第 1 期。

疑人、被告人的证据，那"将会减少律师调查取证的需求和冲动，进而也会缓解调查取证难的主观感受和实际困难"。[1] 而且从世界范围来看，在大陆法系国家，律师在审前则很少调查取证，而是通过对案卷的查阅来达到与调查取证相同的目的。我国的侦查模式与英美法系国家迥异，而更接近于大陆法系国家，辩护律师调查取证受到诸多限制并无切实的保障。为了实现控辩双方获取证据信息的对等，实现控辩平等对抗，达到庭审实质化的效果，办案机关应确保律师阅卷的全面性，尤其不得隐藏有利于嫌疑人的证据信息。

（3）申请证人出庭的权利保障。控辩双方有异议的证人出庭接受控辩双方的交叉询问是保障案件事实真相得以查明的重要方式。笔者认为应改变证人出庭的条件，即对于控辩双方有异议的并且对案件的处理有重大影响的证人均应出庭。考虑到控辩双方掌握的证据数量的不对等性，司法实践中存在更多的是辩方对控方的证人证言提出异议。因此，应更多考虑对辩方申请证人出庭权利的保障，辩方申请证人出庭有两种可能：一种是对控方提供的证人证言有异议，另一种是由于己方的证人证言对案件事实的证明有关键作用，要求法院通知辩方证人出庭。笔者认为对于控方提供的证人证言，辩护律师如果有异议，固然应通知证人出庭接受质证，但更重要的是对于辩方提供的新证人，如果对案件的处理有重大影响的，更应通知其出庭。唯此，才能有效保障被追诉者的辩护权，最终保障案件事实真相的发现。

辩护律师获取相关证据是律师充分参与刑事诉讼并进行有效辩护的前提。从2012年《刑事诉讼法》实施近两年的情况来看，辩护律师的调查取证问题并未得到根本性解决，不管是自行调查取证还是申请调查取证抑或申请调取证据，均面临难以实施的问题。在我国当前的法治环境以及刑事诉讼模式下，辩护律师自行调查取证面临诸多障碍，因此应将目光转向通过其他的制度设计保障辩护律师充分获取办案机关收集的各种证据。通过其他措施保障辩护律师获取相应的证据在取得更理想的辩护效果时，同时能够更好地保护辩护律师免受任意追诉。具体而言，应保障辩护律师充分且完整的阅卷权；保障辩护律师与被追诉人实现充分的会见和交流；对于辩护律师提出的调查取证和调取证据申请，无论是检察机关还是人民法院，只要辩护律师有正当理由，均应同意并予以及时调取；辩护律师提出的申请证人出庭的申请，只要符合

---

〔1〕 顾永忠等：《刑事辩护——国际标准与中国实践》，北京大学出版社2012年版，第290页。

法定条件，审判人员应积极传唤证人以保障辩方的质证权；确立刑事证据保全制度，及时保全有利于被追诉者的证据。通过以上措施可以保障辩护律师及时全面获取证据，最大限度实现辩护的实质性效果。

推进以审判为中心的诉讼制度改革是司法改革的重要组成部分，其提出是为了解决司法不公的问题，目的在于从源头上保障司法公正的实现，实现司法权对侦查权的制约，避免侦查失控以及制约失灵。

"以审判为中心"契合现代刑事诉讼的发展潮流，符合刑事司法规律，对实现刑事司法程序公正与最低限度的实体公正均有重大意义与价值。"以审判为中心"诉讼制度改革提出的背景源于刑事诉讼中对三机关"分工负责、互相配合、互相制约"原则的错误理解与运用，造成司法实践中"配合大于制约"以及实质上的"以侦查为中心"，审判几乎成为对侦查结果的背书，庭审虚化的问题严重，难以发挥"维护社会公平正义最后一道防线"的作用。审判中心提出的直接原因是近年来发现的数起冤错案件使司法权威及司法公信力严重受损，正是出于对冤错案件形成的诉讼体制之反思，中央层面提出推进以审判为中心的诉讼制度改革。

实现审判中心必然要求对当前存在的侦查中心诉讼制度进行根本性变革，发挥审判对审前的制约作用。审判中心不仅要求审判机关在审判阶段发挥积极作用，而且要实现司法权对审前的制约和审查作用，以保障和实现司法公正。审判通过两种途径对侦查权实现制约，直接制约途径为审判权对强制侦查行为进行司法审查，将强制侦查行为纳入审判权控制的范围之内，间接制约为通过审判阶段严格贯彻证据裁判原则，根据证据规则严格排除非法证据倒逼侦查机关收集证据全面并依法进行，侦查机关收集以及固定保管证据均应以服务于审判并接受审判的实质性检验为最终目标，打破破案即等于追诉犯罪成功的错误观念。

庭审实质化是实现审判中心的核心和关键，庭审走过场等虚化的状况不发生改变，侦查中心根本无以转变为审判中心。证据是诉讼的基石，通过证据制度的完善以及证据的依法合理运用是实现庭审实质化的核心保障。依据证据裁判原则，审判环节的举证、质证以及认证的实质化是实现庭审实质化的关键与核心，庭审实质化以审判环节证据运用的实质化为基本保障。我国证据制度立法理念落后，证据制度体系不够完整，证据运用中背离证据裁判原则等造成审判中心难以实现。现行的证据运用模式呈现明显的侦查中心的特点，审判环节难以通过对证据的依法排除以及严格的审查判断实现对审前的制约和指引功能，审判机关对审前证据的几乎照单全收，轻信控方诉讼主张及取证、取证、举证、质证等环节辩方权力缺乏保障，整个证据运用过程辩方的参与程度有限。

审判中心的关键是通过证据运用实现对审前的制约和指引功能。证据运用的完善需要以证据裁判原则为基础，树立证据裁判的理念，构建符合公平、效率、和谐等多元价值的证据规则体系。审前侦查机关收集证据以及审查起诉机关审查判断证据均应严格按照审判对证据之证据能力与证明力的要求进行，审前证据收集以审判为中心，全面、依法收集证据是侦查阶段的基本要求，审查起诉机关对证据的取舍以及判断标准均应以审判为中心。审判中心要求实现质证的实质化，保障辩方的质证权，审前侦查终结、审查起诉的证据标准应参照有罪判决的证明标准，审前的证据标准不应降低。审判机关应改良印证模式，侦查中心下印证的片面性、虚假性造成了严重的法律后果，审判中心裁判者的认证应实现印证与自由心证的结合。证据制度与诉讼制度互相影响，证据的理性运用除了以证据制度的完善为制度基础之外，刑事司法管理体制以及司法权运行机制必将对证据运用产生深刻的影响，证据制度的改革和完善并非孤立存在，需要在刑事司法改革整体中进行制度设计。

推进"以审判为中心"的诉讼制度是一项系统工程。涉及整个刑事司法体制，并影响整个刑事诉讼过程，需要转变刑事司法理念，依赖于刑事司法体制、刑事司法权运行机制以及刑事诉讼制度的改革，需要公安司法机关内部非科学的考核指标以及考核体系的变革。司法观念转变的艰难性以及刑事司法体制改革的长期性决定了审判中心的实现必定是长期而艰巨的过程，面临诸多困难。重构刑事诉讼主体间的关系，公检法律之间的关系，审判中心对刑事辩护的数量和质量方面均提出了很高的要求，改变侦查、起诉、审判接力赛的做法，审判阶段严格按照证据规则对证据进行审查判断，在控辩审三方的共同参与下，实现对控方指控事实和证据的实质性验证的功能。

"以审判中心"之证据运用研究（人民法院）
问 卷 调 查

您好：

感谢您参与问卷调查，本问卷设计的问题均围绕审判中心之证据运用进行，您所提供的答案和意见仅用于学术研究之用，相关观点和案例绝不会对外公开，谢谢您的支持。

十八届四中全会提出推进"以审判为中心"的诉讼制度改革，确保侦查、起诉的案件事实证据经得起法律的检验。完善证人、鉴定人出庭制度，保证庭审在查明事实、认定证据、保护诉权、公证裁判中发挥决定性作用。在此背景下，本调查问卷的内容涉及在审判中心的视野下如何规范证据运用，以使刑事证据的运用围绕审判中心进行，实现庭审的实质化。

您的性别是？
□男　　□女
您从事法律工作年限？
□5 年以下　　□5—10 年　　□10—15 年　　□15 年以上
您的学历是？
□大专　　□本科　　□硕士研究生　　□博士研究生

1. 2012 年《刑事诉讼法》修改后，人民法院必要证人出庭率？（必要证人出庭率指控辩双方对证人证言有异议，且该证言对定罪量刑有重大影响，人民法院通知证人出庭，以上三个条件均具备，证人出庭的比率?)

☐ 20%以下

☐ 20%以上

☐ 25%以上

☐ 30%以上

新刑事诉讼法实施以来，证人出庭率有无变化?

☐无

☐有，变化很大

☐有，但变化不大

2. 关于证人不出庭的原因，您认为最关键的原因是? (可以多选)

☐证人保护不利，导致证人不愿出庭

☐ 传统观念的影响、经济补偿不到位导致证人不愿出庭

☐法律规定的原因，法律规定的是证人作证的义务而非出庭向法官作证的义务

☐公诉机关不愿让证人出庭

☐法官出于诉讼效率的考虑，不愿让证人出庭

☐法官认为证人证言笔录能够与在卷其他证据印证，证人无出庭必要

3. 关于通知证人出庭的主体，您认为应由谁通知较为合理?

☐审判机关

☐谁申请证人出庭，谁通知

☐谁的证人，谁通知

4. 在已有庭前证言笔录的情况下，且庭前证言笔录与其他证据能够相互印证，不存在无法排除的矛盾，但控辩双方对证人证言有异议，是否通知证人出庭及考量因素? (可以多选)

☐担心出庭后证言会有所变动，影响案件的审判，不通知

☐此情况下证人出庭纯属浪费时间，不通知

☐ 出于对正当程序的考虑，证据须经控辩双方质证才可采纳，通知

☐ 担心庭前证言系非法取得，为保障证言的真实性，通知

5. 目前法律规定由审判人员通知证人出庭，面临的困难是? (可以多选)

☐审判人员不了解证人的情况，很难通知

□通知证人加大法官的工作负担

□法官缺乏强制证人出庭的必要手段

□法官通知证人出庭，会引起证人的排斥心理

□其他

6. 证人出庭后改变庭前证言，或者证人出庭后不作证（沉默）的情况是否发生？原因？

□偶尔发生

□经常发生

庭上改变证言的原因？（可以多选）

□庭前证言通过非法方式取得

□证言笔录记录错误，并非证人提供的原始证言

□证人可能被收买

□证人的记忆错误

7. 司法实践中证人出庭的效果如何？（可以多选）

□证人出庭不但能够保障被告人对质权的实现，而且有利于法官判断证言的真伪

□较庭前的证言而言，证人出庭提供的证言由于距离案发时间较长，反而不够准确

□证人虽出庭，但由于辩护律师缺位或者辩护律师并未掌握对证人交叉询问的技巧，难以对证人有效质证

□证人虽出庭，但证人的庭上证言并不具有优先采纳的资格，影响证人出庭的效果

8. 您办理的案件中，是否启动过证人保护程序？

□从来没有

□有

（前题选择没有则跳过此题）如果有，一般采取下列哪些措施？

□不公开真实姓名、住址和工作单位等个人信息

□采取不暴露外貌、真实声音等出庭作证措施

□禁止特定的人员接触证人、鉴定人、被害人及其近亲属

□对人身和住宅采取专门性保护措施

□其他措施

9. 您对证人、侦查人员出庭的态度是？

□赞同，非常有必要

□ 反对，浪费时间、担心引起法庭审判的不可控因素

□ 无所谓，证人等是否出庭，对审判无实质性影响

10. 您办理的案件中必要鉴定人的出庭状况如何？（可以多选）（必要鉴定人是指新刑事诉讼法规定的符合法定条件，应当出庭的鉴定人。）

□由于必要鉴定人不出庭的，其鉴定意见不能作为定案的根据，因此法官通知鉴定人时非常慎重

□新刑事诉讼法实施后，必要鉴定人出庭率并未增加

□新刑事诉讼法实施后，必要鉴定人出庭率有明显增加

□与证人出庭难相比，鉴定人出庭的障碍较少

11. 新刑事诉讼法实施以来，您是否经历过鉴定人出庭？

□多次经历

□偶有经历

□1 次经历

□从未经历

12. 法律规定应出庭的鉴定人如果不出庭，其鉴定意见不得作为定案的根据，如果鉴定人经人民法院通知后不出庭，法院如何对待？（可以多选）

□鉴定人不出庭，法院并不排除鉴定意见

□鉴定人不出庭，法院一概排除其鉴定意见

□鉴定不出庭，法院偶尔排除鉴定意见

□法院排除鉴定意见后，重新组织鉴定

□其他

13. 当控辩双方对鉴定意见有异议时，您认为鉴定人是否有出庭的必要？（可以多选）

□有必要，需要鉴定人出庭，由对鉴定意见有异议的一方对鉴定意见进行质证

□有必要，但需要有专家辅助人出庭

□没必要，书面鉴定意见即可

□没必要，可以通过重新鉴定来检验鉴定意见是否科学可信

□其他

14. 您所办理的案件中，鉴定人出庭的效果如何？（可以多选）

☐控辩双方一般无法对鉴定意见有效质证，出庭效果一般

☐鉴定人出庭当面回答控辩双方提出的问题，有利于法官对鉴定意见作出正确的判断

☐鉴定人出庭一般是对鉴定意见重新宣读一遍而已，并无实质性效果

☐不好说

15. 鉴定人出庭与鉴定意见的采纳率有何关系？

☐正相关关系，鉴定人出庭的，鉴定意见采纳率高

☐负相关关系，鉴定人出庭，鉴定意见采纳率反而低

☐无直接关系

16. 您办理的案件中有无侦查人员出庭的情况？

☐无

☐有

（前题选择无则跳过此题）如果有，属于以下哪种情况？（可以多选）

☐启动非法证据排除程序，需要侦查人员出庭的

☐侦查人员作为普通证人出庭的（如抓捕时目击犯罪事实的）

☐侦查人员出庭证明有关量刑事实的（如自首、立功等）

17. 您认为侦查人员不愿出庭的原因是？（可以多选）

☐侦查人员的自我定位并非证人

☐担心出庭后不能应对

☐担心出庭对自己不利

☐其他原因

18. 您认为专家辅助人在刑事诉讼中处于何种地位？（专家辅助人是指2012年《刑事诉讼法》第192条规定的"公诉人、当事人和辩护人、诉讼代理人可以申请法庭通知有专门知识的人出庭，就鉴定人作出的鉴定意见提出意见"中的"有专门知识的人"。）

☐类似鉴定人

☐类似辩护律师

☐类似证人

☐独立的诉讼参与人

☐其他

19. 您所审理的案件中是否有专家辅助人出庭？

☐有，辩方申请

☐有，控方申请

☐无

20. 专家辅助人出庭发挥的作用如何？（可以多选）

☐能够帮助申请方对鉴定意见进行有效质证

☐能够帮助法官对鉴定有意见作出正确的判断与认定

☐在鉴定人不出庭的情况下，专家辅助人出庭难以发挥作用

☐即使鉴定人不出庭，专家辅助人也可以发挥理想的作用

21. 您认为目前确立的非法证据全程排除是否合理？即公检法三机关均有排除非法证据的职责是否合理？

○合理

○不合理

（前题选择合理则跳过此题）如果认为不合理，请继续选择不合理的原因？（可以多选）

☐全程排除会给审判机关排除非法证据带来压力，因为证据已经经过侦查机关和审查起诉机关两道过滤程序，如果审判机关再启动排除程序，会面临控诉机关的抵触情绪

☐审前排除非法证据的效果不彰

☐审前排除非法证据难以发挥排除规则的威慑效力或程序性制裁功能

☐其他原因

22. 如果考虑重新设计我国的非法证据排除程序，将排除非法证据的权力和职责赋予审判机关，您认为？（可以多选）

☐合理，可以更好发挥审判机关的权威

☐合理，可以更好发挥排除非法证据的威慑功能

☐合理，可以减轻审判机关排除非法证据的阻力

☐不合理，与分段式的刑事诉讼构造相矛盾

☐不合理，将会大大增加审判机关排除非法证据的负担

☐其他

23. 您所办理的案件中，非法证据排除程序如何操作？庭前排除还是庭上排除，庭上排除如何操作？

□庭前排除，召开庭前会议排除非法证据

□庭上排除，并先解决非法证据排除的问题，再进行案件的实体审理

□庭上排除，对非法证据排除与实体问题的处理并不严格区分

24. 司法实践中，您如何处理非法证据与瑕疵证据？（瑕疵证据指证据收集过程存在轻微违反法律程序的情形，瑕疵证据一般表现为侦查人员制作相关证据笔录时存在技术性缺陷或者收集证据过程中存在程序步骤、方式、时间、地点等方面违规的情况）

□很难区分非法证据与瑕疵证据

□有非法证据瑕疵化的倾向

□有瑕疵证据非法化的倾向

□对非法证据与瑕疵证据有清晰的区分

25. 您所办理的案件，认定并排除非法证据时，是否会存在因为非法证据的真实性得到确认，使非法证据难以排除的现象？

□偶尔存在

□大量存在

□根本不存在

26. 您所办理的排除非法证据的案件中，启动方式是？

□依职权启动占多数

□依辩方申请启动占多数

□其他

27. 关于非法证据的证明，司法实践中的做法是？（可以多选）

□被告方一般很难提供非法取证的时间、地点等初步证明

□被告方的初步证明容易实现

□公诉方难以证明取证的合法性

□公诉方很容易证明取证的合法性

28. 您对于现在的案卷移送模式有何评价？

○完全合理

○ 基本合理

○ 有所保留

○ 存在不合理之处

29. 您所办理的案件中，庭上被告人认罪的案件比例是？

□90%以上

□80%以上

□70%以上

□60%以上

30. 对于目前公诉与审判适用相同的证明标准，您认为？

□合理

□基本合理

□不够合理

□完全不合理

31. 您办理的案件中是否有因为事实不清、证据不足而作出无罪判决的案件？

□从来没有

□有

如果有无罪判决的案件，那么既然公诉机关和审判机关适用相同的证明标准，为何还有无罪的情况出现？（可以多选）

□实践中公诉机关掌握的证明标准并未达到"事实清楚、证据确实充分"的程度

□公诉人员和审判人员的认识不同

□关键证据在庭上发生变化

□其他原因

32. 推进以审判为中心的诉讼制度改革，有人认为应降低公诉的证明标准，以突出审判的中心地位，您认为这种主张？

□合理

□基本合理

□不够合理

□完全不合理

（前题选择合理则跳过此题）如果您认为不合理，原因是？（可以多选）

□降低公诉证据标准将使法院的审判任务大大增加

□审判机关仅对公诉进行形式审查，有诉必有审，降低公诉证据标准可能直接导致公诉机关滥诉现象

□降低公诉证据标准可能会导致无罪判决率上升，超出各方面的承受

能力

□降低公诉证据标准并无实质性的意义，因为错案责任追究的存在，即使降低其标准，公诉机关依然会参照审判机关的证明标准起诉

33. 在审判实践中，您如何理解证明标准中排除合理怀疑与证据确实充分的关系？（可以多选）

□排除合理怀疑是对证据确实充分的主观表述，证明标准并未降低

□排除合理怀疑意味降低证明标准

□排除合理怀疑虽然在法律中予以明确，但并未对司法实践产生实际影响

□排除合理怀疑突出了对疑罪从无价值的强调

34. 被告人不认罪，并且也无其他直接证据的情况下，即只有间接证据时，审判实践中是否会出现定罪的困难？（可以多选）

□会，无直接证据时，一般很难定罪

□会，无直接证据时，间接证据很难形成完整的证据链条

□不会，即使无直接证据，间接证据能够形成完整的证据链条，依然可以定罪

35. 您在司法实践中如何理解并运用印证证明模式？（印证证明包括单个证据真实性的印证以及间接证据定案时全案证据的相互印证）（可以多选）

□证据之间相互印证应作广义理解，指不同证据证明方向一致

□印证证明注重证据的外部性，而忽视法官根据经验、理性等形成的内心判断，限制了法官自由裁量权的发挥

□印证证明导致很高的证明标准，给法官定罪带来困难，容易产生放纵犯罪的后果

□印证证明中强调口供作为印证的核心证据，容易强化"口供中心"，从而催生非法取供行为

36. 实现审判中心，您认为是否需要对印证模式进行改良？（可以多选）

□需要，因为印证证明难以真正发挥法官的经验判断作用，一定程度上造成认定犯罪的困难，并且造成认定犯罪的机械化

□需要，因为要求证据之间相互印证，导致证明标准过高，容易产生放纵犯罪的后果

□不需要，印证证明能够适应审判中心的需要

□不需要，审判中心与印证证明并无直接的联系

37. 十八大之后，随着冤错案件纠正的日益增多以及错案追究制度的完善，您认为现在法官判案是否面临更大的压力？

□是

□否

□与以前区别不大

38. 刑事诉讼案件中律师的辩护情况，公安机关侦查的案件与检察机关侦查的案件辩护率；简易程序与普通程序的案件辩护率？

○ >；>

○ >；<

○ <；<

○ ≈；≈

39. 您认为我国目前证据运用的哪些情形，与"以审判为中心"的诉讼制度相抵触？（可以多选）

□证据裁判原则未得到严格贯彻

□非法证据排除在司法实践中的效果不彰

□法庭质证形式化

□法官认证的形式化

40. 您办案过程中，运用证据有哪些困惑或存在哪些问题？

中国政法大学刑事司法学院

2016 年 2 月 15 日

一、译著/专著

1. ［美］米尔建·R. 达马斯卡：《漂移的证据法》，李学军等译，中国政法大学出版社 2003 年版。

2. ［美］约翰·W. 斯特龙主编：《麦考密克论证据》（第 5 版），汤维建等译，中国政法大学出版社 2004 年版。

3. ［美］乔恩·R. 华尔兹：《刑事证据大全》，何家弘等译，中国人民公安大学出版社 2004 年版。

4. ［美］罗纳德·J. 艾伦等：《证据法：文本、问题和案例》（第 3 版），张保生、王进喜、赵滢译，高等教育出版社 2006 年版，

5. ［美］米尔吉安·R. 达马斯卡：《司法和国家权力的多种面孔——比较视野中的法律程序》，郑戈译，中国政法大学出版社 2004 年版。

6. ［美］米尔吉安·R. 达马斯卡：《比较法视野中的证据制度》，吴宏耀、魏晓娜译，中国人民公安大学出版社 2006 年版。

7. ［美］罗杰·帕克、迈克尔·萨克斯：《证据法学反思：跨学科视角的转型》，吴洪淇译，中国政法大学出版社 2015 年版。

8. ［美］Arthur Best：《证据法入门——美国证据法评释及实例解说》，蔡明秋等译，元照出版公司 2002 年版。

9. ［美］约翰·亨利·梅利曼：《大陆法系》，顾培东、禄正平译，西南政法学院 1983 年版。

10. ［美］克雷格·布拉德利：《刑事诉讼革命的失败》，郑旭译，北京大学出版社 2009 年版。

11. ［美］哈罗德·J. 伯尔曼：《法律与革命：新教改革对西方法律传统的影响》（第 2 卷），袁瑜琤、苗文龙译，法律出版社 2008 年版。

12. ［美］约翰·V. 奥尔特：《正当法律程序简史》，杨明成等译，商务印书馆 2006 年版。

13. ［美］艾伦·德肖维茨：《最好的辩护》，唐交东译，法律出版社 1994 年版。

14. ［美］伟恩·R. 拉费弗等：《刑事诉讼法》（上册），卞建林等译，中国政法大学出版社 2001 年版。

15.《美国联邦刑事诉讼规则和证据规则》，卞建林译，中国政法大学出版社 1996 年版。

16. ［美］特伦斯·安德森、［美］戴维·舒姆、［英］威廉·特文宁：《证据分析》，张保生等译，中国人民大学出版社 2012 年版。

17.《布莱克法律词典》（英文第 5 版），美国西方出版公司 1979 年版。

18. 王进喜：《美国〈联邦证据规则〉(2011 年重塑版) 条解》，中国法制出版社 2011 年版。

19. 马跃：《美国证据法》，中国政法大学出版社 2012 年版。

20. ［英］威廉·特文宁：《证据理论：边沁与威格摩尔》，吴洪淇、杜国栋译，中国人民大学出版社 2015 年版。

21. ［英］鲁珀特·克罗斯等：《英国刑法导论》，赵秉志等译，中国人民大学出版社 1991 年版。

22. ［日］田口守一：《刑事诉讼法》，张凌、于秀峰译，中国政法大学出版社 2010 年版。

23. ［日］土本武司：《日本刑事诉讼法要义》，董璠舆等译，五南图书出版公司 1997 年版。

24. ［日］我妻荣主编：《新法律学词典》，董璠舆等译，中国政法大学出版社 1991 年版。

25. ［日］法务省刑事局编：《日本检察讲义》，杨磊、张仁等译，中国检察出版社 1990 年版。

26.《德国刑事诉讼法典》，宗玉琨译注，知识产权出版社 2013 年版。

27. ［德］汉斯·普维庭：《现代证明责任问题》，吴越译，法律出版社 2000 年版。

28. ［德］克劳思·罗科信：《刑事诉讼法》，吴丽琪译，法律出版社 2003 年版。

29. ［德］托马斯·魏根特：《德国刑事诉讼程序》，岳礼玲、温小洁译，中国政法大学出版社 2004 年版。

30.《法国刑事诉讼法典》，罗结珍译，中国法制出版社 2006 年版。

31. ［法］贝尔纳·布洛克：《法国刑事诉讼法》，罗结珍译，中国政法大学出版社 2009 年版。

32. ［法］卡斯东·斯特法尼等：《法国刑事诉讼法精义》（下），罗结珍译，中国政法大学出版社 1999 年版。

33. ［法］勒内·弗洛里奥：《错案》，赵淑美、张洪竹译，法律出版社 2013 年版。

34. ［意］切萨雷·贝卡里亚：《论犯罪与刑罚》，黄风译，中国法制出版社 2002 年版。

35.《德国刑事诉讼法》，李昌珂译，中国政法大学出版社 1995 年版。

36.《意大利刑事诉讼法典》，黄风译，中国政法大学出版社 2000 年版。

37.《俄罗斯联邦刑事诉讼法典》，苏方道、徐鹤喃、白俊华译，中国政法大学出版社 1999 年版。

38. 陈朴生：《刑事证据法》，三民书局 1979 年版。

39. 林钰雄：《刑事诉讼法》，台北图书馆 2003 年版。

40. 林钰雄：《严格证明与刑事证据》，学林文化事业有限公司 2002 年版。

41. 王兆鹏：《美国刑事诉讼法》，元照出版公司 2007 年版。

42. 王兆鹏等：《传闻法则理论与实践》，元照出版社 2003 年版。

43. 王兆鹏：《辩护权与诘问权》，华中科技大学出版社 2010 年版。

44. 王兆鹏：《刑事被告的宪法权利》，元照出版公司 2004 年版。

45. 黄朝义：《刑事诉讼法（证据篇）》，元照出版公司 2002 年版。

46. 黄朝义：《刑事证据法研究》，元照出版公司 2000 年版。

47. 李学灯：《证据法比较研究》，五南图书出版公司 1992 年版。

48. 徐京辉、程立福：《澳门刑事诉讼法》，澳门文化广场有限公司 1999 年版。

49. 樊崇义主编：《刑事证据规则研究》，中国人民公安大学出版社 2014 年版。

50. 樊崇义等：《底线：刑事错案防范标准》，中国政法大学出版社 2015 年版。

51. 樊崇义主编：《刑事诉讼法》，中国政法大学出版社 2013 年版。

52. 樊崇义主编：《证据法学》，法律出版社 2012 年版。

53. 樊崇义主编：《2012 刑事诉讼法解读与适用》，法律出版社 2012 年版。

54. 樊崇义主编：《刑事诉讼法实施问题与对策研究》，中国人民公安大学出版社 2001 年版。

55. 樊崇义主编：《刑事诉讼法学》，中国政法大学出版社 2013 年版。

56. 陈光中主编：《非法证据排除规则实施问题研究》，北京大学出版社 2014 年版。

57. 卞建林主编：《证据法学》，中国政法大学出版社 2007 年版。

58. 卞建林主编：《刑事证明理论》，中国人民公安大学出版社 2004 年版。

59. 卞建林、杨宇冠主编：《非法证据排除规则实证研究》，中国政法大学出版社 2012 年版。

60. 顾永忠主编：《中国疑难刑事名案程序与证据问题研究》，北京大学出版社 2008 年版。

61. 顾永忠等：《刑事辩护——国际标准与中国实践》，北京大学出版社 2012 年版。

62. 杨宇冠等：《非法证据排除规则在中国的实施问题研究》，中国检察出版社 2015 年版。

63. 杨宇冠：《非法证据排除规则研究》，中国人民公安大学出版社 2002 年版。

64. 陈瑞华：《刑事证据法的理论问题》，法律出版社 2015 年版。

65. 陈瑞华：《刑事证据法学》，北京大学出版社 2012 年版。

66. 陈瑞华：《比较刑事诉讼法》，中国人民大学出版社 2010 年版。

67. 陈瑞华：《刑事诉讼的前沿问题》，中国人民大学出版社 2005 年版。

68. 陈瑞华：《刑事诉讼的前沿问题》，中国人民大学出版社 2011 年版。

69. 陈瑞华：《刑事审判原理论》，北京大学出版社 1997 年版。

70. 陈瑞华：《刑事诉讼的中国模式》，法律出版社 2007 年版。

71. 陈瑞华：《问题与主义之间——刑事诉讼基本问题研究》，中国人民大学出版社 2008 年版。

72. 陈瑞华主编：《刑事辩护制度的实证考察》，北京大学出版社 2005 年版。

73. 龙宗智：《证据法的理念、制度与方法》，法律出版社 2008 年。

74. 龙宗智：《刑事庭审制度研究》，中国政法大学出版社 2001 年版。

75. 龙宗智：《相对合理主义》，中国政法大学出版社 2000 年版。

76. 左卫民等：《中国刑事诉讼运行机制实证研究》，法律出版社 2007 年版。

77. 左卫民：《刑事诉讼的中国图景》，生活、读书、新知三联书店 2010 年版。

78. 张保生主编：《证据法学》，中国政法大学出版社 2009 年版。

79. 易延友：《证据法的体系与精神——以美英法为特别参照》，北京大学出版社 2010 年版。

80. 尚华：《论质证》，中国政法大学出版社 2013 年版。

81. 张建伟：《司法的场域 证据的容颜》，法律出版社 2015 年版。

82. 张建伟：《证据法要义》，北京大学出版社 2014 年版。

83. 闵春雷等：《刑事诉讼证明基本范畴研究》，法律出版社 2011 年版。

84. 张中：《实践证据法：法官运用证据经验规则实证研究》，中国政法大学出版社 2015 年版。

85. 马贵翔等：《刑事证据规则研究》，复旦大学出版社 2009 年版。

86. 何家弘、刘品新：《证据法学》，法律出版社 2004 年版。

87. 何家弘编：《虚拟的真实——证据学讲堂录》，中国人民公安大学出版社 2009 年版。

88. 闫召华：《口供中心主义研究》，法律出版社 2013 年版。

89. 吴宏耀、魏晓娜：《诉讼证明原理》，法律出版社 2002 年版。

90. 陈卫东、谢佑平主编：《证据法学》，复旦大学出版社 2005 年版。

91. 陈卫东：《反思与建构：刑事证据的中国问题研究》，中国人民大学出版社 2015 年版。

92. 汪建成：《理想与现实—刑事证据理论的新探索》，北京大学出版社 2006 年版。

93. 最高人民法院刑事审判第三庭编著：《刑事证据规则理解与适用》，法律出版社 2010 年版。

94. 孙远：《刑事证据能力导论》，人民法院出版社 2007 年版。

95. 葛玲：《论刑事证据排除》，中国人民公安大学出版社 2011 年版。

96. 金钟：《证明力判定论——以刑事证据为视角》，中国人民公安大学出版社 2010 年版。

97. 高咏：《非法证据排除程序研究》，中国法制出版社 2014 年版。

98. 孙谦主编：《〈人民检察院刑事诉讼规则（试行）〉理解与适用》，中国检察出版社 2012 年版。

99. 何家弘:《短缺证据与模糊事实——证据法精要》,法律出版社 2012 年版。

100. 何家弘:《亡者归来:刑事司法十大误区》,北京大学出版社 2014 年版。

101. 张保生主编:《人民法院统一证据规定:司法解释建议稿及论证》,中国政法大学出版社 2008 年版。

102. 常林、张中主编:《证据理论与科学——第四届国际研讨会论文集》,中国政法大学出版社 2014 年版。

103. 封利强:《司法证明过程论——以系统科学为视角》,法律出版社 2012 年版。

104. 王超:《排除非法证据的乌托邦》,法律出版社 2014 年版。

105. 邱福军:《刑事证明标准研究》,中国人民公安大学出版社 2012 年版。

106. 秦宗文:《自由心证研究——以刑事诉讼为中心》,法律出版社 2007 年版。

107. 余茂玉:《刑事诉讼证明权研究:以辩方为视角》,中国人民公安大学出版社 2010 年版。

108. 王进喜:《刑事证人证言论》,中国人民公安大学出版社 2002 年版。

109. 林喜芬:《非法证据排除规则:话语解魅与制度构筑》,中国人民公安大学出版社 2008 年版。

110. 王天民:《实质真实论》,法律出版社 2013 年版。

111. 房保国:《刑事证据规则实证研究》,中国人民大学出版社 2010 年版。

112. 朗胜主编:《中华人民共和国刑事诉讼法释义》,法律出版社 2012 年版。

113. 朗胜主编:《中华人民共和国刑事诉讼法修改与适用》,新华出版社 2012 年版。

114. 孙长永:《侦查程序与人权——比较法考察》,中国方正出版社 2000 年版。

115. 李心鉴:《刑事诉讼构造论》,中国政法大学出版社 1992 年版。

116. 陈光中、严端主编:《中华人民共和国刑事诉讼法修改建议稿与论证》,中国方正出版社 1995 年版。

117. 宋英辉等:《刑事诉讼原理》,北京大学出版社 2014 年版。

118. 顾永忠主编:《刑事法律援助的中国实践与国际视野》,北京大学出版社 2013 年版。

119. 田文昌、陈瑞华:《刑事辩护的中国经验》,北京大学出版社 2013 年版。

120. 冀祥德:《控辩平等论》,法律出版社 2008 年版。

121. 最高人民法院研究室编:《新刑事诉讼法司法解释理解与适用》,法律出版社 2013 年版。

122. 王茂松:《非法取得证据有关法律问题研究》,金玉出版社 1987 年版。

123. 曾宪义主编:《中国法制史》,北京大学出版社、高等教育出版社 2000 年版。

124. 最高人民法院刑事审判一至五庭主编:《刑事审判参考》(总第 11 集),法律出版社 2014 年版。

125. 陈光中主编:《证据法学》,法律出版社 2011 年版。

126. 李玉华、周军、钱志健：《警察出庭作证指南》，中国人民公安大学出版社 2014 年版。

127. 王以真主编：《外国刑事诉讼法学》，北京大学出版社 1994 年版。

128. 卞建林、谭世贵主编：《新刑事诉讼法的理解与实施》，中国人民公安大学出版社 2013 年版。

129. 石少侠、胡卫列、韩大元主编：《刑事诉讼法修改与检察工作——第八届高级检察官论坛文集》，中国检察出版社 2012 年版。

130. 本书编写组编：《党的十八届四中全会〈决定〉学习辅导百问》，学习出版社、党建读物出版社 2014 年版。

二、期刊/报纸

1. 习近平："关于《中共中央关于全面推进依法治国若干重大问题的决定》的说明"，载《理论学习》2014 年第 12 期。

2. 樊崇义："'以审判为中心'与'分工负责、互相配合、互相制约'关系论"，载《法学杂志》2015 年第 11 期。

3. 樊崇义："专家解读新刑诉法：证据定义转向证据理性"，载《检察日报》2012 年 4 月 24 日。

4. 樊崇义、吴宏耀："论证据裁判原则"，载《法律应用研究》2001 年第 6 期。

5. 樊崇义、赵培显："论客观性证据审查模式"，载《中国刑事法杂志》2014 年第 1 期。

6. 樊崇义、李静："传闻证据规则的基本问题及其在我国的适用"，载《证据科学》2008 年第 3 期。

7. 樊崇义、张小玲："现代证据裁判原则若干问题探讨"，载《北京市政法管理干部学院学报》2002 年第 2 期。

8. 陈光中："以审判为中心与检察工作"，载《国家检察官学院学报》2016 年第 3 期。

9. 陈光中、龙宗智："关于深化司法改革若干问题的思考"，载《中国法学》2013 年第 4 期。

10. 张保生："审判中心与证据裁判"，载《光明日报》2014 年 11 月 5 日。

11. 张保生："证据制度的完善是实现审判中心的前提"，载《法律适用》2015 年第 15 期。

12. 张保生："司法改革应遵循证据裁判规律"，载《法制与社会发展》2014 年第 6 期。

13. 卞建林："应当以庭审为中心"，载《检察日报》2015 年 7 月 16 日。

14. 顾永忠："以审判为中心是对'分工负责、互相配合、互相制约'的重大创新和发展"，载《人民法院报》2015 年 9 月 2 日。

15. 顾永忠："试论庭审中心主义"，载《法律适用》2014 年第 12 期。

16. 杨宇冠、郭旭："'排除合理怀疑'证明标准在中国适用问题探讨"，载《法律科学》

2015 年第 1 期。

17. 张建伟："审判中心主义的实质与表象"，载《人民法院报》2014 年 6 月 20 日。

18. 张建伟："审判中心主义的实质内涵与实现途径"，载《中外法学》2015 年第 4 期。

19. 龙宗智："庭审实质化的路径和方法"，载《法学研究》2015 年第 5 期。

20. 龙宗智："'以审判为中心'的改革及其限度"，载《中外法学》2015 年第 4 期。

21. 龙宗智："论刑事对质制度及其改革完善"，载《法学》2008 年第 5 期。

22. 龙宗智："论书面证言及其运用"，载《中国法学》2008 年第 4 期。

23. 龙宗智："印证与自由心证——我国刑事诉讼证明模式"，载《法学研究》2004 年第 2 期。

24. 龙宗智："相对合理主义视角下的检察机关审判监督问题"，载《四川大学学报（哲学社会科学版）》2004 年第 2 期。

25. 龙宗智："中国作证制度之三大怪现状评析"，载《中国律师》2001 年第 1 期。

26. 左卫民："'印证'证明模式反思与重塑：基于中国刑事错案的反思"，载《中国法学》2016 年第 1 期。

27. 左卫民、马静华："刑事法律援助改革试点之实证研究——基于 D 县试点的思考"，载《法制与社会发展》2013 年第 1 期。

28. 左卫民："中国刑事案卷制度研究——以证据案卷为重心"，载《法学研究》2007 年第 6 期。

29. 左卫民："刑事证人出庭作证程序：实证研究与理论阐析"，载《中外法学》2005 年第 6 期。

30. 陈瑞华："刑事证明标准中主客观要素的关系"，载《中国法学》2014 年第 3 期。

31. 陈瑞华："刑事诉讼中的证明标准"，载《苏州大学学报（哲学社会科学版）》2013 年第 3 期。

32. 陈瑞华："论被告人口供规则"，载《法学杂志》2012 年第 6 期。

33. 陈瑞华："论证据相互印证规则"，载《法商研究》2012 年第 1 期。

34. 陈瑞华："以限制证据证明力为核心的新法定证据主义"，载《法学研究》2012 年第 6 期。

35. 陈瑞华：论侦查人员的证人地位，载《暨南学报》2010 年第 2 期。

36. 陈瑞华："刑事诉讼中的有效辩护问题"，载《苏州大学学报》2014 年第 5 期。

37. 陈瑞华："辩护律师调查取证的三种模式"，载《法商研究》2014 年第 1 期。

38. 陈瑞华："案卷笔录中心主义——对中国刑事审判方式的重新考察"，载《法学研究》2006 年第 4 期。

39. 沈德咏："论以审判为中心的诉讼制度改革"，载《中国法学》2015 年第 3 期。

40. 闵春雷："以审判为中心：内涵解读及实现路径"，载《法律科学（西北政法大学学报）》2015 年第 3 期。

41. 闵春雷："证据裁判原则的新展开"，载《法学论坛》2010 年第 4 期。

42. 汪海燕："论刑事庭审实质化"，载《中国社会科学》2015 年第 2 期。

43. 王守安："以审判为中心的诉讼制度改革带来深刻影响"，载《检察日报》2014 年 11 月 10 日。

44. 孙长永："审判中心主义及其对刑事程序的影响"，载《现代法学》1999 年第 4 期。

45. 张吉喜："论以审判为中心的诉讼制度"，载《法律科学（西北政法大学学报）》2015 年第 3 期。

46. 许克军："'以庭审为中心'与'以审判为中心'关系辨析"，载《人民法院报》2015 年 6 月 4 日。

47. 汪建成："《刑事诉讼法》的核心观念及其认同"，载《中国社会科学》2014 年第 2 期。

48. 陈兴良："从'法官之上的法官'到'法官之前的法官'——刑事法治视野中的检察权"，载《中外法学》2000 年第 6 期。

49. 刘计划："检察机关刑事审判监督职能解构"，载《中国法学》2012 年第 5 期。

50. 宋英辉、吴宏耀："外国证据规则的立法及发展——外国证据规则系列之一"，载《人民检察》2001 年第 3 期。

51. 杨波："由证明力到证据能力——我国非法证据排除规则的实践困境与出路"，载《政法论坛》2015 年第 5 期。

52. 刘静坤："'庭审中心主义'改革的历程和路径探索"，载《法制资讯》2014 年第 6 期。

53. 李训虎："证明力规则检讨"，载《法学研究》2010 年第 2 期。

54. 吴宏耀："非法证据排除的规则与失效——兼论我国非法证据排除规则的完善进路"，载《现代法学》2014 年第 4 期。

55. "全国部分法院审理毒品犯罪案件工作座谈会纪要"，载《人民法院报》2008 年 12 月 22 日。

56. 郭文利："刑事司法印证式采纳言词笔录实践之反思"，载《证据科学》2015 年第 6 期。

57. 汪建成、付磊："刑事证据制度的变革对检察工作的挑战及其应对"，载《国家检察官学院学报》2012 年第 3 期。

58. 孙长永、王彪："审判阶段非法证据排除问题实证考察"，载《现代法学》2014 年第 1 期。

59. 吴纪奎："心理强制时代的侦查讯问规制"，载《环球法律评论》2009 年第 3 期。

60. 程雷："非法证据排除规则规范分析"，载《政法论坛》2014 年第 6 期。

61. 李拥军："'亲亲相隐'与'大义灭亲'的博弈：亲属豁免权的中国面相"，载《中国法学》2014 年第 6 期。

62. 万毅"新刑诉法证人出庭制度的若干法解释问题",载《甘肃政法学院学报》2013 年第 6 期。

63. 易延友:"证人出庭与刑事被告人对质权的保障",载《中国社会科学》2010 年第 2 期。

64. 易延友:"'眼球对眼球的权利'——对质权制度比较研究",载《比较法研究》2010 年第 1 期。

65. 李奋飞:"'作证却免于强制出庭'抑或'免于强制作证'?——《刑事诉讼法》第 188 条第 1 款的法教义学分析",载《中外法学》2015 年第 1 期。

66. 林山田:"论刑事程序原则",载《台大法学论丛》第 28 卷第 2 期。

67. 宋英辉、李哲:"直接言词原则与传闻证据规则之比较",载《比较法研究》2003 年第 5 期。

68. 王兆鹏:"对质诘问与强制取证权",载《台大法学论丛》第 28 卷第 3 期。

69. 熊秋红:"从保障对质权出发研究证人出庭作证",载《人民检察》2008 年第 24 期。

70. 何家弘:"刑事庭审虚化的实证研究",载《法学家》2011 年第 6 期。

71. 褚福民:"证人不出庭的逻辑演变与课题展望",载《兰州大学学报(社会科学版)》2012 年第 4 期。

72. 张卫平:"交叉询问制:魅力与异境的尴尬",载《中外法学》2001 年第 2 期。

73. 韩旭:"新《刑事诉讼法》实施以来律师辩护难问题实证研究——以 S 省为例的分析",载《法学论坛》2015 年第 3 期。

74. 徐伟:"重庆三中院去年刑案证人出庭率仅 0.32%",载《法制日报》2011 年 6 月 14 日。

75. 陆而启:"叶公好龙:刑事证人出庭的一个寓言",载《证据科学》2008 年第 1 期。

76. 胡铭:"鉴定人出庭与专家辅助人角色定位之实证研究",载《法学研究》2014 年第 4 期。

77. 何家弘:"刑事庭审虚化的实证研究",载《法学家》2011 年第 6 期。

78. 何家弘:"对侦查人员出庭作证的实证研究",载《人民检察》2010 年第 11 期。

79. 宋英辉、李哲:"直接、言词原则与传闻证据规则之比较",载《比较法研究》2003 年第 5 期。

80. 朱立桓:"英国传闻证据规则例外的变迁及其启示",载《比较法研究》2008 年第 1 期。

81. 汪海燕、胡常龙:"自由心证新理念探析",载《法学研究》2001 年第 5 期。

82. 王戬:"论'排除合理怀疑'证明标准的中国意义",载《华东政法大学学报》2015 年第 6 期。

83. 李建明:"刑事证据相互印证的合理性与合理限度",载《法学研究》2005 年第 6 期。

84. 谢小剑："我国刑事诉讼相互印证的证明模式"，载《现代法学》2004 年第 6 期。

85. 周洪波："中国刑事印证理论批判"，载《法学研究》2015 年第 6 期。

86. 韩旭："论我国刑事诉讼证明模式的转型"，载《甘肃政法学院学报》2008 年第 2 期。

87. ［加］道格拉斯·沃尔顿："补强证据的论证可视化工具"，金华译，载《证据科学》
    2009 年第 4 期。

88. 林劲松："刑事审判书面印证的负效应"，载《浙江大学学报（人文是社会科学版）》
    2009 年第 6 期。

89. 万毅："论证据分类审查的逻辑顺位"，载《证据科学》2015 年第 4 期。

90. 褚福民："刑事证明的两种模式"，载《政法论坛》2015 年第 3 期。

91. 周洪波："实质证据与辅助证据"，载《法学研究》2011 年第 3 期。

92. 熊秋红："对刑事证明标准的思考——以刑事证明中的可能性和确定性为视角"，载
    《法商研究》2003 年第 1 期。

93. 熊秋红："刑事辩护的规范体系及其运行环境"，载《政法论坛》2012 年第 5 期。

94. 牛克乾："证据相互印证规则与死刑案件事实的细节认定"，载《人民司法》2010 年第
    14 期。

95. 孙长永："提起公诉的证据标准及其司法审查比较研究"，载《中国法学》2001 年第
    4 期。

96. 马剑："人民法院审理宣告无罪案件的分析报告——关于人民法院贯彻无罪推定原则的
    实证分析"，载《法制资讯》2014 年第 1 期。

97. "中央司改办负责人姜伟就司法体制改革答记者问"，载《法制日报》2014 年 10 月
    31 日。

98. 郭松、林喜芬："文本、实践、语境：公诉证据标准的现代性诊断"，载《法制与社会
    发展》2007 年第 5 期。

99. 谢小剑："提起公诉证据标准之内在机理"，载《比较法研究》2007 年第 3 期。

100. 葛琳："公诉证明的理论框架"，载《证据科学》2008 年第 6 期。

101. 陈卫东、刘计划："关于完善我国刑事证明标准体系的若干思考"，载《法律科学》
     2011 年第 3 期。

102. 陈光中、郑曦："论刑事诉讼中的证据裁判原则——兼谈《刑事诉讼法》修改中的若
     干问题"，载《法学》2011 年第 9 期。

103. 王胜扬："刑事证明标准层次性论略"，载《政治与法律》2003 年第 5 期。

104. 陈辉、肖本贵："刍议'金字塔'型刑事证据标准与公诉观念的转变"，载《中国刑
     事法杂志》2000 年第 4 期。

105. 李学宽、汪海燕、张小玲："论刑事证明标准及其层次性"，载《中国法学》2001 年
     第 5 期。

106. 杨宇冠、刘曹祯："以审判为中心的诉讼制度改革与质证制度之完善"，载《法律适用》2016 年第 1 期。

107. 汤维建、陈开欣："试论英美证据法上的刑事证明标准"，载《政法论坛》1993 年第 4 期。

108. 李辞："公诉与定罪适用同一证明标准的理论反思"，载《当代法学》2015 年第 3 期。

109. 谢小剑："论我国的慎诉制度及其完善——兼评以审判为中心的诉讼制度改革"，载《法商研究》2015 年第 6 期。

110. 王戬："论'排除合理怀疑'证明标准的中国意义"，载《华东政法大学学报》2015 年第 6 期。

111. 李昌林："审查逮捕程序改革的进路——以提高逮捕案件质量为核心"，载《现代法学》2011 年第 1 期。

112. 万毅："'曲意释法'现象批判——以辩护制度为中心的分析"，载《政法论坛》2013 年第 2 期。

113. 李雪峰："刑事诉讼证人出庭作证相关问题探讨"，载《广西政法管理干部学院学报》2014 年第 2 期。

114. 刘方权："中国需要什么样的刑事法律援助制度"，载《福建师范大学学报》2014 年第 1 期。

115. 甄珍、郑瑞萍："论辩护律师申请调查取证权的实现"，载《河南社会科学》2013 年第 11 期。

116. 张泽涛："我国刑诉法应增设证据保全制度"，载《法学研究》2012 年第 3 期。

117. 吴建雄："检察官客观义务的错案预防价值"，载《法学评论》2011 年第 1 期。

118. 陈永生："刑事误判问题研究"，法治建设与法学理论研究部级科研项目。

119. 李先伟："证人出庭作证与公诉结果的不确定性"，载《人大法律评论》2013 年第 1 期。

120. 刘静坤："避免虚假印证 防范冤错案件"，载《人民法院报》2014 年 3 月 5 日。

121. 参见郭天武："论我国刑事被告人的对质权"，载《政治与法律》2010 年第 7 期。

122. 汪贻飞："论证据能力的附属化"，载《当代法学》2014 年第 3 期。

123. 纵博："我国刑事证据能力之理论归纳与思考"，载《法学家》2015 年第 3 期。

124. 徐静村："我的证明标准观"，载《诉讼法论丛》（第 7 卷），法律出版社 2002 年版。

125. 熊秋红："刑事证据制度发展中的阶段性进步：刑事证据两个规定评析"，载《证据科学》2010 年第 5 期。

126. 何家弘、何然："刑事错案中的证据问题"，载《政法论坛》2008 年第 2 期。

127. 王振川："防范非法取证与刑事错案维护社会公平正义"，载《国家检察官学院学报》2007 年第 1 期。

128. 陈卫东："强化证据意识是避免错案的关键"，载《法学》2005 年第 5 期。

129. 陈卫东："以审判为中心推动诉讼制度改革"，载《人民法院报》2014 年 10 月 31 日。

130. 顾永忠："从定罪的'证明标准'到定罪量刑的'证据标准'——新《刑事诉讼法》对定罪证明标准而对丰富与发展"，载《证据科学》2012 年第 2 期。

131. 陈如超："英美两国刑事法官的证据调查权评析"，载《现代法学》2010 年第 5 期。

132. 陈如超："论中国刑事法官对被告的客观照料义务"，载《现代法学》2012 年第 1 期。

133. 黄文："法官庭外调查权的合理性质疑"，载《当代法学》2004 年第 3 期。

134. 秦策、许克军："庭审中心主义的理念阐释与实现路径"，载《江苏行政学院学报》2015 年第 4 期。

135. 章礼明："日本起诉书一本主义的利与弊"，载《环球法律评论》2009 年第 4 期。

136. 陈盛："刑事判决书中证据说理问题的实证分析"，载《法律方法》2015 年第 1 期。

137. 程雷："审判公开背景下刑事庭审实质化的进路"，载《法律适用》2014 年第 12 期。

138. 龙宗智："'内忧外患'的审判公开——主要从刑事诉讼的视角分析"，载《当代法学》2013 年第 6 期。

139. 李斌："庭前会议程序的适用现状与发展完善"，载《法学杂志》2014 年第 6 期。

140. 朱锡平："融合心证：对证据印证证明模式的反思"，载《法律适用》2015 年第 2 期。

141. 何家弘："从侦查中心转向审判中心——中国刑事诉讼制度的改良"，载《中国高等社会科学》2015 年第 2 期。

142. 何家弘："论司法证明的目的和标准——兼论司法证明的基本概念与范畴"，载《法学研究》2001 年第 6 期。

143. 李昌盛："事实认定的中立性"，载《清华法学》2012 年第 4 期。

144. 张建伟："密闭侦查和形式审判：错案的深层原因"载《人民检察》2013 年第 20 期。

145. 周强："必须推进建立以审判为中心的诉讼制度"，载《人民日报》2014 年 11 月 14 日。

146. 徐阳："我国刑事诉讼中无罪化机制的过程性失灵及应对"，载《现代法学》2015 年第 2 期。

147. 甄贞："如何理解推进以审判为中心的诉讼制度改革"，载《人民检察》2014 年第 22 期。

148. 苑宁宁："刑事冤案比较研究"，中国政法大学 2014 年博士学位论文。

149. 王彦迪："性侵害犯罪防治法中对于被告对质诘问权限制措施之检讨"，东吴大学 2008 年硕士学位论文。

三、媒体文献

1. 周强："必须推进建立以审判为中心的诉讼制度"，载中国新闻网 http://www.chinanews.com/fz/2014/11-14/6773264_ 2.shtml，2015 年 12 月 26 日访问。

2. 何家弘："冤案是如何制造的"，载财新网 http://opinion.caixin.com/2014-12-18/100764618.html，2015 年 11 月 1 日访问。

3. "中央司改办负责人姜伟就司法体制改革答记者问"，载中国长安网 http://www.chinapeace.gov.cn/2014-10/31/content_ 11148386.htm，2016 年 2 月 5 日访问。

4. 樊崇义、张中："专家解读新刑诉法：证据定义转向证据理性"，载正义网 http://news.jcrb.com/jxsw/201204/t20120424_ 848134.html，2015 年 12 月 8 日访问。

5. 黎杰翠："浅析英国检察制度"，载上海检察网 http://www.shjcy.gov.cn：81/jwgk/jccs/200803/t20080318_ 614.htm，2015 年 11 月 5 日访问。

6. " '审判中心与直接言词原则研讨会' 成功举办"，载中国法学创新网 http://www.lawinnovation.com/html/xjdt/13204.shtml，2015 年 8 月 26 日访问。

7. 任重远："非法证据排除新司法解释：要有突破，追求重大突破"，载为你辩护网 http://www.scxsls.com/a/20141215/105594.html，2015 年 8 月 30 日访问。

8. "北京市尚权律师事务所：新刑事诉讼法实施调研报告（2013 年度）"，载刑事法援网 http://www.criminallegalaid.org/a/news/201403/4392.html，2015 年 11 月 5 日访问。

9. "呼格吉勒图犯故意杀人罪、流氓罪再审刑事判决书"，载中国新闻网 http://www.chinanews.com/fz/2014/12-15/6877313.shtml，2015 年 12 月 5 日访问。

10. "张立勇的 '药方'：庭审实质化"，载人民网河南分网 http://henan.people.com.cn/n/2015/0603/c371594-25111772.html，2015 年 9 月 3 日访问。

11. "济南天桥区法院：研讨刑事审判庭审实质化"，载新华网山东频道 http://www.sd.xinhuanet.com/sd/2013-07-27/c_ 116708190.htm，2015 年 12 月 6 日访问。

12. "于某生杀妻案错案追责"，载搜狐新闻 http://news.sohu.com/20150206/n408798728.shtml，2015 年 8 月 7 日访问。

13. "浙江高院：轰动一时的张氏叔侄再审无罪判决书原文"，来自青岛律师人的博客，载 http://blog.sina.com.cn/s/blog_ 6299595e0102wawl.html，2015 年 11 月 5 日访问。

14. "浙江张氏叔侄冤案"，载凤凰网 http://news.ifeng.com/mainland/special/zhangshiyuanan，2015 年 12 月 8 日访问。

四、英文资料

1. Weeks V. United States，232U. S. 383（1914）.

2. Dodge V. United States, 272U. S. 530 (1926).

3. Mapp V. Ohio, 367U. S. 643 (1961).

4. Wolf V. Colorado, 338U. S. 25 (1949).

5. Lisenba V. California, 314U. S. 219 (1941).

6. Elkin V. United States, 364U. S. 206 (1960).

7. Wolf V. Colorado, 338 U. S. 25 (1949).

8. Wolf V. Colorado, 338 U. S. 25 (1949).

9. Elkin V. United States, 364U. S. 206 (1960).

10. Maryland V. Craig, 497 U. S. 836 (1990)

11. united states V. Durham (1963, CA4 NC) 319 F2d 590.

12. united states V. Johnson (1974, CA5 Tex) 495 F2d 1097, 74-82 USTC P 9504, 34 AFTR 2d 5183.

13. united states V. McGovern (1974, CA1 Mass) 499 F2d 1140.

14. Rolando V. del Camen, *Criminal Law and Practice*, Wadsworth Publishing Company Belmont California.

15. In R. V. Kearley [1992]. Declan McGrath, Evidence, Thomson Round Hall, 2005.

16. Paul F. Rothstein, Evidence——State and Federal Rules, 2nd Ed.

17. *Peter Murphy on Evidence*. Oxford University Press, Eight Edition.

18. Frank R. Herrmann, S. J., Brownlow M. Speer, "Facing the Accuser: Ancient and Medieval Precursors of the Confrontation Clause", 34 Va. J. Int'l L., 481 (1994).

　　本书是我在中国政法大学攻读刑事诉讼法博士学位期间完成的学位论文为基础修改而成。论文完成以来，我国的证据制度理论和实践又有了进一步的发展，因此本书的相关章节做了相应的修改。毕业论文从确定选题到最终定稿一年有余，写作过程中虽面临种种困顿，但经过导师的不断点拨和各位兄长及朋友的不吝帮助，终于克服了所有困难，最终以现在的面目呈现在大家眼前，它虽不完美，甚至可能还存在种种不足，但毕竟是自己思考的结果，也是对自己博士期间所学的总结。

　　论文的选题得益于导师樊崇义教授的指点。论文写作过程中，得到导师的多次指导和点拨，同时导师为我创造各种了解理论前沿的机会，从论文的整体构架，到具体内容的写作都凝结着导师大量的心血。樊老师德高望重，品格高尚，学识渊博，思想深邃，引领我登上学术殿堂，指点我如何从事学术研究。入樊门三年来，收获的不仅有做学问的方法，更有做人的品格。

　　感谢诉讼法学研究院的陈光中教授、卞建林教授、顾永忠教授、杨宇冠教授、刘玫教授、汪海燕教授等，各位老师虽性格各异，讲课风格不同，但都能带给我不同的启迪和思考。感谢法大的吴宏耀教授、张中教授以及北京大学的陈永生教授，三位师兄在我论文开题和写作过程中提供了诸多帮助。感谢实务部门为我提供各种帮助的法官和检察官，谢谢你们！

　　感谢我的家人，感谢在校期间的诸位好友，谢谢你们的陪伴和鼓励！

　　很庆幸我拥有一个幸福的大家庭，家人的无条件支持和鼓励是我不断前进的动力和力量源泉。爱你们！

王晓红

2020 年 10 月